박상민　　　　2024

JUSTICE
형사정책

[핵기총 + 모의고사(20회)]

메가 공무원　　　　　　　　　　　박영사

PREFACE & CONTENTS

이 책의 특징은 다음과 같습니다.

1. 형사정책이 처음으로 도입된 9급 보호직 시험이어서 기출문제가 없는 관계로, 최근 3개년 7급 보호직 형사정책 기출문제를 통해 최신 출제경향을 파악할 수 있도록 하였습니다.

2. 최대한 많은 문제를 연습할 수 있도록 모의고사 20회분을 수록하였고, 최근 경찰시험의 범죄학 기출문제 중 출제 가능한 문제만을 엄선하여 보충하였습니다.

3. 상세한 해설을 통해 불필요하게 기본서를 찾는 일이 없도록 하였습니다.

최종 마무리는 본 교재와 함께 연계교재인 핵지총이나 마무리 특강으로써 정리하시면 되리라 생각합니다. 부디 이 졸저가 조금이나마 여러분들의 합격에 일조할 수 있기를 기대합니다.

겨울, 연구실에서
박상민 드림

핵심기출 총정리

실전 모의고사

엄선 경찰범죄학 40選

박상민 *Justice* 형사정책 ○─────────────────────────────

핵심기출 총정리

2023년 보호7급 형사정책 기출문제

해설 164p

01 범죄측정에 대한 설명으로 옳은 것은?

① 참여관찰 연구는 조사자의 주관적 편견이 개입할 수 있고, 시간과 비용이 많이 들며 연구결과
와의 일반화가 어렵다.

② 인구대비 범죄발생건수를 의미하는 범죄율(crime rate)은 각 범죄의 가치를 서로 다르게 평가
한다.

③ 자기보고식 조사(self-report survey)는 경미한 범죄보다는 살인 등 중대한 범죄를 측정하는
데 사용된다.

④ 피해 조사(victimization survey)는 개인적 보고에 기반하는 점에서 조사의 객관성과 정확성을
확보할 수 있다.

02 비범죄화에 대한 설명으로 옳지 않은 것은?

① 비범죄화는 형법의 보충적 성격을 강조한다.

② 비범죄화는 형사처벌에 의한 낙인의 부정적 효과를 감소시킨다.

③ 「형법」상 간통죄의 폐지는 비범죄화의 예라고 할 수 없다.

④ 피해자 없는 범죄는 비범죄화의 주요 대상으로 논의된다.

03 회복적 사법에 대한 설명으로 옳지 않은 것은?

① 범죄로 인한 피해에는 지역사회가 겪는 피해가 포함된다.

② 시민에게 갈등과 사회문제의 해결에 참여하는 기회를 제공함으로써 공동체 의식을 강화하는
것을 목표로 한다.

③ 지역사회 내에서 범죄자와 그 피해자의 재통합을 추구한다.

④ 가해자는 배상과 교화의 대상으로서 책임을 수용하기보다는 비난을 수용하여야 한다.

04 행태이론(behavior theory)에 대한 설명으로 옳지 않은 것은?

① 버제스(Burgess)와 에이커스(Akers)의 차별적 강화이론에 의하면, 범죄행동은 고전적 조건형성의 원리에 따라 학습된다.

② 범죄행위는 어떤 행위에 대한 보상 혹은 처벌의 경험에 따라 학습된 것이다.

③ 행태이론은 범죄의 원인을 설명하면서 개인의 인지능력을 과소평가한다.

④ 반두라(Bandura)는 직접적인 자극이나 상호작용이 없어도 미디어 등을 통해 간접적으로 범죄학습이 이루어질 수 있다는 이론적 근거를 제시하였다.

05 심리학적 범죄이론에 대한 설명으로 옳지 않은 것은?

① 프로이트(Freud) 이론에 의하면, 성 심리의 단계적 발전 중에 필요한 욕구가 충족되지 못함으로써 야기된 긴장이 사회적으로 수용되지 못할 때 범죄행위를 유발하는 것으로 설명할 수 있다.

② 아이젠크(Eysenck)는 저지능이 저조한 학업성취를 가져오고, 학업에서의 실패와 무능은 비행 및 범죄와 높은 관련성을 갖는다고 하였다.

③ 고다드(Goddard)는 적어도 비행청소년의 50 %가 정신적 결함을 갖고 있다고 하였다.

④ 콜버그(Kohlberg)의 도덕발달이론에 의하면, 인간의 도덕발달과정은 전관습적(pre-conventional), 관습적(conventional), 후관습적(post-conventional)이라는 3개의 수준으로 구분되고, 각 수준은 2개의 단계로 나뉜다.

06 갓프레드슨(Gottfredson)과 허쉬(Hirschi)의 낮은 자기통제(low self-control)에 대한 설명으로 옳지 않은 것은?

① 폭력범죄부터 화이트칼라범죄에 이르기까지 모든 범죄를 낮은 자기통제의 결과로 이해한다.

② 순간적인 쾌락과 즉각적 만족에 대한 욕구가 장기적 관심보다 클 때 범죄가 발생한다.

③ 비효율적 육아와 부적절한 사회화보다는 학습이나 문화전이와 같은 실증적 근원에서 낮은 자기통제의 원인을 찾는다.

④ 자기통제가 결여된 자도 범죄기회가 주어지지 않는 한 범죄를 저지르지 않는다.

07 「형법」상 벌금에 대한 설명으로 옳지 않은 것은? (다툼이 있는 경우 판례에 의함)

① 벌금을 감경하는 경우에는 5만원 미만으로 할 수 있다.

② 벌금을 선고하는 재판이 확정된 후 그 집행을 받지 아니하고 5년이 지나면 형의 시효가 완성된다.

③ 60억원의 벌금을 선고하면서 이를 납입하지 아니하는 경우의 노역장 유치기간을 700일로 정할 수 있다.

④ 「형법」제55조 제1항 제6호의 벌금을 감경할 때의 '다액의 2분의 1'이라는 문구는 '금액의 2분의 1'을 뜻하므로 그 상한과 함께 하한도 감경되는 것으로 해석하여야 한다.

08 「스토킹범죄의 처벌 등에 관한 법률」의 내용에 대한 설명으로 옳지 않은 것은?

① 스토킹행위가 지속적 또는 반복적으로 이루어진 경우가 아니라면 스토킹범죄에 해당하지 않는다.

② 법원이 스토킹범죄를 저지른 사람에 대하여 형의 선고를 유예하는 경우에는 200시간의 범위에서 재범 예방에 필요한 수강명령을 병과할 수 있다.

③ 상대방의 의사에 반하여 정당한 이유 없이 상대방 또는 그의 동거인, 가족을 따라다님으로써 상대방에게 불안감을 일으켰다면 스토킹행위에 해당한다.

④ 법원이 스토킹범죄를 저지른 사람에 대하여 벌금형의 선고와 함께 120시간의 스토킹 치료프로그램의 이수를 명한 경우 그 이수명령은 형 확정일부터 6개월 이내에 집행한다.

09 「보호관찰 등에 관한 법률」상 보호관찰의 종료와 임시해제에 대한 설명으로 옳은 것은?

① 보호관찰을 조건으로 한 형의 선고유예가 실효되더라도 보호관찰은 종료되지 않는다.

② 보호관찰의 임시해제 결정이 취소된 경우 그 임시해제 기간을 보호관찰 기간에 포함한다.

③ 보호관찰 대상자는 보호관찰이 임시해제된 기간 중에는 그 준수사항을 계속하여 지키지 않아도 된다.

④ 임시퇴원된 보호소년이 보호관찰이 정지된 상태에서 21세가 된 때에는 보호관찰이 종료된다.

10 「사면법」상 사면에 대한 설명으로 옳지 않은 것은?

① 특별사면은 형을 선고받은 자를 대상으로 한다.

② 일반사면이 있으면 특별한 규정이 없는 한 형을 선고받지 아니한 자에 대하여는 공소권이 상실된다.

③ 형의 집행유예를 선고받은 자에 대하여는 형 선고의 효력을 상실하게 하는 특별사면을 할 수 없다.

④ 일반사면은 죄의 종류를 정하여 대통령령으로 한다.

11 법률상 소년 등의 연령 기준으로 옳지 않은 것은?

① 「형법」상 형사미성년자는 14세가 되지 아니한 자이다.

② 「소년법」상 소년은 19세 미만인 자를 말한다.

③ 「청소년 기본법」상 청소년은 8세 이상 24세 이하인 사람을 말한다. 다만, 다른 법률에서 청소년에 대한 적용을 다르게 할 필요가 있는 경우에는 따로 정할 수 있다.

④ 「아동·청소년의 성보호에 관한 법률」상 아동·청소년은 19세 미만의 자를 말한다. 다만, 19세에 도달하는 연도의 1월 1일을 맞이한 자는 제외한다.

12 사이코패스에 대한 설명으로 옳지 않은 것은?

① 감정, 정서적 측면에서 타인에 대한 공감능력이 부족하며 죄의식이나 후회의 감정이 결여되어 있다.

② 헤어(Hare)의 사이코패스 체크리스트 수정본(PCL-R)은 0~2점의 3점 척도로 평가되는 총 25개 문항으로 구성된다.

③ 모든 사이코패스가 형사사법제도 안에서 범죄행위가 드러나는 형태로 걸러지는 것은 아니다.

④ 공감, 양심, 대인관계의 능력 등에 대한 전통적 치료프로그램의 효과를 거의 기대하기 어렵다.

13 생물학적 범죄이론에 대한 설명으로 옳지 않은 것은?

① 입양아 연구는 쌍생아 연구를 보충하여 범죄에 대한 유전의 영향을 조사할 수 있지만, 입양환경의 유사성을 보장할 수 없기 때문에 연구결과를 일반화하기 어렵다.

② 가계연구는 범죄에 대한 유전과 환경의 영향을 분리할 수 없는 단점을 갖는다.

③ 롬브로조(Lombroso)는 격세유전이라는 생물학적 퇴행성에 근거하여 생래성 범죄인을 설명하였다.

④ 셀던(Sheldon)은 크고 근육질의 체형을 가진 자를 외배엽형(ectomorph)으로 분류하고 비행행위에 더 많이 관여하는 경향이 있다고 주장하였다.

14 「보호소년 등의 처우에 관한 법률」상 수용과 보호 등에 대한 설명으로 옳지 않은 것은?

① 소년원장은 분류수용, 교정교육상의 필요, 그 밖의 이유로 보호소년을 다른 소년원으로 이송하는 것이 적당하다고 인정하면 법무부장관의 허가를 받아 이송할 수 있다.

② 소년원장은 14세 미만의 보호소년에게는 20일 이내의 기간 동안 지정된 실(室) 안에서 근신하게 하는 징계를 할 수 없다.

③ 소년원장은 미성년자인 보호소년이 친권자나 후견인이 없거나 있어도 그 권리를 행사할 수 없을 때에는 법무부장관의 허가를 받아 그 보호소년을 위하여 친권자나 후견인의 직무를 행사할 수 있다.

④ 소년원장은 품행이 타인의 모범이 되는 보호소년에게 포상을 할 수 있고, 이에 따른 포상을 받은 보호소년에게는 특별한 처우를 할 수 있다.

15 다음 글에서 설명하는 이론은?

> 공동체의 사회통제에 대한 노력이 무뎌질 때 범죄율은 상승하고 지역의 응집력은 약해진다. 이에 지역사회 범죄를 줄이기 위해서는 이웃 간의 유대 강화와 같은 비공식적 사회통제가 중요하며, 특히 주민들의 사회적 참여는 비공식적 사회통제와 밀접하게 관련되어 있다.

① 샘슨(Sampson)의 집합효율성(collective efficacy)

② 쇼(Shaw)와 맥케이(Mckay)의 사회해체(social disorganization)

③ 머튼(Merton)의 긴장(strain)

④ 뒤르켐(Durkheim)의 아노미(anomie)

16 「범죄피해자 보호법」상 형사조정에 대한 설명으로 옳지 않은 것은?

① 검사는 피의자와 범죄피해자 사이에 형사분쟁을 공정하고 원만하게 해결하여 범죄피해자가 입은 피해를 실질적으로 회복하는 데 필요하다고 인정하면 직권으로 수사 중인 형사사건을 형사조정에 회부할 수 있다.

② 형사조정위원회는 필요하다고 인정하면 직권으로 형사조정의 결과에 이해관계가 있는 사람을 형사조정에 참여하게 할 수 있다.

③ 검사는 형사사건을 수사하고 처리할 때 형사조정이 성립되지 아니하였다는 사정을 피의자에게 불리하게 고려하여서는 아니 된다.

④ 검사는 기소유예처분 사유에 해당함이 명백한 형사사건을 형사조정에 회부하여서는 아니 된다.

17 「소년법」상 보호처분과 그 변경 등에 대한 설명으로 옳지 않은 것은?

① 수강명령 및 장기 소년원 송치의 처분은 12세 이상의 소년에게만 할 수 있다.

② 소년부 판사는 보호관찰관의 장기 보호관찰의 처분을 할 때에 1년 이내의 기간을 정하여 야간 등 특정 시간대의 외출을 제한하는 명령을 보호관찰대상자의 준수사항으로 부과할 수 있다.

③ 소년부 판사는 보호관찰관의 단기 보호관찰의 처분을 할 때에 3개월 이내의 기간을 정하여 「보호소년 등의 처우에 관한 법률」에 따른 대안교육을 받을 것을 동시에 명할 수 있다.

④ 보호처분을 집행하는 자의 신청이 없더라도 소년부 판사는 직권으로 1개월 이내의 소년원 송치의 처분을 변경할 수 있다.

18 「소년법」상 형사사건의 심판 등에 대한 설명으로 옳지 않은 것은?

① 소년에 대한 부정기형을 집행하는 기관의 장은 형의 단기의 3분의 1이 지난 소년범의 행형성적이 양호하고 교정의 목적을 달성하였다고 인정되는 경우에는 관할 검찰청 검사의 지휘에 따라 그 형의 집행을 종료시킬 수 있다.

② 무기징역을 선고받은 소년에 대하여는 5년의 기간이 지나면 가석방을 허가할 수 있다.

③ 징역 또는 금고를 선고받은 소년에 대하여는 특별히 설치된 교도소 또는 일반 교도소 안에 특별히 분리된 장소에서 그 형을 집행한다. 다만, 소년이 형의 집행 중에 23세가 되면 일반 교도소에서 집행할 수 있다.

④ 죄를 범할 당시 18세 미만인 소년에 대하여 사형 또는 무기형으로 처할 경우에는 15년의 유기징역으로 한다.

19 「소년법」상 보호사건의 조사와 심리에 대한 설명으로 옳지 않은 것은?

① 소년부 또는 조사관이 범죄 사실에 관하여 소년을 조사할 때에는 미리 소년에게 불리한 진술을 거부할 수 있음을 알려야 한다.

② 소년부는 조사 또는 심리를 할 때에 정신건강의학과의사 등 전문가의 진단, 소년분류심사원의 분류심사 결과와 의견, 보호관찰소의 조사결과와 의견 등을 고려하여야 한다.

③ 소년부 판사는 조사 또는 심리에 필요하다고 인정하여 기일을 지정해서 소환한 사건 본인의 보호자가 정당한 이유 없이 소환에 응하지 아니하면 동행영장을 발부할 수 있다.

④ 소년부 판사가 사건을 조사 또는 심리하는 데에 필요하다고 인정하여 소년의 감호에 관한 결정으로써 병원이나 그 밖의 요양소에 위탁하는 조치를 하는 경우 그 위탁의 최장기간은 2개월이다.

20 「범죄피해자 보호법」상 범죄피해의 구조에 대한 설명으로 옳지 않은 것은?

① 범죄피해 구조금을 받을 권리는 그 구조결정이 해당 신청인에게 송달된 날부터 2년간 행사하지 아니하면 시효로 인하여 소멸된다.

② 구조대상 범죄피해를 받은 사람이 해당 범죄피해의 발생 또는 증대에 가공한 부적절한 행위를 한 때에는 범죄피해 구조금의 일부를 지급하지 아니한다.

③ 범죄피해구조심의회에서 범죄피해 구조금 지급신청을 일부기각하면 신청인은 결정의 정본이 송달된 날부터 2주일 이내에 그 범죄피해구조심의회를 거쳐 범죄피해구조본부심의회에 재심을 신청할 수 있다.

④ 범죄피해 구조금을 받은 사람이 거짓이나 그 밖의 부정한 방법으로 범죄피해 구조금을 받은 경우, 국가는 범죄피해구조심의회 또는 범죄피해구조본부심의회의 결정을 거쳐 그가 받은 범죄피해 구조금의 전부를 환수해야 한다.

21 아바딘스키(Abadinsky)가 제시한 조직범죄의 특성에 대한 설명으로 옳지 않은 것은?

① 정치적 목적이나 이해관계가 개입되지 않는 점에서 비이념적이다.

② 내부구성원이 따라야 할 규칙을 갖고 있고, 이를 위반한 경우에는 상응한 응징이 뒤따른다.

③ 조직의 활동이나 구성원의 참여가 일정 정도 영속적이다.

④ 조직의 지속적 확장을 위하여, 조직구성원이 제한되지 않고 배타적이지 않다.

22 「형법」상 형의 선고유예에 대한 설명으로 옳지 않은 것은? (다툼이 있는 경우 판례에 의함)

① 주형의 선고유예를 하는 경우 몰수의 요건이 있더라도 몰수형만의 선고를 할 수는 없다.

② 피고인이 범죄사실을 자백하지 않고 부인할 경우에는 언제나 선고유예를 할 수 없다고 해석할 것은 아니다.

③ 형의 선고를 유예하는 경우에 재범방지를 위하여 지도 및 원호가 필요한 때에는 보호관찰을 받을 것을 명할 수 있는데, 이에 따른 보호관찰의 기간은 1년으로 한다.

④ 형의 선고유예 판결이 확정된 후 2년을 경과한 때에는 면소된 것으로 간주하고, 그 뒤에는 실효의 대상이 되는 선고유예의 판결이 존재하지 않으므로 선고유예 실효의 결정을 할 수 없다.

23 「소년법」상 사건의 송치 및 통고 등에 대한 설명으로 옳지 않은 것은?

① 형벌 법령에 저촉되는 행위를 한 10세 이상 14세 미만인 소년이 있을 때에는 경찰서장은 직접 관할 소년부에 송치하여야 한다.

② 법원이 소년에 대한 피고사건을 심리한 결과 보호처분에 해당할 사유가 있다고 인정하여 결정으로써 사건을 관할 소년부에 송치한 경우, 해당 소년부는 조사 또는 심리한 결과 사건의 본인이 19세 이상인 것으로 밝혀지면 결정으로써 송치한 법원에 사건을 다시 이송하여야 한다.

③ 소년부는 송치받은 보호사건이 그 관할에 속하지 아니한다고 인정하더라도 보호의 적정을 기하기 위하여 필요하다고 인정하면 그 사건을 관할 소년부에 이송하지 않을 수 있다.

④ 정당한 이유 없이 가출하고 그의 성격이나 환경에 비추어 앞으로 형벌 법령에 저촉되는 행위를 할 우려가 있는 10세의 소년을 발견한 보호자는 이를 관할 소년부에 통고할 수 있다.

24 범죄예방에 대한 설명으로 옳지 않은 것은?

① 생활양식이론에 의하면, 범죄예방을 위하여 체포가능성의 확대와 처벌의 확실성 확보를 강조한다.

② 브랜팅햄(Brantingham)과 파우스트(Faust)는 질병예방에 관한 보건의료모형을 응용하여 단계화한 범죄예방모델을 제시하였다.

③ 일상활동이론에 의하면, 동기 부여된 범죄자와 매력적인 목표물, 보호능력의 부재나 약화라는 범죄의 발생조건의 충족을 제지함으로써 범죄를 예방할 수 있다.

④ 이웃감시는 일반시민을 대상으로 한 1차적 범죄예방모델의 예에 해당한다.

25 밀러(Miller)의 하류계층 문화이론(lower class culture theory)에 대한 설명으로 옳지 않은 것은?

① 밀러는 하류계층의 문화를 고유의 전통과 역사를 가진 독자적 문화로 보았다.

② 하류계층의 여섯 가지 주요한 관심의 초점은 사고치기(trouble), 강인함(toughness), 영악함(smartness), 흥분추구(excitement), 운명(fate), 자율성(autonomy)이다.

③ 중류계층의 관점에서 볼 때, 하류계층문화는 중류계층문화의 가치와 갈등을 초래하여 범죄적·일탈적 행위로 간주된다.

④ 범죄와 비행은 중류계층에 대한 저항으로서 하류계층문화 자체에서 발생한다.

2022년 보호7급 형사정책 기출문제

해설 171p

01 「보호소년 등의 처우에 관한 법률」이 보호소년에 대하여 수갑, 포승 또는 보호대 외에 가스총 이나 전자충격기를 사용할 수 있는 경우로 명시하지 않은 것은?

① 이탈·난동·폭행을 선동·선전하거나 하려고 하는 때
② 다른 사람에게 위해를 가하거나 가하려고 하는 때
③ 위력으로 소속 공무원의 정당한 직무집행을 방해하는 때
④ 소년원·소년분류심사원의 설비·기구 등을 손괴하거나 손괴하려고 하는 때

02 다음 사례에서 甲에 대한 「소년법」상 처리절차로 옳지 않은 것은?

> 13세 甲은 정당한 이유 없이 가출한 후 집단적으로 몰려다니며 술을 마시고 소란을 피움으로써 주위 사람들에게 불안감을 조성하였고, 그의 성격이나 환경에 비추어 앞으로 형벌 법령에 저촉되는 행위를 할 우려가 있다.

① 경찰서장은 직접 관할 소년부에 송치하여야 하며, 송치서에 甲의 주거·성명·생년월일 및 행위의 개요와 가정상황을 적고, 그 밖의 참고자료를 첨부하여야 한다.
② 보호자 또는 학교·사회복리시설·보호관찰소의 장은 甲을 관할 소년부에 통고할 수 있다.
③ 소년부 판사는 사건의 조사 또는 심리에 필요하다고 인정하면 기일을 지정하여 甲이나 그 보호자를 소환할 수 있으며, 정당한 이유 없이 소환에 응하지 아니하면 소년부 판사는 동행영장을 발부할 수 있다.
④ 소년부 판사는 심리 결과 보호처분의 필요성이 인정되더라도 甲에게 수강명령과 사회봉사명령은 부과할 수 없다.

03 「소년법」상 보조인 제도에 대한 설명으로 옳지 않은 것은?

① 소년이 소년분류심사원에 위탁된 경우 보조인이 없을 때에는 법원은 변호사 등 적정한 자를 보조인으로 선정하여야 한다.
② 소년이 소년분류심사원에 위탁되지 아니하였을 때에도 소년에게 신체적·정신적 장애가 의심되는 경우에는 법원은 직권으로 보조인을 선정하여야 한다.
③ 소년이 보호자나 변호사를 보조인으로 선임하는 경우에 소년부 판사의 허가 없이 보조인을 선임할 수 있다.
④ 보조인의 선임은 심급마다 하여야 한다.

04 「소년법」 제32조에 따른 소년보호처분에 대한 설명으로 옳지 않은 것은?

① 제1호 처분은 보호자 또는 보호자를 대신하여 소년을 보호할 수 있는 자에게 감호위탁하는 것이다.

② 제6호 처분은 「아동복지법」에 따른 아동복지시설이나 그 밖의 소년보호시설에 감호위탁하는 것이다.

③ 제4호 처분을 할 때 6개월의 기간을 정하여 야간 등 특정 시간대의 외출을 제한하는 명령을 보호관찰대상자의 준수사항으로 부과할 수 있다.

④ 제5호 처분을 할 때 6개월의 기간을 정하여 「보호소년 등의 처우에 관한 법률」에 따른 대안교육 또는 소년의 상담·선도·교화와 관련된 단체나 시설에서의 상담·교육을 받을 것을 동시에 명할 수 있다.

05 형법학과 형사정책에 대한 설명으로 옳지 않은 것은?

① 19세기 말 리스트(Liszt)는 '형법에서의 목적사상'을 주장하여 형이상학적 형법학이 아니라 현실과 연계된 새로운 형사정책 사상을 강조하였다.

② 형법학과 형사정책학은 상호의존적이며 동시에 상호제약적인 성격을 가지며, 리스트(Liszt)는 '형법은 형사정책의 극복할 수 없는 한계'라고 주장하였다.

③ 포이에르바흐(Feuerbach)는 형사정책을 '입법을 지도하는 국가적 예지'로 이해하고, 형사정책은 정책적 목적을 유지하기 위한 형법의 보조수단으로서 의미가 있다고 주장하였다.

④ 공리주의적 형벌목적을 강조한 벤담(Bentham)에 의하면, 형벌은 특별예방목적에 의해 정당화될 수 있고, 사회방위는 형벌의 부수적 목적에 지나지 않는다.

06 「보호소년 등의 처우에 관한 법률」상 퇴원 등에 대한 설명으로 옳지 않은 것은?

① 위탁소년 또는 유치소년의 소년분류심사원 퇴원은 법원소년부의 결정서에 의하여야 한다.

② 소년법 제32조 제1항 제8호의 보호처분을 받은 보호소년의 경우에 소년원장은 해당 보호소년이 교정성적이 양호하고 교정 목적을 이루었다고 인정되면 보호관찰심사위원회에 퇴원을 신청하여야 한다.

③ 퇴원 또는 임시퇴원이 허가된 보호소년이 질병에 걸리거나 본인의 편익을 위하여 필요하면 본인의 신청에 의하여 계속 수용할 수 있다.

④ 출원하는 보호소년에 대한 사회정착지원의 기간은 6개월 이내로 하되, 6개월 이내의 범위에서 한 번에 한하여 그 기간을 연장할 수 있다.

07 갈등이론에 대한 설명으로 옳지 않은 것은?

① 셀린(Sellin)은 이민집단의 경우처럼 특정 문화집단의 구성원이 다른 문화의 영역으로 이동할 때에 발생할 수 있는 갈등을 이차적 문화갈등으로 보았다.

② 볼드(Vold)는 이해관계의 갈등에 기초한 집단갈등론을 주장하였으며, 특히 집단 간의 이익갈등이 가장 첨예한 상태로 대립하는 영역으로 입법정책 부문을 지적하였다.

③ 터크(Turk)는 사회를 통제할 수 있는 권력 또는 권위의 개념을 범죄원인과 대책 분야에 적용시키고자 하였다.

④ 퀴니(Quinney)는 노동자계급의 범죄를 자본주의 체제에 대한 적응범죄와 대항범죄로 구분하였다.

08 중화기술이론의 사례에서 '책임의 부정'에 해당하는 것은?

① 기초수급자로 지정받지 못한 채 어렵게 살고 있던 중에 배가 고파서 편의점에서 빵과 우유를 훔쳤다고 주장하는 사람

② 성매수를 했지만 성인끼리 합의하여 성매매를 한 것이기 때문에 누구도 법적 책임을 질 필요가 없다고 주장하는 사람

③ 부정한 행위로 인하여 사회적 비난을 받는 사람의 차량을 파손하고 사회정의를 실현한 것이라고 주장하는 사람

④ 교통범칙금을 부과하는 경찰관에게 단속실적 때문에 함정단속을 한 것이 아니냐고 따지는 운전자

09 「형법」상 형벌제도에 대한 설명으로 옳지 않은 것은?

① 유기징역 또는 유기금고는 1개월 이상 25년 이하로 하되, 형을 가중하는 때에는 50년까지로 한다.

② 유기징역 또는 유기금고에 자격정지를 병과한 때에는 징역 또는 금고의 집행을 종료하거나 면제된 날로부터 정지기간을 기산한다.

③ 벌금을 납입하지 아니한 자는 1일 이상 3년 이하, 과료를 납입하지 아니한 자는 1일 이상 30일 미만의 기간 노역장에 유치하여 작업에 복무하게 한다.

④ 벌금에 대한 노역장 유치기간을 정하는 경우, 선고하는 벌금이 1억원 이상 5억원 미만인 경우에는 300일 이상, 5억원 이상 50억원 미만인 경우에는 500일 이상, 50억원 이상인 경우에는 1천일 이상의 유치기간을 정하여야 한다.

10 서덜랜드(Sutherland)의 차별적 접촉이론에 대한 설명으로 옳지 않은 것은?

① 차별접촉은 빈도, 기간, 우선순위, 그리고 강도(强度) 등에 의하여 차이가 발생한다고 주장한다.
② 범죄학습이 신문 · 영화 등 비대면적인 접촉수단으로부터도 큰 영향을 받는다는 점을 간과하고 있다.
③ 범죄원인으로는 접촉의 경험이 가장 큰 역할을 한다고 보아, 나쁜 친구들을 사귀면 범죄를 저지를 것이라는 단순한 등식을 제시했다.
④ 범죄인과 가장 접촉이 많은 경찰 · 법관 · 형집행관들이 범죄인이 될 확률이 높지 않다는 비판이 있다.

11 환경설계를 통한 범죄예방(CPTED)에 대한 설명으로 옳지 않은 것은?

① 자연적 감시(natural surveillance) : 건축물이나 시설을 설계함에 있어서 가시권을 최대한 확보하고, 범죄행동에 대한 감시기능을 확대함으로써 범죄발각 위험을 증가시켜 범죄기회를 감소시키거나 범죄를 포기하도록 하는 원리
② 접근통제(access control) : 일정한 지역에 접근하는 사람들을 정해진 공간으로 유도하거나 외부인의 출입을 통제하도록 설계함으로써 접근에 대한 심리적 부담을 증대시켜 범죄를 예방하는 원리
③ 영역성 강화(territorial reinforcement) : 레크레이션 시설의 설치, 산책길에의 벤치설치 등 당해 지역에 일반인의 이용을 장려하여 그들에 의한 감시기능을 강화하는 전략
④ 유지 · 관리(maintenance · management) : 시설물이나 장소를 처음 설계된 대로 지속해서 이용할 수 있도록 관리함으로써 범죄예방 환경설계의 장기적 · 지속적 효과를 유지

12 부정기형제도에 대한 설명으로 옳지 않은 것은?

① 부정기형은 범죄인의 개선에 필요한 기간을 판결선고 시에 정확히 알 수 없기 때문에 형을 집행하는 단계에서 이를 고려한 탄력적 형집행을 위한 제도로 평가된다.
② 부정기형은 범죄자에 대한 위하효과가 인정되고, 수형자자치제도의 효과를 높일 수 있으며, 위험한 범죄자를 장기구금하게 하여 사회방위에도 효과적이다.
③ 부정기형은 형벌개별화원칙에 반하고, 수형자의 특성에 따라서 수형기간이 달라지게 되는 문제점이 있으며, 교도관의 자의가 개입할 여지가 있고, 석방결정과정에서 적정절차의 보장이 결여될 위험이 있다.
④ 소년법 제60조 제1항은 "소년이 법정형으로 장기 2년 이상의 유기형에 해당되는 죄를 범한 경우에는 그 형의 범위 내에서 장기와 단기를 정하여 형을 선고하되, 장기는 10년, 단기는 5년을 초과하지 못한다."고 규정하여 상대적 부정기형제도를 채택하였다.

13 「전자장치 부착 등에 관한 법률」상 형기종료 후 보호관찰명령의 대상자가 아닌 것은?

① 성폭력범죄를 저지른 사람으로서 성폭력범죄를 다시 범할 위험성이 있다고 인정되는 사람

② 미성년자 대상 유괴범죄를 저지른 사람으로서 미성년자 대상 유괴범죄를 다시 범할 위험성이 있다고 인정되는 사람

③ 살인범죄를 저지른 사람으로서 살인범죄를 다시 범할 위험성이 있다고 인정되는 사람

④ 절도범죄를 저지른 사람으로서 절도범죄를 다시 범할 위험성이 있다고 인정되는 사람

14 사회 · 문화적 환경과 범죄에 대한 설명으로 옳지 않은 것은?

① 체스니 – 린드(Chesney – Lind)는 여성범죄자가 남성범죄자보다 더 엄격하게 처벌받으며, 특히 성(性)과 관련된 범죄에서는 더욱 그렇다고 주장하였다.

② 스토우퍼(Stouffer), 머튼(Merton) 등은 상대적 빈곤론을 주장하면서 범죄발생에 있어 빈곤의 영향은 단지 빈곤계층에 국한된 현상이 아니라고 지적하였다.

③ 매스컴과 범죄에 대하여 '카타르시스 가설'과 '억제가설'은 매스컴의 역기능성을 강조하는 이론이다.

④ 서덜랜드(Sutherland)는 화이트칼라 범죄를 직업활동과 관련하여 존경과 높은 지위를 가지고 있는 사람이 저지르는 범죄라고 정의했다.

15 미결구금에 대한 설명으로 옳지 않은 것은? (다툼이 있는 경우 판례에 의함)

① 미결구금의 폐해를 줄이기 위한 정책으로는 구속영장실질심사제, 신속한 재판의 원칙, 범죄피해자보상제도, 미결구금 전용수용시설의 확대 등이 있다.

② 미결구금된 사람을 위하여 변호인이 되려는 자의 접견교통권은 변호인의 조력을 받을 권리의 실질적 확보를 위해서 헌법상 기본권으로서 보장되어야 한다.

③ 판결선고 전 미결구금일수는 그 전부가 법률상 당연히 본형에 산입되므로 판결에서 별도로 미결구금일수 산입에 관한 사항을 판단할 필요가 없다.

④ 재심재판에서 무죄가 확정된 피고인이 미결구금을 당하였을 때에는 국가에 대하여 그 구금에 대한 보상을 청구할 수 있다.

16 다음 개념을 모두 포괄하는 범죄이론은?

○ 울프강(Wolfgang)의 폭력사용의 정당화
○ 코헨(Cohen)의 지위좌절
○ 밀러(Miller)의 주요 관심(focal concerns)
---

① 갈등이론   ② 환경범죄이론
③ 하위문화이론   ④ 정신분석이론

17 뉴먼(Newman)과 레피토(Reppetto)의 범죄예방모델에 대한 설명으로 옳지 않은 것은?

① 뉴먼은 주택건축과정에서 공동체의 익명성을 줄이고 순찰·감시가 용이하도록 구성하여 범죄예방을 도모해야 한다는 방어공간의 개념을 사용하였다.

② 범죄행위에 대한 위험과 어려움을 높여 범죄기회를 줄임으로써 범죄예방을 도모하려는 방법을 '상황적 범죄예방모델'이라고 한다.

③ 레피토는 범죄의 전이양상을 시간적 전이, 전술적 전이, 목표물 전이, 지역적 전이, 기능적 전이의 5가지로 분류하였다.

④ 상황적 범죄예방활동에 대해서는 '이익의 확산효과'로 인해 사회 전체적인 측면에서는 범죄를 줄일 수 없게 된다는 비판이 있다.

18 대법원 양형위원회가 작성한 양형기준표에 대한 설명으로 옳지 않은 것은?

① 주요 범죄 대부분에 대하여 공통적, 통일적으로 적용되는 종합적 양형기준이 아닌 범죄유형별로 적용되는 개별적 양형기준을 설정하였다.

② 양형인자는 책임을 증가시키는 가중인자인 특별양형인자와 책임을 감소시키는 감경인자인 일반양형인자로 구분된다.

③ 양형인자 평가결과에 따라 감경영역, 기본영역, 가중영역의 3가지 권고영역 중 하나를 선택하여 권고형량의 범위를 정한다.

④ 양형에 있어서 권고형량범위와 함께 실형선고를 할 것인가, 집행유예를 선고할 것인가를 판단하기 위한 기준을 두고 있다.

19 보안처분에 대한 설명으로 옳지 않은 것은? (다툼이 있는 경우 판례에 의함)

① 성범죄 전력만으로 재범의 위험성이 있다고 간주하고 일률적으로 장애인복지시설에 10년간 취업제한을 하는 것은 헌법에 위반된다.

② 구 「특정 성폭력범죄자에 대한 위치추적 전자장치 부착에 관한 법률」상 전자감시제도는 일종의 보안처분으로서, 범죄행위를 한 자에 대한 응보를 주된 목적으로 그 책임을 추궁하는 사후적 처분인 형벌과 구별되어 그 본질을 달리하는 것이다.

③ 취업제한명령은 범죄인에 대한 사회 내 처우의 한 유형으로 형벌 그 자체가 아니라 보안처분의 성격을 가지는 것이다.

④ 「성폭력범죄자의 성충동 약물치료에 관한 법률」상 약물치료명령은 헌법이 보장하고 있는 신체의 자유와 자기결정권에 대한 침익적인 처분에 해당하지 않는다.

20 범죄의 피해자에 대한 설명으로 옳지 않은 것은?

① 「형법」에 의하면 피해의 정도뿐만 아니라 가해자와 피해자의 관계도 양형에 고려된다.

② 피해자는 제2심 공판절차에서는 사건이 계속된 법원에 「소송촉진 등에 관한 특례법」에 따른 피해배상을 신청할 수 없다.

③ 레클리스(Reckless)는 피해자의 도발을 기준으로 '가해자 – 피해자 모델'과 '피해자 – 가해자 – 피해자 모델'로 구분하고 있다.

④ 「범죄피해자보호기금법」에 의하면 형사소송법에 따라 집행된 벌금의 일부도 범죄피해자보호기금에 납입된다.

21 「성폭력범죄자의 성충동 약물치료에 관한 법률」상 성충동 약물치료에 대한 설명으로 옳지 않은 것은?

① 법원은 성충동 약물치료명령 청구가 이유 있다고 인정하는 때에는 15년의 범위에서 치료기간을 정하여 판결로 치료명령을 선고하여야 한다.

② 성충동 약물치료명령의 대상은 사람에 대하여 성폭력범죄를 저지른 성도착증 환자로서, 성폭력범죄를 다시 범할 위험성이 있다고 인정되는 19세 이상의 사람이다.

③ 성충동 약물치료명령 청구는 검사가 하며, 성충동 약물치료명령 청구대상자에 대하여 정신건강의학과 전문의의 진단이나 감정을 받은 후 치료명령을 청구하여야 한다.

④ 징역형과 함께 성충동 약물치료명령을 받은 사람이 치료감호의 집행 중인 경우, 치료명령 대상자 및 그 법정대리인은 치료명령이 집행될 필요가 없을 정도로 개선되어 성폭력범죄를 다시 범할 위험성이 없음을 이유로, 주거지 또는 현재지를 관할하는 지방법원에 치료명령의 집행 면제를 신청할 수 있다.

22 형사정책학의 연구대상과 연구방법에 대한 설명으로 옳지 않은 것은?

① 범죄학이나 사회학에서 말하는 일탈행위의 개념은 형법에서 말하는 범죄개념보다 더 넓다.

② 사회에 새롭게 등장한 법익침해행위를 형법전에 편입해야 할 필요성을 인정함에 사용되는 범죄개념은 형식적 범죄개념이다.

③ 헌법재판소의 위헌결정으로 폐지된 간통죄와 같이 기존 형법전의 범죄를 삭제해야 할 필요성을 인정함에 사용되는 범죄개념은 실질적 범죄개념이다.

④ 공식적 범죄통계를 이용하는 연구방법은 두 변수 사이의 2차원 관계 수준의 연구를 넘어서기 어렵다는 비판이 가능하다.

23 소년형사사건에 대한 설명으로 옳은 것은? (다툼이 있는 경우 판례에 의함)

① 「소년법」 제60조 제1항에 정한 '소년'은 소년법 제2조에 정한 19세 미만인 자를 의미하는 것으로, 이에 해당하는지는 행위 시를 기준으로 판단하여야 한다.

② 소년에 대한 부정기형을 집행하는 기관의 장은 형의 단기가 지난 소년범의 행형(行刑)성적이 양호하고 교정의 목적을 달성하였다고 인정되는 경우에는 관할 법원의 결정에 따라 그 형의 집행을 종료시킬 수 있다.

③ 15년 유기징역형을 선고받은 소년이 6년이 지나 가석방된 경우, 가석방된 후 그 처분이 취소되지 아니하고 9년이 경과한 때에 형의 집행을 종료한 것으로 한다.

④ 보호처분 당시 19세 이상인 것으로 밝혀진 경우를 제외하고는 「소년법」 제32조의 보호처분을 받은 소년에 대하여는 그 심리가 결정된 사건은 다시 공소를 제기하거나 소년부에 송치할 수 없다.

24 모피트(Moffitt)의 청소년기 한정형(adolescence—limited) 일탈의 원인으로 옳은 것만을 모두 고르면?

> ㄱ. 성숙의 차이(maturity gap)　　　　ㄴ. 신경심리적 결함(neuropsychological deficit)
> ㄷ. 사회모방(social mimicry)　　　　　ㄹ. 낮은 인지 능력(low cognitive ability)

① ㄱ, ㄴ　　　　② ㄱ, ㄷ　　　　③ ㄴ, ㄹ　　　　④ ㄷ, ㄹ

25 브레이스웨이트(Braithwaite)의 재통합적 수치심부여이론(reintegrative shaming theory)에 대한 설명으로 옳지 않은 것은?

① 재통합적 수치심 개념은 낙인이론, 하위문화이론, 기회이론, 통제이론, 차별접촉이론, 사회학습이론 등을 기초로 하고 있다.

② 해체적 수치심(disintegrative shaming)을 이용한다면 범죄자의 재범확률을 낮출 수 있으며, 궁극적으로는 사회의 범죄율을 감소시키는 효과를 기대할 수 있다.

③ 재통합적 수치심의 궁극적인 목표는 범죄자가 자신의 잘못을 진심으로 뉘우치고 사회로 복귀할 수 있도록 그들이 수치심을 느끼게 할 방법을 찾아내는 것이다.

④ 브레이스웨이트는 형사사법기관의 공식적 개입을 지양하며 가족, 사회지도자, 피해자, 피해자 가족 등 지역사회의 공동체 강화를 중시하는 '회복적 사법(restorative justice)'에 영향을 주었다.

2021년 보호7급 형사정책 기출문제

해설 178p

01 암수범죄(숨은 범죄)에 대한 설명으로 옳지 않은 것은?

① 수사기관에 의하여 인지되었으나 해결되지 않은 경우를 상대적 암수범죄라고 한다.

② 케틀레(Quetelet)의 정비례 법칙에 의하면, 공식적 범죄통계상의 범죄현상이 실제 범죄현상을 징표한다고 보기는 어렵다.

③ 피해자가 특정되지 않거나 간접적 피해자만 존재하는 경우, 암수범죄가 발생하기 쉽다.

④ 낙인이론이나 비판범죄학에 의하면 범죄화의 차별적 선별성을 암수범죄의 원인으로 설명한다.

02 「보호소년 등의 처우에 관한 법률」상 보호장비가 아닌 것은?

① 가스총   ② 보호복   ③ 머리보호장비   ④ 전자충격기

03 학습이론에 대한 설명으로 옳지 않은 것은?

① 타르드(Tarde)는 인간은 다른 사람들과 접촉하면서 관념을 학습하며, 행위는 자신이 학습한 관념으로부터 유래한다고 주장하였다.

② 서덜랜드(Sutherland)의 차별적 접촉이론(differential association theory)은 범죄자도 정상인과 다름없는 성격과 사고방식을 갖는다고 보는 데에서 출발한다.

③ 그레이저(Glaser)의 차별적 동일시이론(differential identification theory)은 자신과 동일시하려는 대상이나 자신의 행동을 평가하는 준거집단의 성격보다는 직접적인 대면접촉이 범죄학습 과정에서 더욱 중요하게 작용한다고 본다.

④ 조작적 조건화의 논리를 반영한 사회적 학습이론은 사회적 상호작용과 더불어 물리적 만족감(굶주림, 갈망, 성적 욕구 등의 해소)과 같은 비사회적 사항에 의해서도 범죄행위가 학습될 수 있다고 본다.

04 고전학파 범죄이론에 대한 설명으로 옳지 않은 것은?

① 사회계약설에 입각한 성문형법전의 제정이 필요하다고 주장하였다.

② 파놉티콘(Panopticon) 교도소를 구상하여 이상적인 교도행정을 추구하였다.

③ 인간의 합리적인 이성을 신뢰하지 않고 범죄원인을 개인의 소질과 환경에 있다고 하는 결정론을 주장하였다.

④ 심리에 미치는 강제로서 형벌을 부과해야 한다고 하는 심리강제설을 주장하였다.

05 일상활동이론(routine activities theory)의 범죄발생 요소에 해당하지 않는 것은?

① 동기화된 범죄자(motivated offenders)
② 비범죄적 대안의 부재(absence of non-criminal alternatives)
③ 적절한 대상(suitable targets)
④ 보호의 부재(absence of capable guardians)

06 「형사소송법」상 피해자 등 진술권에 대한 설명으로 옳지 않은 것은?

① 범죄로 인한 피해자 등의 신청으로 그 피해자등을 증인으로 신문하는 경우, 신청인이 출석통지를 받고도 정당한 이유 없이 출석하지 아니한 때에는 그 신청을 철회한 것으로 본다.
② 법원은 범죄로 인한 피해자를 증인으로 신문하는 경우 당해 피해자·법정대리인 또는 검사의 신청에 따라 피해자의 사생활의 비밀이나 신변보호를 위하여 필요하다고 인정하는 때에는 결정으로 심리를 공개하지 아니할 수 있다.
③ 법원은 동일한 범죄사실에서 피해자등의 증인신문을 신청한 그 피해자 등이 여러 명이라도 진술할 자의 수를 제한할 수 없다.
④ 법원이 범죄로 인한 피해자의 신청에 의하여 신문할 증인의 신문방식은 재판장이 정하는 바에 의한다.

07 「범죄피해자 보호법령」상 형사조정에 대한 설명으로 옳지 않은 것은?

① 피의자가 도주하거나 증거를 인멸할 염려가 있는 경우에는 형사조정에 회부하여서는 아니 된다.
② 각 형사조정사건에 대한 형사조정위원회(개별 조정위원회)는 3명 이내의 조정위원으로 구성한다.
③ 검사는 형사조정이 성립되지 아니하였다는 사정을 피의자에게 불리하게 고려하여서는 아니 된다.
④ 형사조정에 회부하는 것이 분쟁해결에 적합하다고 판단되는 경우에는 당사자의 동의가 없어도 조정절차를 개시할 수 있다.

08 「소년법」상 보호처분의 결정에 대한 항고와 관련한 설명으로 옳지 않은 것은?

① 항고를 제기할 수 있는 기간은 7일이며, 항고장은 원심 소년부에 제출하여야 한다.
② 항고는 보호처분의 결정의 집행을 정지시키는 효력이 있다.
③ 보호처분의 결정에 영향을 미칠 법령위반이 있거나 중대한 사실오인이 있는 경우뿐 아니라 처분이 현저히 부당한 경우에도 항고할 수 있다.
④ 사건 본인, 보호자 및 보조인 또는 그 법정대리인은 항고할 수 있다.

09 「보호소년 등의 처우에 관한 법률」상 보호소년 등의 처우와 교정교육에 대한 설명으로 옳지 않은 것은?

① 보호소년 등은 그 처우에 대하여 불복할 때에는 법무부장관에게 문서로 청원할 수 있다.

② 보호장비는 보호소년 등에 대하여 징벌의 수단으로 사용되어서는 아니 된다.

③ 보호소년 등이 사용하는 목욕탕, 세면실 및 화장실에 전자영상장비를 설치하여 운영하는 것은 자해 등의 우려가 큰 때에만 할 수 있다.

④ 소년분류심사원이 설치되지 아니한 지역에서는 소년분류심사원이 설치될 때까지 소년분류심사원의 임무는 소년을 분리 유치한 구치소에서 수행한다.

10 소년의 형사사건에 대한 설명으로 옳은 것은?

① 협의의 불기소처분 사건은 조건부 기소유예의 대상에서 제외된다.

② 법원은 판결만을 선고하는 경우라도 피고인인 소년에 대하여 변호인이 없거나 출석하지 아니한 때에는 국선변호인을 선정하여야 한다.

③ 소년에 대해 형의 선고유예 시에는 부정기형을 선고하지 못하나, 집행유예 시에는 부정기형을 선고할 수 있다.

④ 소년에 대한 부정기형을 집행하는 기관의 장은 교정목적이 달성되었다고 인정되는 경우에는 법원의 결정에 따라 그 형의 집행을 종료할 수 있다.

11 「전자장치 부착 등에 관한 법률」상 전자장치 부착명령에 대한 설명으로 옳지 않은 것은?

① 만 19세 미만의 자에 대하여 부착명령을 선고한 때에는 19세에 이르기까지 전자장치를 부착할 수 없다.

② 검사는 미성년자 대상 모든 유괴범죄자에 대하여 전자장치 부착명령을 법원에 청구하여야 한다.

③ 전자장치 부착명령은 검사의 지휘를 받아 보호관찰관이 집행한다.

④ 전자장치 부착명령의 임시해제 신청은 부착명령의 집행이 개시된 날로부터 3개월이 경과한 후에 하여야 한다.

12 「치료감호 등에 관한 법률」상 치료감호에 대한 설명으로 옳지 않은 것은?

① 검사는 심신장애인으로 금고 이상의 형에 해당하는 죄를 지은 자에 대하여 정신건강의학과 등의 전문의의 진단이나 감정을 받은 후, 치료감호를 청구하여야 한다.

② 구속영장에 의하여 구속된 피의자에 대하여 검사가 공소를 제기하지 아니하는 결정을 하고 치료감호 청구만을 하는 때에는 구속영장은 치료감호영장으로 보며 그 효력을 잃지 아니한다.

③ 약식명령이 청구된 후 치료감호가 청구되었을 때에는 약식명령청구는 그 치료감호가 청구되었을 때부터 공판절차에 따라 심판하여야 한다.

④ 피치료감호자 등의 텔레비전 시청, 라디오 청취, 신문·도서의 열람은 일과시간이나 취침시간 등을 제외하고는 자유롭게 보장된다.

13 코헨(Cohen)이 주장한 비행하위문화의 특징에 해당하지 않는 것은?

① 자율성(autonomy) : 다른 사람의 간섭을 받기 싫어하는 태도나 자기 마음대로 행동하려는 태도로서 일종의 방종을 의미한다.

② 악의성(malice) : 중산층의 문화나 상징에 대한 적대적 표출로서 다른 사람에게 불편을 주는 행동, 사회에서 금지하는 행동을 하는 것을 즐긴다.

③ 부정성(negativism) : 기존의 지배문화, 인습적 가치에 반대되는 행동을 추구하며, 기존 어른들의 문화를 부정하는 성향을 갖는다.

④ 비합리성(non−utilitarianism) : 합리성의 추구라는 중산층 가치에 반대되는 것으로 합리적 계산에 의한 이익에 따라서 행동하는 것이 아니라 스릴과 흥미 등에 따른 행동을 추구한다.

14 선고유예 및 가석방에 대한 설명으로 옳지 않은 것은? (다툼이 있는 경우 판례에 의함)

① 선고유예 판결에서도 그 판결 이유에서는 선고형을 정해 놓아야 하고, 그 형이 벌금형일 경우에는 벌금액뿐만 아니라 환형유치처분까지 해두어야 한다.

② 형의 집행유예의 선고가 실효 또는 취소됨이 없이 정해진 유예기간을 경과하여 형의 선고가 효력을 잃게 되었더라도, 이는 선고유예 결격사유인 자격정지 이상의 형을 받은 전과가 있는 경우에 해당한다.

③ 형기에 산입된 판결선고 전 구금일수는 가석방에 있어 집행을 경과한 기간에 산입한다.

④ 사형을 무기징역으로 특별감형한 경우, 사형집행 대기기간을 처음부터 무기징역을 받은 경우와 동일하게 가석방요건 중의 하나인 형의 집행기간에 산입할 수 있다.

15 사회봉사명령에 대한 설명으로 옳지 않은 것은? (다툼이 있는 경우 판례에 의함)

① 법원이 형의 집행을 유예하는 경우 명할 수 있는 사회봉사는 500시간 내에서 시간 단위로 부과될 수 있는 일 또는 근로활동을 의미하는 것으로 해석된다.

② 보호관찰관은 사회봉사명령의 집행을 국공립기관이나 그 밖의 단체에 위탁한 때에는 이를 법원 또는 법원의 장에게 통보하여야 한다.

③ 사회봉사의 도움을 필요로 하는 일반 국민들에게 직접 지원분야를 신청받아 관할 보호관찰소에서 적절성을 심사한 후, 사회봉사명령대상자를 투입하여 무상으로 사회봉사명령을 집행할 수 있다.

④ 500만 원 이하의 벌금형이 확정된 벌금 미납자는 검사의 납부명령일로부터 30일 이내에 주거지를 관할하는 보호관찰관에게 사회봉사를 신청할 수 있다.

16 「범죄피해자 보호법」상 범죄피해 구조제도에 대한 설명으로 옳은 것은? (다툼이 있는 경우 판례에 의함)

① 사실혼 관계에 있는 배우자는 구조금을 받을 수 있는 유족에 포함되지 않는다.

② 유족구조금은 범죄행위로 인한 손실 또는 손해를 전보하기 위하여 지급된다는 점에서 불법행위로 인한 소극적 손해의 배상과 같은 종류의 금원에 해당하지 않는다.

③ 국가 간 상호보증과 무관하게 구조피해자나 유족이 외국인이라도 구조금 지급대상이 된다.

④ 범죄피해자 구조청구권의 대상이 되는 범죄피해에 해외에서 발생한 범죄피해의 경우를 포함하고 있지 아니한 것은 평등원칙에 위배되지 아니한다.

17 벌금형 제도에 대한 설명으로 옳지 않은 것은? (다툼이 있는 경우 판례에 의함)

① 벌금형의 집행을 위한 검사의 명령은 집행력 있는 채무명의와 동일한 효력이 있다.

② 500만원 이하 벌금형을 선고할 경우 피고인의 사정을 고려하여 100만원만 집행하고 400만원은 집행을 유예할 수 있다.

③ 벌금을 납입하지 아니한 자는 1일 이상 3년 이하의 기간 노역장에 유치하여 작업에 복무하게 한다.

④ 벌금형에 따르는 노역장 유치는 실질적으로 자유형과 동일하므로, 그 집행에 대하여는 자유형의 집행에 관한 규정이 준용된다.

18 (가)∼(라)의 보호관찰 기간을 모두 더하면?

(가) 「형법」상 선고유예를 받은 자의 보호관찰 기간
(나) 「형법」상 실형 5년을 선고받고 3년을 복역한 후 가석방된 자의 보호관찰 기간(허가행정관청이 필요가 없다고 인정한 경우 제외)
(다) 「소년법」상 단기 보호관찰을 받은 소년의 보호관찰 기간
(라) 「치료감호 등에 관한 법률」상 피치료감호자에 대한 치료감호가 가종료된 자의 보호관찰 기간

① 6년 ② 7년 ③ 8년 ④ 9년

19 회복적 사법(restorative justice)을 지지할 수 있는 이론으로 옳지 않은 것은?

① 코헨과 펠슨(Cohen & Felson)의 일상활동이론(routine activities theory)

② 레머트(Lemert)의 낙인이론(labeling theory)

③ 퀴니와 페핀스키(Quinney & Pepinsky)의 평화구축범죄학(peace−making criminology)

④ 브레이스웨이트(Braithwaite)의 재통합적 수치심부여이론(reintegrative shaming theory)

20 낙인이론에 대한 설명으로 옳지 않은 것은?

① 낙인이론에 따르면 범죄자에 대한 국가개입의 축소와 비공식적인 사회 내 처우가 주된 형사정책의 방향으로 제시된다.
② 슈어(Schur)는 이차적 일탈로의 발전은 정형적인 것이 아니며 사회적 반응에 대한 개인의 적응노력에 따라 달라질 수 있다고 주장하였다.
③ 레머트(Lemert)는 일탈행위에 대한 사회적 반응은 크게 사회구성원에 의한 것과 사법기관에 의한 것으로 구분할 수 있고, 현대사회에서는 사회구성원에 의한 것이 가장 권위 있고 광범위한 영향력을 행사하는 것으로 보았다.
④ 베커(Becker)는 일탈자라는 낙인은 그 사람의 지위를 대변하는 주된 지위가 되어 다른 사람들과의 상호작용에 부정적인 영향을 미치는 요인이 되는 것으로 설명하였다.

21 소년법령상 화해권고제도에 대한 설명으로 옳지 않은 것은?

① 소년부 판사는 소년의 품행을 교정하고 피해자를 보호하기 위하여 필요하다고 인정하면 소년에게 피해 변상 등 피해자와의 화해를 권고할 수 있다.
② 소년부 판사는 피해자와의 화해를 위하여 필요하다고 인정하면 기일을 지정하여 소년, 보호자 또는 참고인을 소환할 수 있다.
③ 소년부 판사는 소년이 화해권고에 따라 피해자와 화해하였을 경우에는 보호처분을 결정할 때 이를 고려할 수 있다.
④ 소년부 판사는 심리를 시작하기 전까지 화해를 권고할 수 있고, 화해권고기일까지 소년, 보호자 및 피해자의 서면동의를 받아야 한다.

22 소년부 판사가 결정으로 그 기간을 연장할 수 있는 보호처분만을 모두 고르면?

> ㄱ. 보호관찰관의 단기 보호관찰
> ㄴ. 병원, 요양소 또는 보호소년 등의 처우에 관한 법률 에 따른 의료재활소년원에 위탁
> ㄷ. 장기 소년원 송치
> ㄹ. 보호자 또는 보호자를 대신하여 소년을 보호할 수 있는 자에게 감호위탁

① ㄱ, ㄷ   ② ㄴ, ㄷ   ③ ㄴ, ㄹ   ④ ㄷ, ㄹ

23 범죄원인에 대한 설명으로 옳은 것은?

① 퀴니(Quinney)는 대항범죄(crime of resistance)의 예로 살인을 들고 있다.

② 레클리스(Reckless)는 범죄를 유발하는 압력요인으로 불안감을 들고 있다.

③ 중화기술이론에서 세상은 모두 타락했고, 경찰도 부패했다고 범죄자가 말하는 것은 책임의 부정에 해당한다.

④ 부모 등 가족구성원이 실망할 것을 우려해서 비행을 그만두는 것은 사회유대의 형성방법으로서 애착(attachment)에 의한 것으로 설명할 수 있다.

24 형벌의 목적에 대한 설명으로 옳지 않은 것은?

① 응보형주의는 개인의 범죄에 대하여 보복적인 의미로 형벌을 과하는 것이다.

② 교육형주의는 범죄인의 자유박탈과 사회로부터의 격리를 교육을 위한 수단으로 본다.

③ 응보형주의에 의하면 범죄는 사람의 의지에 의하여 발생하는 것이 아니라 사회환경 및 사람의 성격에 의하여 발생하는 것이다.

④ 현대의 교정목적은 응보형주의를 지양하고, 교육형주의의 입장에서 수형자를 교정·교화하여 사회에 복귀시키는 데에 중점을 둔다.

25 전환제도(diversion)의 장점이 아닌 것은?

① 형사사법 대상자 확대 및 형벌 이외의 비공식적 사회통제망 확대

② 구금의 비생산성에 대한 대안적 분쟁해결방식 제공

③ 법원의 업무경감으로 형사사법제도의 능률성 및 신축성 부여

④ 범죄적 낙인과 수용자 간의 접촉으로 인한 부정적 위험 회피

실전 모의고사

1 형사정책 모의고사

해설 185p

01 「범죄피해자 보호법」상 구조대상이 되는 범죄는?

① 살인   ② 직권남용   ③ 배임   ④ 해킹

02 범죄피해자가 형사사법절차를 통하여 받을 수 있는 피해자화는?

① 제1차 피해자화   ② 제2차 피해자화
③ 제3차 피해자화   ④ 제4차 피해자화

03 형의 유예제도에 대한 내용으로 적절하지 않은 것은?

① 선고유예에 대한 보호관찰의 기간은 1년으로 한다.
② 집행유예에 대한 보호관찰의 기간은 집행을 유예한 기간으로 함을 원칙으로 한다.
③ 집행유예 선고 시 보호관찰, 사회봉사 또는 수강을 명할 수 있다.
④ 선고유예 선고 시 보호관찰, 사회봉사 또는 수강을 명할 수 있다.

04 보호관찰, 사회봉사명령, 수강명령에 대한 설명으로 옳지 않은 것으로만 묶인 것은?

> ㉠ 형의 집행을 유예하는 경우, 보호관찰을 받을 것을 명하거나 사회봉사 또는 수강을 명할 수 있다. 이 경우 보호관찰, 사회봉사, 수강명령은 모두 동시에 명할 수 없다.
> ㉡ 집행유예 시 보호관찰기간은 형의 집행을 유예한 기간으로 한다. 다만, 법원은 유예기간의 범위 내에서 보호관찰기간을 정할 수 있다.
> ㉢ 사회봉사명령은 500시간 범위 내에서 일정시간동안 무보수로 근로에 종사하도록 하는 제도이다. 다만, 소년의 경우 사회봉사명령은 200시간 이내이다. 사회봉사명령은 집행 유예기간에 상관없이 이를 집행할 수 있다.
> ㉣ 수강명령은 200시간 이내에서 일정시간 동안 지정된 장소에 출석하여 강의, 훈련 또는 상담을 받게 하는 제도이다. 소년의 경우 만 12세 이상의 소년에게만 부과할 수 있고 시간은 100시간 이내이다.
> ㉤ 사회봉사명령이나 수강명령은 원상회복과 함께 자유형에 대한 대체수단으로 우리나라 에서는 「형법」에 먼저 도입되었고 「소년법」에 확대 적용되었다.

① ㉠, ㉡, ㉢, ㉣   ② ㉠, ㉢, ㉤   ③ ㉡, ㉣, ㉤   ④ ㉢, ㉣

05 보안처분제도의 특징으로 보기 어려운 것은?

① 범죄위험성을 근거로 한다.
② 예방주의 내지 사회방위사상을 실현하기 위한 제도이다.
③ 행위자의 과거 책임성에 따라 부과하는 형벌 이외의 정책적 제재이다.
④ 사람뿐만 아니라 물건에 대해서도 보안처분이 부과될 수 있다.

06 「보호관찰 등에 관한 법률」상 사회봉사명령과 수강명령에 대한 설명으로 옳지 않은 것은?

① 법원은 「형법」 제62조의2에 따른 사회봉사를 명할 때에는 500시간, 수강을 명할 때에는 200시간의 범위에서 그 기간을 정하여야 한다. 다만, 다른 법률에 특별한 규정이 있는 경우에는 그 법률에서 정하는 바에 따른다.
② 법원은 「형법」 제62조의2에 따른 사회봉사 또는 수강을 명하는 판결이 확정된 때부터 3일 이내에 판결문 등본 및 준수사항을 적은 서면을 피고인의 주거지를 관할하는 보호관찰소의 장에게 보내야 한다.
③ 사회봉사·수강명령 대상자는 주거를 이전하거나 10일 이상의 국외여행을 할 때에는 미리 보호관찰관에게 신고하여야 한다.
④ 사회봉사·수강명령 대상자가 사회봉사·수강명령 집행 중 금고 이상의 형의 집행을 받게 된 때에는 해당 형의 집행이 종료·면제되거나 사회봉사·수강명령 대상자가 가석방된 경우 잔여 사회봉사·수강명령을 집행한다.

07 비형벌화(Depenalization)에 관한 설명으로 옳지 않은 것은?

① 비형벌화란 형벌 대신에 다른 제재를 가하는 것을 말한다.
② 소년범죄·사상범죄 등이 논의의 대상이 될 수 있다.
③ 형벌을 행정벌로 전환하는 것은 비형벌화라고 볼 수 없다.
④ 기소유예·집행유예 등은 형사사법상 비형벌화의 대표적인 경우이다.

08 범죄피해자조사에 관한 설명으로 옳은 것은?

① 범죄예방대책 자료로 활용할 수 없다.
② 조사대상자에게 범죄피해에 대한 경험이 있는지를 묻고 응답을 통해 수집한다.
③ 범죄피해자의 특성을 파악하기 어렵다.
④ 공식통계에 비해 암수범죄를 파악하기 어렵다.

09 형벌과 보안처분의 관계에 관한 설명 중 옳지 않은 것은?

① 이원주의는 형벌의 본질이 책임을 전제로 한 응보이고, 보안처분은 장래의 위험성에 대한 사회방위처분이라는 점에서 양자의 차이를 인정한다.

② 대체주의는 형벌과 보안처분이 선고되어 보안처분이 집행된 경우 그 기간을 형기에 산입하여야 한다고 한다.

③ 일원주의는 형벌과 보안처분의 목적을 모두 사회방위와 범죄인의 교육·개선으로 보고, 양자 중 어느 하나만을 적용하자고 한다.

④ 일원주의는 행위자의 반사회적 위험성을 척도로 하여 일정한 제재를 부과하는 것이 행위책임원칙에 적합하다고 한다.

10 다음 중 「전자장치 부착 등에 관한 법률」상 전자장치 부착명령에 대한 설명으로 가장 옳지 않은 것은?

① 전자장치 부착명령은 검사의 지휘를 받아 보호관찰관이 집행한다.

② 전자장치 부착명령의 임시해제 신청은 부착명령의 집행이 개시된 날부터 3개월이 경과한 후에 하여야 한다.

③ 전자장치가 부착된 자는 주거를 이전하거나 7일 이상의 국내여행을 하거나 출국할 때에는 미리 보호관찰관의 허가를 받아야 한다.

④ 성폭력범죄, 미성년자 대상 유괴범죄, 살인범죄, 강도범죄 및 방화범죄가 전자장치 부착 대상 범죄이다.

11 롬브로조의 범죄인 분류방법 중 범죄의 위험성은 없으나, 자신의 생존이나 명예를 지키기 위하여 범행할 수 있는 자는?

① 준범죄인   ② 사이비범죄인
③ 잠재적 범죄인   ④ 기회범죄인

12 범죄생물학적 관점의 연구와 관련이 없는 것은?

① 가계연구   ② 쌍생아연구   ③ 인성연구   ④ 호르몬연구

13 다음 범죄학자들의 공통된 이론은?

롬브로조(Lombroso)	고링(Goring)	셸던(Sheldon)

① 정치학적 원인론   ② 생물학적 원인론
③ 사회학적 원인론   ④ 심리학적 원인론

14 다음이 설명하는 소년보호제도의 기본이념은?

- 국가는 모든 국민의 보호자로서 부모가 없거나 있어도 자녀를 보호해 줄 수 없는 경우에는 국가가 부모를 대신해서 보호해 주어야 한다.
- 비행청소년에 대해 국가가 보호자를 대신해서 보호 의무를 이행해야 한다.

① 응보주의   ② 의무주의   ③ 국친사상   ④ 친근사상

15 「소년법」상 보호처분의 결정에 대한 항고와 관련한 설명으로 옳지 않은 것은?

① 항고를 제기할 수 있는 기간은 7일이며, 항고장은 원심 소년부에 제출하여야 한다.
② 항고는 보호처분의 결정의 집행을 정지시키는 효력이 있다.
③ 보호처분의 결정에 영향을 미칠 법령위반이 있거나 중대한 사실오인이 있는 경우뿐 아니라 처분이 현저히 부당한 경우에도 항고할 수 있다.
④ 사건 본인, 보호자 및 보조인 또는 그 법정대리인은 항고할 수 있다.

16 머튼(Robert K. Merton)의 긴장이론(Strain Theory)에 대한 설명으로 옳지 않은 것은?

① 사회 내에 문화적으로 널리 받아들여진 가치와 목적, 그리고 그것을 실현하고자 사용하는 수단 사이에 존재하는 괴리가 아노미적 상황을 이끌어낸다고 보았다.
② 특정 사회 내의 다양한 문화와 추구하는 목표의 다양성을 무시하고 있다.
③ 다섯 가지 적응유형 중에 혁신형(Innovation)이 범죄의 가능성이 제일 높은 유형이라고 보았다.
④ 하급계층을 포함한 모든 계층이 경험할 수 있는 긴장을 범죄의 주요 원인으로 제시하였다.

17 맛차(D. Matza)의 표류이론에 관한 설명으로 옳지 않은 것은?

① 코헨의 비행부문화이론을 계승하여 이를 더욱 발전시켰다.
② 비행소년은 비행과 무비행의 생활양식 사이에서 표류하고 있는 존재에 불과하다는 이론이다.
③ 비행자는 비범죄적 행동양식에 차별적으로 사회화되어 범죄로 나아가는 것이 아니라고 주장하여 서덜랜드의 차별적 접촉이론을 비판하였다.
④ 느슨한 사회통제가 소년을 비행으로 유인한다고 보았다.

18 에이커스(R. Akers)의 사회학습이론(Social Learning Theory)에 대한 설명으로 옳은 것을 모두 고른 것은?

> ㉠ 사회구조적 요인은 개인의 행동에 간접적인 영향을 미치고, 사회학습변수는 개인의 행동에 직접적인 영향을 미친다고 본다.
> ㉡ 스키너(B. Skinner)의 행동주의심리학의 조작적 조건화 원리를 도입하였다.
> ㉢ 사회적 강화나 자극을 강조하는 반면, 비사회적 강화나 자극의 범죄관련성은 철저히 부정한다.
> ㉣ 사회적 상호작용만을 중시하고 개인의 욕구와 같은 비사회적 사정들을 배제시킨 이론이라는 점에 특징이 있다.

① ㉠, ㉡   ② ㉡, ㉢   ③ ㉠, ㉢   ④ ㉢, ㉣

19 낙인이론에 관한 다음 설명 중 옳은 것은?

① 형법규범의 구성요건표지가 서술적 성격을 가지고 있다고 주장한다.
② 결정론에 입각한 낙인이론은 외부 환경적 요인뿐 아니라 내적 자아의 역할에 주목한다.
③ 범죄에 대한 거시적이고 역사적인 방법을 선호한다.
④ 최초의 일탈원인을 분석하는 데 유용하다.

20 다음과 관련 있는 범죄이론은?

> • 개인적 권력, 집단 권력과 형법 제정의 관계
> • 자본주의, 자유기업경제와 범죄율과의 관계
> • 퀴니(Quinney), 챔블리스(Chambliss)가 대표학자

① 억제이론   ② 환경범죄학이론
③ 생활양식노출이론   ④ 비판범죄론

해설 189p

01 합리적 선택이론에 대한 설명으로 옳지 않은 것은?

① 합리적 선택이론은 인간의 자유의지를 인정하지 않는 결정론적인 인간관에 입각하여 범죄자는 자신에게 유리한 경우에 범죄를 행한다고 본다.

② 클라크 & 코니쉬의 합리적 선택이론은 체포의 위험성과 처벌의 확실성을 높여 효과적으로 범죄를 예방할 수 있다.

③ 합리적 선택이론은 사람들이 이윤을 극대화하고 손실을 최소화하기 위한 결정을 한다는 경제학의 기대효용원리에 기초하고 있다.

④ 합리적 선택이론에 따르면 범죄자는 주어진 조건에서 자신의 이익에 가장 유리한 것을 선택하게 되므로 그 합리적 선택에 따라 범죄의 실행 여부를 결정한다.

02 회복적 사법에 관한 설명으로 옳은 것은?

① 사회방위를 통한 공동체의 안녕과 질서회복에 중점을 둔다.

② 범죄로 인한 피해자의 물질적 피해의 회복에 그 목적을 둔다.

③ 회복적 사법에 있어 가족집단 회합모델(family group conference)은 뉴질랜드 마오리족의 전통에서 유래하였다.

④ 범죄는 사회적 병리현상이라는 관념을 이론적 토대로 한다.

03 선고유예제도에 관한 설명 중 옳지 않은 것으로 묶인 것은?

㉠ 일정한 기간 동안 형의 선고를 유예하고, 그 유예기간이 경과하면 면소된 것으로 간주하는 제도이다.
㉡ 14세기 영국보통법의 관행인 서약제도에서 유래하였다.
㉢ 일반예방효과의 목적달성을 위한 책임주의의 중대한 양보를 의미한다.
㉣ 1년 이하의 징역이나 금고의 형을 선고할 경우가 그 요건이다.

① ㉠, ㉡   ② ㉠, ㉣   ③ ㉡, ㉢   ④ ㉢, ㉣

04 단기자유형에 대한 문제점으로 옳지 않은 것은 모두 몇 개인가?

> ㉠ 구금시설의 과밀화 및 악풍감염의 우려가 있다.
> ㉡ 과실범죄자, 청소년범죄자에게 충격요법의 효과를 줄 수 있다.
> ㉢ 전과자로 낙인찍혀 사회복귀를 어렵게 할 수 있다.
> ㉣ 단기자유형도 누범문제에 포함되므로 3년 동안 집행유예의 결격사유가 된다.
> ㉤ 수형자의 구금으로 가족의 경제력이 파탄되기 쉽다.

① 1개   ② 2개   ③ 3개   ④ 4개

05 보안처분 법정주의에 관한 설명으로 옳지 않은 것은?

① 보안처분의 종류 · 요건 · 효과 등은 법률에 규정되어야 한다는 것을 의미한다.
② 보안처분에는 소급효금지의 원칙이 적용되지 않는다는 것이 다수설의 입장이다.
③ 우리 대법원은 1997.6.13 판결을 통해 개정 형법 제62조의2에서 규정하고 있는 보호관찰처분은 재판 시의 규정에 의하여 그 이전의 행위자에 대하여 보호관찰을 명할 수 없다고 판시하였다.
④ 보안처분도 유추해석이 금지된다는 것이 다수설이다.

06 「범죄피해자 보호법」에 의할 때 국가에 의한 범죄피해자구조금의 지급대상이 되는 경우는?

① 전치 8주의 폭행치상을 당한 자가 피해의 전부를 가해자로부터 배상받은 경우
② 10억원의 사기피해를 당한 자가 가해자로부터 5억원만 배상받은 경우
③ 강도상해를 당하여 반신불수가 된 자가 가해자로부터 배상받지 못한 경우
④ 단순폭행을 당한 자가 가해자로부터 일부 배상을 받았지만 피해자가 가난하여 생계유지가 곤란한 경우

07 암수조사방법 중 자기보고방법(self-report)에 관한 설명으로 옳지 않은 것은?

① 암수범죄를 파악하는 데에 유용하다.
② 일정한 집단을 대상으로 개개인의 범죄를 스스로 보고하게 하는 방식이다.
③ 강력범죄의 암수범죄를 파악하는 데에 유용하다.
④ 다양한 종류의 범죄를 모두 조사하기 곤란하다.

08 참여관찰(participant observation)에 관한 설명으로 옳지 않은 것은?

① 자연관찰의 고릴라와 동물원의 고릴라가 서로 다른 행태를 보이는 것에 착안한 조사방법이다.

② 일탈자의 일상생활을 자연스럽게 관찰할 수 있다는 장점이 있다.

③ 체포되지 않은 자만을 연구대상으로 하므로 시설에 수용된 자를 대상으로 삼을 수는 없다.

④ 사례의 관찰에 걸리는 시간이 길기 때문에 대규모 집단을 대상으로 실시하기 어렵다는 단점이 있다.

09 다음 설명 중 옳은 것은?

① 범죄인을 범죄동기에 따라 이욕범, 곤궁범, 격정범, 유쾌범, 정치범으로 구분하기도 한다.

② 젠더폭력에는 리벤지포르노, 데이트강간, 학교폭력 등이 해당된다.

③ FBI는 주거침입절도와 단순절도의 차이점은 타인의 재물을 절취하기 위해 주거를 위한 건축물을 불법적으로 침입했는지 여부가 중요하며, 침입을 위해서는 반드시 무력이 필요하다는 입장이다.

④ Gardner & Anderson은 미국의 경우, 50주의 형법에 따라 강도의 유형은 상이하나, 강도범죄를 크게 침입강도, 인질강도, 주거침입강도, 차량탈취강도로 구분한다.

10 보호관찰소의 조사제도에 대한 설명으로 옳지 않은 것은?

① 「보호관찰 등에 관한 법률」 제19조에 따른 판결 전 조사는 법원이 「형법」 제59조의2 및 제62조의2에 따른 보호관찰, 사회봉사 또는 수강을 명하기 위하여 필요하다고 인정되는 경우에 조사를 요구할 수 있는 것을 말한다.

② 「보호관찰 등에 관한 법률」 제19조의2에 따른 결정 전 조사는 법원이 「소년법」 제12조에 따라 소년보호사건뿐만 아니라 소년형사사건에 대한 조사 또는 심리를 위하여 필요하다고 인정되는 경우에 조사를 의뢰하는 것을 말한다.

③ 「소년법」 제49조의2에 따른 검사의 결정 전 조사는 검사가 소년피의사건에 대하여 소년부 송치, 공소제기, 기소유예 등의 처분을 결정하기 위하여 필요하다고 인정되는 경우에 조사를 요구할 수 있는 것을 말한다.

④ 「전자장치 부착 등에 관한 법률」 제6조에 따른 청구 전 조사는 검사가 전자장치 부착명령을 청구하기 위하여 필요하다고 인정하는 경우에 조사를 요청할 수 있는 것을 말한다.

11 형벌과 보안처분에 대한 설명으로 옳지 않은 것은? (다툼이 있는 경우 판례에 의함)

① 형벌은 행위자가 저지른 과거의 불법에 대한 책임을 전제로 부과되는 제재이다.

② 보안처분은 행위자의 재범의 위험성에 근거한 것으로 책임능력이 있어야 부과되는 제재이다.

③ 이원주의에 따르면 형벌은 책임을, 보안처분은 재범의 위험성을 전제로 부과되는 것으로 양자는 그 기능이 다르다고 본다.

④ 일원주의에 따르면 형벌과 보안처분이 모두 사회방위와 범죄인의 교육 및 개선을 목적으로 하므로 본질적 차이가 없다고 본다.

12 범죄학에 관한 학자와 그 이론의 연결이 옳지 않은 것은?

ㄱ. 롬브로조(C. Lombroso)	a. 체형이론
ㄴ. 페리(E. Ferri)	b. 범죄인류학, 생래적 범죄인
ㄷ. 슐징어(Schulsinger)	c. 쌍생아연구
ㄹ. 랑게(J. Lange)	d. 범죄사회학, 범죄포화법칙

① ㄱ－b   ② ㄴ－d   ③ ㄷ－a   ④ ㄹ－c

13 생물학적 범죄원인론에 대한 설명으로 틀린 것은?

① 행위자 개인의 기본적 특성인 소질을 강조한다.
② 다윈의 진화론으로부터 영향을 받았다.
③ 크레취머와 셸던은 체형과 정신적인 기질의 일치 정도를 연구함으로써 생물학적 범죄원인론을 발전시켰다.
④ 롬브로조는 생래적 범죄인, 기회범죄인, 과실범죄인, 잠재적 범죄인으로 범죄인을 분류하였다.

14 다음은 네 가지의 사회적 범죄원인론의 내용을 설명한 것이다. 이와 관련이 없는 것은?

> ㉠ 사람들이 법률을 위반해도 무방하다는 관념을 학습한 정도가 법률을 위반하면 안 된다는 관념을 학습한 정도보다 클 때에 범죄를 저지르게 된다.
> ㉡ 중산층의 가치나 규범을 중심으로 형성된 사회의 중심문화와 빈곤계층 출신 소년들에게 익숙한 생활 사이에는 긴장이나 갈등이 발생하며, 이러한 긴장관계를 해결하려는 시도에서 비행문화가 형성되어 이로 인해 범죄가 발생한다.
> ㉢ 조직적인 범죄활동이 많은 지역에서는 범죄기술을 배우거나 범죄조직에 가담할 기회가 많으므로 범죄가 발생할 가능성이 큰 반면, 조직적인 범죄활동이 없는 지역에서는 비합법적인 수단을 취할 수 있는 기회가 제한되어 있으므로 범죄가 발생할 가능성이 적다.

① 문화갈등이론(Culture Conflict Theory)
② 차별적 기회구조이론(Differential Opportunity Theory)
③ 차별적 접촉이론(Differential Association Theory)
④ 비행하위문화이론(Delinquent Subculture Theory)

15 현행 「전자장치 부착 등에 관한 법률」에 의할 때 검사가 성폭력범죄를 범한 자로서 성폭력범죄를 다시 범할 위험성이 있다고 인정되는 사람에 대하여 전자장치부착을 청구할 수 없는 경우는?

① 강간죄로 전자장치를 부착받은 전력이 있는 사람이 다시 강간죄를 저지른 때

② 강간죄를 2회 범하여 그 습벽이 인정된 때

③ 강간죄로 징역형의 실형을 선고받은 사람이 그 집행을 종료한 후 12년이 되는 해에 강간죄를 저지른 때

④ 16세인 사람을 강간한 자가 아직 18세인 때

16 각각의 범죄원인론에 대한 비판을 잘못 연결한 것은?

① 베카리아(Beccaria)의 고전학파이론 – 형벌 중심의 범죄원인론으로서 범죄를 유발하는 외부적 영향에 대한 고려가 부족하다.

② 머튼(Merton)의 아노미이론 – 범죄통계에서 범죄자가 하류계층에 가장 많은 이유를 설명하지 못한다.

③ 코헨(Cohen)의 비행하위문화이론 – 하위계층의 비행소년들이 자신의 행동을 후회하는 이유를 설명하지 못한다.

④ 레클리스(Reckless)의 자아관념이론 – 긍정적 자아개념이 어떻게 생성되는가를 설명하지 못한다.

17 통제이론에 관한 설명으로 옳은 것은?

① 통제이론은 "사람들이 왜 범죄행위로 나아가지 않고 합법적인 행동을 하는가"라는 물음에 중점을 두고 있다.

② 통제이론의 공통된 견해는 생물학적이거나 심리학적 혹은 사회적인 특정 요인이 사람들로 하여금 범죄에 빠지게 한다는 것이다.

③ 갓프레드슨(Gottfredson)은 인간의 본성은 악하기 때문에 그냥 두면 범죄를 저지를 위험성이 높아 어릴 때부터 부모나 주변 사람들과의 정서적 유대를 강화하여 행동을 통제해야 한다고 강조했다.

④ 갓프레드슨과 허쉬는 성인기 사회유대의 정도가 한 개인의 자기통제능력을 변화시킬 수 있다고 주장한다.

18 형벌 법령에 저촉되는 행위를 할 우려가 있는 우범소년도 「소년법」의 규율대상으로 하는 것과 직접적으로 관계되는 원칙은?

① 예방주의   ② 과학주의

③ 당사자주의   ④ 개별주의

19 낙인이론의 관점에 대한 설명으로 옳지 않은 것은?

① 범죄자에 대한 부정적인 사회적 반응이 범죄문제를 악화시키는 근본적 원인이라고 주장한다.
② 규범이나 가치에 대하여 단일한 사회적 합의가 존재한다는 관점에 입각하고 있다.
③ 범죄는 행위의 속성이 아니고, 법적·제도적 통제기관의 행태에서 생긴 산물이라고 본다.
④ 사회구조보다는 사회과정에 관심을 두고 있다.

20 「소년법」에 대한 설명으로 옳지 않은 것은?

① 범죄소년의 연령은 14세 이상 19세 미만, 촉법소년의 연령은 10세 이상 14세 미만이다.
② 수강명령은 12세 이상의 소년에게만, 장기 소년원 송치는 14세 이상의 소년에게만 할 수 있다.
③ 법원은 소년에 대한 피고사건을 심리한 결과 보호처분에 해당할 사유가 있다고 인정하면 결정으로써 사건을 관할 소년부에 송치하여야 한다. 그러나 소년부는 송치받은 사건을 조사 또는 심리한 결과 사건의 본인이 19세 이상인 것으로 밝혀지면 결정으로써 송치한 법원에 사건을 다시 이송하여야 한다.
④ 수강명령은 100시간을, 사회봉사명령은 200시간을 초과할 수 없다.

형사정책 모의고사

해설 194p

01 브랜팅햄과 파우스트(Brantingham & Faust)의 범죄예방에 관한 설명으로 옳은 것은?

① 환경설계는 2차적 범죄예방이다.
② 범죄예방교육은 3차적 범죄예방이다.
③ 재범예방프로그램은 2차적 범죄예방이다.
④ 브랜팅햄과 파우스트의 범죄예방모델은 질병예방의 보건의료모형을 차용하였다.

02 범죄자의 가해행위를 유발시킨 피해자, 부주의에 의한 피해자 등은 멘델존(Mendelsohn)의 피해자 유형 중 어느 것에 해당하는가?

① 책임 없는 피해자
② 조금 책임 있는 피해자
③ 가해자와 같은 정도의 책임이 있는 피해자
④ 가해자보다 더 책임 있는 피해자

03 「범죄피해자 보호법」상 범죄피해자를 위한 지원에 대한 설명으로 옳지 않은 것은?

① 국가 또는 지방자치단체는 법무부장관에게 등록한 범죄피해자 지원법인의 건전한 육성과 발전을 위하여 필요한 경우에는 예산의 범위에서 등록법인에 운영 또는 사업에 필요한 경비를 보조할 수 있다.
② 범죄피해구조금 지급에 관한 사항을 심의·결정하기 위하여 각 지방검찰청에 범죄피해구조심의회를 둔다.
③ 검사는 피의자와 범죄피해자 사이에 범죄피해자가 입은 피해를 실질적으로 회복하는 데 필요하다고 인정되더라도 당사자의 신청이 없으면 수사 중인 형사사건을 형사 조정에 회부할 수 없다.
④ 국가는 구조피해자나 유족이 해당 구조대상 범죄피해를 원인으로 하여 손해배상을 받았으면 그 범위에서 구조금을 지급하지 아니한다.

04 부정기형제도에 관한 설명 중 옳은 것은?

① 상대적 부정기형은 죄형법정주의에 위배된다는 견해가 지배적이다.
② 단기자유형의 대체방안으로 거론되고 있다.
③ 현행법상 성인범에 대해서는 어떠한 경우에도 부정기형을 선고할 수 없다.
④ 교도관의 권한을 약화시킬 우려가 있다.

05 보안처분의 전제조건에 관한 설명으로 옳지 않은 것은?

① 보안처분의 대상이 되기 위해서는 구성요건과 위법성만 갖추면 되고, 유책성까지 갖출 필요는 없다.
② 보안처분의 대상이 되기 위해서는 구성요건과 위법성뿐만 아니라, 범죄위험성을 징표하는 요소들이 존재해야 한다.
③ 자유박탈을 내용으로 하는 보안처분을 부과하기 위해서는 위법행위의 기대가 중대하여야 한다.
④ 위험성에 대한 판단의 기준시는 행위 시이다.

06 판결 전 조사제도에 대한 설명으로 옳은 것을 모두 고른 것은?

> ㉠ 판결 전 조사제도는 형사절차가 유무죄 인부절차와 양형절차로 분리되어 있는 미국의 보호관찰제도와 밀접한 관련성을 가지고 발전되어 왔다.
> ㉡ 법원은 피고인에 대하여 「형법」 제59조의2 및 제62조의2에 따른 보호관찰, 사회봉사 또는 수강을 명하기 위하여 필요하다고 인정하면 범행동기, 직업, 생활환경, 교우관계, 가족상황, 피해회복 여부 등 피고인에 관한 사항의 조사를 요구할 수 있다.
> ㉢ 판결 전 조사요구는 제1심 또는 항소심뿐만 아니라 상고심에서도 할 수 있다.
> ㉣ 판결 전 조사제도는 개별사건에 대하여 구체적이고 실제적으로 적절히 처우할 수 있도 록 하는 처우의 개별화와 관련 있으며, 양형의 합리화를 기할 수 있다.
> ㉤ 현행법상 판결 전 조사의 주체는 조사를 요구하는 법원의 소재지 또는 피고인의 주거지를 관할하는 경찰서장이다.

① ㉠, ㉡, ㉢   ② ㉠, ㉡, ㉣   ③ ㉡, ㉢, ㉣   ④ ㉢, ㉣, ㉤

07 다음 중 현행법에 근거하여 부과할 수 있는 보안처분이 아닌 것은? (다툼이 있는 경우 판례에 의함)

① 성폭력범죄자에 대한 약물치료명령
② 특정범죄자에 대한 위치추적 전자장치 부착
③ 집행유예를 선고하는 경우에 명하는 보호관찰
④ 재범의 위험성이 있는 특정강력범죄자에 대한 보호감호

08 「성폭력범죄자의 성충동 약물치료에 관한 법률」상 성충동 약물치료에 관한 설명으로 옳은 것은?

① 위치추적 전자장치 부착자만을 대상으로 한다.
② 성폭력범죄를 다시 범할 위험성을 요건으로 한다.
③ 19세 미만에게도 시행할 수 있다.
④ 당사자의 동의가 반드시 필요하다.

09 「소년법」상 우범소년의 행위유형에 해당하지 않는 것은?

① 집단적으로 몰려다니며 주위 사람들에게 불안감을 조성하는 성벽(性癖)이 있는 것
② 정당한 이유 없이 가출하는 것
③ 술을 마시고 소란을 피우거나 유해환경에 접하는 성벽이 있는 것
④ 형벌 법령에 저촉되는 행위를 하는 것

10 화이트칼라범죄(White-Collar Crime)에 관한 설명 중 옳지 않은 것은?

① 어떠한 범죄가 화이트칼라범죄인지 여부는 범죄자의 사회적 지위만으로 판단할 수 있는 것이 아니다.
② 화이트칼라범죄자의 범죄의식은 낮은 편이다.
③ 공무원의 뇌물수수, 회사원의 금융사기나 횡령 등을 예로 들 수 있다.
④ 무어(Moore)는 화이트칼라범죄를 범죄동기에 따라 신용사기(stings/swindles), 사취(chiseling), 조직 내의 권한의 사적 이용, 횡령, 고객사기, 정보판매와 뇌물, 고의적으로 규정을 위반하는 행위 등 7가지 유형으로 구분하였다.

11 가로팔로(R. Garofalo)의 범죄인 분류 중 자연범에 해당되지 않는 것은?

① 모살범죄인　　② 폭력범죄인
③ 재산범죄인　　④ 과실범죄인

12 양자(養子)연구를 통하여 범죄와 유전과의 관계를 연구한 학자가 아닌 것은?

① 슐징거(Schulsinger)　　② 크로우(Crowe)
③ 허칭스(Hutchings)　　④ 제이콥스(Jacobs)

13 고다드(H. Goddard)의 범죄연구에 대한 설명으로 옳은 것은?

① 매스컴과 범죄의 무관성을 주장하였다.
② 인신범죄는 따뜻한 지방에서, 재산범죄는 추운지방에서 보다 많이 발생한다고 하였다.
③ 고다드(H. Goddard)는 범죄연구에 있어 범죄자의 정신박약이나 지능과의 관계에 대하여 연구하였다.
④ 상습범죄자에 대한 조사에서 비행소년의 학업태만 등은 '범죄의 유치원'이라고 하였다.

14 범죄원인의 해명방법에 관한 설명 중 옳지 않은 것은?

① 소질과 환경 중에서 어느 하나에만 중점을 두어 범죄의 원인을 설명하는 입장은 일원론적 관점이다.
② 범죄의 원인을 여러 범인들의 복합관계로 파악하는 입장은 다원론적 관점이다.
③ 다원론적 관점은 1920년대 미국의 Show & Mckay의 연구에서 출발한다.
④ 범인성 요소들의 복합관계를 일반명제화하여 모든 범죄에 공통된 설명모델을 제시하려는 입장을 일반론이라 한다.

15 사회적 학습이론(Social Learning Theory)에 관한 설명으로 가장 거리가 먼 것은?

① 버제스(Bungess)와 에이커스(Akers)가 대표적 학자이다.
② 범죄행위의 결과로 보상이 이루어지고 처벌이 회피될 때 그 행위가 강화된다.
③ 차별적 강화이론 또는 분화적 접촉강화이론이라고도 한다.
④ 사회적 강화나 자극을 강조하는 반면, 비사회적 강화나 자극의 범죄관련성은 철저히 부정한다.

16 중학생인 갑(15세)은 인터넷사이트에서 유명 아이돌 그룹의 음악을 불법으로 내려받는 등 저작권을 침해하였다. 갑에 관한 처리절차로 옳지 않은 것은?

> **저작권법 제136조(권리의 침해죄)** 저작재산권, 그 밖에 이 법에 따라 보호되는 재산적 권리를 복제, 공연, 공중송신, 전시, 배포, 대여, 2차적 저작물 작성의 방법으로 침해한 자는 5년 이하의 징역 또는 5천만원 이하의 벌금에 처하거나 이를 병과할 수 있다.

① 검사는 갑에 대해 저작권 교육을 조건으로 기소를 유예하였다.
② 검사는 갑에 대해 약식명령을 청구하였다.
③ 소년부 판사는 갑에 대해 80시간의 사회봉사를 명하였다.
④ 소년부 판사는 갑에 대해 보호관찰처분 없이 소년원학교에서 상담·교육을 받을 것을 명하였다.

17 레클리스(Reckless)가 주장한 견제(봉쇄)이론에 대한 설명으로 옳지 않은 것은?

① 열악한 환경에도 불구하고 많은 소년들이 비행을 저지르지 않고 정상적인 사회구성원으로 성장할 수 있는 것은 올바른 자아관념이 있기 때문이라고 본다.

② 범죄나 비행을 유발하는 힘으로 압력요인(pressures)·유인요인(pulls)·배출요인(pushes)을 제시하였다.

③ 범죄나 비행을 차단하는 힘으로 내적 봉쇄요인(inner containment)과 외적 봉쇄요(external containment)을 제시하였다.

④ 내적 봉쇄요인과 외적 봉쇄요인의 어느 한 가지만으로는 범죄나 비행을 효과적으로 예방하기 어렵다고 보았다.

18 낙인이론에 관한 평가 중 옳지 않은 것만으로 묶인 것은?

㉠ 특히 소년사법 분야, 경미범죄자, 과실범죄자 분야의 이차적 일탈예방에 대한 대책수립에 영향을 주었다.

㉡ 최초 일탈의 원인분석이 미흡하여 반교정주의로 흐를 위험이 있다.

㉢ 낙인이 없으면 범죄도 없다는 극단적 절대주의 논리에 집착하고 있다.

㉣ 일탈자의 주체적 특성에 주안점을 두고 있다.

㉤ 사법기관이 범죄로 선언하지 않아도 법률위반행위는 여전히 존재한다는 사실에 대한 해명이 부족하다.

---

① ㉠, ㉡   ② ㉡, ㉢   ③ ㉡, ㉣   ④ ㉢, ㉣

19 소년범죄 및 소년사법제도에 대한 설명으로 옳지 않은 것으로만 묶인 것은?

㉠ 소년범죄에 대해서는 처우의 개별화 이념에 따라 소년의 개별적인 특성을 고려하여야 한다.

㉡ 소년형사사건에서는 일반예방보다는 교육적인 교화·육성 및 특별예방이 강조된다.

㉢ 벌금 또는 과료를 선고받은 소년형사범이 이를 납부하지 않으면 노역장에 유치된다.

㉣ 검사는 소년에 대한 피의사건을 수사한 결과 보호처분에 해당하는 사유가 있다고 인정 한 경우에는 사건을 관할 소년부에 송치하여야 한다.

㉤ 소년분류심사원 위탁처분도 소년에 대한 전환제도(diversion)의 일종으로 볼 수 있다.

---

① ㉠, ㉤   ② ㉠, ㉢   ③ ㉢, ㉣   ④ ㉢, ㉤

20 맛차(Matza)의 표류이론(drift theory)에 대한 설명으로 옳지 않은 것은?

① 비행청소년들은 비행의 죄책감을 모면하기 위해 다양한 중화의 기술을 구사한다.

② 비행이론은 표류를 가능하게 하는, 즉 사회통제를 느슨하게 만드는 조건을 설명해야 한다고 주장하였다.

③ 대부분의 비행청소년들은 합법적인 영역에서 오랜 시간을 보낸다.

④ 비행청소년들은 비행 가치를 받아들여 비행이 나쁘지 않다고 생각하기 때문에 비행을 한다.

4 형사정책 모의고사

01 범죄원인론과 연구에 대한 설명으로 옳지 않은 것은?

① 기븐스(Gibbons)는 범죄학을 법의 기원, 형법의 제정과정과 범법행위에 대한 형사사법제도, 범죄량과 분포, 범죄의 원인 등을 연구하는 학문으로 정의하였다.

② 에이커스(Akers)와 셀러스(Sellers)가 제시한 범죄학 이론 평가의 기준에는 검증가능성, 시대적 대응성, 경험적 타당성이 있다.

③ 윌슨 & 켈링의 깨진 유리창 이론 – 경미한 무질서에 대한 무관용 원칙과 지역주민 간의 상호 협력이 범죄를 예방하는 데 중요한 역할을 한다.

④ 젤리히(Sellig)은 범죄인의 인격적 특성과 행동양식을 종합하여 범죄인을 8가지 유형으로 분류한다.

02 피해자의 유형을 잠재적 피해자와 일반적 피해자로 나눈 사람은?

① 레클리스 ② 미야자와
③ 엘렌베르거 ④ 코니쉬

03 집행유예에 관한 설명 중 옳지 않은 것으로 묶인 것은?

> ㉠ 형의 선고를 하면서 일정기간 동안 형의 집행을 유예하고, 그 유예기간을 무사히 경과한 때에는 형선고의 효력을 잃게 하는 제도이다.
>
> ㉡ 우리나라의 집행유예제도는 조건부 특사주의유형에 해당한다.
>
> ㉢ 선고유예제도의 법적 성격에 대해서는 형벌이나 보안처분과 구별되는 제3의 독립된 제재라는 견해와 형집행의 변형이라는 견해가 대립하고 있다.
>
> ㉣ 현행법령상 집행유예를 하면서 보호관찰을 부과할 수 있으나, 사회봉사나 수강명령은 부과할 수 없다.

① ㉠, ㉡ ② ㉠, ㉣ ③ ㉡, ㉢ ④ ㉡, ㉣

04 다음은 부정기형제도에 관한 설명이다. 옳지 않은 것을 모두 고른 것은?

> ㉠ 우리나라 형법에서는 정기형과 부정기형을 모두 부과할 수 있도록 하고 있다.
> ㉡ 부정기형은 응보형주의자들로부터 주장되었다.
> ㉢ 상습범이나 위험성 있는 범죄인의 장기구금으로 사회를 방위할 수 있다는 장점이 있다.
> ㉣ 교정당국의 자의가 개입될 여지가 많다는 것이 단점으로 지적되고 있다.

① ㉠, ㉡ 　　　② ㉡ 　　　③ ㉢, ㉣ 　　　④ ㉣

05 형벌과 보안처분의 관계에 관한 설명 중 옳지 않은 것은?

① 이원주의는 형벌의 본질이 책임을 전제로 한 응보이고, 보안처분은 장래의 위험성에 대한 사회방위처분이라는 점에서 양자의 차이를 인정한다.
② 대체주의는 형벌과 보안처분이 선고되어 보안처분이 집행된 경우 그 기간을 형기에 산입하여야 한다고 한다.
③ 일원주의는 형벌과 보안처분의 목적을 모두 사회방위와 범죄인의 교육·개선으로 보고, 양자 중 어느 하나만을 적용하자고 한다.
④ 일원주의는 행위자의 반사회적 위험성을 척도로 하여 일정한 제재를 부과하는 것이 행위책임원칙에 적합하다고 한다.

06 보호관찰을 부과할 수 있는 경우가 아닌 것은?

① 절도죄에 대한 6개월의 징역형의 선고를 유예하는 경우
② 상해죄에 대한 1년의 징역형의 집행을 유예하는 경우
③ 강도죄로 3년의 징역형을 선고받고 2년이 경과한 후 가석방처분을 받는 경우
④ 내란죄로 5년의 징역형이 확정된 후 형의 전부의 집행을 받은 경우

07 암수범죄에 관한 설명 중 옳지 않은 것으로 묶인 것은?

> ㉠ 실제로 범죄가 발생하였지만, 공식적 범죄통계에 나타나지 않는 범죄행위를 말한다.
> ㉡ 수사기관에게 인지되지 않은 경우는 암수범죄에 포함되나, 일단 인지된 경우에는 미해결의 상태로 남아 있다 하더라도 암수범죄에 포함되지 않는다.
> ㉢ 초기에는 범죄와 암수범죄와의 관계가 일정한 비율을 유지하지 못하고 있다는 이유로 그 중요성을 인정받지 못하다가 20세기에 접어들면서 암수율은 일정하며, 규칙적으로 변화한다는 사실이 밝혀지면서 그 중요성이 인식되기에 이르렀다.
> ㉣ 존스(H. Jones)는 경찰에서 알고 있는 범죄의 약 4배 정도가 암수범죄라고 주장하였다.

① ㉠, ㉡ 　　　② ㉡, ㉢ 　　　③ ㉠, ㉣ 　　　④ ㉢, ㉣

08 다음 설명 중 옳은 것을 모두 고른 것은?

> ㉠ 반두라의 보보인형실험(Bobo Doll Experiment)은 폭력과 같은 행동이 관찰자에게 제공되는 어떠한 강화자극이 없더라도 관찰과 모방을 통해 학습될 수 있음을 증명한다.
> ㉡ 타르드(Tarde)의 모방의 법칙 중 사회적 지위가 우월한 자로부터 아래로 이루어진다는 거리의 법칙을 주장하였다.
> ㉢ 비합법적인 수단에 대한 접근가능성에 따라서 비행 하위문화의 성격 및 비행의 종류도 달라진다는 주장은 서덜랜드의 차별교제이론을 보완한다.
> ㉣ 비행은 주위 사람들로부터 학습되지만 학습원리, 즉 강화의 원리에 의해 학습된다는 주장은 서덜랜드(Sutherland)의 차별접촉이론을 보완하는 주장이다.

① ㉠, ㉡   ② ㉡, ㉢   ③ ㉠, ㉣   ④ ㉢, ㉣

09 사이버범죄에 대한 설명으로 옳은 것은?

① 사이버범죄(Cybercrime)라는 용어는 1955년 서스만과 휴스턴(Sussman & Heuston)이 최초로 사용하였다.
② 사이버범죄는 전문가나 내부자의 범행은 극소수이다.
③ 경찰청(KNP)에서는 사이버범죄를 테러형 사이버범죄와 일반 사이버범죄로 구분하였으며, 해킹·서비스 거부공격(디도스)·개인정보 침해 등은 테러형 사이버범죄에 속한다.
④ 경찰청 사이버범죄 분류(2021년 기준)에 따르면 몸캠피싱은 불법콘텐츠 범죄 중 사이버 성폭력에 속한다.

10 사법처분의 형태로 이루어지는 것이 아닌 것은?

① 「형법」상 집행유예기간 중 보호관찰
② 「보안관찰법」상 보안관찰처분
③ 「성매매알선 등 행위의 처벌에 관한 법률」상 보호처분
④ 「소년법」상 보호처분

11 리스트(F. von Liszt)의 범죄인 분류에 관한 설명으로 옳지 않은 것은?

① 형벌의 목적과 관련하여 범죄자를 세 집단으로 분류하였다.
② 형벌의 목적달성방법을 개선·위협·무해화(無害化)의 세 가지로 나누고, 행위자의 유형에 따라 세 가지를 각각 달리 적용해야 한다고 주장하였다.
③ 성욕범죄인은 개선불가능자로 분류하고, 목적달성방법으로 무해화조치를 제시하였다.
④ 명예·지배욕범죄인은 기회범으로 분류하고, 목적달성방법으로 위협을 제시하였다.

12 다음 설명 중 옳은 것을 모두 고른 것은?

> ㉠ 롬브로조(Lombroso)는 진화론을 무시하였다.
> ㉡ 후튼(Hooton)은 롬브로조의 이론에 반대하였다.
> ㉢ 프로이트(Freud)는 이드, 에고, 슈퍼에고 이론 및 XXY, XYY이론에 대해 연구하였다.
> ㉣ 메드닉(Mednick)은 MMPI를 개발하였다.
> ㉤ 글룩(Glueck) 부부는 비행소년의 성격심리특징을 찾고자 하였다.
> ㉥ 크레취머(Kretschmer)는 신체구조와 성격의 연구를 통해 범죄의 상관성을 설명하고자 하였다.

① ㉠, ㉡   ② ㉡, ㉢   ③ ㉢, ㉣   ④ ㉤, ㉥

13 「성폭력범죄자의 성충동 약물치료에 관한 법률」상 성충동 약물치료에 대한 설명으로 옳지 않은 것은?

① 법원은 성충동 약물치료명령 청구가 이유 있다고 인정하는 때에는 15년의 범위에서 치료기간을 정하여 판결로 치료명령을 선고하여야 한다.
② 성충동 약물치료명령의 대상은 사람에 대하여 성폭력범죄를 저지른 성도착증 환자로서, 성폭력범죄를 다시 범할 위험성이 있다고 인정되는 19세 이상의 사람이다.
③ 성충동 약물치료명령 청구는 검사가 하며, 성충동 약물치료명령 청구대상자에 대하여 정신건강의학과 전문의의 진단이나 감정을 받은 후 치료명령을 청구하여야 한다.
④ 징역형과 함께 성충동 약물치료명령을 받은 사람이 치료감호의 집행 중인 경우, 치료명령 대상자 및 그 법정대리인은 치료명령이 집행될 필요가 없을 정도로 개선되어 성폭력범죄를 다시 범할 위험성이 없음을 이유로, 주거지 또는 현재를 관할하는 지방법원에 치료명령의 집행 면제를 신청할 수 있다.

14 성격과 범죄에 대한 설명으로 옳지 않은 것은?

① 아이젠크(Eysenck)는 「범죄와 성격」에서 융의 내향성과 외향성의 개념을 파블로프의 고전적 조건이론으로 응용하여 범죄자의 성격특성을 설명하였다.
② 로렌츠(K. Lorenz)의 본능이론은 인간의 공격적 행동특징은 학습이 아니라 본능에 의존한다고 한다.
③ 좌절공격이론은 본능이론과는 달리 공격성이 외부조건에 의해 유발된 동기로 생긴다고 본다.
④ 아이젠크(Eysenck)는 사이코패스에 대한 표준화된 진단표(PCL-R)를 개발하였으며, 오늘날 사이코패스 검사 도구로 광범위하게 사용되고 있다.

15 다음 설명 중 옳지 않은 것을 모두 고른 것은?

> ㉠ 최근 MMPI연구는 각 하위척도와 관련되는 성격적·행동적 변인들을 발견하는 쪽으로 집중되고
> 있다.
> ㉡ 소질과 환경을 범죄발생원인으로 보는 에이커스(Akers)는 범죄발생은 개인의 소질이 아니라 자본
> 주의의 모순으로 인해 자연적으로 발생하는 사회현상이라고 보았다.
> ㉢ 반두라에 의하면 사회학습이론의 학습과정에서 관찰을 통해 학습한 정보를 기억하는 단계에 해당
> 하는 것은 '집중단계'이다.
> ㉣ 아들러(Adler)는 신체적 결함뿐만 아니라 사회적 소외도 콤플렉스의 원인이 된다고 봄으로써 범죄
> 원인을 개인심리적 영역에서 사회적 영역으로 확대하였다.

① ㉠, ㉡   ② ㉡, ㉢   ③ ㉠, ㉢   ④ ㉢, ㉣

16 애그뉴(R. Agnew)의 일반긴장이론에서 좌절, 우울, 분노 등 부정적 감정을 일으켜서 긴장을 유발하는 원천이 아닌 것은?

① 목표달성의 실패   ② 부정적 자극의 소멸
③ 긍정적 자극의 소멸   ④ 기대와 성취 사이의 괴리

17 범죄이론과 그 내용의 연결이 옳은 것은?

① 사회유대(통제)이론 – 소년은 자기가 좋아하고 존경하는 사람들의 기대에 민감하고, 그들이 원하지 않는 경우 비행을 멀리하게 된다.
② 아노미이론 – 중산층 문화에 적응하지 못한 하위계층 출신의 소년들은 자신을 궁지에 빠뜨렸던 문화와 정반대의 문화를 만들어 자신들의 적응문제를 집단적으로 해결하려고 한다.
③ 비행적 하위문화이론 – 소년은 사회통제가 약화되었을 때 우연히 발생하는 상황을 어떻게 판단하는가에 따라 합법적인 행위를 하거나 비행을 저지르게 된다.
④ 봉쇄(견제)이론 – 소년비행에 있어서는 직접적인 대면접촉보다 자신의 행동을 평가하는 준거집단의 성격이 더 중요하게 작용한다.

18 「소년법」의 적용대상인 소년에 관한 설명으로 옳지 않은 것은?

① 촉법소년은 형벌법령에 저촉되는 행위를 한 10세 이상 14세 미만의 소년이다.
② 우범소년은 장래 형벌법령에 저촉되는 행위를 할 우려가 있는 10세 이상의 소년이다.
③ 우범소년에게는 형벌을 선고할 수 없고 「소년법」상의 보호처분도 할 수 없다.
④ 촉법소년에게 형벌을 선고할 수는 없지만 「소년법」상의 보호처분은 할 수 있다.

19 문화갈등이론에 관한 기술로 옳지 않은 것은?

① 하나의 사회에는 다양한 문화체계가 존재한다는 점을 전제로 범죄원인을 설명하려는 시도이다.

② 인간의 사회행동을 결정하는 데는 한 사회의 문화적 가치체계가 결정적 작용을 한다.

③ 개별집단의 문화적 행동규범과 사회전체의 지배적 가치체계 사이에 발생하는 문화적 갈등관계가 범죄원인이 된다.

④ 셀린은 동일문화 안에서 사회변화에 의해 분화갈등이 생기는 경우를 일차적 문화갈등이라 하고 이질적 문화의 충돌에 의한 갈등을 이차적 문화갈등이라 본다.

20 「소년법」상 소년사건의 처리절차에 관한 설명으로 옳은 것은?

① 소년부 판사는 소년의 품행을 교정하고 피해자를 보호하기 위해 필요하다고 인정하면 소년에게 피해변상 등 피해자와의 화해를 권고할 수 있다.

② 변호사를 보조인으로 선임하는 경우에는 소년부 판사의 허가를 받아야 한다.

③ 소년에 대한 소년원 송치는 최장 3년까지 가능하다.

④ 18세 미만인 소년에게도 원칙적으로 노역장 유치선고가 가능하다.

해설 203p

01 브랜팅햄과 파우스트(Brantingham & Faust)의 범죄예방모델에서 분류한 2차적 범죄예방은?

① 민간경비　　　② 재범예측　　　③ 교정교육　　　④ 특별예방

02 피해자학에 관한 설명 중 옳지 않은 것으로 묶인 것은?

> ㉠ 피해자학이라는 용어를 처음 사용한 사람은 멘델존(B. Mendelsohn)이다.
> ㉡ 멘델존(Mendelsohn)은 피해자의 외적특성과 심리적 공통점을 기준으로 범죄피해자 유형을 5가지로 분류하였다.
> ㉢ 엘렌베르거(H. Ellenberger)는 '범죄의 이중주적(二重奏的) 구조'라는 가설을 제시하고, 범죄를 가해자와 피해자의 상호관계로 파악할 것을 주장하였다.
> ㉣ 멘델존(B. Mendelsohn)은 피해자학의 문헌을 수집하는 도서관의 창설, 피해자의 치료를 위한 중앙클리닉 창설, 피해자문제의 토의를 위한 국제회의 창설 등을 주장하였다.

① ㉠, ㉡　　　② ㉡, ㉢　　　③ ㉠, ㉢　　　④ ㉢, ㉣

03 집행유예의 요건에 관한 설명으로 옳은 것은?

① 5년 이하의 징역 또는 금고의 형을 선고할 경우이어야 한다.
② 형의 집행을 유예할 수 있는 기간은 1년 이상 3년 이하이다.
③ 금고 이상의 형을 선고한 판결이 확정된 때부터 그 집행을 종료하거나 면제된 후 3년까지의 기간에 범한 죄에 대하여 형을 선고하는 경우에는 집행을 유예할 수 없다.
④ 형법 제51조에 규정한 정상 참작사유가 없어도 집행유예가 가능하다.

04 벌금형에 대한 설명으로 옳은 것은?

① 벌금은 판결확정일로부터 90일 내에 납입하여야 하며, 벌금을 선고할 때에는 동시에 그 금액을 완납할 때까지 노역장에 유치할 것을 명할 수 있다.
② 벌금형의 형의 시효는 3년이며, 강제처분을 개시함으로 인하여 시효의 중단이 이루어진다.
③ 환형유치기간의 상한은 없다.
④ 500만원 이하의 벌금형이 확정된 벌금 미납자는 노역장유치를 대신하여 사회봉사 신청을 할 수 있다.

05 보호관찰대상자가 될 수 없는 자는?

① 보호처분의 필요성이 인정되는 소년　　② 벌금을 미납한 자
③ 소년원에서 임시퇴원한 자　　④ 선고유예를 선고받은 성인

06 「성폭력범죄자의 성충동 약물치료에 관한 법률」에 대한 설명으로 옳지 않은 것은?

① '성충동 약물치료'란 비정상적인 성적 충동이나 욕구를 억제하기 위한 조치로서 성도착증 환자에게 약물투여 및 심리치료 등의 방법으로 도착적인 성기능을 일정기간 동안 약화 또는 무력화하는 치료를 말한다.
② 검사는 성도착증 환자로서 재범의 우려가 있다고 인정되는 19세 이상의 사람에 대하여 약물치료명령을 법원에 청구할 수 있다.
③ 검사는 치료명령 청구대상자에 대하여 정신건강의학과 전문의의 진단이나 감정을 받은 후 치료명령을 청구하여야 한다.
④ 치료명령은 검사의 지휘를 받아 보호관찰관이 집행한다.

07 다음은 암수범죄에 관한 학자들의 견해이다. 순서대로 옳게 나열된 것은?

> ㉠ (　　　)는(은) 암수범죄의 정확한 이해는 곧 범죄통계의 급소라고 하였다.
> ㉡ (　　　)는(은) 암수가 전체 범죄의 85%에 달하며, 특히 성범죄의 90% 이상이 암수범죄에 해당한다고 하였다.
> ㉢ (　　　)는(은) 여성범죄의 암수원인은 남성의 기사도정신에서 비롯된 것이라고 하였다.
> ㉣ (　　　)는(은) 경찰단계의 통계에서 암수가 가장 적게 나타난다고 보았다.

① 서덜랜드(Sutherland), 엑스너(Exner), 폴락(Polak), 셀린(Sellin)
② 엑스너(Exner), 래디노비츠(Radxinowicz), 폴락(Polak), 셀린(Sellin)
③ 래디노비츠(Radxinowicz), 엑스너(Exner), 폴락(Polak), 셀린(Sellin)
④ 폴락(Polak), 셀린(Sellin), 서덜랜드(Sutherland), 엑스너(Exner)

08 다음이 설명하는 범죄학의 연구방법은?

> 특정 범죄자를 대상으로 그들의 성격, 성장배경, 삶의 경험, 사회생활 등의 생애과정을 분석함으로써 범죄행위의 위험요인을 연구하는 방법

① 실험연구　　② 사례연구
③ 문헌연구　　④ 피해자조사연구

09 사회봉사명령 또는 허가의 대상이 될 수 없는 자를 모두 고른 것은?

> ㉠ 「가정폭력범죄의 처벌 등에 관한 특례법」의 가정폭력행위자 중 보호처분이 필요하다고 인정되는 자
> ㉡ 「성매매 알선 등 행위의 처벌에 관한 법률」의 성매매를 한 자 중 보호처분이 필요하다고 인정되는 자
> ㉢ 「소년법」에 따라 보호처분을 할 필요가 있다고 인정되는 만 12세의 소년
> ㉣ 「벌금 미납자의 사회봉사 집행에 관한 특례법」상 징역과 동시에 벌금을 선고받아 확정되었음에도 불구하고 벌금을 미납한 자
> ㉤ 「아동·청소년의 성보호에 관한 법률」상 집행유예를 선고받은 성범죄자

① ㉠, ㉡   ② ㉢, ㉣   ③ ㉠, ㉣, ㉤   ④ ㉡, ㉢, ㉤

10 사기범죄의 특성에 관한 설명으로 옳지 않은 것은?

① 사전에 범행 계획을 세운 후에 실행한다.
② 전문지식과 기술을 필요로 한다.
③ 지능적인 범행수법을 사용한다.
④ 격정적인 흥분상태에서 범행을 실행한다.

11 가로팔로(R. Garofalo)의 범죄인 분류와 그 처우방법이 바르게 연결되지 않은 것은?

① 모살범죄인 – 사형
② 풍속범 – 정기구금
③ 재산범죄인 – 본능적·상습적이면 무기유형
④ 과실범 – 불처벌

12 범죄원인론에 관한 설명 중 괄호 안에 들어갈 이름으로 옳은 것은?

> • (A)은(는) 범죄통계적 분석에 기초하여 운동형(투사형), 세장형, 비만형 등으로 구분하고 체형에 따른 범죄특성을 설명하였다.
> • (B)은(는) 정신병원에 수용된 환자들을 연구대상으로 하여 이들의 염색체를 조사한 결과 XYY형은 다른 정상인들에 비하여 수용시설에 구금되는 정도가 높다고 하였다.
> • (C)은(는) 부모의 범죄성과 자식의 범죄성이 관련이 있다는 연구결과에 근거하여 범죄성은 유전에 의해 전수되는 것으로 보았다.
> • (D)은(는) 크레펠린(E. Kraepelin)의 정신병질자 분류유형보다 더 세분된 10가지 유형으로 정신병질적 성격유형을 구분하였다.

> ㉠ 제이콥스(P. Jacobs)   ㉡ 크레취머(E. Kretschmer)
> ㉢ 셸던(W.H. Sheldon)   ㉣ 고링(C. Goring)
> ㉤ 슈나이더(K. Schneider)

	A	B	C	D		A	B	C	D
①	㉠	㉢	㉤	㉣	②	㉡	㉠	㉣	㉤
③	㉡	㉠	㉢	㉤	④	㉡	㉢	㉣	㉤

13 생물학적 범죄원인이론에 관련된 설명 중 옳지 않은 것은?

① 덕데일(Dugdale)은 1700년대 중반에 미국에 살았던 쥬크라는 여자 범죄자의 후손들을 조사한 결과 상당수가 전과자, 포주, 창녀, 극빈자였다는 사실을 밝혀내어 범죄는 유전과 관계되는 것으로 결론지었다.

② 힐리와 브론너는 범죄연구에 대해 상습범죄자에 대한 조사에서 비행소년의 학업태만 등은 '범죄의 유치원'이라고 하였다.

③ 여성의 생리 주기가 시작될 때 과다한 양의 여성 호르몬이 분비되고, 이것이 반사회적이고 공격적인 행동에 영향을 미친다는 월경 전 증후군(premenstrual syndrome)은 카타리나 달튼(Katharina Dalton)에 의해 연구되었다.

④ 제이콥스(P. Jakobs)는 남성성을 나타내는 Y염색체가 많은 자는 외배엽형으로 공격적인 행동을 하는 신체긴장형에 속하는 것으로 보았다.

14 「성폭력범죄자의 성충동 약물치료에 관한 법률」상 성폭력 수형자의 치료명령 청구 및 가석방에 대한 설명으로 옳지 않은 것은?

① 교도소·구치소의 장은 가석방 요건을 갖춘 성폭력 수형자에 대하여 약물치료의 내용, 방법, 절차, 효과, 부작용, 비용부담 등에 관하여 충분히 설명하고 동의 여부를 확인하여야 한다.

② 가석방 요건을 갖춘 성폭력 수형자가 약물치료에 동의한 경우 수용시설의 장은 지체 없이 수용시설의 소재지를 관할하는 지방검찰청의 검사에게 인적사항과 교정성적 등 필요한 사항을 통보하여야 한다.

③ 수용시설의 장은 법원의 치료명령 결정이 확정된 성폭력 수형자에 대하여 가석방심사위원회에 가석방 적격심사를 신청하여야 한다.

④ 검사는 성폭력 수형자의 주거지 또는 소속 검찰청 소재지를 관할하는 교도소·구치소의 장에게 범죄의 동기 등 성폭력 수형자에 관하여 필요한 사항의 조사를 요청할 수 있다.

15 초등학생인 A군의 장래희망은 도둑 또는 강도이다. 선생님과 친구에게 "은행강도가 되어서 돈을 벌겠다"고 공공연히 말한다. 이 사례에서 A군의 경우는 머튼(Merton)이 제시한 적응유형 중 어디에 해당하는가?

① 의례형(ritualism)
② 은둔형(retreatism)
③ 동조형(conformity)
④ 혁신형(innovation)

16 클로워드(R. Cloward)와 올린(L.E. Ohlin)의 차별적 기회구조이론에 관한 설명으로 옳지 않은 것은?

① 머튼의 아노미이론과 서덜랜드의 분화적 접촉이론을 종합한 이론이다.
② 하층계급소년들이 추구하는 문화적 목표와 그것을 달성할 기회 사이의 불균형을 '처치 불만'이라고 표현하였다.
③ 청소년의 비행을 중산계층의 가치나 규범에 대한 부정적인 표현으로 보았다.
④ 미국 존슨정부의 비행예방정책에 기여하였다.

17 소년비행의 원인에 대한 설명으로 옳지 않은 것은?

① 형태적 결손가정뿐만 아니라 기능적 결손가정도 소년범죄의 한 원인이 된다.
② 가정의 빈곤을 소년범죄의 중요한 원인으로 생각하는 학자들은 환경적 요인보다 개인적 소질을 중요하게 생각하는 경향이 있다.
③ 레클리스(Reckless)는 자아관념을 비행에 대한 절연체로 보았다.
④ 마차(Matza)와 사이크스(Sykes)는 소년들이 중화기술을 습득함으로써 준법과 위법 간의 표류상태에 빠진다고 주장했다.

18 브레이스웨이트(Braithwaite)의 재통합적 수치이론(Reintegrative Shaming Theory)에 대한 설명으로 옳은 것을 모두 고른 것은?

> ㉠ 브레이스웨이트는 낙인으로부터 벗어나도록 하기 위한 의식, 용서의 말과 몸짓만으로는 재통합적 수치가 이루어지기 어렵다고 주장하였다.
> ㉡ 수치란 일종의 불승인 표시로서 당사자에게 양심의 가책을 느끼게 하는 것을 의미한다.
> ㉢ 형사처벌의 효과에 대하여 엇갈리는 연구결과들을 통합하려는 시도의 일환이라고 할 수 있다.
> ㉣ 일탈규정의 형성과정이나 적용메커니즘도 주요 연구대상으로 한다.

① ㉠, ㉡
② ㉡, ㉢
③ ㉠, ㉢
④ ㉢, ㉣

19 볼드(Vold)의 집단갈등이론(Group Conflict Theory)에 관한 설명으로 틀린 것을 모두 고른 것은?

> ㉠ 자신의 저서 「이론범죄학」을 통해 집단 간의 이해관계 대립이 범죄의 원인이라고 주장하였다.
> ㉡ 집단 간의 갈등을 사회발전의 저해요인으로 파악하였다.
> ㉢ 법의 제정, 위반 및 집행의 전 과정은 집단이익 간의 근본적인 갈등과 투쟁의 결과라고 보았다.
> ㉣ 범죄는 충분한 권력을 가진 사회집단이 자신들의 이익을 지키기 위한 투쟁의 표현이라고 보았다.

① ㉠, ㉡   ② ㉠, ㉢   ③ ㉡, ㉣   ④ ㉢, ㉣

20 현행 「소년법」상 소년보호사건에 관한 설명 중 옳지 않은 것은?

① 소년보호사건은 가정법원소년부 또는 지방법원소년부에 속한다.
② 보호처분이 계속 중일 때에 사건 본인이 처분 당시 19세 이상인 것으로 밝혀진 경우에는 소년부 판사는 결정으로써 그 보호처분을 취소하여야 한다.
③ 소년보호사건의 심리와 처분 결정은 소년부 단독판사가 한다.
④ 소년부 판사의 보호처분 결정에 대한 항고는 결정의 집행을 정지시키는 효력이 있다.

형사정책 모의고사

해설 208p

01 다음 설명 중 옳지 않은 것은?

① 헨티히(Hentig)는 범죄자와 피해자 사이의 상호작용에 의해 범죄가 발생한다고 주장하였다.
② 피해자학은 형사절차에서 피해자의 권리와 안전을 적극적으로 보호하려는 것 외에 국가가 공적으로 범죄피해를 구제하는 것까지 그 관심분야에 포함시키고 있다.
③ 「형사소송법」은 피고인이 피해자의 생명·신체나 재산에 해를 가할 염려가 있다고 믿을 만한 충분한 이유가 있는 경우를 필요적 보석의 예외사유로 규정하고 있다.
④ 「범죄피해자 보호법」에 의하면 범죄피해에 대한 구조금은 일시금으로 지급되며, 과실에 의한 범죄행위로 인한 범죄피해도 구조의 대상이 된다.

02 형사절차상 피해자 보호와 직접 관련이 없는 것은?

① 간이공판절차   ② 배상명령
③ 심리의 비공개   ④ 필요적 보석의 예외사유 인정

03 현행법상 형의 집행유예에 관한 설명 중 옳지 않은 것은?

① 3년 이하의 징역이나 금고 또는 500만원 이하의 벌금의 형을 선고할 경우에 양형의 조건을 참작하여 그 정상에 참작할 사유가 있는 때에는 1년 이상 5년 이하의 기간 형의 집행을 유예할 수 있다.
② 형을 병과할 경우에는 그 형의 일부에 대하여 집행을 유예할 수 없다.
③ 형의 집행을 유예하는 경우에는 보호관찰을 받을 것을 명하거나 사회봉사 또는 수강을 명할 수 있다.
④ 집행유예의 선고를 받은 자가 유예기간 중 고의로 범한 죄로 금고 이상의 실형을 선고받아 그 판결이 확정된 때에는 집행유예의 선고는 효력을 잃는다.

04 범죄학연구 중 종단적 연구방법이 아닌 것은?

① 패널연구   ② 추세연구
③ 코호트연구   ④ 실태연구

05 「벌금 미납자의 사회봉사 집행에 관한 특례법」 및 「동법 시행령」상 벌금 미납자의 사회봉사 집행에 대한 설명으로 옳은 것은?

① 징역 또는 금고와 동시에 벌금을 선고받은 사람은 사회봉사를 신청할 수 있다.

② 법원은 사회봉사를 허가하는 경우 벌금미납액에 의하여 계산된 노역장 유치기간에 상응하는 사회봉사시간을 산정하여야 하나, 산정된 사회봉사시간 중 1시간 미만은 집행하지 아니한다.

③ 천만원의 벌금형이 확정된 벌금 미납자는 검사의 납부명령일부터 30일 이내에 검사에게 사회봉사를 신청할 수 있다.

④ 사회봉사대상자는 사회봉사의 이행을 마치기 전에는 벌금의 전부 또는 일부를 낼 수 없다.

06 「치료감호 등에 관한 법률」에 대한 설명으로 옳지 않은 것은?

① 소아성기호증, 성적 가학증 등 성적 성벽이 있는 정신성적 장애인으로서 금고 이상의 형에 해당하는 성폭력범죄를 지은 피치료감호자를 치료감호시설에 수용하는 기간은 15년을 초과할 수 없다.

② 치료감호사건의 제1심 재판관할은 지방법원 및 지방법원지원의 단독판사로 한다.

③ 치료감호가 청구된 사건은 판결의 확정 없이 치료감호가 청구되었을 때부터 15년이 지나면 청구의 시효가 완성된 것으로 본다.

④ 보호관찰기간이 끝나면 피보호관찰자에 대한 치료감호가 끝난다.

07 사회해체론에 관한 설명 중 옳지 않은 것을 모두 고른 것은?

> ㉠ 콘하우저는 이론적 차원에서 비행의 발생에 중요한 역할을 하는 것은 비행 하위문화이지 사회해체가 아니라고 본다.
> ㉡ 사회해체이론에서 비행이나 범죄가 가장 많이 발생한다고 보는 도시생태학적 지역은 '틈새지역'이다.
> ㉢ 사회해체이론은 주로 경찰이나 법원의 공식기록에 의존하였기 때문에 그 연구결과의 정확성은 문제되지 않는다.
> ㉣ 사회해체이론은 비행이 사회해체에 기인하기 때문에 비행예방을 위해서는 개별비행자의 처우보다 도시 생활환경에 영향을 미치는 사회의 조직화가 필요하다고 한다.
> ㉤ 사회해체론은 비판범죄학의 갈등론적 입장을 취한다.

① ㉠, ㉡   ② ㉡, ㉢   ③ ㉠, ㉢, ㉤   ④ ㉡, ㉢, ㉣

08 일탈행위의 개념에 관한 설명으로 가장 적절하지 않은 것은?

① 일반적으로 사회적 규범에 의해 용인되지 않는 행위를 의미한다.
②「형법」상 범죄개념보다 좁은 개념이다.
③ 형사정책적 의미의 범죄는 일탈을 포함하는 개념이다.
④ 일탈은 일반적으로 승인된 행동이 먼저 존재한다는 것을 전제로 한다는 점에 대해서는 실질적 의미의 범죄개념과 다를 바 없다.

09 보호관찰에 관한 설명 중 옳은 것은? (다툼이 있는 경우 판례에 의함)

① 집행유예 선고 시 보호관찰을 명할 경우 반드시 사회봉사명령과 수강명령을 동시에 명해야 한다.
② 보호관찰 대상자에 대한 특별준수사항은 사회봉사 및 수강명령대상자에게도 그대로 적용된다.
③ 보호관찰을 조건으로 한 형의 집행유예가 취소된 경우 집행유예 취소를 위한 유치기간은 형기에 산입하지 않는다.
④ 보호관찰을 조건으로 한 형의 집행유예가 실효 또는 취소된 때에는 보호관찰은 종료한다.

10 가정과 범죄의 상관성에 대한 학자와 주장내용으로 적절치 않은 것은?

① 슈테르네(Sterne)는 결손가정이 범죄의 원인이 된다기보다는 결손가정의 기능적 결함이 비행 야기의 원인이 된다고 하였다.
② 힐리(Healy)는 경제상태가 직접 범행의 원인이 되는 비율은 0.5%에 불과하다고 주장하고, 소년비행과 빈곤의 관계성을 부인하였다.
③ 뉴마이어(M.H. Neumeyer)는 갈등가정은 가족원 상호간의 긴장관계가 계속되어 심리적으로 붕괴되기 때문에 형태적 결손가정보다 더 중요한 비행원인이 된다고 하였다.
④ 글룩 부부(S. Glueck & E. Glueck)는 가정훈육 결함의 범인성은 빈곤의 범인성보다 4배가 높다고 하고, 가정훈육 결함이 범죄의 중요한 원인 중 하나임을 강조하였다.

11 발달범죄학에 대한 설명으로 옳은 것은?

① 인생항로이론은 인간의 발달이 출생 시나 출생 직후에 나타나는 주된 속성에 따라 결정된다고 주장한다.
② 발달범죄학은 생애 전반에 걸쳐 반사회적 행동과 행위자에게 불리하고 부정적인 환경과 조건들이 상호작용하는 역동적 과정을 드러냈다는 점에서 한계를 극복했다고 평가받는다.
③ 패터슨(Patterson)은 신경심리학, 낙인이론, 긴장이론의 입장에서 범죄경력을 설명하였고, 생물학적 특성을 보다 강조하였다.
④ 1930년대 갓프레드슨(Gottfredson)과 허쉬(Hirschi)의 종단연구는 발달범죄학이론의 토대가 되었다.

12 현행법상 사회봉사명령제도에 관한 설명으로 옳지 않은 것은?

① 형의 집행을 유예할 경우 부과할 수 있다.
② 소년범에 대하여는 사회봉사명령을 부과할 수 없다.
③ 형의 집행유예기간의 경과는 사회봉사 종료 사유의 하나이다.
④ 「형법」에 의한 사회봉사는 500시간을 초과하여 명할 수 없다.

13 오린(L. E. Ohlin)의 관점에 따라 보호관찰관의 유형을 통제와 지원이라는 두 가지 차원에서 그림과 같이 구분할 때, ㉠~㉣에 들어갈 유형을 바르게 연결한 것은?

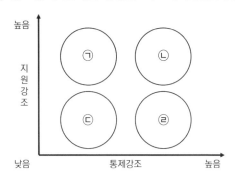

	㉠	㉡	㉢	㉣
①	복지적 관찰관	보호적 관찰관	수동적 관찰관	처벌적 관찰관
②	보호적 관찰관	복지적 관찰관	수동적 관찰관	처벌적 관찰관
③	복지적 관찰관	보호적 관찰관	처벌적 관찰관	수동적 관찰관
④	보호적 관찰관	복지적 관찰관	처벌적 관찰관	수동적 관찰관

14 모피트(Moffitt)의 대한 설명으로 옳은 것을 모두 고른 것은?

㉠ 생애과정을 통해 사회유대와 범죄행위가 서로 영향을 미친다고 주장한다.
㉡ 모피트(Moffitt)는 범죄자를 청소년기에 한정된 범죄자와 생애지속형 범죄자로 구분하였다.
㉢ 모피트(Moffitt)는 신경심리학, 낙인이론, 긴장이론의 입장에서 범죄경력의 발전과정을 설명하였다.
㉣ 그는 인생지속형 범죄자보다 청소년기 한정형 범죄자가 정신건강상의 문제를 더 많이 가지고 있다고 하였다.

① ㉠, ㉡   ② ㉡, ㉢   ③ ㉠, ㉢   ④ ㉢, ㉣

15 아노미이론에 대한 설명으로 옳지 않은 것은?

① 머튼은 뒤르켐과는 달리 규범의 부재가 아노미를 야기하는 것이 아니라 사회적 목표와 제도화된 수단의 부조화로 인해 아노미가 초래된다고 주장했다.

② 문화적 목표와 제도화된 수단 간의 괴리 내지 갈등을 강조한다.

③ 개혁형(innovation)에는 통상적인 재산범죄자들이 포함된다.

④ 정상적인 방법으로는 부자가 될 수 없다고 판단하고 사기, 횡령 등을 한 자는 머튼(Merton)의 아노미이론에서 반역형(rebellion)에 해당한다.

16 밀러(Miller)의 하층계급문화이론에서 주장한 주요 관심(Focal concerns)이 아닌 것은?

① 말썽부리기(trouble)   ② 강인함(toughness)

③ 영악함(smartness)   ④ 소통(communication)

17 「소년법」상 소년보호사건의 대상이 될 수 없는 경우는?

① 동생을 상해한 만 12세의 소년

② 정당한 이유 없이 상습으로 가출하는 등 형벌법령에 저촉되는 행위를 할 우려가 있는 만 9세의 소년

③ 친구들과 몰려다니며 여학생들을 괴롭히는 등 장래에 범죄를 범할 우려가 있는 만 11세의 소년

④ 장난을 치다가 실수로 친구의 눈을 실명케 한 만 15세의 소년

18 전환제도(diversion)의 이론적 근거는?

① 사회학습이론   ② 갈등이론

③ 낙인이론   ④ 발달이론

19 셀린(T. Sellin)의 문화갈등이론(Cultural Conflict Theory)에 관한 설명으로 옳지 않은 것을 모두 고른 것은?

> ㉠ 문화갈등이란 용어를 최초로 사용하였다.
> ㉡ 문화갈등이 존재하는 지역의 사람들은 서로 경쟁적이며, 이러한 경쟁은 사회통제를 강화하는 요인으로 작용하여 범죄예방효과로 나타난다고 보았다.
> ㉢ 범죄원인 연구분야에 문화적 측면을 중요한 요소로 포함시켰다.
> ㉣ 개인 간의 관계 악화, 규범혼란 등은 제1차적 문화갈등에 해당한다.
> ㉤ 문화갈등이론은 비판범죄학의 이론적 기초를 제공하였다.

① ㉠, ㉡   ② ㉠, ㉢   ③ ㉡, ㉣   ④ ㉣, ㉤

20 「소년법」상 보호처분들 간의 병합이 가능하지 않은 경우는?

① 소년보호시설에 감호위탁과 보호관찰관의 단기 보호관찰

② 소년보호시설에 감호위탁과 보호관찰관의 장기 보호관찰

③ 1개월 이내의 소년원 송치와 보호관찰관의 단기 보호관찰

④ 보호자에게 감호위탁과 수강명령과 사회봉사명령과 보호관찰관의 장기 보호관찰

7 형사정책 모의고사   해설 214p

01 브랜팅햄과 파우스트(Brantingham & Faust)의 범죄예방에 관한 설명으로 옳은 것은?

① 감시장비 설치는 1차적 범죄예방이다.
② 환경설계는 2차적 범죄예방이다.
③ 범죄예방교육은 3차적 범죄예방이다.
④ 재범예방프로그램은 2차적 범죄예방이다.

02 배상명령에 관한 설명으로 가장 옳지 않은 것은?

① 배상명령을 신청할 수 있는 손해배상의 범위는 범죄행위로 인하여 발생한 직접적인 물적 피해, 치료비 손해, 위자료의 배상만이 인정된다.
② 피해자는 제3심 공판의 변론이 종결될 때까지 사건이 계속된 법원에 피해배상을 신청할 수 있다.
③ 피해자가 증인으로 법정에 출석한 경우에는 말로써 배상을 친청할 수 있다.
④ 배상명령이 기재된 유죄판결서의 정본은 민사 판결문과 같은 효력을 가지게 되어 강제집행도 할 수 있다.

03 우리나라의 형벌제도에 관한 설명 중 옳지 않은 것은?

① 피고인은 사형 또는 무기징역이나 무기금고가 선고된 판결에 대하여는 상소의 포기를 할 수 없다.
② 「소년법」에 의하면 법정형으로 장기 2년 이상의 유기형에 해당하는 죄를 범한 경우에는 그 형의 범위에서 장기와 단기를 정하여 선고하되, 장기는 10년, 단기는 5년을 초과하지 못한다.
③ 몰수는 타형에 부가하여 과하되 행위자에게 유죄의 재판을 아니할 때에도 몰수의 요건이 있는 때에는 몰수만을 선고할 수 있다.
④ 집행유예의 선고를 받은 후 그 선고의 실효 또는 취소됨이 없이 유예기간을 경과한 때에는 면소된 것으로 간주한다.

04 벌금 미납자의 사회봉사에 대한 설명으로 옳은 것은?

① 법원으로부터 200만원의 벌금형을 선고받고 벌금을 완납할 때까지 노역장에 유치할 것을 명받은 사람은 지방검찰청의 검사에게 사회봉사를 신청할 수 있다.

② 검사는 납부능력확인을 위한 출석요구기간을 포함하여 피고인의 사회봉사신청일로부터 7일 이내에 사회봉사의 청구여부를 결정해야 한다.

③ 사회봉사신청을 기각하는 검사의 처분에 대해 불복하는 자는 사회봉사신청을 기각한 검사가 소속한 지방검찰청에 상응하는 법원에 이의신청을 할 수 있다.

④ 법원은 사회봉사를 허가하는 경우 벌금미납액에 의하여 계산된 노역장유치기간에 상응하는 사회봉사기간을 산정하되, 산정된 사회봉사기간 중 1시간 미만은 1시간으로 집행한다.

05 현행 치료감호에 대한 내용으로 거리가 먼 것은?

① 법원은 공소제기된 사건의 심리결과 치료감호를 할 필요가 있다고 인정할 때에는 검사에게 치료감호청구를 요구할 수 있다.

② 치료감호청구서에는 피치료감호청구인의 성명, 그 밖에 피치료감호청구인을 특정할 수 있는 사항, 청구의 원인이 되는 사실, 적용 법조문, 그 밖에 대통령령으로 정하는 사항을 기재하여야 한다.

③ 치료감호대상자에 대한 치료감호를 청구할 때에는 정신건강의학과 등의 전문의의 진단이나 감정을 참고하여야 한다.

④ 검사는 치료감호대상자가 치료감호를 받을 필요가 있는 경우 치료감호청구서를 관할 검찰청에 제출하여 치료감호를 청구할 수 있다.

06 다음 설명 중 옳지 않은 것을 모두 고르시오.

> ㉠ 엘리엇(Elliott)과 동료들의 통합이론(Integrated Theory)은 사회유대가 강한 청소년일수록 성공기회가 제약되면 긴장을 느끼고 불법적 수단으로 목표를 달성하려 할 가능성이 크다고 주장하였다.
>
> ㉡ 지오다노와 동료들에 의하면 범죄중지를 위해서는 4가지의 인지적 전환(cognitive transformation)이 필요하다고 하였다.
>
> ㉢ 엘리엇(Elliott)과 동료들의 통합이론(Integrated Theory)은 노동자계급 가정에서 양육된 청소년은 부모의 강압적 양육방식으로 인해 부모와의 유대관계가 약해져 범죄를 저지를 가능성이 크다고 강조한다.
>
> ㉣ 패터슨(Patterson)은 범죄의 시작, 유지, 중단의 연령에 따른 변화는 생애과정에서의 비공식적 통제와 사회유대를 반영하고, 인생의 중요한 전환기에 발생하는 사건들과 그 결과에 영향을 받는다고 보았다.

① ㉠, ㉡   ② ㉡, ㉢   ③ ㉠, ㉢   ④ ㉢, ㉣

07 범죄와 구별되는 일탈(deviance)에 대한 설명으로 적절하지 않은 것은?

① 특정 사회의 집단적 사회규범이나 행동규칙에 위반된 행위라고 정의할 수 있다.
② 비범죄화정책을 수립할 때 중요한 판단척도가 된다.
③ 낙인이론은 일탈을 정의할 때 규범위반 여부보다 사회적 반응을 중시한다.
④ 법규범은 사회규범의 일부에 불과하므로 일탈이 항상 범죄가 되는 것은 아니다.

08 판결 전 조사제도에 관한 설명으로 옳지 않은 것은?

① 형사정책적으로 양형의 합리화뿐만 아니라 사법적 처우의 개별화에 그 제도적 의의가 있다.
② 미국에서 보호관찰(Probation)제도와 관련하여 널리 채택되고 있다.
③ 조사한 내용을 피고인과 그 변호인에게 공개하는 것이 제도적 취지에 부합한다.
④ 보호관찰, 사회봉사 및 수강명령제도가 성인범에 대해서 전면적으로 실시되었음에도 현행법은 성인범을 판결 전 조사의 대상자로 하고 있지 않다.

09 다음 중 현행법상 사회봉사명령에 대한 설명으로 가장 옳지 않은 것은?

① 형의 집행을 유예할 경우 부과할 수 있다.
② 소년범에 대하여는 사회봉사명령을 부과할 수 없다.
③ 사회봉사명령은 보호관찰관이 집행한다.
④ 보호관찰관은 사회봉사명령의 집행을 국공립기관이나 그 밖의 단체에 위탁한 때에는 이를 법원 또는 법원의 장에게 통보하여야 한다.

10 다음 설명에 해당하는 스미크라(Smykla)의 보호관찰 모형은?

> 보호관찰관은 외부자원을 적극 활용하여 보호관찰대상자들이 다양하고 전문적인 사회적 서비스를 받을 수 있도록 사회기관에 위탁하는 것을 주요 일과로 삼고 있다.

① 프로그램모형(program model)
② 중재자모형(brokerage model)
③ 옹호모형(advocacy model)
④ 전통적 모형(traditional model)

11 아샤펜부르크(G. Aschaffenburg)가 분류한 범죄인 유형에 해당하지 않는 것은?

① 우발범죄인
② 풍속범죄인
③ 관습범죄인
④ 예모범죄인

12 범죄생물학에 관한 설명 중 옳지 않은 것은?

① 제이콥스(Jakobs)는 남성성이 과잉인 XYY형 염색체를 가진 사람들이 폭력적이고 강한 범죄성향을 가진다고 보았다.

② 아이센크(Eysenck)는 내성적인 사람의 경우 대뇌에 가해지는 자극이 낮기 때문에 충동적, 낙관적, 사교적, 공격적이 된다고 보았다.

③ 달가드(Dalgard)와 크린글렌(Kringlen)은 쌍둥이연구를 통해 범죄 발생에서 유전적 요소는 중요하지 않다고 주장하였다.

④ 코르테(Cortes)는 신체적으로 중배엽형의 사람일수록 범죄성향이 높다고 주장하였다.

13 범죄성향의 유전성을 밝히기 위해 웨스트와 페링턴(West & Farrington)이 연구한 분야는?

① 부모자녀 사이의 유전성

② 형제자매 사이의 유전성

③ 쌍둥이 사이의 유전성

④ 입양아와 생물학적 아버지 사이의 유전성

14 사회해체론에 대한 설명으로 옳은 것을 모두 고른 것은?

> ㉠ 버식(Bursik)과 웹(Webb)은 주민들이 공통된 가치체계를 실현하지 못하고 지역주민들이 공통적으로 겪는 문제를 해결할 수 없는 상태를 사회해체라고 정의하고, 원인을 주민의 비이동성과 동질성으로 보았다.
>
> ㉡ 윌슨(Wilson)과 켈링(Kelling)이 주장한 깨진 유리창이론은 특정 지역사회에 무질서가 확산하게 되면 지역주민들은 그 지역이 안전하지 않다는 불안감을 느끼게 되고, 이는 범죄에 대한 두려움으로 이어진다고 주장한다.
>
> ㉢ 사회해체이론은 지역사회의 생태학적 변화를 범죄 발생의 주요 원인으로 본다.
>
> ㉣ 조보(Zorbaugh)는 청소년비행의 지리적 집중현상이 중심상업지역으로부터 외곽으로 벗어날수록 약화된다고 지적하면서 도심집중현상이 가장 극심한 곳은 전이지대(zone in transition)라고 주장하였다.

① ㉠, ㉡   ② ㉡, ㉢   ③ ㉠, ㉢   ④ ㉢, ㉣

15 머튼이 주장한 긴장이론(Strain Theory)에 대한 설명으로 옳은 것은?

① 사회 내에 문화적으로 널리 받아들여진 가치와 목적, 그리고 그것을 실현하고자 사용하는 수단 사이에 존재하는 괴리가 아노미적 상황을 이끌어낸다고 보았다.

② 머튼(Merton)의 동조형은 안정적인 사회에서 가장 보편적인 행위유형으로서 문화적인 목표와 제도화된 수단을 부분적으로만 수용할 때 나타난다.

③ 하층계급을 포함한 모든 계층이 경험할 수 있는 긴장을 범죄의 주요 원인으로 제시하였다.

④ 아노미이론은 머튼이 기초를 제공하고 뒤르켐이 체계화하였다. 뒤르켐에 의하면 인간의 욕구란 상대적인 것이라고 본다.

16 클로워드(R.A. Cloward)와 올린(L.E. Ohlin)은 청소년비행을 비행하위문화의 영향으로 파악하는데 아래에 해당하는 하위문화는?

> 범죄가 조직화되지 않았지만 과시적 폭력이 빈번하다. 이러한 지역에서는 폭력성이 일종의 지위와 성공을 성취하는 수단이 된다. 성인들의 범죄가 조직되지 않아 불법적 기회마저 거의 가질 수 없는 지역에서 발견된다.

① 갈등적 하위문화   ② 도피적 하위문화
③ 합법적 하위문화   ④ 범죄적 하위문화

17 「소년법」이 규정하고 있는 소년보호사건의 대상에 속하지 않는 소년은?

① 죄를 범한 19세의 자
② 정당한 이유 없이 가출하고 앞으로 형벌 법령에 저촉되는 행위를 할 우려가 있는 16세의 자
③ 형벌 법령에 저촉되는 행위를 한 13세의 자
④ 술을 마시고 소란을 피우는 성벽이 있고 앞으로 형벌 법령에 저촉되는 행위를 할 우려가 있는 18세의 자

18 낙인이론에 관한 설명으로 옳지 않은 것은?

① 전통적 · 심리학적 · 다원적 범죄원인론을 배격하고, 법집행기관을 주요 연구대상으로 삼았다.
② 공식적 낙인은 차별적 기회구조와 차별적 접촉을 낳는다고 보아 사법기관의 역할에 대해 회의적이다. 즉, 처벌이 범죄를 억제하기보다는 오히려 증가시킨다고 본다.
③ 범죄의 원인보다 범죄자에 대한 사회적 반응을 중시하고, 사회적 금지가 일탈행위를 유발하거나 강화시킨다고 주장하였다.
④ 고전적 억제이론과 낙인이론은 형사처벌과 재범 간의 관계를 설명하는 매개변수가 같다.

19 「보호소년 등의 처우에 관한 법률」상 보호소년등의 처우에 관한 설명으로 옳지 않은 것 은?

① 소년분류심사원은 법원소년부로부터 위탁된 소년의 수용과 분류심사를 한다.

② 소년원을 이탈한 보호소년의 유류금품은 이탈 등의 사유가 발생한 날부터 1년 이내에 본인이나 보호자등이 반환 요청을 하지 아니하면 국고에 귀속하거나 폐기한다.

③ 보호소년등을 소년원이나 소년분류심사원에 수용할 때에는 법원소년부의 결정서, 법무부장관의 이송허가서 또는 지방법원 판사의 유치허가장에 의하여야 한다.

④ 소년원장은 미성년자인 보호소년등이 친권자나 후견인이 없을 때에는 그 보호소년 등을 위하여 직권으로 친권자나 후견인의 직무를 행사할 수 있다.

20 [보기 1]의 학자와 [보기 2]의 내용을 바르게 연결한 것은?

[보기 1]

㉠ 머튼(R. Merton)　　　　　　　　㉡ 허쉬(T. Hirschi)

㉢ 볼드(G. Vold)　　　　　　　　　㉣ 퀴니(R. Quinney)

[보기 2]

ⓐ 어느 사회에서나 문화적 목표나 가치에 대해서는 사람들 간에 기본적인 합의가 이루어져 있다는 가치공유설을 전제로 한다.

ⓑ 자본가들에 의한 범죄를 지배와 억압의 범죄로 보았다.

ⓒ 일탈을 통제하는 시스템에 장애가 생기면 일탈행동이 발생한다.

ⓓ 본인 스스로의 자아낙인(self-label)을 고려했다는 점에서 다른 낙인이론가들과는 차이가 있다.

ⓔ 범죄행위를 집단갈등과정에서 자신들의 이익과 목적을 제대로 방어하지 못한 집단의 행위로 인식하였다.

---

① ㉠ - ⓐ, ㉡ - ⓓ, ㉢ - ⓔ

② ㉡ - ⓒ, ㉢ - ⓓ, ㉣ - ⓑ

③ ㉠ - ⓒ, ㉡ - ⓑ, ㉣ - ⓓ

④ ㉠ - ⓐ, ㉢ - ⓔ, ㉣ - ⓑ

01 다음에서 설명하는 레페토의 범죄전이의 유형은?

> 특정한 지역에서 이웃감시프로그램을 시작하자 절도범들이 인근의 다른 지역으로 이동하여 절도범죄를 행하는 현상

① 영역적 전이   ② 전술적 전이

③ 시간적 전이   ④ 기능적 전이

02 「범죄피해자 보호법」에 의할 때 국가에 의한 범죄피해자 구조금의 지급대상이 되는 경우는?

① 전치 8주의 폭행치상을 당한 자가 피해의 전부를 가해자로부터 배상받은 경우

② 10억원의 사기피해를 당한 자가 가해자로부터 5억원만 배상받은 경우

③ 강도상해를 당하여 반신불수가 된 자가 가해자로부터 배상받지 못한 경우

④ 단순폭행을 당한 자가 가해자로부터 일부 배상을 받았지만, 피해자가 가난하여 생계유지가 곤란한 경우

03 현행법상 형의 집행유예에 관한 설명으로 옳지 않은 것은?

① 3년 이하의 징역이나 금고 또는 500만원 이하의 벌금의 형을 선고할 경우 양형의 조건을 참작하여 그 정상에 참작할 만한 사유가 있는 때에는 1년 이상 5년 이하의 기간 형의 집행을 유예할 수 있다.

② 형을 병과할 경우에는 그 형의 일부에 대하여 집행을 유예할 수 있다.

③ 형의 집행을 유예하는 경우에는 보호관찰을 받을 것을 명하거나 사회봉사 또는 수강을 명할 수 있다.

④ 집행유예의 선고를 받은 자가 유예기간 중 고의로 범한 죄로 금고 이상의 실형을 선고받아 그 판결이 확정된 때에는 집행유예가 취소된다.

04 벌금 미납자의 사회봉사 집행에 대한 설명으로 옳은 것은?

① 벌금 미납자의 사회봉사는 검사가 집행한다.

② 보호관찰관은 검사에게 사회봉사 집행실태에 대한 관련 자료의 제출을 요구할 수 있고, 사회봉사 집행방법 및 내용이 부적당하다고 인정하는 경우에는 이에 대한 변경을 요구할 수 있다.

③ 사회봉사는 원칙적으로 1일 5시간을 넘겨 집행할 수 없다.

④ 사회봉사의 집행시간은 사회봉사기간 동안의 집행시간을 합산하여 시간단위로 인정한다. 다만, 집행시간을 합산한 결과 1시간 미만이면 1시간으로 인정한다.

05 「치료감호 등에 관한 법률」상 치료감호에 대한 설명으로 옳지 않은 것은?

① 구속영장에 의하여 구속된 피의자에 대하여 검사가 공소를 제기하지 아니하는 결정을 하고 치료감호 청구만을 하는 때에는 구속영장의 효력은 상실되므로 별도로 치료감호영장을 청구하여야 한다.

② 피치료감호자의 텔레비전 시청, 라디오 청취, 신문, 도서의 열람은 일과시간이나 취침시간 등을 제외하고는 자유롭게 보장된다.

③ 치료감호와 형이 병과된 경우에는 치료감호를 먼저 집행하며, 이 경우 치료감호의 집행기간은 형 집행기간에 포함한다.

④ 피치료감호자에 대한 치료감호가 가종료되었을 때 보호관찰이 시작되며, 이때 보호관찰의 기간은 3년으로 한다.

06 뒤르켐(E. Durkheim)에 대한 설명으로 옳지 않은 것을 모두 고른 것은?

> ㉠ 범죄는 사회에 유해한 행위라고 보았다.
> ㉡ 뒤르켐(E. Durkheim)은 아노미이론을 처음 주장하였고, 집단적 비승인이 존재하는 한 범죄는 모든 사회에 어쩔 수 없이 나타나는 현상으로 병리적이기보다는 정상적인 현상이라고 주장하였다.
> ㉢ 뒤르켐(E. Durkheim)은 범죄가 사회유지를 위해 중요한 기능은 하지만 정상적인 현상은 아니라고 하였다.
> ㉣ 구조기능주의 관점에서 범죄의 원인을 설명한 학자이며, 범죄필요설을 바탕으로 범죄정상이론을 주장하였다.

① ㉠, ㉡   ② ㉡, ㉢   ③ ㉠, ㉢   ④ ㉢, ㉣

07 범죄피해자와 관련한 현행 제도에 대한 설명으로 옳지 않은 것은? (다툼이 있는 경우 판례에 의함)

① 「소송촉진 등에 관한 특례법」 제25조 제1항에 따른 배상명령은 피고사건의 범죄행위로 발생한 직접적인 물적 피해, 치료비 손해와 위자료에 대하여 피고인에게 배상을 명함으로써 간편하고 신속하게 피해자의 피해회복을 도모하고자 하는 제도이다.

② 「범죄피해자 보호법」은 피해자와 피의자 사이의 합의가 이루어졌더라도 기소유예처분의 사유에 해당함이 명백한 경우 형사조정에 회부하지 못하도록 하고 있다.

③ 「범죄피해자 보호법」상 범죄피해자란 타인의 범죄행위로 피해를 당한 사람과 그 법률상·사실상 배우자, 직계친족 및 형제자매를 말한다.

④ 「성폭력범죄의 처벌 등에 관한 특례법」에 따르면 검사는 성폭력범죄 피해자에게 변호사가 없는 경우 국선변호사를 선정하여 형사절차에서 피해자의 권익을 보호할 수 있다.

08 다음은 무엇에 관한 설명인가?

> 이 제도는 미국의 보호관찰(probation)제도의 발전과 함께 보호관찰관에게 피고인에 대한 과학적 조사를 의뢰하여 이를 법관이 양형의 판단자료로 삼는 것에서부터 시작되었다. 그러나 이 제도는 공판절차가 사실인정절차와 양형절차로 이분되어 있지 않은 우리의 현실에서 전면적으로 시행하기에는 어려움이 있다.

① 배심제도
② 판결 전 조사제도
③ 양형위원회제도
④ 양형지침서

09 폭력범죄에 관한 설명으로 적절하지 않은 것은?

① 일반적으로 대도시의 폭력범죄율은 농촌지역의 폭력범죄율보다 높다.

② 일반적으로 20대는 60대보다 폭력범죄를 더 많이 저지른다.

③ 모이어(Moyer)는 대상과 방법에 따라 정서적 폭력, 성폭력, 신체적 폭력, 집단적 폭력, 테러리즘 등으로 구분하였다.

④ 문제행동을 일찍 시작한 아이는 폭력범죄를 지속적으로 저지를 가능성이 높다.

10 그로스의 폭력적 강간의 유형으로 옳지 않은 것은?

① 분노강간
② 스릴추구적 강간
③ 지배강간
④ 가학성 변태성욕강간

11 범죄원인론에 대한 설명으로 옳은 것은?

① 고링은 정신병원에 수용된 환자들을 대상으로 하여 이들의 염색체를 조사한 결과 XYY형은 다른 정상인들에 비해 수용시설에 구금되는 정도가 높다고 하였다.

② 콜버그(Kohlberg)의 도덕발달이론에 관한 경험적 연구결과에 따르면 대부분의 범죄자는 도덕발달 6단계 중 중간단계인 3−4단계에 속하는 것으로 보았다.

③ 클라인펠터증후군을 가진 사람은 동성애 경향, 성범죄, 조폭범, 절도 등을 범하는 경향이 있으나 범죄학적으로는 크게 위험시되지는 않는다.

④ 초남성형 범죄이론은 범죄의 종류 중에서 비폭력적 범죄를 잘 설명할 수 있다는 장점이 있다.

12 심리학적 범죄원인 및 대책에 관한 다음 설명 중 옳지 않은 것은?

① 프로이트(Freud)는 콤플렉스에 기한 잠재적 죄악감과 망상이 범죄를 유발한다고 보았다.

② 융(Jung)은 내향적인 사람이 범죄에 친화적이고, 외향적인 사람은 사회규범 등에 대한 학습능력이 높으므로 상습범죄자가 되기 어렵다고 보았다.

③ 아들러(Adler)는 신체적 결함뿐만 아니라 사회적 소외도 콤플렉스의 원인이 된다고 봄으로써 범죄원인을 개인심리적 영역에서 사회적 영역으로 확대하였다.

④ 에이크혼(Aichhorn)은 비행소년에 대해서는 권위나 제재가 아닌 애정에 의한 교정이 필요하다고 주장하였다.

13 수강명령의 부과 대상이 될 수 없는 자는?

① 「성폭력범죄의 처벌 및 피해자보호 등에 관한 법률」상 집행유예선고를 받은 성폭력 범죄자

② 「아동·청소년의 성보호에 관한 법률」상 집행유예선고를 받은 성매수자

③ 「경범죄 처벌법」상 통고처분 불이행자

④ 「가정폭력범죄의 처벌 등에 관한 특례법」상 가정폭력사범

14 샘슨(Sampson)에 대한 설명으로 옳지 않은 것은?

① 샘슨은 집합효율성(공동체효능)이론을 주장하고, '장소가 아니라 사람 바꾸기'의 범죄대책을 권고한다.

② 샘슨은 지역주민 간의 상호신뢰 또는 연대감과 범죄에 대한 적극적인 개입을 강조하는 '집합효율성이론'을 주장하였다.

③ 집합효율성(collective efficacy)이란 공통의 선을 유지하기 위한 지역주민들 사이의 사회적 응집력을 의미하며, 상호신뢰와 유대 및 사회통제에 대한 공통된 기대를 포함하는 개념이다.

④ 샘슨은 범죄지역의 속성으로 '낮은 자본론'을 거론하고, 범죄자나 비행자들이 지역거주자 사이의 관계성이 부족하고 지역자치활동이 활발하지 못한 변이지역을 차지하게 된다고 주장하였다.

15 다음 범죄원인론에 관한 설명 중 옳지 않은 것은?

① 레클리스(Reckless)는 압력(pressures), 유인(pulls), 배출(pushes) 요인이 범행을 유발한다고 보았다.

② 허쉬(Hirschi)는 개인이 사회와 유대관계를 맺는 방법으로 애착(attachment), 전념(commitment), 믿음(belief), 참여(involvement)를 제시하였다.

③ 맛차(Matza)와 사이크스(Sykes)는 범죄자가 피해자 혹은 사회일반에 책임을 전가하거나 더 높은 가치에 의지하는 등 범죄행위를 정당화하는 방법을 '중화(Neutralization)기술'이라고 하였다.

④ 머튼(Merton)은 사람들이 사회적 긴장에 반응하는 방식 중 '혁신형'은 문화적 목표와 사회적 수단을 모두 자신의 의지에 따라 새로운 것으로 대체하려는 특성을 갖는다고 하였다.

16 다음은 사회통제이론에 관한 설명이다. 옳지 않은 것은?

① 라이스(A. Reiss)는 개인의 자기통제력과 범죄와의 관계를 처음으로 지적한 초기 통제이론가이다.

② 나이(Nye)는 가정에서의 비공식적 비행통제보다 공식적 비행통제가 보다 효과적이라고 보았다.

③ 레클리스(Reckless)는 범죄나 비행의 통제요인으로 내적 통제요인과 외적 통제요인을 제시하였다.

④ 맛차(Matza)는 대부분의 소년범죄가 일과성에 불과하다고 보았다.

17 보호관찰 대상자의 보호관찰 기간으로 옳지 않은 것은?

① 「치료감호 등에 관한 법률」상 치료감호 가종료자 : 3년

② 「소년법」상 단기 보호관찰처분을 받은 자 : 1년

③ 「형법」상 보호관찰을 조건으로 형의 선고유예를 받은 자 : 1년

④ 「가정폭력범죄의 처벌 등에 관한 특례법」상 보호관찰처분을 받은 자 : 1년

18 낙인이론(Labeling Theory)에 대한 다음 설명 중 옳지 않은 것은?

① 범죄원인에 대한 정태적 분석으로 개인에게 주어진 제반 사회적 환경에 중점을 두는 범죄이론이다.

② 범죄 내지 일탈행위를 사회 자체 내지 그 구성원 일반과 일탈자의 상호작용으로 파악하는 데 그 이론적 특징이 있다.

③ 일탈규정의 형성과정이나 적용메커니즘도 주요 연구대상으로 한다.

④ 레머트(Lemert)는 사회적 상호작용의 관점에서 낙인의 과정에 대한 체계화를 시도하면서 일차적 일탈에 대한 형사사법기관의 대응을 중시한다.

19 손베리(Thørnberry)의 상호작용이론에 대한 설명으로 옳지 않은 것은?

① 청소년 초기에는 가족의 애착이 중요하고, 중기에는 가족의 영향력이 친구, 학교, 청소년문화로 대체된다.

② 하위계층과 같은 위험요인이 비행 및 범죄에 영향을 미칠 수 있다고 본다.

③ 손베리(Thørnberry)는 이론 통합을 "특정 현상에 대해 보다 종합적인 설명을 제공할 목적으로 논리적으로 연결되는 두 개 이상의 명제를 결합시키는 행위"라고 정의한다.

④ 인생의 중기를 거쳐 후기에 이를수록 부모의 영향력은 커지고 비행친구와의 접촉이 비행의 주된 원인이 된다.

20 급진범죄학의 기본입장에 대한 설명으로 옳지 않은 것은?

① 마르크스주의에 기초하고 있다.

② 갈등론적 관점을 취한다고 할 수 있다.

③ 범죄원인을 실증적으로 분석하는 데 초점을 맞추고 있다.

④ 기본적으로 형사사법제도에 내재하는 불평등을 문제 삼고 있다.

9 형사정책 모의고사

해설 224p

01 설계를 통한 범죄예방(CPTED)의 기본원리라고 할 수 없는 것은?

① 영역성
② 자연적 감시
③ 이미지
④ 특별억제

02 우리나라의 범죄피해자 보호제도에 관한 설명 중 옳지 않은 것은?

① 과실범의 피해자는 「범죄피해자 보호법」의 피해자 구조대상에서 제외된다.
② 범죄피해 방지 및 범죄피해자 구조활동으로 피해를 당한 사람도 「범죄피해자 보호법」상 범죄피해자로 본다.
③ 외국인이 구조피해자이거나 유족인 경우에는 해당 국가의 상호보증이 있는 경우에만 「범죄피해자 보호법」이 적용된다.
④ 「범죄피해자 보호법」에 의하면 구조피해자가 가해자로부터 피해의 전부를 배상받지 못하여 생계 곤란의 사유가 인정될 때에만 구조를 받을 수 있다.

03 형의 선고유예와 집행유예에 관한 설명으로 옳지 않은 것은?

① 집행유예 시 보호관찰기간은 1년으로 한다.
② 선고유예나 집행유예의 결정은 법원의 재량이다.
③ 형을 병과할 경우에도 형의 전부 또는 일부에 대하여 그 선고를 유예할 수 있다.
④ 선고유예를 하기 위해서는 「형법」상 양형조건의 사항을 참작하여 개전의 정상이 현저하여야 한다.

04 벌금형에 대한 형사정책적 평가와 가장 거리가 먼 것은?

① 단기자유형의 효과적인 대체수단이 될 수 있다.
② 집행의 번거로움으로 행정의 효율을 기하기 어렵다.
③ 총액벌금제의 경우 경제적 약자와 강자 간의 형평을 기할 수 없으므로 배분적 정의에 반한다.
④ 노역장 유치는 3년을 초과할 수 없으므로 미납벌금이 거액인 경우 형의 실효성을 확보하기 어렵다.

05 「치료감호 등에 관한 법률」상 치료감호에 대한 설명으로 옳은 것은?

① 「형법」상 살인죄(제250조 제1항)의 죄를 범한 자의 치료감호기간을 연장하는 신청에 대한 검사의 청구는 치료감호기간 또는 치료감호가 연장된 기간이 종료하기 3개월 전까지 하여야 한다.

② 치료감호심의위원회는 치료감호만을 선고받은 피치료감호자에 대한 집행이 시작된 후 6개월이 지났을 때에는 상당한 기간을 정하여 그의 법정대리인, 배우자, 직계친족, 형제자매에게 치료감호시설 외에서의 치료를 위탁할 수 있다.

③ 근로에 종사하는 피치료감호자에게는 근로의욕을 북돋우고 석방 후 사회정착에 도움이 될 수 있도록 법무부장관이 정하는 바에 따라 작업장려금을 지급할 수 있다.

④ 법원은 치료감호사건을 심리하여 그 청구가 이유 없다고 인정할 때 또는 피고사건에 대하여 심신상실 외의 사유로 무죄를 선고하거나 사형을 선고할 때에는 판결로써 청구기각을 선고하여야 한다.

06 바톨라스(C. Bartolas)의 소년교정모형에 대한 설명이다. [보기 1]에 제시된 설명과 [보기 2]에서 제시된 교정모형을 옳게 짝지은 것은?

[보기 1]

㉠ 비행소년은 통제할 수 없는 요인에 의해서 범죄자로 결정되어졌으며, 이들은 사회적 병질자이기 때문에 처벌의 대상이 아니라 치료의 대상이다.

㉡ 범죄소년은 치료의 대상이지만 합리적이고 책임 있는 결정을 할 수 있다고 하면서, 현실요법·집단지도 상호작용·교류분석 등의 처우를 통한 범죄소년의 사회 재통합을 강조한다.

㉢ 비행소년에 대해서 소년사법이 개입하게 되면 낙인의 부정적 영향 등으로 인해 지속적으로 법을 어길 가능성이 증대되므로, 청소년을 범죄소년으로 만들지 않는 길은 시설에 수용하지 않는 것이다.

㉣ 지금까지 소년범죄자에 대하여 시도해 온 다양한 처우 모형들이 거의 실패했기 때문에 유일한 대안은 강력한 조치로서 소년범죄자에 대한 훈육과 처벌뿐이다.

[보기 2]

A. 의료모형   B. 적응(조정)모형

C. 범죄통제모형   D. 최소제한(제약)모형

	㉠	㉡	㉢	㉣
①	A	B	C	D
②	A	B	D	C
③	A	C	D	B
④	B	A	D	C

07 범죄학에서 고전주의와 실증주의에 관한 설명으로 옳지 않은 것은?

① 고전주의는 처벌이 아닌 개별적 처우를 통한 교화개선을 가장 효과적인 범죄예방대책으로 본다.
② 고전주의가 계몽주의 사조의 영향을 받았다면, 실증주의는 자연과학 발전의 영향을 받았다.
③ 실증주의가 인간행동에 대해 결정론적으로 해석한다면, 고전주의는 자유의지를 강조하는 편이다.
④ 인간의 행동은 개인적 기질과 다양한 환경요인에 의하여 통제되고 결정된다고 보는 것은 실증주의 범죄학파의 기본입장이다.

08 범죄학의 연구방법에 관한 설명으로 옳지 않은 것은?

① 참여적 관찰이란 연구자가 직접 일정한 범죄집단에 들어가 범죄자들과 함께 생활하면서 여러 가지 자료 등을 수집하거나 그들의 생활을 관찰하는 방법을 말한다.
② 추행조사는 일정 수의 범죄자 또는 비범죄자를 일정 기간 계속적으로 추적하면서 사회적 조건의 변화상태를 분석하고, 그 변화상태와 범죄자 또는 범죄와의 연결관계를 살펴보는 방법이다.
③ 실험적 연구는 일반적으로 새로 도입한 형사제도의 유용성을 검증하기 위해 활용된다.
④ 사례조사는 연구의 대상이 되는 실험집단과 그에 대조되는 일정 수의 정상집단, 즉 대조집단을 선정한 후 양 집단을 비교하여 차이점을 규명한다.

09 화이트칼라범죄에 관한 설명으로 옳지 않은 것은?

① 서덜랜드(Sutherland)가 최초로 사용한 용어이다.
② 자신의 직무상의 권한과 영향력을 악용하여 저지르는 불법행위이다.
③ 화이트칼라범죄는 범죄피해의 규모는 크지만, 범죄자는 물론 일반인도 중대한 범죄로 보지 않는 경향이 있다.
④ 개인의 신용카드범죄, 마약범죄, 성폭력범죄 등이 포함된다.

10 그로스가 분류한 강간유형 중 피해자를 힘으로 자신의 통제하에 놓고 싶어 하는 유형은?

① 지배강간　　　　　　② 가학성 변태성욕강간
③ 데이트강간　　　　　④ 분노강간

11 다음 중 현행법상 사회봉사명령에 대한 설명으로 가장 옳지 않은 것은?

① 형의 집행을 유예할 경우 부과할 수 있다.
② 소년범에 대하여는 사회봉사명령을 부과할 수 없다.
③ 사회봉사명령은 보호관찰관이 집행한다.
④ 보호관찰관은 사회봉사명령의 집행을 국공립기관이나 그 밖의 단체에 위탁한 때에는 이를 법원 또는 법원의 장에게 통보하여야 한다.

12 현행법상 수강명령에 관한 설명으로 옳지 않은 것은?

① 「소년법」상 단기보호관찰 또는 장기보호관찰 처분 시 12세 이상의 촉법소년에 대하여는 수강
명령을 할 수 있다.
② 「소년법」 제32조 제1항 제2호(수강명령)의 수강명령은 100시간을 초과할 수 없으며, 보호관찰관
이 그 명령을 집행할 때에는 사건 본인의 정상적인 생활을 방해하지 아니하도록 하여야 한다.
③ 수강명령의 집행은 법원이 행한다.
④ 「형법」상 수강명령은 12세 이상의 형사미성년자에게 부과될 수 있다.

13 생물학적 범죄원인론에 대한 설명으로 틀린 것은?

① 행위자 개인의 기본적 특성인 소질을 강조한다.
② 다윈의 진화론으로부터 영향을 받았다.
③ 크레취머와 셀던은 체형과 정신적인 기질의 일치 정도를 연구함으로써 이론을 발전시켰다.
④ 롬브로조는 생물학적 실증적인 인간관과 범죄관념에 따라 의사자유론을 전제로 하여 범죄연
구를 하였다.

14 사회해체론에 대한 설명으로 옳지 않은 것은?

① 사회해체이론의 중요한 업적은 행위자 개인의 특성이 아니라 도시의 생태를 범죄나 비행의
발생원인으로 파악한 것이다.
② 비행이 사회해체에 기인하기 때문에 비행예방을 위해서는 개별 비행자의 처우보다 도시생활
환경에 영향을 미치는 사회의 조직화가 필요하다고 본다.
③ 사회해체이론은 주로 경찰이나 법원의 공식기록에 의존하였기 때문에 그 연구결과의 정확성
은 문제되지 않는다.
④ 사회통제이론, 아노미이론, 차별적 접촉이론, 문화갈등이론 등의 이론적 발전에 기초를 제공한
것으로 평가된다.

15 코헨(Cohen)의 비행적 하위문화이론에 대한 설명으로 옳은 것은?

① 코헨(Cohen)은 하위계급 출신 소년들이 최초로 자기 지위에 대한 좌절감을 경험하는 곳은
가정이라고 보고 가정교육의 중요성을 강조하였다.
② 코헨은 비행하위문화의 특징으로 사고치기(trouble), 강인함(toughness), 기만성(smartness),
흥분추구(excitement), 운명주의(fatalism), 자율성(autonomy) 등을 들었다.
③ 하위문화이론에 대해 특정의 사회구조를 지닌 하나의 지역사회 안에 여러 개의 하위(부차)문
화가 존재하는 이유를 분석하기 어렵다고 비판하였다.
④ 코헨(Cohen)의 비행적 하위문화이론에 대해 처음부터 사회적 편견을 지니고 있으며, 하위문
화는 중류계급에 대한 반발로 생성되었다고 보기 어렵다고 비판하였다.

16 클로워드(Cloward)와 올린(Ohlin)의 차별적 기회구조이론의 내용과 다른 것은?

① 아노미현상을 비행적 하위문화의 촉발요인으로 본다는 점에서 머튼(Merton)의 영향을 받았다.
② 성공이나 출세를 위하여 합법적 수단을 사용할 수 없는 사람들은 바로 비합법적 수단을 사용할 것이라는 머튼(Merton)의 가정에 동의하지 않는다.
③ 범죄적 하위문화는 청소년범죄자에게 성공적인 역할모형이 될 수 있는 조직화된 성인범죄자들의 활동이 존재하는 지역에서 나타난다.
④ 성인들의 범죄가 조직화되지 않아 청소년들이 비합법적 수단에 접근할 수 없는 지역에서는 갈등적 하위문화가 형성되는데 범죄기술을 전수할 기회가 없기 때문에 이 지역의 청소년들은 비폭력적이며 절도와 같은 재산범죄를 주로 저지른다.

17 다음은 사회통제이론에 관한 설명이다. 옳은 것을 모두 고르면?

㉠ 라이스(Reiss)는 소년비행의 원인을 낮은 자기통제력에서 찾았다.
㉡ 사회통제이론대로라면 사회 내 처우를 통해 부모와의 관계 개선을 더 용이하게 하고 학교나 직장, 일상생활 등 사회유대를 형성하게 하도록 하는 것이 중요하다는 형사정책적 결과를 낼 수 있다.
㉢ 통제이론은 "개인이 왜 범죄로 나아가지 않게 되는가"의 측면이 아니라, "개인이 왜 범죄를 하게 되는가"의 측면에 초점을 맞춘다.
㉣ 토비(Toby)의 통제이론은 범죄를 통제하는 기제로서 자아의 역할을 특히 강조하였다.

① ㉠, ㉡   ② ㉡, ㉢   ③ ㉠, ㉢   ④ ㉢, ㉣

18 보호관찰 대상자와 그 보호관찰기간이 바르게 연결되지 않은 것은?

①「형법」상 보호관찰을 조건으로 형의 집행유예를 받은 자 – 집행을 유예한 기간이나 다만, 법원이 유예기간의 범위 내에서 보호관찰기간을 따로 정하는 경우에는 그 기간
②「특정 범죄자에 대한 보호관찰 및 전자장치 부착 등에 관한 법률」상 강도범죄를 저지른 자로 강도범죄를 다시 범할 위험성이 있으며 금고 이상의 선고형에 해당하고 보호관찰명령의 청구가 이유 있다고 인정되는 자 – 2년 이상 5년 이하
③「형법」상 형의 선고를 유예하는 경우에 재범방지를 위하여 지도 및 원호가 필요한 자 – 1년
④「소년법」상 단기보호관찰 처분을 받은 자 – 2년

19 갈등이론에 관한 설명으로 틀린 것은?

① 셀린의 2차적 문화갈등이론이란 이질적인 문화 사이에서 발생한다.
② 볼드의 집단갈등이론은 사람을 집단지향적인 존재라는 점을 전제로 한다.
③ 봉거는 자본주의적 생산양식 때문에 범죄가 발생한다고 보았다.
④ 퀴니의 대항범죄란 자본가들의 지배에 대항하는 범죄행태이다.

20 슈퍼마켓에서 물건을 훔친 13세의 초등학생에 대하여 「소년법」상 경찰서장이 취해야 할 조치는?

① 형사미성년자이므로 보호자에게 돌려보낸다.

② 직접 관할 소년부에 송치하여야 한다.

③ 관할 지방법원에 대응하는 검찰청 검사에게 송치한다.

④ 초등학교장에게 통고한다.

(10) 형사정책 모의고사

해설 228p

01 환경설계를 통한 범죄예방(CPTED)의 설명으로 옳은 것을 모두 고른 것은?

> ㉠ 2세대 CPTED는 범죄예방에 필요한 매개요인들에 대한 직접개입을 주목적으로 하지만, 3세대 CPTED는 장소, 사람, 기술 및 네트워크를 핵심요소로 하여 안전한 공동체 형성을 지향한다.
>
> ㉡ CPTED의 기본전략과 실행방법으로 접근통제 - 사적·공적 공간의 구분과 관련된다.
>
> ㉢ 환경설계를 통한 범죄예방(CPTED)에서 목표물 견고화(target hardening)란 잠재적 범행대상이 쉽게 피해를 보지 않도록 하는 일련의 조치를 말한다.
>
> ㉣ CPTED의 기본원리 중 자연적 감시는 사적 공간에 대한 경계를 제거하여 주민들의 책임의식과 소유의식을 감소시킴으로써 사적 공간에 대한 관리권을 약화시키는 원리이다.

① ㉠, ㉡   ② ㉡, ㉢   ③ ㉠, ㉢   ④ ㉢, ㉣

02 「범죄피해자 보호법」상 구조금의 전부 또는 일부의 지급배제사유가 아닌 것은?

① 가해자가 피해자와 동거하는 사실상의 배우자인 경우
② 피해자가 해당 범죄행위를 교사한 경우
③ 피해자가 과도한 폭행으로 해당 범죄행위를 유발한 경우
④ 가해자가 신체장애 등의 사유가 있어서 해당 범죄를 행하는 것이 매우 곤란했을 것으로 인정되는 경우

03 집행유예에 관한 형사정책적 평가로 옳지 않은 것은?

① 단기자유형의 폐해를 예방할 수 있다.
② 형의 집행을 담보로 범죄인을 심리적으로 위하하여 개선을 유도할 수 있다.
③ 행위책임에 충실한 제도이다.
④ 대상자 선정의 형평성을 유지하기 어렵다.

04 재산형제도에 관한 설명 중 옳지 않은 것은?

① 형법은 벌금형에 대해서도 선고유예와 액수에 관계없이 집행유예를 인정하고 있다.

② 일수벌금제도는 범죄자의 경제상태를 실제로 조사한다는 것이 쉬운 일이 아니라는 점이 단점으로 지적될 수 있다.

③ 범죄에 제공된 공범자의 소유물은 몰수할 수 있다.

④ 벌금을 납입하지 않은 자는 1일 이상 3년 이하의 기간 노역장에 유치하여 작업에 복무하게 한다.

05 「치료감호 등에 관한 법률」상 치료감호에 대한 설명으로 옳지 않은 것은?

① 피치료감호자에 대한 치료감호가 가종료되었을 때 시작되는 보호관찰의 기간은 3년으로 한다.

② 치료감호심의위원회는 피치료감호자에 대하여 치료감호 집행을 시작한 후 매 6개월마다 치료감호의 종료 또는 가종료 여부를 심사·결정한다.

③ 소아성기호증, 성적 가학증 등 성적 성벽(性癖)이 있는 정신성적 장애인으로서 금고 이상의 형에 해당하는 성폭력범죄를 지은 자는 치료감호대상자가 될 수 있다.

④ 치료감호의 내용과 실태는 대통령령으로 정하는 바에 따라 공개하여야 한다. 이 경우 피치료감호자나 그의 보호자가 동의한 경우라도 피치료감호자의 개인신상에 관한 것은 공개할 수 없다.

06 보호관찰을 부과할 수 있는 근거를 두고 있지 않는 법률은?

① 「가정폭력방지 및 피해자보호 등에 관한 법률」

② 「형법」

③ 「소년법」

④ 「성폭력범죄의 처벌 및 피해자보호 등에 관한 법률」

07 수강명령에 대한 설명으로 옳지 않은 것은?

① 형의 집행을 유예하는 경우에는 수강을 명할 수 있지만, 형의 선고를 유예하는 경우에는 수강을 명할 수 없다.

② 법원이 「형법」 제62조의2에 따른 수강을 명할 때에는 다른 법률에 특별한 규정이 있는 경우를 제외하고 200시간의 범위에서 수강기간을 정하여야 한다.

③ 「소년법」에서의 수강명령은 보호관찰과 독립하여 부과할 수 있다.

④ 수강명령 대상자가 수강명령 집행기간 중 벌금 이상의 형의 집행을 받게 된 때에 수강은 종료한다.

08 「보호관찰 등에 관한 법률」상 범죄의 내용과 종류 및 본인의 특성 등을 고려하여 특별준수사항으로 따로 부과할 수 있는 것은?

① 주거지에 상주하고 생업에 종사할 것
② 재범의 기회나 충동을 줄 수 있는 특정 지역·장소의 출입을 하지 말 것
③ 주거를 이전하거나 1개월 이상 국내외 여행을 할 때에는 미리 보호관찰관에게 신고할 것
④ 범죄로 이어지기 쉬운 나쁜 습관을 버리고 선행을 하며 범죄를 저지를 염려가 있는 사람들과 교제하거나 어울리지 말 것

09 다음의 문화적 환경과 범죄에 관한 설명 중 타당하지 않은 것은 어느 것인가?

① 종교는 범죄행위의 방지에 도움을 준다.
② 학력이 높으면 높을수록 모든 범죄와는 거리가 멀어진다.
③ 종교적 확신범은 종교가 범죄유발작용도 한다는 대표적 예이다.
④ 학교교육은 범죄억제작용과 아울러 범죄촉진작용도 한다.

10 마약범죄에 대한 설명으로 옳은 것은?

① 한국·중국·일본 3국을 중심으로 하는 메트암페타민 유통체계는 황금의 삼각지대(golden triangle)로 불린다.
② 파키스탄, 이란, 아프가니스탄 등의 국경지대로 양귀비를 재배해서 모르핀, 헤로인 등으로 가공하여 세계 각국에 공급하는 지대는 황금의 초승달지대(golden crescent)이다.
③ 아편계통의 헤로인은 무향, 무색 분말로 코로 흡입하거나 주사 등의 방법으로 복용하며, 중독 시 상대적으로 의존성이 낮다.
④ 엑스터시(Ecstasy)는 의사의 처방이 있으면 약국에서 구입이 가능하다.

11 아샤펜부르크(G. Aschaffenburg)의 범죄인 분류 중 예모범죄인에 대한 설명으로 옳은 것은?

① 부주의한 범죄자로 법적 안정성을 해칠 정도는 아니지만, 사회방위조치가 필요한 자
② 우연한 기회가 범행동기가 되어 범행을 한 자
③ 범행기회를 노리는 자로 고도의 공공위험성을 가진 자
④ 범죄 자체를 직업적으로 생각하는 특수한 개인적 소질을 가진 자

12 **소년보호사건의 처리절차 중 「소년법」상의 임시조치에 대한 내용이다. ㉠~㉤에 들어갈 말을 바르게 짝지은 것은?**

> (가) 소년부 판사는 보호자, 소년을 보호할 수 있는 적당한 자 또는 시설에 위탁, 병원이나 그 밖의 요양소에 위탁, (㉠)에 위탁하는 임시조치를 할 수 있다.
> (나) 소년부 판사는 동행된 소년 또는 소년부 송치결정에 의하여 인도된 소년에 대하여 도착한 때로부터 (㉡)시간 이내에 임시조치를 하여야 한다.
> (다) 위의 임시조치의 경우에 보호자, 소년을 보호할 수 있는 적당한 자 또는 시설에 위탁 및 병원이나 그 밖의 요양소에의 위탁기간은 (㉢)개월을, (㉣)에의 위탁기간은 (㉤)개월을 초과하지 못한다. 다만 특별히 계속 조치할 필요가 있을 때에는 한 번에 한하여 결정으로써 연장할 수 있다.

	㉠	㉡	㉢	㉣	㉤
①	소년분류심사원	24	3	소년분류심사원	1
②	소년원	48	3	소년원	2
③	소년분류심사원	48	3	소년분류심사원	2
④	소년원	24	3	소년원	1

13 **생물학적 범죄원인론에 관한 설명 중 괄호 안에 들어갈 학자의 이름이 옳게 묶인 것은?**

> (A)은(는) 범죄자들 가운데 일부는 선천적 기질로 인해 범죄를 저지르며, 그들은 진화론적으로 퇴행한 것으로서 격세유전을 통해 야만적 속성이 유전된 돌연변이적 존재라고 하였다. 그러나 (B)은(는) 범죄는 신체적인 변이와 관련된 것이 아니라 유전학적 열등성에 기인한 것이라고 주장함으로써 (A)을(를) 비판하였다. 한편 (C)은(는) 체형을 비만형 · 투사형 · 세장형으로 나누고, 각각의 범죄율과 범죄유형을 조사한 바 있다.

> ㉠ 롬브로조(Lombroso)　　㉡ 고링(Goring)
> ㉢ 고다드(Goddard)　　㉣ 후튼(Hooton)
> ㉤ 셀든(Sheld)　　㉥ 크레취머(Kretschmer)

	A	B	C
①	㉠	㉡	㉣
②	㉠	㉡	㉥
③	㉠	㉢	㉤
④	㉠	㉣	㉥

14 사회해체론(social disorganization theory)에 관한 설명으로 옳지 않은 것은?

① 생물학적·심리학적 범죄원인론에 비해 사회적 환경을 중요시한다.
② 사회해체이론은 화이트칼라범죄 등 기업범죄를 설명하는 데 유용하다.
③ 지배적 사회관계가 와해되었지만 아직까지 새로운 관계가 형성되어 있지 않은 틈새지역은 범죄유발환경이 된다.
④ 인구이동이 많은 지역에서 흔히 볼 수 있는 주민이동과 주민이질성은 사회해체의 원인이 된다.

15 밀러(W.B. Miller)의 하층계급문화이론(Lower-class Culture)에 관한 설명으로 옳지 않은 것은?

① 범죄는 지배계층의 문화와 대립하는 하층계급문화의 고유한 전통가치에 대한 동조의 소산이다.
② 하류계층소년이 비행에 이르는 것은 중류계층문화에 대한 적대감정에서 비롯된다.
③ 하류계층의 문화는 이민, 국내이주, 수직적인 사회이동의 과정에서 고유하게 생겨난 것이다.
④ 비행소년은 여성이 가장인 가정에서 주로 많이 배출된다.

16 「보호소년 등의 처우에 관한 법률」에 규정된 보호장비가 아닌 것은?

① 수갑   ② 보호복
③ 포승   ④ 가스총

17 다음 중 중화기술이론에 대한 설명으로 타당하지 않은 것은?

① 대표적 주장자는 사이크스(Sykes)와 맛차(Matza)이다.
② 코헨(Cohen)의 하위문화이론을 구체화한 이론이다.
③ 범죄행동의 중화기술을 잘 학습한 사람일수록 범죄자가 될 가능성이 높다고 본다.
④ 범죄는 범죄자에게 내면화되어 있는 규범의식과 가치관이 중화·마비되면서 발생한다는 것이다.

18 학습이론(Learning Theory)에 대한 설명으로 옳은 것은?

① 서덜랜드(Sutherland)의 차별접촉이론(Differential AssociationTheory)에 따르면, 사람은 자신이 직접 만나본 적이 없더라도 특정 인물과 자신을 동일시하면서 자아를 형성하고, 이것이 그의 행동선택에 영향을 미친다.
② 서덜랜드(Sutherland)의 차별접촉이론(Differential AssociationTheory)은 소질적 범죄자의 범죄행위를 설명하는 데 유용하다.
③ 타르드(Tarde)는 모방의 법칙을 주장하면서, 그 내용 중 하나로 모방은 가까운 사람들 사이에 강하게 일어난다는 삽입의 법칙을 주장하였다.
④ 버제스(Burgess)와 에이커스(Akers)에 따르면 범죄행위를 학습하는 과정은 과거에 이러한 행위를 하였을 때에 주위로부터 칭찬, 인정, 더 나은 대우를 받는 등의 보상이 있었기 때문이다.

19 소년원에 관한 설명 중 옳지 않은 것은?

① 소년원장은 공동으로 비행을 저지른 관계에 있는 사람의 편지인 경우 등 보호소년등의 보호 및 교정교육에 지장이 있다고 인정되는 경우에는 보호소년등의 편지 왕래를 제한할 수 있으며, 편지의 내용을 검사할 수 있다.

② 소년원은 보호소년을 수용하여 교정교육을 하는 것을 임무로 한다.

③ 소년원장은 보호소년이 22세에 달한 때에도 교정의 목적상 필요하다고 인정되는 경우에는 퇴원시키지 않을 수 있다.

④ 보호소년에게는 품행의 개선과 진보의 정도에 따라 점차 향상된 처우를 하여야 한다.

20 소년부 판사가 직권으로 보호처분을 변경할 수 있는 경우가 아닌 것은?

① 보호자 또는 보호자를 대신하여 소년을 보호할 수 있는 자에게 감호위탁

② 「아동복지법」에 따른 아동복지시설이나 그 밖의 소년보호시설에 감호위탁

③ 보호관찰관의 단기 보호관찰

④ 병원, 요양원 또는 「보호소년 등의 처우에 관한 법률」에 따른 의료재활소년원에 위탁

해설 232p

01 범죄 및 범죄율에 대한 설명으로 옳은 것은?

① 범죄율과 범죄시계는 인구변화율을 반영하여 범죄의 심각성을 인식할 수 있게 한다.
② 국제형사학협회(IKV)는 범죄인을 기회범과 상대범으로 분류한다.
③ 범죄농담은 한 지역사회에서 일정 기간 발생한 총 범죄를 강도·살인과 같은 중범죄로 나눈 것을 의미하며, 범죄농담률이 높을수록 지역사회의 중범죄가 많이 발생하는 것으로 볼 수 있다.
④ 형식적 의미의 범죄는 법규정과 관계없이 반사회적인 법익침해행위이고, 실질적 의미의 범죄는 「형법」상 범죄구성요건으로 규정된 행위이다.

02 현행 「범죄피해자 보호법」상 구조금에 관한 설명 중 옳지 않은 것은?

① 구조금 지급신청은 해당 구조대상 범죄피해의 발생을 안 날부터 1년이 지나면 할 수 없다.
② 구조금을 받을 권리는 양도하거나 담보로 제공하거나 압류할 수 없다.
③ 국가는 지급한 구조금의 범위에서 해당 구조금을 받은 사람이 구조대상 범죄피해를 원인으로 하여 가지고 있는 손해배상청구권을 대위한다.
④ 국가는 구조피해자나 유족이 해당 구조대상 범죄피해를 원인으로 하여 손해배상을 받았으면 그 범위에서 구조금을 지급하지 아니한다.

03 양형에 관한 설명으로 옳지 않은 것을 모두 고른 것은?

> ㉠ 양형이란 법관이 선고형을 기초로 구체적 형벌의 종류와 범위를 정하는 일련의 과정을 말한다.
> ㉡ 현행 형벌법규는 양형에 관하여 법관에게 비교적 광범위한 재량을 인정하고 있다.
> ㉢ 양형기준은 법관에게 양형의 지침을 제공함은 물론 합리적인 양형을 가능하게 하여 형량의 균등성 확보에 기여한다.
> ㉣ 양형의 일반이론 중 단계이론이란 형벌에 상응하는 정당하고 유일한 형벌을 결정하는 것은 현실적으로 불가능하다는 것을 전제로 한다.

① ㉠, ㉡   ② ㉠, ㉣   ③ ㉡, ㉢   ④ ㉢, ㉣

04 현행 벌금형제도의 개선방안으로 볼 수 없는 것은?

① 총액벌금제의 채택　　　　　　　　② 일수벌금제의 도입

③ 과료의 과태료 전환　　　　　　　　④ 불법수익몰수제도의 확대

05 다음 설명 중 옳은 것은?

① 억제(deterrence)는 고전주의 범죄학파의 주요 개념 중 하나이다.

② 실증주의 범죄학파는 야만적인 형사사법제도를 개편하여 효율적인 범죄예방을 위한 형벌제도 개혁에 힘썼다.

③ 롬브로조는 범죄학의 연구범주에는 법의 제정과정, 제정된 법의 위반과정, 법의 위반행위에 대한 대응과정 등이 포함된다고 정의하였다.

④ 형벌의 특수적 억제효과란 범죄를 저지른 사람에 대한 처벌이 일반시민들로 하여금 처벌에 대한 두려움을 불러 일으켜서 결과적으로 범죄가 억제되는 효과를 말한다.

06 소년보호사건에 대한 설명으로 옳지 않은 것만을 모두 고른 것은?

> ㉠ 형벌법령에 저촉되는 행위를 한 12세 소년이 있을 때에 경찰서장은 직접 관할 소년부에 소년을 송치하여야 한다.
> ㉡ 법으로 정한 사유가 있고 소년의 성격이나 환경에 비추어 향후 형벌법령에 저촉되는 행위를 할 우려가 있더라도 10세 우범소년은 소년부에 송치할 수 없다.
> ㉢ 「소년법」상 14세 촉법소년은 소년부 보호사건의 대상이 되고, 정당한 이유 없이 가출하는 9세 소년은 소년보호사건의 대상에서 제외된다.
> ㉣ 죄를 범한 소년을 발견한 보호자 또는 학교·사회복지시설·보호관찰소(보호관찰지소 포함)의 장은 이를 관할 소년부에 통고할 수 있다.

① ㉠, ㉡　　　　　② ㉠, ㉢　　　　　③ ㉡, ㉢　　　　　④ ㉢, ㉣

07 공식범죄통계에서 범죄율에 관한 설명 중 옳은 것은?

① 인구 10,000명당 범죄발생건수를 나타낸다.

② 검거율과 같은 의미로 사용된다.

③ 암수범죄를 포함하는 개념이다.

④ 인구변동에 관계없이 범죄발생의 일반적 경향을 알 수 있다.

08 현행법상 보호관찰대상자와 보호관찰기간에 대한 설명으로 옳지 않은 것은?

① 보호관찰을 조건으로 형의 선고유예를 받은 자는 1년
② 보호관찰을 조건으로 형의 집행유예를 받은 자는 유예된 기간 또는 그 기간의 범위 내에서 정해진 기간
③ 「소년법」상의 단기보호관찰처분을 받은 자는 1년
④ 「가정폭력범죄의 처벌 등에 관한 특례법」에 의하여 보호관찰처분을 받은 자는 1년

09 현행법상 사회봉사명령과 수강명령에 대한 설명 중 옳지 않은 것은?

① 형의 선고를 유예하는 경우에는 사회봉사 또는 수강을 명할 수 있다.
② 「형법」에 따른 수강명령은 200시간을, 사회봉사명령은 500시간을 초과할 수 없다.
③ 소년에 대한 보호처분으로서의 수강명령은 12세 이상의 소년에게만 할 수 있다.
④ 사회봉사명령은 검사가 아니라 보호관찰관이 집행한다.

10 「보호관찰 등에 관한 법률」상 보호관찰소 소속 공무원이 보호관찰 대상자에 대한 정당한 직무 집행 과정에서 도주방지, 항거억제, 자기 또는 타인의 생명ㆍ신체에 대한 위해방지를 위하여 필요하다고 인정되는 상당한 이유가 있을 때 사용할 수 있는 보호장구는?

① 보호의자   ② 보호복
③ 머리보호장비   ④ 전자충격기

11 범죄인의 성격적 태도나 장래 징후를 기준으로 범죄인을 중범죄인ㆍ경범죄인ㆍ조발성 범죄인ㆍ지발성 범죄인으로 분류한 사람은?

① 슈툼플(F. Stumpfl)   ② 엑스너(F. Exner)
③ 구룰레(H.W. Gruhle)   ④ 마이호퍼(W. Maihofer)

12 소년보호사건에 관한 설명으로 옳지 않은 것은?

① 본인이 보호자를 보조인으로 선임하는 경우에는 소년부 판사의 허가를 필요로 하지 않는다.
② 소년부는 이송을 결정하면 지체 없이 그 사유를 본인과 그 보호자에게 통지하여야 한다.
③ 우범소년에 대한 보호처분이 계속 중일 때 사건 본인이 처분 당시 10세 미만으로 밝혀진 경우에는 소년부 판사는 결정으로써 그 보호처분을 취소하여야 한다.
④ 경찰서장은 범죄소년이 있을 때에는 직접 관할 소년부에 송치하여야 한다.

13 인성이론에 대한 설명으로 옳지 않은 것은?

① 인성이론에서 비행이란 인간의 심리적 틀 내에 존재하는 저변의 갈등이 표출된 것이라고 말한다.

② 워렌(Warren)의 대인성숙도(I-Level) 검사법에 따르면 비행자는 정상자보다 단계가 높게 나왔으며 특히 5단계부터 7단계까지 비행자가 가장 많이 발견되었다.

③ 글룩 부부는 비행소년과 일반소년 각각 500명에 대해 로르샤흐 테스트(Rorschach test)를 실시한 결과 비행소년은 일반적으로 외향적이며 활발하고, 충동적이며 자제력이 약하고, 적대적이고 화를 잘 내며, 도전적이고 의심이 많고, 파괴적인 것으로 나타났다.

④ 왈도와 디니츠(Waldo & Dinitz)는 MMPI를 이용하여 범죄자의 성격프로그램을 조사하고, 범죄자들은 일반인에 비해 정신병리적 일탈경향이 강한 성격이라고 특징지을 수 있다고 보았다.

14 소년형사사건에 관한 설명으로 옳지 않은 것은?

① 소년형사사건은 14세 이상 19세 미만인 소년을 대상으로 한다.

② 소년이 법정형으로 장기 2년 이상의 유기형에 해당하는 범죄를 범한 경우에는 그 형의 범위 안에서 장기와 단기를 정하여 선고한다.

③ 19세 미만의 소년에 대해서는 벌금 또는 과료를 납입하지 않을 경우에 대비한 환형처분을 선고할 수 없다.

④ 형의 선고유예나 집행유예를 선고할 때에는 부정기형을 선고하지 못한다.

15 울프강과 페라쿠티(Wolfgang & Ferracuti)의 폭력적 하위문화이론을 설명한 것으로 옳지 않은 것은?

① 폭력적 하위문화는 주류문화와 항상 갈등상태를 형성한다.

② 폭력적 하위문화라도 모든 상황에서 폭력을 사용하지는 않는다.

③ 폭력적 하위문화에서 폭력태도는 차별적 접촉을 통하여 형성된다.

④ 폭력적 하위문화에서 폭력은 불법적인 행동으로 간주되지 않는다.

16 레클리스(Reckless)의 봉쇄이론에 대한 설명으로 옳지 않은 것은?

① 범죄나 비행을 유발하는 힘으로 압력요인(pressures)·유인요인(pulls)·배출요인(pushes)을 제시하였다.

② 자기관념이론을 더욱 발전시킨 이론으로 내부적·외부적 통제개념에 기초하고 있다.

③ 레클리스(Reckless)의 봉쇄이론에서 자기통제력은 범죄나 비행을 차단하는 외적 봉쇄요인에 해당한다.

④ 레클리스의 봉쇄이론(containment theory)에 의하면 가족은 범행을 차단하는 외적 요인에 해당한다.

17 다음 중 갓프레드슨과 허쉬(Michael R. Gottfredson & Travis Hirschi)의 일반이론의 내용으로 옳지 않은 것은?

① 자기통제력이 범죄의 원인이라고 본다.
② 고전주의와 실증주의 범죄학을 통합하려고 시도했다.
③ 청소년 성장기의 환경요인은 크게 중요하다고 보지 않았다.
④ 교정기관에서의 심리치료를 주요방안으로 제시한다.

18 다음 중 낙인이론 및 갈등이론과 관련이 없는 것은?

① 악의 극화(Dramatization of Evil)   ② 애착(Attachment)
③ 법적 갈등(Legal Conflict)   ④ 주지위(Master Status)

19 갈등론적 범죄론자인 볼드(Vold)가 집단 간의 이익갈등이 가장 첨예하게 대립하는 영역으로 지적한 정책분야는?

① 입법정책   ② 사법정책
③ 외교정책   ④ 교정정책

20 「보호소년 등의 처우에 관한 법률」에 대한 설명으로 옳은 것은?

① 소년원장은 보호소년이 19세가 되면 퇴원시켜야 한다.
② 소년원장이 필요하다고 판단하는 경우 수갑, 포승 등 보호장비를 징벌의 수단으로 사용할 수 있다.
③ 보호소년등을 소년원이나 소년분류심사원에 수용할 때에는 검사의 수용지휘서에 의하여야 한다.
④ 20일 이내의 기간 동안 지정된 실내에서 근신하게 하는 징계처분은 14세 미만의 보호소년 등에게는 부과하지 못한다.

(12) 형사정책 모의고사

해설 237p

01 코헨(L. Cohen)과 펠슨(M. Felson)의 일상생활이론(routine activity theory)에 관한 설명 중 옳지 않은 것은?

① 경제적 불평등, 실업률 등 범죄를 자극하거나 동기를 부여하는 구조적 조건이 저하됨에도 불구하고 범죄율이 지속적으로 증가하고 있는 이유에 대한 설명을 가능하게 한다.
② 범죄의 발생 여부에 결정적인 영향을 미치는 요인은 적절한 범행대상(합당한 표적)과 보호능력의 부존재(감시의 부존재)라고 본다.
③ 어느 시대나 사회에도 범죄를 범할 개연성이 있는 사람의 수는 일정하다고 가정한다.
④ 코헨(Cohen)과 펠슨(Felson)의 일상활동이론(Routine Activity Theory)은 형사사법체계에 의해서 수행되는 공식적 통제를 통한 범죄예방을 설명하는 데 유용하다.

02 「범죄피해자 보호법」상 구조금 지급요건에 관한 설명으로 옳지 않은 것은?

① 생명 또는 신체를 해하는 범죄에 의한 피해에 대해서만 구조금을 지급한다.
② 과실행위에 의한 범죄피해에 대해서는 구조금을 지급하지 않는다.
③ 정당행위로 인한 범죄피해에 대해서는 구조금을 지급하지 않는다.
④ 타인의 형사사건의 재판에 있어서 증언과 관련하여 피해자로 된 때에는 구조금을 지급하지 않는다.

03 보호관찰에 관한 설명 중 옳지 않은 것은?

① 보호관찰에 관한 사항을 심사 · 결정하기 위하여 법무부장관 소속 하에 보호관찰 심사위원회를 둔다.
② 보호관찰 대상자에게 일반준수사항 외에 특별히 지켜야 할 사항을 따로 과할 수 없다.
③ 보호관찰은 법원의 판결이나 결정이 확정된 때 또는 가석방 · 임시퇴원된 때부터 시작된다.
④ 보호관찰의 법적 성격에 대하여는 보안처분설, 변형된 형집행설, 독립적 제재설 등의 논의가 있으며, 판례의 입장은 「형법」상의 보호관찰은 보안처분의 성격을 가진다고 한다.

04 피해자학 또는 범죄피해자에 대한 설명으로 옳은 것은?

① 종래의 형사정책은 피해자를 범죄자와 대립되는 개념으로 파악하였으나, 제2차 세계대전 이후 피해자를 범죄자와 동반자로 파악하게 되었다.

② 최협의의 피해자는 '범죄로 인해 법익이 침해 또는 위협된 자'를 의미하는데, 여기에서는 피해자의 개념을 법률적인 의미로 한정하여 실제 「형법」상의 범죄피해자로 한정한다.

③ 범죄피해자 보호법에서는 대인범죄 피해자와 재산범죄 피해자를 모두 범죄피해 구조대상으로 본다.

④ 피해자학에서의 피해자는 형식적 의미의 범죄개념에 해당하는 범죄행위로 인하여 피해를 입은 자만을 의미하는 데에 견해가 일치한다.

05 「보안관찰법」상 보안관찰처분에 관한 설명으로 옳지 않은 것을 모두 고른 것은?

> ㉠ 보안관찰처분심의위원회는 위원장 1인과 6인의 위원으로 구성한다.
> ㉡ 보안관찰처분에 관한 결정은 보안관찰처분심의위원회의 의결을 거쳐 법무부장관이 행한다.
> ㉢ 검사는 보안관찰처분심의위원회에 대하여 보안관찰처분의 취소 또는 기간의 갱신을 청구할 수 있다.
> ㉣ 보안관찰처분의 기간은 보안관찰처분결정을 집행하는 다음 날부터 계산한다.

① ㉠, ㉡   ② ㉠, ㉢   ③ ㉡, ㉢   ④ ㉢, ㉣

06 소년보호사건에 관한 설명으로 옳지 않은 것을 모두 고른 것은?

> ㉠ 소년보호사건은 가정법원 소년부 또는 지방법원 소년부에 속한다.
> ㉡ 소년보호사건의 심리와 처분결정은 소년부 단독판사가 한다.
> ㉢ 우범소년이 있을 때에는 경찰서장은 검사에게 송치하여야 한다.
> ㉣ 보호관찰소장이 범죄소년을 발견한 경우에는 직접 관할 소년부에 송치하여야 한다.

① ㉠, ㉡   ② ㉠, ㉢   ③ ㉡, ㉢   ④ ㉢, ㉣

07 전자감시제도의 형사정책적 역기능에 해당하는 것은?

① 사회 내 처우의 효과를 경감시킨다.

② 인간 존엄성의 침해소지가 있다.

③ 행형비용을 증가시킨다.

④ 시설처우의 단점을 배가시킨다.

08 「보호관찰등에 관한 법률 시행령」상 보호관찰 대상자가 지켜야 할 특별준수사항으로 옳지 않은 것은?

① 운전면허를 취득할 때까지 자동차(원동기장치자전거를 포함한다) 운전을 하지 않을 것
② 정당한 수입원에 의하여 생활하고 있음을 입증할 수 있는 자료를 정기적으로 보호관찰관에게 제출할 것
③ 주거지를 이전하는 경우 이전예정지, 이전이유, 이전일자를 신고할 것
④ 보호관찰 대상자가 준수할 수 있고 자유를 부당하게 제한하지 아니하는 범위에서 개선·자립에 도움이 된다고 인정되는 구체적인 사항

09 「소년법」상 소년보호사건의 조사와 심리에 대한 설명으로 옳지 않은 것은?

① 소년부 판사는 사건 본인이나 보호자가 정당한 이유 없이 소환에 응하지 아니하면 동행영장을 발부할 수 있다.
② 소년부 판사는 사건 본인을 보호하기 위하여 긴급조치가 필요하다고 인정하더라도 소환 없이는 동행영장을 발부할 수 없다.
③ 사건 본인이나 보호자는 소년부 판사의 허가를 받아 보조인을 선임할 수 있다. 다만, 보호자나 변호사를 보조인으로 선임하는 경우에는 소년부 판사의 허가를 받지 아니하여도 된다.
④ 소년부 판사는 조사관에게 사건 본인, 보호자 또는 참고인의 심문이나 그 밖에 필요한 사항을 조사하도록 명할 수 있다.

10 현행법상 소년사건 처리절차에 대한 설명으로 옳지 않은 것은?

① 소년사건을 처리함에 있어 검사선의주의(檢事先議主義)를 채택하고 있다.
② 촉법소년에 대해서도 필요하다고 인정할 때에는 검사가 소년형사사건으로 공소를 제기하도록 하고 있다.
③ 소년부는 결정으로써 사건을 관할지방법원에 대응한 검찰청 검사에게 송치하는 결정을 하였을 때에는 지체 없이 그 사유를 본인과 그 보호자에게 통지해야 한다.
④ 소년이 법정형 장기 2년 이상의 유기형에 해당하는 죄를 범한 때에는 그 형의 범위 안에서 장기와 단기를 정하여 선고한다.

11 현행 「소년법」에 근거할 때 소년에 대해 소년부 판사가 할 수 있는 결정으로 옳은 것은?

① 10세 소년에 대한 수강명령
② 11세 소년에 대한 장기 소년원 송치
③ 12세 소년에 대한 사회봉사명령
④ 13세 소년에 대한 1개월 이내의 소년원 송치

12 사이코패스에 대한 설명으로 옳지 않은 것은?

① 사이코패스(Psychopath)란 어떤 명백한 이유나 목적 없이 충동적으로 행동하는 공격적인 범죄자를 의미하는 것으로 사용되어 왔다.

② 사이코패스는 다른 사람에게 비정상적으로 공격적이거나 심각하게 무책임한 행동을 하는 지속적인 성격장애 또는 정신적인 장애자로서, 이로 인해 잔인한 범죄행위를 범하여 다른 사람과 사회를 괴롭히는 정신병질자로 정의된다.

③ PCL 척도(psychopathy checklist)는 범죄적 사이코패스를 측정하기 위해 가장 많이 사용되는 22개 항목으로 구성된 도구로 특히 남성 교도소에 수감된 사이코패스, 법의학적 또는 정신병리학적 집단에 속하는 사이코패스를 확인하기 위해 설계된 척도이다.

④ 사이코패스는 자신의 능력과 의지를 과대포장하는 특징이 있고, 일상생활에서도 주의의 모든 사안에 광적으로 집착한다.

13 「소년법」상 소년보호처분이 아닌 것은?

① 사회봉사명령　　　　　　　　② 약물치료명령
③ 보호관찰　　　　　　　　　　④ 수강명령

14 쇼와 맥케이의 사회해체와 비행의 연계에 대한 설명으로 틀린 것은?

① 공식통계를 이용하여 비행을 측정하고 비행소년이 살고 있는 지역을 중심으로 분석하였다.

② 비행과 범죄를 인간의 합법적인 사회적 성공을 위한 울분과 좌절의 결과로 보고 있다.

③ 인구의 이동이 심하고 문화적 갈등이 상존하여 사회의 비공식적 통제력이 약화된 과도기적인 지역의 도심에 가까울수록 비행이 다발한다는 사실을 발견하였다.

④ 도시성장을 분석함으로서 범죄와 비행의 분포상태는 물론 그와 같은 도시범죄의 분포이유를 규명하고자 하였다.

15 사회갈등이론에 관한 설명으로 옳지 않은 것은?

① 셀린(Sellin)은 1차적 문화갈등과 2차적 문화갈등을 구분하였는데 2차적 문화갈등이란 동일문화 내의 갈등을 의미한다고 보았다.

② 볼드(Vold)는 집단 간의 이해관계 대립이 범죄의 주요 원인이라고 보았다.

③ 밀러(Miller)는 하층계급에 있는 소년들은 비록 중류층 계급문화에 동조하는 경향을 가지는 경우에도 결국 범죄나 비행에 가담하게 된다고 보았다.

④ 코헨(A. Cohen)은 하위계층 청소년들 간에 형성된 하위문화가 중산층의 문화에 대해 대항적 성격을 띠고 있다고 본다.

16 나이(Nye)가 주장한 사회통제에 대한 설명으로 옳은 것은?

① 사회통제방법을 직접통제, 간접통제, 내부통제로 나누고, 소년비행예방에 가장 효율적인 방법은 내부통제라고 보았다.

② 가정을 사회통제의 가장 중요한 근본이라고 주장하였다.

③ 가정에서의 비공식적 비행통제보다 공식적 비행통제가 보다 효과적이라고 보았다.

④ 개인의 통제력과 범죄의 관계를 주목하였다.

17 형의 집행 등에 대한 설명으로 옳지 않은 것은? (다툼이 있는 경우 판례에 의함)

① 형사사건으로 외국법원에 기소되어 무죄판결을 받은 경우, 그 무죄판결을 받기까지 미결구금일수도 외국에서 형의 전부 또는 일부가 집행된 경우로 보아 국내법원에서 선고된 유죄판결의 형에 전부 또는 일부를 산입하여야 한다.

② 처단형은 선고형의 최종적인 기준이 되므로 그 범위는 법률에 따라서 엄격하게 정하여야 하고 별도의 명시적 규정이 없는 이상「형법」제56조에서 열거하는 가중, 감경사유에 해당하지 않는 다른 성질의 감경사유를 인정할 수 없다.

③ 판결 주문에서 경합범의 일부에 대하여 유죄가 선고되더라도 다른 부분에 대하여 무죄가 선고되었다면 형사보상을 청구할 수 있으나, 그 경우라도 미결구금일수의 전부 또는 일부가 유죄에 대한 본형에 산입되는 것으로 확정되었다면, 그 본형이 실형이든 집행유예가 부가된 형이든 불문하고 그 산입된 미결구금일수는 형사보상의 대상이 되지 않는다.

④ 형집행정지 심의위원회 위원은 학계, 법조계, 의료계, 시민단체 인사 등 학식과 경험이 있는 사람 중에서 각 지방검찰청 검사장이 임명 또는 위촉한다.

18 낙인이론의 특징에 관한 설명 중 옳지 않은 것만으로 묶인 것은?

> ⊙ 전통적인 범죄원인론을 배척하고, 사회적 측면에서 범죄의 원인을 분석하였다.
> ⓒ 범죄분석의 방법으로 자기보고 또는 참여적 관찰에 의존하는 것의 한계를 지적하고, 공식통계의 중요성을 강조하였다.
> ⓒ 사회통제기관의 태도가 범죄를 결정하는 데 중요한 역할을 한다고 보고, 형사입법이나 법집행에 종사하는 사람들의 가치관과 행동양식 등을 연구대상으로 한다.
> ② 낙인이 범죄나 비행을 지속시킨다고 볼 때에는 낙인이 종속변수로 작용한다.
> ⓪ 법집행기관을 주요 연구대상으로 삼는다.
> ⓗ 일탈행위를 행위의 낙인으로 분석한다.

① ⊙, ⓒ   ② ⓒ, ⓒ, ②   ③ ⊙, ⓒ, ⓪   ④ ⓒ, ②, ⓗ

19 다음에 대한 설명 중 옳지 않은 것을 모두 고르면?

> ㉠ 권력을 가진 자들이 자신의 언어로 범죄와 법을 규정한다고 주장한 이론은 포스트모던이론이다.
> ㉡ 테일러(Taylor) 등의 신범죄학은 합의론과 갈등론을 조화·통합시켜 비판범죄학을 극복하고자 하였다.
> ㉢ 챔블리스(Chambliss)의 마르크스주의 범죄이론은 갈등주의적 성격의 이론이다.
> ㉣ 베버(Weber)는 범죄를 사회 내 여러 집단들이 자기의 생활기회를 증진시키기 위해 하는 정치적 투쟁 내지 권력투쟁의 산물로 본다.

① ㉠   ② ㉡   ③ ㉠, ㉣   ④ ㉡, ㉢

20 환경범죄학(Environmental Criminology)에 대한 설명으로 옳지 않은 것은?

① 범죄사건을 가해자, 피해자, 특정 시공간상에 설정된 법체계 등의 범죄환경을 통해 설명하였다.
② 브랜팅햄(Brantingham) 부부의 범죄패턴이론(Crime Pattern Theory)에 따르면 범죄자는 일반인과 같은 정상적인 시공간적 행동패턴을 갖지 않는다.
③ 환경설계를 통한 범죄예방(CPTED)을 주장한 제프리(Jeffrey)는 "세상에는 환경적 조건에 따른 범죄행동만 있을 뿐 범죄자는 존재하지 않는다"라고 주장하였다.
④ 환경범죄학의 다양한 범죄분석 기법은 정보주도 경찰활동(Intelligence-Led Policing : ILP)에 활용되고 있다.

01 범죄학적 이론에 대한 설명으로 옳은 것을 모두 고른 것은?

> ㉠ 클라크(Clarke)가 제시한 상황적 범죄예방 기법 중 보상의 감소에 해당하는 것은 목표물 견고화이다.
> ㉡ 펠슨(Felson)은 경찰과 같은 공식적 감시자의 역할보다 가족, 이웃, 지역사회 등 비공식적 통제수
> 단에 의한 범죄예방과 억제를 강조하였다.
> ㉢ 제프리(Jeffery)는 자신의 범죄대책모델 중 사회복귀모델을 특히 강조하였다.
> ㉣ 공식적 사회통제의 강화를 중시하며, 지역사회의 구성원들이 적극적으로 참여하는 것이 범죄문제
> 해결의 열쇠라고 주장하는 이론은 집합효율성이론이다.

① ㉠, ㉡   ② ㉡, ㉣   ③ ㉠, ㉢   ④ ㉢, ㉣

02 「범죄피해자 보호법」상 구조금에 관한 내용 중 옳지 않은 것으로 묶인 것은?

> ㉠ 구조금은 유족구조금, 장해구조금, 중상해구조금으로 구분한다.
> ㉡ 범죄행위 당시 구조피해자와 가해자가 동거친족이었다면 구조금을 지급하지 아니한다.
> ㉢ 구조금을 받을 권리는 그 구조결정이 해당 신청인에게 송달된 날부터 1년간 행사하지 아니하면
> 시효로 인하여 소멸된다.
> ㉣ 구조금 지급에 관한 사항을 심의·결정하기 위하여 각 지방법원에 범죄피해구조심의회를 둔다.

① ㉠, ㉡   ② ㉠, ㉣   ③ ㉡, ㉢   ④ ㉢, ㉣

03 「형법」상 보호관찰제도에 관한 설명으로 옳지 않은 것은?

① 형의 선고를 유예하는 경우 재범방지를 위하여 지도 및 원호가 필요한 때에는 보호 관찰을
받을 것을 명할 수 있으며, 이 경우 보호관찰의 기간은 1년 이내의 범위에서 법원이 정한다.
② 보호관찰을 명한 선고유예를 받은 자가 보호관찰기간 중에 준수사항을 위반하고 그 정도가
무거운 때에는 법원은 유예한 형을 선고할 수 있다.
③ 형의 집행을 유예하는 경우에 보호관찰을 받을 것을 명할 수 있으며, 이 경우 보호 관찰의
기간은 원칙적으로 집행을 유예한 기간으로 하되, 다만 법원은 유예기간의 범위 내에서 보호
관찰기간을 따로 정할 수 있다.
④ 가석방된 자는 가석방을 허가한 행정관청이 필요가 없다고 인정한 때가 아닌 한 가석방 기간
중 보호관찰을 받는다.

04 「형법」상 형벌에 대한 설명으로 옳지 않은 것은?

① 과료를 납입하지 아니한 자도 노역장 유치가 가능하다.

② 유기징역 또는 유기금고에 자격정지를 병과한 때에는 징역 또는 금고의 집행을 종료하거나, 면제된 날로부터 정지기간을 기산한다.

③ 벌금형의 선고유예는 인정되고 벌금형의 집행유예는 500만원 이하의 선고형만 인정된다.

④ 행위자에게 유죄의 재판을 아니 할 때에는 몰수의 요건이 있는 때에도 몰수만을 선고할 수는 없다.

05 내란목적살인죄로 10년 징역형을 선고받고 1년간의 형집행을 받은 자로서 다시 내란죄를 범할 가능성이 있다고 판단되는 자에게 내릴 수 있는 처분은?

① 보호감호처분   ② 치료감호처분
③ 보안관찰처분   ④ 보안감호처분

06 위치추적 전자장치로부터 기대되는 효과에 관한 설명으로 적절하지 않은 것은?

① 교도소 과밀수용문제의 완화   ② 상습 재산범죄자의 재범방지
③ 원활한 재사회화   ④ 사회 내 처우제도의 보완

07 「보호관찰 등에 관한 법률」상 사회봉사명령에 대한 설명으로 옳지 않은 것은?

① 보호관찰관은 국공립기관이나 그 밖의 단체에 사회봉사명령 집행의 전부 또는 일부를 위탁할 수 있다.

② 법원은 「형법」상 사회봉사를 명할 경우에 대상자가 사회봉사를 할 분야와 장소 등을 지정하여야 한다.

③ 사회봉사명령 대상자는 주거를 이전하거나 1개월 이상 국내외 여행을 할 때에는 미리 보호관찰관에게 신고하여야 한다.

④ 「형법」상 형의 집행유예 시 사회봉사를 명할 때에는 다른 법률에 특별한 규정이 없으면 500시간의 범위에서 그 기간을 정하여야 한다.

08 다음 중 아바딘스키(Abadinsky)가 제시한 조직범죄에 대한 설명이 아닌 것은?

① 조직범죄에 대해 정치적·이념적 목적이 개입된 경우가 많다고 보았다.

② 조직구성원이 매우 제한적이며 배타적이다.

③ 계층적인 조직구조를 가지고 있다.

④ 내부구성원이 따라야 할 규칙을 가지고 있다.

09 소년보호사건의 조사와 심리절차에 관한 설명 중 옳지 않은 것은?

① 심리는 원칙적으로 공개하지 아니한다.

② 소년부는 조사 또는 심리할 때에 정신건강의학과의사·심리학자·사회사업가·교육자나 그 밖의 전문가의 진단, 소년분류심사원의 분류심사 결과와 의견, 보호관찰소의 조사결과와 의견 등을 고려하여야 한다.

③ 대상소년의 보호자가 정당한 이유 없이 소환에 응하지 아니하면 소년부 판사는 동행영장을 발부할 수 있다.

④ 대상소년이 소년분류심사원에 위탁되지 아니하였다면 법원이 직권으로 보조인을 선정할 수 없다.

10 다음 중 「가정폭력범죄의 처벌 등에 관한 특례법」상 가정구성원에 해당되는 사람은 모두 몇 명인가? (단, 다음 각 경우는 1인을 전제로 한다)

> 별거 중인 배우자, 동거하는 계모, 동거하는 사촌, 동거하지 않는 부친

① 1명　　　② 2명　　　③ 3명　　　④ 4명

11 다원적 관점에서 범죄인을 분류한 학자는?

① 슈툼플(F. Stumpfl)　　② 마이호퍼(W. Maihofer)
③ 젤리히(E. Seelig)　　④ 엑스너(F. Exner)

12 「소년법」상 형의 선고에 관한 설명 중 옳지 않은 것은? (다툼이 있는 경우 판례에 의함)

① '소년'인지의 여부는 사실심판결 선고시를 기준으로 판단한다.

② 죄를 범할 당시 18세 미만인 소년에 대하여 사형 또는 무기형(無期刑)으로 처할 경우에는 15년의 유기징역으로 한다.

③ 법원은 집행유예 선고 시 부정기형을 선고할 수 있다.

④ 법원이 부정기형을 선고하는 경우 장기는 10년, 단기는 5년을 초과하지 못한다.

13 머튼(Robert K. Merton)의 긴장이론(Strain Theory)에 대한 설명으로 옳지 않은 것은?

① 사회 내에 문화적으로 널리 받아들여진 가치와 목적, 그리고 그것을 실현하고자 사용하는 수단 사이에 존재하는 괴리가 아노미적 상황을 이끌어낸다고 보았다.

② 특정 사회 내의 다양한 문화와 추구하는 목표의 다양성을 무시하고 있다.

③ 다섯 가지 적응유형 중에서 혁신형이 범죄의 가능성이 제일 높은 유형이라고 보았다.

④ 긴장이론에 의하면 실업은 범죄율을 감소시키는 요인으로 볼 수 있고, 범죄자에 대한 대책으로는 교화개선을 강조한다.

14 사회해체론에 관한 설명 중 옳지 않은 것만으로 묶인 것은?

> ㉠ 산업화·도시화로 인한 가치규범의 갈등으로 사회해체가 나타나고, 이는 사회통제력의 약화라는 결과로 이어져 범죄와 비행이 유발된다는 것이 이론의 핵심이다.
> ㉡ 버제스(E.W. Burgess)는 도시는 중심부에서 방사상으로 서서히 외곽으로 이동하며 팽창하는 경향이 있다는 동심원이론을 주장하였다.
> ㉢ 버제스의 동심원이론에 따르면 범죄학적으로 가장 문제되는 지역은 환상지대(loop)이다.
> ㉣ 쇼와 맥케이(Shaw & Mckay)는 도시의 중심부에서 멀어질수록 범죄가 규칙적으로 증가한다고 주장하고, 이러한 범죄증가의 대표적 지역을 '틈새지역'이라고 불렀다.
> ㉤ 샘슨(Sampson)은 범죄지역의 속성으로 '낮은 자본론'을 거론하고, 범죄자나 비행자들이 지역거주자 사이의 관계성이 부족하고 지역자치활동이 활발하지 못한 변이지역을 차지하게 된다고 주장하였다.

① ㉠, ㉡   ② ㉡, ㉢   ③ ㉢, ㉣   ④ ㉣, ㉤

15 현행 「소년법」에 규정된 보호처분 중 그 기간을 연장할 수 있는 것을 모두 고른 것은?

> ㉠ 보호관찰관의 장기 보호관찰
> ㉡ 「아동복지법」에 따른 아동복지시설이나 그 밖의 소년보호시설에 감호위탁
> ㉢ 보호자 또는 보호자를 대신하여 소년을 보호할 수 있는 자에게 감호위탁
> ㉣ 「보호소년 등의 처우에 관한 법률」에 따른 의료재활소년원에 위탁

① ㉠, ㉡   ② ㉠, ㉢   ③ ㉠, ㉡, ㉢   ④ ㉠, ㉡, ㉢, ㉣

16 소년형사사건에 있어서 「소년법」상 특칙에 대한 설명으로 옳지 않은 것은?

① 죄를 범할 당시 18세 미만인 소년에 대하여 사형 또는 무기형으로 처할 경우에는 25년의 유기징역으로 한다.

② 징역 또는 금고를 선고받은 소년에 대하여는 특별히 설치된 교도소 또는 일반 교도소 안에 특별히 분리된 장소에서 그 형을 집행하되, 소년이 형의 집행 중에 23세가 되면 일반 교도소에서 집행할 수 있다.

③ 장기 6년 단기 3년의 부정기형을 선고받은 소년에 대하여는 1년이 경과할 때부터 가석방할 수 있다.

④ 보호처분이 계속 중일 때에 징역, 금고 또는 구류를 선고받은 소년에 대하여는 먼저 그 형을 집행한다.

17 갓프레드슨(Gottfredson)과 허쉬(Hirschi)의 범죄일반이론에 관한 설명으로 옳지 않은 것은?

① 범죄는 기회와 상관없이 각 개인의 낮은 자기통제력의 결과이다.
② 낮은 자기통제력은 어린 시절 가정의 비효과적인 사회화의 결과이다.
③ 자기통제력은 안정적이기 때문에 성인기 이후에는 거의 변하지 않는다.
④ 모든 유형의 범죄의 원인을 설명하려고 한다.

18 범죄학이론에 관한 설명 중 옳지 않은 것은?

① 패터노스터(Paternoster)와 이오반니(Iovanni)는 어떠한 사람들이 낙인을 당하는가에 관한 지위 특정 가설과 이차적 일탈 가설, 낙인이론의 2가지 가설을 제시하였다.
② 아노미이론은 사람들의 목적과 성취수단 간에 발생하는 긴장상태가 범죄의 원인이라고 본다.
③ 낙인이론은 범죄의 사회구조적 원인을 규명하려는 거시적 이론이며, 주로 초범의 범죄원인을 규명하는 데 탁월한 장점을 지닌다.
④ 중화기술에는 책임의 부정, 가해의 부정, 피해자의 부정, 비난자에 대한 비난, 상위가치에 대한 호소 등이 있다.

19 갈등이론에 관한 설명 중 옳은 것(O)과 옳지 않은 것(X)을 올바르게 조합한 것은?

> ㉠ 퀴니(Quinney)는 피지배집단(노동자계급)의 범죄를 적응(accommodation)범죄와 대항(resistance)범죄로 구분하였다.
> ㉡ 볼드(Vold)는 법제정과정에서 자신들의 이익을 반영시키지 못한 집단 구성원이 법을 위반하며 자기의 이익을 추구하는 행위를 범죄로 보았다.
> ㉢ 터크(Turk)는 피지배집단의 저항력이 약할수록 법의 집행가능성이 높아진다고 보았다.
> ㉣ 봉거(Bonger)는 범죄발생의 원인을 계급갈등과 경제적 불평등으로 보고, 근본적 범죄대책은 사회주의 사회의 달성이라고 하였다.

① ㉠ (O), ㉡ (X), ㉢ (O), ㉣ (X)   ② ㉠ (X), ㉡ (O), ㉢ (X), ㉣ (X)
③ ㉠ (O), ㉡ (O), ㉢ (X), ㉣ (X)   ④ ㉠ (O), ㉡ (O), ㉢ (O), ㉣ (O)

20 다음의 내용을 주장한 학자는?

> • 비행 또는 범죄는 청소년시절의 사회유대 약화가 근원
> • 청소년 초기에는 가족의 애착이 중요하고, 중기에는 가족의 영향력이 친구, 학교, 청소년문화로 대체
> • 성인기에는 관습적 사회와 가족 내 자신의 위치에 따라 애착을 형성
> • 비행 또는 범죄는 개인과 주변과의 교제, 유대, 그리고 사회화과정 등의 상호작용 결과

① 모피트   ② 손베리   ③ 샘슨과 라웁   ④ 고프만

01 브랜팅햄과 파우스트(Brantingham & Faust)에 관한 설명으로 옳지 않은 것은?

① 1차적 범죄예방은 일반대중을 대상으로 한다.
② 브랜팅햄(Brantingham) 부부의 범죄패턴이론(Crime Pattern Theory)에 따르면 범죄자는 일반인과 같은 정상적인 시공간적 행동패턴을 갖지 않는다.
③ 3차적 범죄예방은 범죄자들이 더 이상 범죄를 저지르지 못하게 하는 범죄예방이라고 강조한다.
④ 감시장비 설치는 1차적 범죄예방이다.

02 회복적 사법에 관한 설명으로 옳지 않은 것을 모두 고른 것은?

> ㉠ 가해자에 대해서는 규범합치적 행동양식의 회복을 촉구한다.
> ㉡ 사회방위를 통한 공동체의 안녕과 질서회복에 중점을 둔다.
> ㉢ 범죄는 사회적 병리현상이라는 관념을 이론적 토대로 한다.
> ㉣ 형사사법체계의 운용 및 절차지연으로 인한 사회적·경제적 비용을 절감할 수 있다.

① ㉠, ㉡   ② ㉠, ㉣   ③ ㉡, ㉢   ④ ㉢, ㉣

03 양형에 관한 설명으로 옳지 않은 것은?

① 유일점 형벌이론은 책임뿐만 아니라 예방목적까지 고려하여 하나의 고정된 크기의 형벌을 제시한다.
② 양형불균형의 문제를 해소하기 위하여 우리나라는 양형위원회제도를 도입하였다.
③ 형법은 범인의 지능도 양형의 조건으로 규정하고 있다.
④ 공판절차 이분제도는 공판절차를 사실인정절차와 양형절차로 구분하는 제도이다.

04 일수벌금제에 관한 설명으로 옳은 것만 묶은 것은?

> ㉠ 경제사정의 변화 및 화폐가치 변동에 시의적절하게 대처할 수 있다.
> ㉡ 범죄인의 지불능력에 따라 벌금일수를 먼저 정하고, 책임에 따라 1일의 벌금액수를 정한 다음 양자를 곱하여 벌금액을 정한다.
> ㉢ 스칸디나비아 제국을 중심으로 발전되어 '스칸디나비아식'이라고도 한다.
> ㉣ 배분적 정의에 부합하지 않는다는 비판이 있다.
> ㉤ 우리나라에서는 현재 채택하지 않고 있다.
> ㉥ 책임주의에 부합한다.

① ㉠, ㉡, ㉢   ② ㉠, ㉢, ㉤   ③ ㉡, ㉣, ㉤   ④ ㉣, ㉤, ㉥

05 「보호관찰 등에 관한 법률」에 대한 설명으로 옳지 않은 것은?

① 보호관찰은 법원의 판결이나 결정이 확정된 때 또는 가석방·임시퇴원된 때부터 시작된다.
② 보호관찰은 보호관찰 대상자의 행위지, 거주지 또는 현재지를 관할하는 보호관찰소 소속 보호관찰관이 담당한다.
③ 보호관찰소의 장은 범행 내용, 재범위험성 등 보호관찰 대상자의 개별적 특성을 고려하여 그에 알맞은 지도·감독의 방법과 수준에 따라 분류처우를 하여야 한다.
④ 보호관찰소 소속 공무원은 보호관찰 대상자에 대한 정당한 직무집행 과정에서 도주하거나 도주할 우려가 있고 정당한 직무집행 과정에서 필요하다고 인정되는 상당한 이유가 있으면 보호장구인 수갑, 포승, 보호대, 가스총, 전자충격기를 사용할 수 있다.

06 「전자장치 부착 등에 관한 법률」상 위치추적 전자장치의 부착을 청구할 수 없는 범죄는?

① 성폭력   ② 미성년자 대상 유괴범죄
③ 살인범죄   ④ 모욕범죄

07 보호관찰에 대한 설명으로 옳은 것은?

① 보호관찰은 법원의 판결이나 결정이 확정된 때부터 시작된다.
② 보호관찰은 부가적 처분으로써 부과할 수 있을 뿐이고 독립적 처분으로 부과할 수 없다.
③ 보호관찰대상자가 보호관찰의 준수사항을 위반한 경우 보호관찰을 취소해야 한다.
④ 보호관찰에 대한 임시해제 결정이 취소된 때에는 그 임시해제기간은 보호관찰기간에 산입되지 않는다.

08 「소년법」상의 소년사건 처리절차에 대한 설명으로 옳지 않은 것은?

① 소년보호사건의 심리와 처분 결정은 소년부 단독판사가 한다.
② 소년부는 사건이 그 관할에 속하지 아니한다고 인정하면 판결로써 그 사건을 관할 소년부에 이송하여야 한다.
③ 소년부 또는 조사관이 범죄 사실에 관하여 소년을 조사할 때에는 미리 소년에게 불리한 진술을 거부할 수 있음을 알려야 한다.
④ 소년부는 검사로부터 송치된 사건을 조사 또는 심리한 결과 그 동기와 죄질이 금고 이상의 형사처분을 할 필요가 있다고 인정할 때에는 결정으로써 해당 검찰청 검사에게 송치할 수 있다.

09 증오범죄에 대한 설명으로 옳지 않은 것을 모두 고른 것은?

> ㉠ 미국 FBI의 정의에 따르면, 증오범죄란 피해자에 대한 개인적 원한 또는 복수심이 원인이 되어 발생하는 범죄를 말한다.
> ㉡ 증오범죄는 대면성, 범행대상의 특정성, 비합리성, 잔인성, 지속성 등의 특징을 가진다.
> ㉢ 레빈과 맥드빗(Levin & McDevitt)은 증오범죄를 스릴추구형, 방어형, 사명형, 보복형으로 구분하였다.
> ㉣ 백인 우월주의에 근거한 백인들의 흑인에 대한 범행, 최근 아시아인에 대한 묻지 마 폭행 등이 그 예이다.

① ㉠, ㉡   ② ㉡, ㉢   ③ ㉠, ㉢   ④ ㉢, ㉣

10 소년에 대한 형사처분의 내용으로 옳은 것은?

① 형사사건 심리 전에 소년이 분류심사원에 위탁된 기간은 소년부 판사의 재량에 의하여 판결선고 전 구금일수에 산입하지 아니할 수 있다.
② 법정형이 장기 2년 이상의 유기형에 해당하는 죄를 범한 경우 소년에 대한 상대적 부정기형의 장기는 10년, 단기는 5년을 초과하지 못한다.
③ 보호처분의 계속 중에 구류형의 선고를 받은 소년에 대해서는 먼저 그 보호처분을 집행한다.
④ 무기형을 선고받은 소년에 대해서는 3년이 경과하면 가석방을 허가할 수 있다.

11 아이젠크(Eysenck)가 제시한 성격 차원이 아닌 것은?

① 정신이상   ② 리비도
③ 외향성   ④ 신경성

12 범죄인 분류에 관한 설명으로 거리가 먼 것은?

① 롬브로조(Lombroso)는 생래적 범죄인, 정신병범죄인, 격정범죄인, 기회범죄인 등 6종으로 분류하였다.

② 가로팔로(Garofalo)는 범죄인을 크게 자연범과 법정범으로 분류하였다.

③ 아샤펜부르크(Aschaffenburg)는 우발범죄인, 격정범죄인, 기회범죄인, 예모범죄인 등 7종으로 분류하였다.

④ 우리나라는 우발범죄인, 상습범죄인, 소년범죄인, 직업범죄인, 사상범죄인으로 분류하고 있다.

13 형사정책에 관한 학자와 그 이론의 연결이 옳지 않은 것은?

㉠ 롬브로조(C. Lombroso)	ⓐ 형법에 있어 목적사상(개선, 위하, 무해화)
㉡ 페리(E. Ferri)	ⓑ 범죄인류학, 생래적 범죄인
㉢ 제이콥스(P.P. Jacobs)	ⓒ 쌍생아연구
㉣ 랑게(J. Lange)	ⓓ 범죄사회학, 범죄포화법칙
㉤ 셀던(W.H. Sheldon)	ⓔ 체형이론
㉥ 리스트(F. von Liszt)	ⓕ 성염색체 이론

① ㉠-ⓑ   ② ㉡-ⓓ   ③ ㉢-ⓔ   ④ ㉣-ⓒ

14 각각의 항목에 대한 학설대립을 잘못 설명한 것은?

① 아노미의 발생원인 : 뒤르켐(Durheim)은 아노미란 현재의 사회구조가 구성원 개인의 욕구나 욕망에 대한 통제력을 유지할 수 없을 때 발생한다고 본 반면, 머튼(Merton)은 문화적 목표와 이를 달성하기 위한 제도적 수단 사이에 간극이 있을 때 구조적 긴장이 생기고, 여기에서 아노미가 발생한다고 보았다.

② 하위문화의 성격 : 밀러(Miller)가 하위문화란 중상류층의 보편적인 문화에 대항하고 반항하기 위하여 형성된 것이라고 생각한 반면, 코헨(Cohen)은 하위문화를 하위계층의 고유문화로 보았다.

③ 범죄피해 발생원인 : 생활양식·노출이론(Lifestyle-Exposure Theory)이 사회계층별 '범죄자 접촉기회'와 '범죄위험에의 노출'이라는 구조적 요소를 중시한 반면, 일상활동이론(Routine Activity Theory)은 '범죄대상으로서의 매력'이나 '감시의 부재'와 같은 상황적 요소를 중시한다.

④ 범행학습과정 : 서덜랜드(Sutherland)의 차별적 접촉이론은 범행의 학습은 주로 친밀한 사적 집단 안에서 이루어진다고 보았으나, 글레이저(Glaser)의 차별적 동일시이론은 범죄를 학습할 수 있는 대상이 텔레비전이나 영화의 주인공처럼 관념상의 인간으로까지 확장될 수 있다고 보았다.

15 중학교 3학년인 만 15세의 갑은 정당한 이유 없이 가출하였다. 가출 이후 생활비를 마련하기 위해 유흥주점에서 심부름을 하는 일을 하던 중 술에 취한 손님 을과 실랑이를 벌이다가 을을 떠밀어 바닥에 넘어지게 하였다. 갑에 대하여 검사가 취한 조치 중 옳지 않은 것은?

① 공소제기 여부를 결정하기 위하여 소년의 주거지 보호관찰소장에게 소년의 품행, 경력, 생활환경 등에 대한 조사를 요구하였다.
② 보호처분이 필요하다고 판단하고 지방법원 소년부로 송치하였다.
③ 행위가 경미하다고 판단하여 즉결심판을 청구하였다.
④ 형사소추의 필요성이 인정된다고 판단하고 공소를 제기하였다.

16 허쉬(T. Hirschi)의 사회유대이론에 대한 설명으로 옳은 것은?

① '전념'은 부자지간의 정, 친구 사이의 우정, 가족끼리의 사랑, 학교 선생님에 대한 존경 등 다른 사람과 맺는 감성과 관심을 의미한다.
② "모든 사람은 범죄성을 지니고 있다."라는 고전주의의 명제를 부정한다.
③ '신념(belief)'은 지역사회가 청소년의 초기 비행행동에 대해 과잉반응하지 않고 꼬리표를 붙이지 않는 것을 말한다.
④ 허쉬(Hirschi)는 사회유대이론을 통해 모든 사람을 잠재적 법위반자라고 가정하였다.

17 甲은 차량을 절도하면서 사회일반적인 규범에는 어긋나지만 친구들과의 의리 때문에 할 수밖에 없었다고 합리화하였다. 사이크스(G.M. Sykes)와 맛차(D. Matza)의 중화기술의 예 중 어디에 해당하는가?

① 책임의 부정
② 가해의 부정
③ 피해자의 부정
④ 상위가치에 대한 호소

18 베커(H. Becker)의 낙인이론에 관한 설명으로 가장 거리가 먼 것은?

① 레머트(E.M. Lemert)의 낙인이론을 심화·발전시켰다.
② 일탈자를 단순한 규범위반자와 체계적 일탈자로 구분하고, 전자가 후자로 단계별 발전을 한다고 주장하였다.
③ 일반인이 어느 개인을 일탈자로 보게 되면 일탈자는 그가 속한 집단에서 이방인(outsider)이 된다고 보았다.
④ 범죄에 대한 사회반응이 형사사법기관의 범죄통제에 미치는 영향에 주목하였다.

19 소년에 대한 선도조건부 기소유예제도에 관한 설명 중 옳은 것은?

① 보호처분의 일종으로 「소년법」이 규정하고 있다.
② 선도의 필요가 인정되는 범죄소년과 촉법소년에 대해 부과한다.
③ 검사의 기소재량과 소년사건에 대한 법원선의주의의 결합에 기초하고 있다.
④ 지역사회의 자발적인 참여를 유발하여 소년에 대한 효율적인 사회복귀를 도모하고자 한다.

20 발전이론(developmental theory)에 해당하지 않는 것은?

① 샘슨과 라웁의 연령 – 등급이론
② 모피트의 이원적 경로이론
③ 손베리의 상호작용이론
④ 헤이건의 권력통제이론

15 형사정책 모의고사 해설 249p

01 현행법상 보호관찰제도에 관한 설명으로 옳지 않은 것은?

① 법원은 성인에 대하여 집행유예와 함께 보호관찰을 부과하기 위하여 판결 전 조사를 요구하여야 한다.

② 보호관찰은 법원의 판결이나 결정이 확정된 때 또는 가석방·임시퇴원된 때부터 시작된다.

③ 보호관찰을 조건으로 한 형의 선고유예가 실효되면 보호관찰은 종료된다.

④ 보호관찰이나 사회봉사 또는 수강을 명한 집행유예를 받은 자가 준수사항이나 명령을 위반하고 그 정도가 무거운 때에는 집행유예의 선고를 취소할 수 있다.

02 다음 설명 중 옳지 않은 것은?

① 치료적 사법의 관점은 단순한 법적용과 기계적 처벌 위주의 전통적 형사사법의 한계를 극복하기 위해 범죄자에 내재해 있는 범죄발생요인을 근본적으로 치유하는 데 중점을 둔다.

② 회복적 사법은 범죄를 단순한 국법질서의 침해로 보지 않고, 하나의 사회현상으로 취급한다.

③ 생활양식·노출이론(Lifestyle−Exposure Theory)은 인구통계학적, 사회구조적 요인이 개인별 생활양식의 차이를 야기하고 이러한 생활양식의 차이가 범죄피해 가능성의 차이로 이어진다고 본다.

④ 최초의 공식적인 회복적 사법프로그램은 미국 오하이오주에서 도입된 피해자−가해자 화해프로그램(victim−offender mediation)이다.

03 판결 전 조사제도에 관한 설명으로 옳지 않은 것은?

① 유죄가 인정된 범죄자를 대상으로 판결 전에 그의 소질 및 환경을 조사하는 것을 말하며, 주로 집행유예나 선고유예를 하기 전에 실시되나, 광의로는 기소 여부를 결정하기 위한 기소전 조사도 포함된다.

② 범죄인의 인격에 내포된 범죄위험성의 정도를 사회조사의 방법으로 예측하여 이를 양형에 반영하기 위하여 실시된다.

③ 법원의 종국처분에 앞서 행해진다는 점에서 사전조사적 성격을 지닌다.

④ 미국에서는 유·무죄 인부절차에서 그 인격과 환경에 관한 상황을 조사하는 방식을 취하고 있다.

04 현행법상 벌금형에 관한 설명 중 옳은 것을 모두 고른 것은?

> ㉠ 벌금형을 선고할 때에는 동시에 그 금액을 완납할 때까지 노역장에 유치할 것을 명할 수 있다.
> ㉡ 벌금의 형을 선고하는 경우에 700만원을 선고하여도 그 집행을 유예할 수 있다.
> ㉢ 벌금을 납입하지 않으면 1일 이상 3년 이하의 기간의 범위에서 노역장에 유치하여 작업에 복무하게 한다.
> ㉣ 형법 총칙상 벌금액의 상한에는 제한이 없다.
> ㉤ 벌금은 판결확정일로부터 3개월 내에 납입하여야 한다.

① ㉠, ㉡   ② ㉢, ㉣, ㉤   ③ ㉠, ㉡, ㉣   ④ ㉠, ㉢, ㉣

05 보호관찰을 규정하고 있지 않은 법률은?

① 형법   ② 치료감호 등에 관한 법률
③ 청소년보호법   ④ 성폭력범죄의 처벌 등에 관한 특례법

06 「소년법」상 보호처분에 대한 설명으로 옳지 않은 것만을 고른 것은?

> ㉠ 사회봉사명령은 14세 이상의 소년에게만 할 수 있다.
> ㉡ 보호관찰처분을 하는 경우 2년 이내의 기간을 정하여 야간 등 특정 시간대의 외출을 제한하는 명령을 보호관찰대상자의 준수사항으로 부과할 수 있다.
> ㉢ 장기로 소년원에 송치된 소년의 보호기간은 2년으로 한다. 다만, 소년부 판사는 보호관찰관의 신청에 따라 결정으로써 1년의 범위에서 한 번에 한하여 그 기간을 연장할 수 있다.
> ㉣ 1개월 이내의 소년원 송치처분은 보호관찰관의 단기 보호관찰처분과 병합할 수 있다.
> ㉤ 보호처분이 계속 중일 때에 사건 본인에 대하여 새로운 보호처분이 있었을 때에는 그 처분을 한 소년부 판사는 이전의 보호처분을 한 소년부에 조회하여 어느 하나의 보호처분을 취소하여야 한다.

① ㉠, ㉡, ㉢   ② ㉠, ㉢, ㉤   ③ ㉠, ㉣, ㉤   ④ ㉡, ㉢, ㉣

07 「전자장치 부착 등에 관한 법률」상 위치추적 전자장치 부착명령에 관한 설명으로 옳은 것은?

① 모든 범죄에 적용할 수 있다.
② 부착명령은 검사가 청구할 수 있다.
③ 부착명령은 교도소장이 집행한다.
④ 부착명령이 선고되면 보호관찰은 받지 않는다.

08 현행법상 보호관찰에 대한 설명으로 옳은 것은?

① 징역을 선고받은 소년이 가석방된 경우에는 남은 잔여 형기 동안 보호관찰을 받는다.

② 법원은 성인보호관찰 대상자에게는 특정 시간대의 외출 제한 등과 같은 특별준수사항을 따로 과할 수 없다.

③ 법원은 성인형사피고인에게 보호관찰을 명하기 위하여 필요하다고 인정하면 그 법원의 소재지 또는 피고인의 주거지를 관할하는 보호관찰소의 장에게 판결 전 조사를 요구할 수 있다.

④ 검사는 선도조건부 기소유예처분으로 소년형사사건을 종결하면서 보호관찰을 받을 것을 명할 수 있다.

09 스토킹범죄에 대한 설명으로 옳지 않은 것은?

① 법원은 스토킹범죄의 원활한 조사·심리 또는 피해자 보호를 위하여 필요하다고 인정하는 경우 피해자나 그 주거 등으로부터 100미터 이내의 접근 금지, 피해자에 대한 전기통신을 이용한 접근 금지나 유치장 또는 구치소에 유치하는 것 등을 내용으로 하는 잠정조치 결정을 할 수 있도록 할 수 있다.

② 우리나라는 스토킹범죄 행위에 대해 '경범죄처벌법'상 장난전화, 지속적 괴롭힘 및 '정보통신망 이용촉진 및 정보보호 등에 관한 법률'상 공포심·불안감 유발로 처벌하고 있다.

③ 흉기 또는 그 밖의 위험한 물건을 휴대하거나 이용하여 스토킹범죄를 저지른 사람은 5년 이하의 징역 또는 5천만원 이하의 벌금에 처한다.

④ 스토킹범죄를 저지른 사람은 1년 이하의 징역 또는 1천만원 이하의 벌금에 처한다.

10 甲(13세)은 친구들과 술을 마시고 소란을 피우다가 경찰에서 훈방조치된 적이 있음에도 불구하고, 계속하여 수차례에 걸쳐 친구들과 집단적으로 몰려 다니며 주위 사람들에게 불안감을 조성하였다. 「소년법」상 甲에 대한 처리절차로 옳지 않은 것은? (다툼이 있는 경우 판례에 의함)

① 甲의 성격이나 환경에 비추어 앞으로 형벌 법령에 저촉되는 행위를 할 우려가 있는 경우 경찰 서장은 직접 소년부에 송치하여야 한다.

② 甲에 대하여 보호자는 관할 소년부에 통고할 수 있지만 검사는 소년부에 송치 또는 통고할 수 없다.

③ 소년부 판사는 심리결과 보호처분을 할 필요가 있다고 인정하면 甲에게 사회봉사명령을 부과할 수 있다.

④ 소년부 판사가 단기 보호관찰을 부과하는 경우 1년 이내의 기간을 정하여 야간 등 특정시간대의 외출을 제한하는 명령을 보호관찰대상자의 준수사항으로 부과할 수 있다.

11 생물학적 범죄원인론에 대한 설명으로 옳지 않은 것은?

① 제이콥스(Jacobs)와 스트롱(Strong)의 연구는 성염색체에 대한 연구로, 인간의 성염색체는 그 형태·구성·개수 등에 있어서 이상이 나타날 수 있고 이로 인하여 성격적 결함을 초래할 수 있으며 이것이 범죄성과 어떠한 상관관계를 갖는가에 대한 연구이다.

② 코르테는 1972년 「비행과 범죄」에서 셀던이 제기한 체격형과 기질과의 관계를 중점적으로 연구하여 체형과 기질 특성은 상관성이 매우 크다고 주장했다.

③ 크레취머와 셀던은 체형과 정신적인 기질의 일치정도를 연구함으로서 생물학적 범죄원인론을 발전시켰다.

④ 허칭스와 메드닉(Hutchings & Mednick)이 연구한 입양아연구에서 생부가 범죄자일 때보다 양부가 범죄자일 경우, 입양아가 범죄자가 될 가능성이 높다고 보았다.

12 다음 설명 중 옳지 않은 것은?

① 프로이트(Freud)는 의식을 에고(Ego)라고 하고, 무의식을 이드(Id)와 슈퍼에고(Superego)로 나누었다.

② 정신분석학은 개인이 콤플렉스에 기한 잠재적인 죄책감과 망상을 극복할 수 없는 경우에 범죄로 나아갈 수 있다고 보았다.

③ 에이크혼(Aichhorn)에 따르면 비행소년은 슈퍼에고(Superego)의 과잉발달로 이드(Id)가 통제되지 않아 양심의 가책 없이 비행을 하게 된다고 보았다.

④ 슈나이더(Schneider)는 정신병질 유형 중에서 과장성(자기현시성) 정신병질자는 고등사기범이 되기 쉽다고 보았다.

13 "범죄친화적 성향은 유전된다"라는 명제를 뒷받침하는 연구결과가 아닌 것은?

① 누범자 집단과 초범자 집단을 대상으로 그들 부모의 범죄성을 조사하였는데, 누범자 집단의 부모 쪽이 더 높은 범죄성을 나타냈다.

② 일란성 쌍생아의 범죄일치율이 이란성 쌍생아의 범죄일치율보다 더 높았다.

③ 범죄자 중에 입양된 자들을 대상으로 실부와 양자 간의 범죄일치율과 양부와 양자 간의 범죄일치율을 조사하였는데, 전자가 더 높았다.

④ 결손가정의 청소년이 일반가정의 청소년보다 범죄를 저지르는 비율이 더 높았다.

14 하층소년들이 중산층 문화에의 적응실패로 반동적으로 문화를 이루어 악의적이고 부정적으로 범죄를 하게된다고 보는 이론은?

① 밀러의 하류계층문화이론   ② 클로워드와 올린의 차별기회이론
③ 코헨의 하위문화이론   ④ 머튼의 아노미이론

15 사회갈등이론에 관한 설명으로 옳지 않은 것은?

① 셀린(Sellin)은 1차적 문화갈등과 2차적 문화갈등을 구분하였는데 2차적 문화갈등이란 동일문화 내의 갈등을 의미한다고 보았다.
② 볼드(Vold)는 집단 간의 이해관계 대립이 범죄의 주요 원인이라고 보았다.
③ 밀러(Miller)는 하층계급에 있는 소년들은 비록 중류층 계급문화에 동조하는 경향을 가지는 경우에도 결국 범죄나 비행에 가담하게 된다고 보았다.
④ 코헨(A. Cohen)은 하위계층 청소년들 간에 형성된 하위문화가 중산층의 문화에 대해 대항적 성격을 띠고 있다고 본다.

16 다음 중 "사람들은 왜 범죄를 저지르지 않는가?"라는 문제제기와 가장 관계가 깊은 이론은?

① 허쉬의 사회통제이론
② 롬브로조의 생래적 범죄이론
③ 샘슨과 라웁의 전환점이론
④ 볼드의 집단갈등이론

17 아래의 기사에서 피의자 甲이 사용한 범죄의 중화기술은?

> 서울 강남경찰서는 상습적으로 고급 아동복 등을 훔친 혐의로 甲(여, 36세)에 대해 구속영장을 신청하였다. 甲은 어제 서울 잠실에 있는 백화점의 한 의류 매장에서 아동복을 훔치는 등 지난해 6월부터 최근까지 서울 명동과 강남 일대에서 아동복 50여점과 아동화 25점 등 2,000만원 어치의 물건을 훔친 혐의를 받고 있다. 甲은 경찰에서 자신의 잘못을 잘 알고 있으며 피해자들에게도 죄송한 마음뿐이지만, 유치원에 다니는 자신의 딸을 다른 아이들처럼 부유하고 깨끗한 모습으로 키우고 싶다는 생각으로 절도를 하게 되었다고 진술하였다.

① 책임의 부정
② 가해의 부정
③ 피해자의 부정
④ 상위가치에 대한 호소

18 「보호소년 등의 처우에 관한 법률」에서 보호소년에 대한 징계의 종류로 규정하고 있지 않는 것은?

① 면회제한
② 원내 봉사활동
③ 훈계
④ 20일 이내의 기간 동안 지정된 실(室) 안에서 근신하게 하는 것

19 샘슨과 라웁(Sampson & laup)은 생애발달이론에서 개인의 적극적인 교육참여, 성실한 직장 생활, 활발한 대인관계, 비범죄경력 등을 무엇이라고 정의하는가?

① 악의 극화(Dramatization of evil) ② 전환점(turning points)
③ 인생경로(life course) ④ 사회자본(social capital)

20 소년보호의 원칙에 대한 설명으로 옳지 않은 것으로만 묶인 것은?

ㄱ 집단적으로 몰려다니며 주위 사람들에게 불안감을 조성하는 성벽이 있는 소년을 「소년법」의 규율 대상으로 하는 것은 소년보호의 예방주의 원칙에서 나온 것이다.

ㄴ 인격주의는 보호소년을 개선하여 사회생활에 적응시키고 건전하게 육성하기 위해 소년 사법절차 를 가급적 비공개로 해야 한다는 원칙이다.

ㄷ 교육주의는 반사회성이 있는 소년의 건전한 육성을 위한 환경조성과 성행의 교정에 필요한 보호처 분을 행하고, 형사처분을 할 때 특별한 조치를 취해야 한다는 것을 말한다.

ㄹ 소년사건조사에서 전문지식을 활용하여 소년과 보호자 또는 참고인의 품행, 경력, 가정상황 그 밖의 환경 등을 밝히도록 노력해야 한다고 규정한 것은 소년보호의 개별주의를 선언한 것이다.

ㅁ 협력주의는 효율적 소년보호를 위해 국가는 물론이고 소년의 보호자를 비롯한 민간단체 등이 서로 협력해야 한다는 것을 말한다.

① ㄱ, ㄴ ② ㄱ, ㄷ, ㅁ ③ ㄴ ④ ㄹ, ㅁ

해설 253p

16 형사정책 모의고사

01 보호관찰제도에 대한 설명 중 타당한 내용은?

① 보호관찰을 부과할 시 사회봉사명령이나 수강명령을 선택하여 부과한다.

② 보호관찰을 조건으로 형의 선고유예나 집행유예를 받은 사람 등은 보호관찰 대상자가 된다.

③ 가석방될 자에 대하여는 반드시 보호관찰을 실시하여야 하고, 준수사항을 위반하고 그 정도가 무거운 때에 가석방은 실효된다.

④ 가석방의 결정과 그 취소에 관한 사항은 보호관찰심사위원회의 의결을 거쳐 법무부장관이 결정한다.

02 「전자장치 부착 등에 관한 법률」상 위치추적 전자감시 제도에 관한 설명으로 옳지 않은 것은?

① 대상범죄는 성폭력범죄에 국한된다.

② 만 19세 미만의 자에 대하여 전자장치를 부착할 수 없다.

③ 부착명령 대상자에게 준수사항을 부과할 수 있다.

④ 부착명령은 특정범죄사건에 대한 형의 집행이 종료되거나 면제·가석방되는 날 또는 치료감호의 집행이 종료·가종료되는 날 석방 직전에 피부착명령자의 신체에 전자장치를 부착함으로써 집행한다.

03 다음 중 판결 전 조사제도에 대한 장점은 모두 몇 개인가?

> ㉠ 판사가 가장 유효·적절한 판결을 할 수 있도록 돕는다(양형의 합리화 및 사법적 처우의 개별화에 기여).
>
> ㉡ 변호인의 변호활동을 보완하는 기능을 하여 피고인의 인권보장에 기여한다.
>
> ㉢ 교정시설에서 수용자에 대한 개별처우의 자료로 활용된다.
>
> ㉣ 보호관찰 시 조사보고서(보안처분의 기초자료)는 지역사회에서의 범죄인처우지침으로 활용된다.
>
> ㉤ 양형절차 이전에 유무죄 인부절차에서 무죄판결 시 피고인의 인격에 대한 조사가 불필요하여 소송경제에 유리하다.

① 2개   ② 3개   ③ 4개   ④ 5개

04 어느 법원에서 피고인 A에게 벌금 30억을 선고하면서 노역장 유치기간을 정하려고 한다. 「형법」상 최소 유치기간은?

① 100일   ② 300일   ③ 500일   ④ 1000일

05 보호관찰의 지도 · 감독 유형으로 올린(L.E. Ohlin)이 제시한 내용 중 지역사회 보호와 범죄자 보호 양쪽 사이에서 갈등을 가장 크게 겪는 보호관찰관의 유형은?

① 보호적 보호관찰관   ② 수동적 보호관찰관
③ 복지적 보호관찰관   ④ 중개적 보호관찰관

06 보호관찰제도에 관한 법령과 판례에 대한 설명으로 옳은 것은?

① 현역 군인 등 군법 적용 대상자에 대해서도 보호관찰, 사회봉사명령, 수강명령을 명할 수 있다.
② 성폭력범죄를 범한 피고인에게 형의 집행을 유예하면서 보호관찰을 받을 것을 명하지 않은 채 위치추적 전자장치 부착을 명하는 것은 적법하다.
③ 「가정폭력범죄의 처벌 등에 관한 특례법」상 사회봉사명령을 부과하면서, 행위 시 법상 사회봉사명령 부과시간의 상한인 100시간을 초과하여 상한을 200시간으로 올린 신법을 적용한 것은 적법하다.
④ 보호관찰명령 없이 사회봉사 · 수강명령만 선고하는 경우, 보호관찰대상자에 대한 특별준수사항을 사회봉사 · 수강명령 대상자에게 그대로 적용하는 것은 적합하지 않다.

07 우리나라 범죄율에 관한 설명으로 옳은 것은?

① 암수범죄를 포함한다.
② 검거율과 같은 의미로 사용된다.
③ 인구 10만 명당 범죄발생건수를 나타낸다.
④ 중요 범죄의 발생상황을 시계로 표시한 것이다.

08 실증주의 범죄이론에 대한 설명 중 옳지 않은 것은?

① 범죄원인에 있어 프랑스 실증주의이론가들은 사회적 원인을 강조하면서 소질도 범죄의 원인으로 함께 고려한다.
② 페리(Ferri)는 결정론적 입장에서 범죄포화의 원칙을 주장하였다.
③ 이탈리아의 초기 실증주의 학파는 자연범과 법정범을 구분하고, 자연범은 동정심과 정직성을 침해하는 속성을 가진다고 하였다.
④ 실증주의에 입각한 범죄예방이 기대에 미치지 못하자 고전주의가 추구했던 범죄억제를 재조명하려는 신고전주의가 나타났다.

09 여성범죄에 대한 설명으로 옳지 않은 것은?

① 여성범죄는 대부분 타고난 결함에 의하여 행하여진다.
② 여성범죄에 대해 체스니-린드(Chesney-Lind)는 형사사법체계에서 소년범들의 성별에 따른 차별적 대우가 존재한다고 보았다.
③ 배후에서 공범으로 가담하는 경우가 많고, 직접 범죄행위에 가담할 때에는 주로 비신체적인 방법에 의한다.
④ 여성범죄에 대해 폴락(Pollak)의 기사도가설(chivalry hypothesis)에 따르면 형사사법기관 종사자들이 남성범죄자보다 여성범죄자를 더 관대하게 대하는 태도를 가졌다고 본다.

10 「학교폭력예방 및 대책에 관한 법률」상 학교폭력 가해자에 대한 조치로 옳지 않은 것은?

① 피해학생에 대한 서면사과
② 학내외 전문가에 의한 특별교육이수
③ 학교에서의 봉사
④ 장기보호관찰

11 「소년법」상 보호사건에 대한 설명으로 옳지 않은 것은?

① 소년보호사건은 소년의 행위지, 거주지 또는 현재지의 가정법원 소년부 또는 지방법원 소년부의 관할에 속한다.
② 소년부는 조사 또는 심리한 결과 금고 이상의 형에 해당하는 범죄사실이 발견된 경우 그 동기와 죄질이 형사처분을 할 필요가 있다고 인정하면 결정으로써 사건을 관할 지방법원에 송치하여야 한다.
③ 소년부 판사는 송치서와 조사관의 조사보고에 따라 사건의 심리를 개시할 수 없거나 개시할 필요가 없다고 인정하면 심리를 개시하지 아니한다는 결정을 하여야 한다.
④ 단기로 소년원에 송치된 소년의 보호기간은 6개월을 초과하지 못하며, 장기로 소년원에 송치된 소년의 보호기간은 2년을 초과하지 못한다.

12 심리학적 범죄원인론에 대한 설명으로 옳지 않은 것은?

① 심리학적 이론들은 MMPI 등과 같은 정확한 결과를 담보하는 연구방법론이 도입되면서 경험적 타당성이 인정되고 있으며, 범죄자의 교정 분야에 활발하게 활용되고 있다.
② 심리학적 범죄원인론은 범죄를 범죄자의 과거 학습경험의 자연적 발전으로 파악하는 학습 및 행동이론도 여기에 속한다.
③ 심리학적 범죄론에서는 범죄성을 치료할 수 있는 심리적 상태라고 가정하고 범죄자들에게 치료감호처분 등 처벌이 아닌 치료행위를 해야 한다고 강조한다.
④ 심리학적 범죄이론에는 범죄자의 정신을 중심으로 범죄의 원인을 규명하려는 '정신분석이론', 범죄자의 행위가 과거의 학습 경험을 통해 발달한다고 파악하는 '행동이론', 범죄자의 개인적 추론 과정이 행동에 미치는 영향을 바탕으로 범죄원인을 밝히고자 하는 '인지이론', 각 개인의 성격적 결함에서 비행성을 찾으려는 '인성(성격)이론' 등이 있다.

13 갑(18세)은 상점에 침입하여 시가 50만원 상당의 물품을 절취하였다. 갑에 대한 처리절차에 관한 설명 중 옳지 않은 것은?

① 소년부 판사는 심리기일에 소년의 품행을 교정하고 피해자를 보호하기 위하여 필요하다고 인정되는 경우, 갑에게 피해변상 등 피해자와의 화해를 권고할 수 있다.

② 소년부 판사의 심리개시 결정이 있었던 때로부터 갑에 대한 보호처분의 결정이 확정될 때까지 공소시효는 그 진행이 정지된다.

③ 심리는 공개하지 아니하나, 소년부 판사는 적당하다고 인정하는 자에게 참석을 허가할 수 있다.

④ 갑에 대하여 부정기형이 선고된 경우, 부정기형을 집행하는 기관의 장은 형의 단기가 지난 갑의 행형성적이 양호하고 교정의 목적을 달성하였다고 인정되는 경우 법원의 결정에 따라 그 형의 집행을 종료시킬 수 있다.

14 선도조건부 기소유예제도에 관한 설명으로 옳지 않은 것은?

① 검사가 범죄소년에 대하여 일정 기간 준수사항의 이행과 범죄예방위원의 선도를 조건으로 기소를 유예하는 제도이다.

② 선도조건부 기소유예를 할 것인가의 여부는 검사의 재량이다.

③ 해당 소년의 행위가 범죄를 구성하지 않는 것으로 밝혀져 공소제기를 할 수 없는 경우에도 선도조건부 기소유예를 할 수 있다.

④ 법원의 재판 없이 선도조건부 기소유예처분을 할 수 있게 되면 법관에 의한 재판을 받을 권리를 박탈한다는 비판이 제기될 수 있다.

15 기회차별이론(분화적 기회구조이론)에 대한 설명으로 틀린 것은?

① 아노미이론의 발전된 형태로서 문화적 목표를 달성하기 위한 정당한 수단이 없다는 것만으로 일탈행동이 유발되지는 않으며, 동시에 정당하지 못한 수단에 접근할 수 있는 기회가 일탈행동의 필요조건이 된다는 이론이다.

② 클로워드와 올린은 비합법적 수단이 어떻게 분포되어 있는가에 따라 그 지역의 비행하위문화의 성격 및 종류도 달라진다고 보았다.

③ 청소년범죄를 설명하는 이론들로서 상당한 타당성을 가진다.

④ 범죄적 하위문화는 문화적 목표를 추구하는 데 필요한 합법적인 수단을 사용하기도 어렵고 불법적인 기회도 없는 상황에서 흔히 형성된다.

16 억제이론에서 제시하고 있는 억제의 유형이 아닌 것은?

① 일반적 억제　　② 특수적 억제
③ 절대적 억제　　④ 상대적 억제

17 다음의 설명에 해당하는 이론은?

> 이 이론은 차별적 접촉이론(differential association theory)이 각각의 개인들의 차별적 반응에 대한 문제를 도외시하고 있다는 비판을 한다. 즉 "왜 범죄적 문화와 접촉한 사람 중에서 어떤 사람은 범죄에 빠지지 않는가"라는 질문을 한다. 이 이론에 따르면 비행다발지역의 청소년들 중에서 다수가 비행에 가담하지 않는 것은 자신에 대한 좋은 이미지를 통해 비행에의 유혹이나 압력을 단절시키기 때문이다.

① 봉쇄이론(containment theory)
② 사회학습이론(social learning theory)
③ 중화이론(neuturalization theory)
④ 억제이론 (deterrence theory)

18 낙인이론(Labeling Theory)에 관한 설명 중 옳지 않은 것은?

① 규범이나 가치에 대하여 단일한 사회적 합의가 존재한다는 관점에 입각하고 있다.
② 낙인이론은 범죄 내지 일탈행위를 사회 자체 또는 그 구성원 일반과 일탈자의 상호작용으로 파악하는 데 그 이론적 특징이 있다.
③ 낙인이론(labeling theory)에 대해 슈어(Schur)는 자기 스스로 자신에게 인식시킨 자아관념 및 자기낙인과 스스로 자기에게 부과한 사회적 상호작용의 제한을 더 중요하다고 보았다.
④ 낙인이론이 형사정책상 의도하는 바는 비범죄화, 탈시설화 등이다.

19 다음 글의 각 설명에 해당하는 기관을 바르게 연결한 것은?

> ㉠ 경찰, 검찰, 법원으로부터 송치받은 소년사건에 대해 비행원인을 조사·심리하여 최적의 보호처분을 결정하는 기관
> ㉡ 비행청소년을 수용·보호하면서 이들의 자질을 과학적으로 진단·분류하는 기관
> ㉢ 범죄소년, 촉법소년 등을 수용하여 그들의 재범 또는 재비행을 방지하기 위한 교정교육을 행하는 기관
> ㉣ 소년범죄자를 성인범죄자와 분리수용하고 청소년에 맞는 교정처우를 실시하기 위한 기관

	㉠	㉡	㉢	㉣
①	법원소년부	소년분류심사원	소년원	소년교도소
②	소년분류심사원	법원소년부	소년원	소년교도소
③	법원소년부	소년분류심사원	소년교도소	소년원
④	소년분류심사원	법원소년부	소년교도소	소년원

20 「보호관찰 등에 관한 법률」상 '갱생보호 대상자에 대한 숙식 제공'에 관한 설명으로 옳지 않은 것은?

① 숙식 제공은 갱생보호시설에서 갱생보호 대상자에게 숙소·음식물 및 의복 등을 제공하고 정신교육을 하는 것으로 한다.

② 숙식을 제공한 경우에는 법무부장관이 정하는 바에 의하여 소요된 최소한의 비용을 징수할 수 있다.

③ 숙식 제공 기간의 연장이 필요하다고 인정되는 때에는 매회 6월의 범위 내에서 3회에 한하여 그 기간을 연장할 수 있다.

④ 숙식 제공 기간을 연장하고자 할 때에는 해당 갱생보호시설의 장의 신청이 있어야 한다.

해설 258p

01 보호관찰심사위원회의 관장사무에 해당하지 않는 것은?

① 징역 또는 금고의 집행 중에 있는 성인수형자에 대한 가석방 적격 심사

② 소년원에 수용된 보호소년에 대한 임시퇴원 심사

③ 가석방 중인 사람의 부정기형의 종료에 관한 사항

④ 보호관찰대상자에 대한 보호관찰의 임시해제 취소 심사

02 범죄원인론에 대한 설명으로 옳지 않을 모두 고른 것은?

> ㉠ 일상활동이론의 범죄발생 3요소는 '동기가 부여된 잠재적 범죄자', '적절한 대상', '범행의 기술'이다.
>
> ㉡ 치료 및 갱생이론은 결정론적 인간관에 입각하여 특별예방효과에 중점을 둔다.
>
> ㉢ 억제이론에서 일반억제(general deterrence)는 전과자를 대상으로 한 재범방지에 중점을 둔다.
>
> ㉣ 범죄패턴이론은 범죄에는 여가활동장소, 이동경로, 이동수단 등 일정한 장소적 패턴이 있다고 주장하며 지리적 프로파일링을 통한 범행지역의 예측활성화에 기여해야 한다는 입장이다.

① ㉠, ㉡   ② ㉡, ㉢   ③ ㉠, ㉢   ④ ㉢, ㉣

03 판결 전 조사제도에 대한 설명으로 옳지 않은 것은?

① 보호관찰 등에 관한 법률에 의하면 판결 전 조사의 대상자를 소년으로 한정하고 있다.

② 사실심리절차와 양형절차를 분리하는 소송절차이분(訴訟節次二分)을 전제로 하며, 미국에서 보호관찰(Probation)제도와 밀접한 관련을 가지고 발전되어 온 제도이다.

③ 판결 전 조사보고서의 내용에 대하여 피고인에게 반대신문권을 인정할 것인지의 여부가 문제되는데, 미국은 법원이 피고인과 변호인에게 보고서에 대하여 논박할 기회를 충분히 제공하도록 하고 있다.

④ 형사정책적으로 양형의 합리화뿐만 아니라 사법적 처우의 개별화에도 그 제도적 의의가 있다.

04 다음 중 「형의 실효 등에 관한 법률」에 대한 설명으로 틀린 것은?

① 자격정지 이상의 형을 선고한 재판이 확정되면 지체 없이 그 형을 선고받은 수형인을 수형인 명부에 기재하여야 한다.
② 3년을 초과하는 징역형을 받은 자가 자격정지 이상의 형을 받지 아니하고 형의 집행을 종료하거나 그 집행이 면제된 날부터 5년이 경과하면 그 형은 실효된다.
③ 벌금형도 면제 혹은 종료일로부터 2년이 지나면 실효된다.
④ 하나의 판결로 여러 개의 형이 선고된 경우에는 각 형의 집행을 종료하거나 그 집행이 면제된 날부터 가장 무거운 형에 대한 실효기간이 경과한 때에 형의 선고는 효력을 잃는다.

05 다음 설명에 해당하는 스미크라(Smykla)의 보호관찰모형은?

보호관찰관은 외부자원을 적극 활용하여 보호관찰대상자들이 다양하고 전문적인 사회적 서비스를 받을 수 있도록 사회기관에 위탁하는 것을 주요 일과로 삼고 있다.

① 프로그램모형(program model)　　② 중재자모형(brokerage model)
③ 옹호모형(advocacy model)　　④ 전통적 모형(traditional model)

06 「전자장치 부착 등에 관한 법률」상 전자장치 부착명령에 관한 내용으로 옳지 않은 것은?

① 특정지역·장소에의 출입금지를 준수사항으로 부과할 수 있다.
② 만 19세 미만자에 대하여는 전자장치를 부착할 수 없다.
③ 전자장치 부착기간으로 최장 30년까지 명할 수 있다(단, 가중을 고려하지 않음).
④ 검사는 공소가 제기되지 아니한 사건에 대하여 전자장치 부착명령 청구만을 할 수 있다.

07 보호관찰제도에 대한 설명으로 옳은 것을 모두 고른 것은?

ㄱ. 성인에 대해 보호관찰을 시작하게 된 계기는 「형법」과 「보호관찰 등에 관한 법률」의 입법에 의해서이다.
ㄴ. 「보호관찰 등에 관한 법률」에 의하면 성인에 대해서도 검사는 선도조건부 기소유예를 부과할 수 있다.
ㄷ. 형집행유예 보호관찰의 기간은 원칙적으로 집행을 유예한 기간으로 한다.
ㄹ. 대법원은 보호관찰의 성격을 보안처분으로 규명하면서 죄형법정주의 원칙이 적용되지 않는다고 판시하였다.

① ㄱ, ㄴ, ㄷ　　② ㄴ, ㄷ, ㄹ　　③ ㄱ, ㄴ, ㄷ, ㄹ　　④ ㄷ, ㄹ

08 베카리아(C. Becaria)의 형사사법제도 개혁에 대한 주장으로 옳지 않은 것만을 모두 고르면?

> ㉠ 형벌은 성문의 법률에 의해 규정되어야 하고, 법조문은 누구나 알 수 있게 쉬운 말로 작성되어야
> 한다.
> ㉡ 범죄는 사회에 대한 침해이며, 침해의 정도와 형벌 간에는 적절한 비례관계가 유지되어야 한다.
> ㉢ 처벌의 공정성과 확실성이 요구되며, 범죄행위와 처벌 간의 시간적 근접성은 중요하지 않다.
> ㉣ 형벌의 목적은 범죄예방을 통한 사회안전의 확보가 아니라 범죄자에 대한 엄중한 처벌에 있다.

① ㉠, ㉡   ② ㉠, ㉣   ③ ㉡, ㉢   ④ ㉢, ㉣

09 「소년법」 제38조 내지 제40조에 규정된 보호처분의 취소사유에 해당하는 것은?

① 보호처분의 결정이 그 결정에 영향을 미칠 중대한 사실오인이 있는 경우
② 보호처분 변경의 결정이 그 결정에 영향을 미칠 법령위반이 있는 경우
③ 보호처분의 결정이 그 결정에 영향을 미칠 법령위반이 있는 경우
④ 보호처분이 계속 중일 때 사건 본인이 처분 당시 19세 이상인 것으로 밝혀진 경우

10 「소년법」상 소년형사사건에 대한 설명으로 옳지 않은 것은?

① 징역 또는 금고를 선고받은 소년에 대하여는 특별히 설치된 교도소 또는 일반 교도소 안에
특별히 분리된 장소에서 그 형을 집행한다. 다만, 소년이 형의 집행 중에 19세가 되면 일반
교도소에서 집행할 수 있다.
② 죄를 범할 당시 18세 미만인 소년에 대하여 사형 또는 무기형으로 처할 경우에는 15년의 유기
징역으로 한다.
③ 소년이 법정형으로 장기 2년 이상의 유기형에 해당하는 죄를 범한 경우에는 그 형의 범위에서
장기와 단기를 정하여 선고한다. 다만, 장기는 10년, 단기는 5년을 초과하지 못한다.
④ 검사는 피의자에 대하여 범죄예방자원봉사위원의 선고를 받게 하고 피의사건에 대한 공소를
제기하지 아니할 수 있다. 이 경우 소년과 소년의 친권자·후견인 등 법정대리인의 동의를 받
아야 한다.

11 「소년법」상 보호처분에 대한 설명으로 옳지 않은 것은?

① 수강명령은 10세 이상 12세 미만의 소년에 대하여 부과할 수 없다.
② 수강명령은 100시간을, 사회봉사명령은 200시간을 초과할 수 없다.
③ 단기 보호관찰기간은 6개월로 하고, 장기 보호관찰기간은 2년으로 한다.
④ 단기로 소년원에 송치된 소년의 보호기간은 6개월을, 장기로 소년원에 송치된 소년의 보호기
간은 2년을 초과하지 못한다.

12 성적 충동에 따라 누드를 그린다거나 관능적인 춤을 추는 것 등을 통해서 사회가 인정하는 방식으로 표현하는 방어기제는?

① 투사   ② 승화
③ 합리화   ④ 전위

13 허칭스와 메드닉(Hutchings & Mednick)의 입양아연구에 관한 설명으로 옳지 않은 것은?

① 입양아의 범죄성에 생부와 양부가 미치는 영향을 연구하였다.
② 유전이 범죄에 영향을 미친다고 주장하였다.
③ 생부가 범죄자일 때보다 양부가 범죄자일 경우에 입양아가 범죄자가 될 확률이 더 크다고 보았다.
④ 환경과 유전의 영향이 엄밀히 분리되지 못한 연구였다는 비판도 있다.

14 아이젠크(Eysenck)의 인성이론에 대한 설명으로 옳지 않은 것은?

① 아이젠크(Eysenck)는 내향인은 사회적 금지사항을 더욱 쉽게 학습하며 결과 행동이 억제되어 있어, 학습에서 내향인은 처벌의 영향을 더 많이 받는다. 반면, 외향인은 사교적이고 흥미로운 것을 추구함에 따라 처벌보다는 보상에 의한 영향을 더욱 많이 받는다.
② 아이젠크의 성격위계모형에서 구체적 반응수준에 해당하는 것은 제3수준이다.
③ 외향적인 사람은 대뇌피질이 자극을 덜 받아들이기 때문에 자극을 덜 느낀다.
④ 내성적인 사람은 외향적인 사람에 비해서 조건화를 통하여 특정 행위에 대한 억제력이 보다 잘 발달된다.

15 메스너(Messner)와 로젠펠드(Rosenfeld)의 제도적 아노미이론(Institutional Anomie Theory)에 대한 설명으로 옳은 것을 모두 고른 것은?

> ㉠ 아메리칸드림이라는 문화사조의 저변에는 성취지향, 개인주의, 보편주의, 물신주의(fetishism of money)의 네 가지 주요 가치가 전제되어 있다고 분석한다.
> ㉡ 머튼의 긴장개념을 확장하여 다양한 상황이나 사건들이 긴장상태를 유발할 수 있다고 하였다.
> ㉢ 아메리칸드림이라는 문화사조는 경제제도와 다른 사회제도 간 '힘의 불균형' 상태를 초래했다고 주장한다.
> ㉣ 1970년대 이후의 긴장이론에 대해 매스너와 로젠펠드는 미국의 범죄율이 높은 이유를 물질적 성공을 강조하는 미국문화의 특성에서 찾았다.

① ㉠   ② ㉡   ③ ㉠, ㉢   ④ ㉠, ㉢ ㉣

16 허쉬(Hirshi)의 사회통제이론(Social Control Theory) 중 옳은 것만으로 묶인 것은?

> ㉠ 한 개인이 일상적인 사회와 맺고 있는 유대가 약화되었거나 깨졌을 때 범죄가 발생한다는 이론이다.
> ㉡ 인간은 모두 동물이며, 자연적으로 누구나 범죄를 저지를 수 있다고 가정하였다.
> ㉢ 일탈을 통제하는 시스템에 장애가 생기면 통제가 이완되어 범죄나 비행이 발생된다고 보았다.
> ㉣ 개인의 범죄를 통제하는 기제는 개인이 일상적인 사회와 맺고 있는 유대라고 보았다.

① ㉠, ㉡   ② ㉠, ㉡, ㉢   ③ ㉠, ㉢, ㉣   ④ ㉠, ㉡, ㉢, ㉣

17 사이크스(Sykes)와 맛차(Matza)는 청소년들이 표류상태에 빠지는 과정에서 중화기술을 습득함으로써 자신의 비행을 합리화한다고 하였다. 5가지 중화기술의 유형과 구체적인 사례를 바르게 연결한 것은?

> ⓐ 책임의 부정(denial of responsibility)
> ⓑ 가해의 부정(denial of injury)
> ⓒ 피해자의 부정(denial of victim)
> ⓓ 비난자에 대한 비난(condemnation of the condemners)
> ⓔ 상위가치에 대한 호소(appeal to higher loyalty)

> ㉠ 경찰, 검사, 판사들은 부패한 공무원들이기 때문에 자신의 비행을 비난할 자격이 없다고 합리화한다.
> ㉡ 폭력시위 현장에서 화염병을 사용하는 것이 위법행위이기는 하지만 민주주의를 위해 어쩔 수 없다고 합리화한다.
> ㉢ 절도죄를 범하면서 필요에 의해 물건을 잠시 빌리는 것뿐이라고 합리화한다.
> ㉣ 학생이 선생님을 때리면서 이 선생은 학생들을 공평하게 대하지 않았기 때문에 구타당해 마땅하다고 합리화한다.
> ㉤ 자신이 비행을 범한 것은 열악한 가정환경과 불합리한 사회적 환경 탓이라고 합리화한다.

① ⓐ-㉢, ⓑ-㉤, ⓒ-㉣, ⓓ-㉡, ⓔ-㉠
② ⓐ-㉤, ⓑ-㉢, ⓒ-㉣, ⓓ-㉠, ⓔ-㉡
③ ⓐ-㉣, ⓑ-㉢, ⓒ-㉡, ⓓ-㉠, ⓔ-㉤
④ ⓐ-㉤, ⓑ-㉤, ⓒ-㉣, ⓓ-㉠, ⓔ-㉡

18 「치료감호 등에 관한 법률」상 치료감호와 치료명령에 대한 설명으로 옳은 것은?

① 치료감호와 형이 병과된 경우 형 집행 완료 후 치료감호를 집행한다.
② 피의자가 심신장애로 의사결정능력이 없기 때문에 벌할 수 없는 경우 검사는 공소제기 없이 치료감호만을 청구할 수 있다.
③ 소아성기호증 등 성적 성벽이 있는 장애인으로서 금고 이상의 형에 해당하는 성폭력 범죄를 지은 자에 대한 치료감호의 기간은 2년을 초과할 수 없다.
④ 법원은 치료명령대상자에 대하여 형의 선고를 유예하는 경우 치료기간을 정하여 치료를 받을 것을 명할 수 있으며, 이때 보호관찰을 병과할 수 있다.

19 현행 「소년법」에 관한 설명 중 옳지 않은 것은?

① 죄를 범할 당시 18세 미만인 소년에 대하여 사형 또는 무기형으로 처할 경우에는 10년의 유기징역으로 한다.
② 소년에 대한 구속영장은 부득이한 경우가 아니면 발부하지 못한다.
③ 검사가 보호처분에 해당하는 사유가 있다고 인정하여 관할 소년부에 송치한 사건에 대하여, 소년부가 조사 또는 심리한 결과 금고 이상의 형사처분을 할 필요가 있다고 인정할 때에는 해당 검찰청 검사에게 그 사건을 송치할 수 있지만, 검사는 이 사건을 다시 소년부에 송치할 수 없다.
④ 소년보호사건의 심리개시 결정이 있었던 때로부터 그 사건에 대한 보호처분의 결정이 확정될 때까지 공소시효는 그 진행이 정지된다.

20 「범죄피해자 보호법 시행령」상 범죄피해자보호위원회에 대한 설명으로 옳은 것은?

① 위원장은 법무부차관이 된다.
② 위원의 임기는 2년으로 하되 연임할 수 없다.
③ 회의는 재적위원 2/3 이상의 출석으로 개의하고 출석위원 과반수의 찬성으로 의결한다.
④ 위원장이 부득이한 사유로 직무를 수행할 수 없을 때에는 위원장이 미리 지정한 위원이 그 직무를 대행한다.

해설 262p

18 형사정책 모의고사

01 범죄예방에 관한 설명으로 옳지 않은 것을 모두 고른 것은?

> ⊙ 브랜팅햄과 파우스트(Brantingham & Faust)의 범죄예방모델에 따르면 지역사회교정은 2차적 범죄예방대책에 해당한다.
> ⓒ 경찰의 범죄예방활동 중 특별방범활동이란 특정인을 대상으로 하거나 특별한 사항에 관하여 시행되는 방범활동을 말하며, 범죄우려지역의 순찰, 불심검문 등이 여기에 해당한다.
> ⓒ 그룹워크(Group Work)는 그룹활동을 통해 범죄성을 치료하는 범죄대책으로 재범방지를 위한 대책에 해당한다.
> ⓔ 임상적 개선법은 사회환경적 원인에 의한 범죄인에게는 실효를 거두기 어렵다는 단점이 있다.

① ⊙   ② ⊙, ⓒ   ③ ⊙, ⓒ, ⓒ   ④ ⊙, ⓒ, ⓒ, ⓔ

02 다이버전(Diversion)에 관한 설명으로 옳지 않은 것은?

① 형벌의 사회통제기능으로서의 한계를 극복하기 위한 방안으로 대두되었다.
② 낙인효과를 피하고 사회복귀를 위하여 그 필요성이 강조된다.
③ 초동단계부터 적극적 형사제재를 가하여 범죄예방에 기여할 수 있다.
④ 형사사법제도의 융통성을 제고하고, 범죄에 대한 효과적 처리를 가능하게 한다.

03 「보호관찰 등에 관한 법률」상 별도의 부과절차 없이도 보호관찰 대상자가 지켜야 할 준수사항(일반준수사항)에 해당하지 않는 것은?

① 범죄로 이어지기 쉬운 나쁜 습관을 버리고 선행을 하며 범죄를 저지를 염려가 있는 사람들과 교제하거나 어울리지 말 것
② 보호관찰관의 지도·감독에 따르고 보호관찰관이 방문하게 되면 응대할 것
③ 1개월 이상 국내외 여행을 할 때에는 미리 보호관찰관에게 신고할 것
④ 범죄행위로 발생한 손해를 회복하기 위해 노력할 것

04 현행법상 형의 실효에 대한 설명으로 옳지 않은 것은?

① 수형인이 3년 이하의 징역형인 경우 자격정지 이상의 형을 받지 아니하고 형의 집행을 종료하거나 그 집행이 면제된 날부터 5년이 경과한 때에 그 형은 실효된다.

② 구류와 과료는 형의 집행을 종료하거나 면제된 날부터 1년이 경과한 때에 그 형은 실효된다.

③ 하나의 판결로 여러 개의 형이 선고된 경우에는 각 형의 집행을 종료하거나 그 집행이 면제된 날부터 가장 무거운 형에 대한 형의 실효 등에 관한 법률에서 정한 형의 실효기간이 경과한 때에 형의 선고는 효력을 잃는다. 이때 징역과 금고는 같은 종류의 형으로 보고 각 형기를 합산한다.

④ 징역 또는 금고의 집행을 종료하거나 집행이 면제된 자가 피해자의 손해를 보상하고 자격정지 이상의 형을 받음이 없이 7년을 경과한 때에는 본인 또는 검사의 신청에 의하여 법원은 그 재판의 실효를 선고할 수 있다.

05 「전자장치 부착 등에 관한 법률」상 위치추적 전자장치에 대한 설명으로 옳지 않은 것은?

① 검사는 법원에 성폭력범죄, 미성년자 대상 유괴범죄, 살인범죄 또는 강도범죄(이하 '특정범죄'라고 한다)를 범하고 다시 범할 위험성이 있다고 인정되는 사람에 대하여 위치추적 전자장치를 부착하는 명령(이하 '부착명령'이라고 한다)을 청구할 수 있다.

② 부착명령의 청구는 특정범죄사건의 공소제기와 동시에 하여야 하고, 법원은 공소가 제기된 특정범죄사건을 심리한 결과 부착명령을 선고할 필요가 있다고 인정하는 때에는 직권으로 부착명령을 할 수 있다.

③ 법원은 특정범죄를 범한 자에 대하여 형의 집행을 유예하면서 보호관찰을 받을 것을 명할 때에는 보호관찰기간의 범위 내에서 기간을 정하여 준수사항의 이행여부 확인 등을 위하여 전자장치를 부착할 것을 명할 수 있다.

④ 보호관찰심사위원회가 필요하지 아니하다고 결정한 경우를 제외하고, 부착명령 판결을 선고받지 아니한 특정범죄자로서 형의 집행 중 가석방되어 보호관찰을 받게 되는 자는 준수사항 이행여부 확인 등을 위하여 가석방기간 동안 전자장치를 부착하여야 한다.

06 「보호관찰 등에 한 법률」상 보호관찰심사위원회에 대한 설명으로 옳은 것만을 모두 고른 것은?

> ㄱ. 가석방과 그 취소에 한 사항을 심사한다.
> ㄴ. 보호관찰의 정지와 그 취소에 관한 사항을 심사한다.
> ㄷ. 심사위원회의 위원은 고위공무원단에 속하는 별정직 국가공무원 또는 3급상당의 별정직 국가공무원으로 한다.
> ㄹ. 심사위원회는 위원장을 포함하여 5명 이상 9명 이하의 위원으로 구성한다.
> ㅁ. 심사위원회는 심사에 필요하다고 인정하면 국공립기관이나 그 밖의 단체에 사실을 알아보거나 관계인의 출석 및 증언과 관계 자료의 제출을 요청할 수 있다.

① ㄱ, ㄴ, ㄷ   ② ㄱ, ㄴ, ㄹ   ③ ㄱ, ㄷ, ㅁ   ④ ㄴ, ㄷ, ㄹ

07 공식범죄통계는 다음 중 어떤 자료를 근거로 만들어지는가?

① 가구조사자료   ② 자기기입식 설문조사자료
③ 피해자조사자료   ④ 법집행기관이 집계한 자료

08 서덜랜드(Surtherland)의 차별적 접촉이론의 명제로 옳지 않은 것은?

① 범죄행위는 의사소통을 통한 타인과의 상호작용을 통하여 학습된다.
② 차별적 교제양상은 빈도나 강도의 측면에서 동일하다.
③ 범죄행위는 일반적인 욕구와 가치관으로 설명될 수 없다고 강조한다.
④ 법위반에 대한 우호적 정의가 비우호적 정의보다 클 때 범죄행위를 하게 된다.

09 소년에 대한 보호처분 결정에 대하여 항고할 수 있는 경우가 아닌 것은?

① 해당 결정에 영향을 미칠 법령 위반이 있는 경우
② 처분이 현저히 부당한 경우
③ 보호처분이 계속 중일 때에 사건 본인이 처분 당시 10세 미만으로 밝혀진 경우
④ 중대한 사실오인이 있는 경우

10 폭력범죄에 관한 설명으로 적절하지 않은 것은?

① 일반적으로 대도시의 폭력범죄율은 농촌지역의 폭력범죄율보다 높다.
② 여성이 남성보다 폭력범죄를 더 많이 저지른다.
③ 일반적으로 20대는 60대보다 폭력범죄를 더 많이 저지른다.
④ 문제행동을 일찍 시작한 아이는 폭력범죄를 지속적으로 저지를 가능성이 높다.

11 다음 설명 중 옳지 않은 것은?

① 비네(Binet)는 정신지체 아동의 선별을 위한 도구를 개발하여 지능결함과 범죄의 상관관계를 연구하였다.
② 글룩 부부는 비행소년과 일반소년을 대상으로 로르샤흐 검사를 통해 성격적 특성에 대한 검사를 실시하였다.
③ 허쉬와 힌델랑(Hirschi & Hindelang)은 지능은 직접적으로 비행이나 범죄를 야기하는 요인은 아니며 간접적인 방식으로 비행에 관련된다고 보았다.
④ 융(Jung)은 원형들 중 가장 강하고 잠재적으로 매우 위험한 속성을 가진 것을 '아니마(anima)'라고 하며, 아니마가 억압되거나 배출이 어려운 경우 비참한 결과를 초래한다.

12 프로이트(Freud)의 정신분석의 내용이 아닌 것은?

① 강조하는 개념은 id(이드), ego(에고), superego(슈퍼에고)로 구성되는 성격구조, 무의식·전의식·의식으로 구성되는 정신 구조와 성에너지인 리비도에 의한 5단계 성적 발달단계이다.

② 에고는 슈퍼에고에 의해 이드의 충동에 대한 죄의식을 경험하게 된다. 그 해결방법은 이드의 충동이 슈퍼에고에 의해 승인된 행동으로 변화되는 순화의 방법과 충동을 무의식적 세계로 밀어 넣고 그 존재사실을 부인하는 억압의 방법이 있는데, 이때 이드의 충동을 억압할 경우 행동에서 이상한 결과가 나타나는데 반작용 또는 투영의 양상이다.

③ 프로이트에 의하면 욕망 가운데 가장 중요한 것이 성적 욕망 즉 리비도인데, 그는 인간 정신구조의 성장과정을 5단계로 나누었다. 유아기 초기의 원초적 리비도는 단계별 양상에 따라 구순기 → 항문기 → 남근음핵기 → 잠복기 → 성기기로 발전한다.

④ 범죄는 퇴행에 의하여 원시적이고 폭력적이며 비도덕적인 어린 시절의 충동을 표출한 것으로 보지만, 인격구조의 불균형과 성적 발달단계에서의 고착이 범죄의 주요한 원인은 아니라고 본다.

13 현행법상 소년사건에 관한 설명 중 옳지 않은 것은?

① 소년보호사건과 소년형사사건은 심리비공개가 원칙이다.

② 소년형사사건은 필요적 변호사건에 해당한다.

③ 소년보호사건은 가정법원 또는 지방법원의 소년부 단독판사가 담당한다.

④ 소년피의사건에 대하여는 검사의 결정 전 조사제도가 인정되고 있다.

14 아이젠크의 성격위계모형에서 습관적 반응수준에 해당하는 것은?

① 제1수준 ② 제2수준
③ 제3수준 ④ 제4수준

15 머튼(R.K. Merton)의 아노미이론에 관한 설명 중 옳지 않은 것만으로 묶인 것은?

㉠ 머튼은 전통적인 범죄의 대부분이 중류계층에 의해 행해진다고 보았다.
㉡ 문화적 목표와 수단에 관한 개인별 적응양식의 차이는 개인적 속성의 차이에 기인한다고 보았다.
㉢ 머튼은 자신의 이론이 부유층범죄를 설명하지 못한다는 비판에 대해 피드백효과(feedback effect)라는 가설로 반론을 전개하였다.
㉣ 모든 인간이 일률적으로 물질적 성공을 목표로 하는 것은 아니라는 비판이 있다.

① ㉠, ㉡ ② ㉡, ㉢ ③ ㉠, ㉢ ④ ㉢, ㉣

16 현행 소년사법절차에 대한 설명으로 옳은 것은?

① 법원은 「소년법」 제12조에 따라 소년보호사건에 대한 조사 또는 심리를 위하여 필요하다고 인정하면 검사에게 소년의 품행, 경력, 가정상황, 그 밖의 환경 등 필요한 사항에 관한 조사를 의뢰할 수 있다.
② 촉법소년도 범죄를 행한 소년이므로 일반 형사사건에 의해 처리할 수 있다.
③ 소년원에 수용될 범죄를 행한 소년은 소년보호절차에서 구속영장에 의해 구속될 수 있다.
④ 소년보호절차에 의해 소년원에 송치된 소년은 22세까지 수용될 수 있다.

17 억제이론(Deterrence Theory)에 대한 설명으로 옳지 않은 것은?

① 억제이론의 기초가 되는 것은 인간의 공리주의적 합리성이다.
② 형벌의 특수적 억제효과란 범죄를 저지른 사람에 대한 처벌이 일반시민들로 하여금 처벌에 대한 두려움을 불러 일으켜서 결과적으로 범죄가 억제되는 효과를 말한다.
③ 범죄자에 대한 처벌의 억제효과는 범죄자의 자기통제력 수준에 따라 달라질 수 있다.
④ 처벌의 신속성, 확실성, 엄격성의 효과를 강조한다.

18 범죄행위로 낙인을 찍는 것은 사회적 지위와 같은 효과를 주어 낙인찍힌 자에게 사회적 상호 작용에 가장 직접적이고 중요한 '주지위'를 부여하는 결과가 된다고 본 학자는?

① 탄넨바움(F. Tannenbaum) ② 레머트(E.M. Lemert)
③ 베커(H. Becker) ④ 슈어(E.M. Schur)

19 범죄원인론에 관한 설명으로 옳지 않은 것은?

① 셀린(Sellin)은 이해관계의 갈등에 기초한 집단갈등론을 1958년 이론범죄학에서 주장하였다.
② 사이크스(Sykes)와 맛차(Matza)의 중화기술이론에 의하면 중화기술의 유형에는 책임의 부정, 가해의 부정, 피해자의 부정, 비난자에 대한 비난, 고도의 충성심에 호소 등 5가지가 있다.
③ 메스너(Messner)와 로젠펠드(Rosenfeld)는 머튼(Merton)의 아노미이론을 계승하여 제도적 아노미이론을 주장하였다.
④ 합리적 선택이론은 고전주의학파에 그 뿌리를 두고 있다.

20 「보호관찰 등에 관한 법률 시행규칙」상 원호협의회에 대한 설명으로 옳은 것은?

① 위원의 임기는 3년으로 한다.
② 원호협의회는 3명 이상 5명 이하의 위원으로 구성한다.
③ 위원장은 보호관찰대상자에 대한 특정분야의 원호활동을 각 위원에게 개별적으로 의뢰할 수 있다.
④ 검사는 원호활동을 종합적이고 체계적으로 전개하기 위하여 원호협의회를 설치할 수 있다.

해설 267p

19 형사정책 모의고사

01 재범방지대책에 대한 설명으로 틀린 것을 모두 고른 것은?

ㄱ 기계적 개선법은 수형자의 자발적 참여가 있을 때 효과를 거둘 수 있다.
ㄴ 기계적 개선법은 수형자의 의사에 따라 교육과정이 변경될 수 있어 일관성 있는 프로그램을 유지할 수 없다는 단점이 있다.
ㄷ 임상적 개선법에는 전기충격요법이나 인슐린 주사 등이 사용될 수 있다.
ㄹ 임상적 개선법은 판단자의 주관이 개입될 가능성이 많다는 것이 단점으로 지적되고 있다.
ㅁ 집단관계 개선법은 환경성 범죄자에게는 적합하지 않다는 것이 단점으로 지적되고 있다.

① ㄱ, ㄴ   ② ㄴ, ㄷ   ③ ㄷ, ㄹ   ④ ㄴ, ㅁ

02 소년에 대한 다이버전(diversion)에 해당하지 않는 것을 모두 고르면?

ㄱ 선도조건부 기소유예
ㄴ 「소년법」상 압수, 수색
ㄷ 불처분결정
ㄹ 신입자 수용특칙
ㅁ 「소년법」상 심리불개시의 결정
ㅂ 경찰의 훈방처분
ㅅ 소년교도소 수용처분

① ㄱ, ㄹ, ㅅ   ② ㄴ, ㅁ, ㅅ   ③ ㄴ, ㄹ, ㅅ   ④ ㄴ, ㅁ, ㅂ

03 형벌이론에 관한 비판 중 옳지 않은 것으로 묶인 것은?

ㄱ 응보형주의는 어떤 목적추구도 거부하므로 형사정책적으로 무기력하다는 비판이 있다.
ㄴ 일반예방주의는 공포에 둔감한 자나 우발범인에게는 효과가 없다는 비판이 있다.
ㄷ 목적형주의는 인간의 주체적 의사를 과대평가하고 있다는 비판이 있다.
ㄹ 일반예방주의에 대해서는 국가형벌권을 무기력화할 수 있다는 비판이 있다.

① ㄱ, ㄴ   ② ㄱ, ㄹ   ③ ㄴ, ㄷ   ④ ㄷ, ㄹ

04 보호관찰소장 A가 「보호관찰 등에 관한 법률」에 의거하여 보호관찰대상자 甲, 乙의 각 행위에 대하여 취할 수 있는 조치를 맞게 연결한 것은?

> ㉠ 甲은 준수사항에 위배하여 유흥업소에 출입하였다.
> ㉡ 乙은 준수사항에 위배하여 도박장에 출입하고 A의 소환에 불응하였다.

① ㉠ 경고　㉡ 유치　　② ㉠ 경고　㉡ 구인
③ ㉠ 구인　㉡ 유치　　④ ㉠ 유치　㉡ 구인

05 「전자장치 부착 등에 관한 법률」상 옳지 않은 것은?

① 특정범죄에는 「형법」상 살인죄의 기수범은 포함되나 살인죄의 미수범과 예비, 음모는 포함되지 않는다.
② 만 19세 미만의 자에 대하여 부착명령을 선고한 때에는 19세에 이르기까지 이 법에 따른 전자장치를 부착할 수 없다.
③ 피부착자는 특정범죄사건에 대한 형의 집행이 종료되거나 면제·가석방되는 날부터 10일 이내에 주거지를 관할하는 보호관찰소에 출석하여 신상정보 등을 서면으로 신고하여야 한다.
④ 수사기관은 체포 또는 구속한 사람이 피부착자임을 알게 된 경우에는 피부착자의 주거지를 관할하는 보호관찰소의 장에게 그 사실을 통보하여야 한다.

06 「보호관찰 등에 관한 법률」상 구인에 대한 설명으로 옳지 않은 것은?

① 보호관찰소의 장은 구인사유가 있는 경우 관할 지방검찰청의 검사에게 신청하여 검사의 청구로 관할 지방법원 판사의 구인장을 발부받아 보호관찰 대상자를 구인할 수 있다.
② 보호관찰소의 장은 구인사유가 있는 경우로서 긴급하여 구인장을 발부받을 수 없는 경우에는 그 사유를 알리고 구인장 없이 보호관찰 대상자를 구인할 수 있다.
③ 보호관찰소의 장은 보호관찰 대상자를 긴급구인한 경우에는 긴급구인서를 작성하여 48시간 내에 관할 지방검찰청 검사의 승인을 받아야 한다.
④ 보호관찰소의 장은 긴급구인에 대하여 관할 지방검찰청 검사의 승인을 받지 못하면 즉시 보호관찰 대상자를 석방하여야 한다.

07 다음 내용의 연구방법에 해당하는 것은?

> A와 B 집단의 청소년들을 무작위로 선발하여 A집단만 교도소를 방문시켰다. 6개월 후 A와 B 집단의 비행행동 빈도를 비교하였더니 교도소를 방문하였던 A집단의 비행행동이 감소하였다.

① 통계자료분석　② 설문조사　③ 사례연구　④ 실험연구

08 리스트(Liszt)의 형사정책이론에 관한 설명 중 옳은 것은?

① 형벌의 목적으로 특별예방사상을 처음으로 주장함으로써 형벌 예고를 통해 일반인의 범죄충동을 억제하는 것이 형벌의 가장 중요한 기능이라고 보았다.

② '처벌되어야 할 것은 행위자가 아니고 행위'라는 명제를 제시하였다.

③ 개선이 불가능한 범죄자를 사회로부터 격리수용하는 무해화조치도 필요하다고 주장하였다.

④ 부정기형의 폐지, 단기자유형의 활용, 강제노역의 폐지 등을 주장하였다.

09 「소년법」상 보호사건의 처리절차에 대한 설명으로 옳은 것만을 모두 고른 것은?

> ⊙ 경찰서장이 촉법소년과 우범소년을 발견한 때에는 검사를 거쳐 소년부에 송치하여야 한다.
> ⓛ 검사는 소년에 대한 피의사건을 수사한 결과 보호처분에 해당하는 사유가 있다고 인정 한 경우에는 사건을 관할 소년부에 송치하여야 한다.
> ⓒ 소년부 판사는 소년의 품행을 교정하고 피해자를 보호하기 위하여 필요하다고 인정하면 소년에게 피해 변상 등 피해자와의 화해를 권고할 수 있다.
> ⓔ 소년부 판사는 심리결과 보호처분을 할 수 없거나 할 필요가 없다고 인정하면 불처분 결정을 하고, 이를 사건 본인과 보호자에게 알려야 한다.
> ⓜ 보호처분의 결정에 대해서 본인, 보호자, 보조인 또는 그 법정대리인은 관할 가정법원 또는 지방법원 본원 합의부에 항고할 수 있고, 항고가 있는 경우 보호처분의 집행은 정지된다.

① ⊙, ⓛ, ⓔ   ② ⓛ, ⓒ, ⓔ   ③ ⓛ, ⓒ, ⓜ   ④ ⓒ, ⓔ, ⓜ

10 강간범죄에 대한 설명으로 옳은 것은?

① 강간범죄는 다른 범죄와 동일하게 학습되고, 학습의 효과는 강간장면을 직접 목격하거나 대중매체를 통한 간접경험이 많을수록, 개인의 성적 취향과 폭력의 연관성이 높을수록, 강간의 수용도가 높을수록, 성폭력에 대한 고통, 두려움 등의 부정적 감정에 무감각할수록 증가한다.

② 성범죄는 다수가 가해사실을 부인하므로 DNA 및 체액·타액 검사 등 첨단 과학적인 수사기법에 기초하여 유죄를 입증하는 경우가 대다수이다.

③ 성범죄에 노출이 많고 이에 대해 우호적인 주위 집단과의 친밀한 접촉을 통해 강간을 학습하고 실행하는 것은 심리학적 원인에 해당한다.

④ 그로스(Groth)는 폭력적 강간의 유형에는 분노강간, 스릴추구적 강간, 지배강간이 있다고 주장하였다.

11 유전과 범죄에 관한 설명으로 틀린 것을 모두 고른 것은?

> ⊙ 고링(Goring)은 일찍 부모의 영향권을 벗어난 사람들이 더 늦게 벗어난 사람보다 고질적 범죄인
>   이 될 비율이 높다고 보았다.
> ⓛ 리들(Riedl)은 어머니보다 아버지의 유전적 결함이 범죄에 보다 많은 영향을 미친다고 보았다.
> ⓒ 글룩 부부(S. Glueck & E. Glueck)는 범죄발생이 유전적 결함보다는 성장환경에 더 많이 좌우된
>   다고 보았다.
> ⓔ 덕데일(Dugdale)은 유전성은 환경의 불변성과 무관하다고 주장하여 환경적 요인이 범죄에 미치
>   는 영향을 부정하였다.

① ⊙, ⓛ   ② ⊙, ⓒ   ③ ⓛ, ⓒ   ④ ⓒ, ⓔ

12 현행법상 소년사법절차의 특징에 관한 설명 중 옳지 않은 것은?

① 소년에 대한 보호처분이 계속 중일 때에 징역, 금고 또는 구류를 선고받은 소년에 대하여는
   먼저 그 형을 집행한다.
② 징역 또는 금고를 선고받은 소년에 대하여는 무기형의 경우에는 5년, 15년의 유기형의 경우에
   는 3년, 부정기형의 경우에는 단기의 3분의 1 기간이 지나면 가석방을 허 가할 수 있다.
③ 소년이었을 때 범한 죄에 의하여 형을 선고받은 자가 그 집행을 종료하거나 면제받은 경우
   자격에 관한 법령을 적용할 때 장래에 향하여 형의 선고를 받지 아니한 것으로 본다.
④ 소년보호처분에 대하여 항고가 있으면 결정의 집행은 정지된다.

13 「치료감호 등에 관한 법률」상 치료감호에 관한 설명 중 옳은 것은?

① 치료감호가 가종료된 피치료감호자에 대해서는 필요하다고 인정되는 경우에 한하여 보호관찰
   을 명할 수 있다.
② 치료감호와 형이 병과된 경우에는 치료감호를 먼저 집행한다.
③ 치료감호는 공소제기한 사건의 상고심 변론종결 시까지 청구할 수 있다.
④ 반의사불벌죄에서 피해자가 처벌을 원하지 않는 의사표시를 한 경우 치료감호도 청구할 수
   없다.

14 아이젠크의 인성이론에 대한 설명으로 틀린 것은?

① 외향성은 개인의 대뇌피질의 자극수용(cortical arousal) 정도와 관련이 있다.
② 외향적인 사람은 대뇌피질이 자극을 덜 받아들이기 때문에 자극을 덜 느낀다.
③ 내성적인 사람은 외향적인 사람에 비해서 조건화를 통하여 특정 행위에 대한 억제력이 보다
   잘 발달된다.
④ 외향적인 사람은 내성적인 사람처럼 효과적으로 비범죄행위에 대한 학습을 한다.

15 애그뉴(R. Agnew)의 일반긴장이론에 관한 설명으로 옳지 않은 것은?

① 기본적으로 비행을 축적된 스트레스의 결과로 본다.
② 개인이 받는 부정적 압력보다 긍정적 압력을 비행의 원인으로 주목한다.
③ 긍정적 자극의 소멸은 비행의 가능성을 증가시킨다고 예측한다.
④ 부정적 감정이 긴장과 비행을 매개한다고 본다.

16 허쉬(T. Hirschi)의 사회통제이론(social control theory)에 관한 설명으로 옳지 않은 것은?

① 범행을 야기하는 이유보다 특정한 사람들이 범죄를 저지르지 않는 이유에 초점을 둔다.
② 범죄행위는 다른 사람들과의 의사소통과정에서 학습된다고 한다.
③ 규범에 대한 믿음이 약할수록 범죄를 저지를 가능성이 높다.
④ 규범준수에 따른 사회적 보상에 관심을 가질수록 범죄나 비행을 적게 저지른다고 한다. 이는 인습적인 생활방식과 활동에 투자하는 시간과 노력에 대한 보상을 이성적으로 판단하여 생성되는 유대관계의 중요성을 강조하는 것이다.

17 합리적 선택이론(Rational Choice Theory)에 관한 설명으로 옳지 않은 것을 모두 고른 것은?

> ㉠ 1960년대 범죄의 급증으로 당시 형사사조의 주류였던 사법모델에 대한 비판이 제기되면서 등장한 의료모델이 이론형성의 계기가 되었다.
> ㉡ 경제학의 기대효용(expected utility)원리에 기초하고 있다.
> ㉢ 범죄자는 범죄로 인하여 얻게 될 이익과 손실의 크기를 비교하여 범행을 결정하게 된다는 이론이다.
> ㉣ 1960년대 후반 베커(Becker)를 중심으로 한 경제학자들에 의해 주장된 범죄경제학의 등장이 이론형성의 토대가 되었다.
> ㉤ 범죄경제학에 따르면 범죄자가 범죄의 이익과 손실을 계산할 경우에 이익이란 금전적 이익을 의미하고, 개인의 취향이나 심리적 만족감과 같은 주관적 가치가 있는 것은 포함되지 않는다.

① ㉠, ㉡   ② ㉡, ㉢   ③ ㉠, ㉤   ④ ㉣, ㉤

18 전과자 A는 교도소에서 배운 미용기술로 미용실을 개업하여 어엿한 사회인으로 돌아오고, 범죄와의 고리를 끊었다. 다음 중 이 사례를 설명할 수 있는 것으로 가장 거리가 먼 것은?

① 허쉬(Hirschi)의 사회유대
② 샘슨(Sampson)과 라웁(Laub)의 사회자본
③ 베커(Becker)의 일탈자로서의 지위
④ 머튼(Merton)의 제도화된 수단

19 「소년법」상 소년보호처분의 유형이 아닌 것은?

① 보호자 또는 보호자를 대신하여 소년을 보호할 수 있는 자에게 감호위탁
② 사회봉사명령
③ 1개월 이내의 소년원 송치
④ 병영훈련캠프

20 「보호관찰 등에 관한 법률」상 갱생보호제도에 대한 설명으로 옳은 것은?

① 형사처분 또는 보호처분을 받은 자, 형 집행정지 중인 자 등이 갱생보호 대상자이다.
② 갱생보호 대상자는 보호관찰소의 장에게만 갱생보호 신청을 할 수 있다.
③ 갱생보호사업을 하려는 자는 대통령령으로 정하는 바에 따라 지방교정청장의 허가를 받아야 한다.
④ 갱생보호의 방법에는 주거 지원, 출소예정자 사전상담, 갱생보호 대상자의 가족에 대한 지원이 포함된다.

20 형사정책 모의고사

해설 272p

01 보호관찰명령에 사회봉사 또는 수강명령을 병과할 수 있는 대상재(○)와 아닌 재(×)를 옳게 표시한 것은? (다툼이 있으면 판례에 의함)

> ㉠ 선고유예자
> ㉡ 집행유예자
> ㉢ 「소년법」 제32조의 보호관찰처분을 받은 보호소년 중 14세 이상인 자
> ㉣ 가석방자
> ㉤ 소년원 임시퇴원자

① ㉠ (○), ㉡ (○), ㉢ (○), ㉣ (×), ㉤ (×)
② ㉠ (×), ㉡ (○), ㉢ (×), ㉣ (×), ㉤ (×)
③ ㉠ (×), ㉡ (○), ㉢ (○), ㉣ (×), ㉤ (×)
④ ㉠ (×), ㉡ (○), ㉢ (○), ㉣ (○), ㉤ (×)

02 「전자장치 부착 등에 관한 법률」상 전자장치 부착명령에 대한 설명으로 옳은 것은?

① 19세 미만의 자에 대하여 전자장치 부착명령을 선고한 때에는 19세에 이르기 전이라도 전자장치를 부착할 수 있다.
② 전자장치가 부착된 자는 주거를 이전하거나 7일 이상의 국내여행을 하거나 출국할 때에는 미리 보호관찰관의 허가를 받아야 한다.
③ 성폭력범죄, 미성년자 대상 유괴범죄, 살인범죄, 강도·절도범죄 및 방화범죄가 전자장치 부착 대상범죄이다.
④ 전자장치 부착명령의 집행 중 다른 죄를 범하여 벌금 이상의 형이 확정된 때에는 전자장치 부착명령의 집행이 정지된다.

03 단기자유형의 폐지논거로 타당하지 않은 것은?

① 구금시설이 복잡하고 불충분하게 된다.
② 위하력이 약하다.
③ 일반예방적 효과는 인정된다.
④ 가족의 경제적 파탄 가능성이 있다.

04 특별사면에 대한 설명으로 옳지 않은 것은?

① 특별사면은 형의 선고를 받아 그 형이 확정된 자를 대상으로 하며, 원칙적으로 형의 집행이 면제된다.
② 검찰총장은 교도소장의 보고에 의해 법무부장관에게 특별사면을 상신할 것을 신청할 수 있다.
③ 법무부장관은 직권 또는 사면심사위원회의 심사를 거쳐 특별사면을 상신한다.
④ 대통령으로부터 특별사면의 명이 있을 때에는 법무부장관은 검찰총장에게 사면장을 송부한다.

05 보호관찰에 관한 설명으로 옳은 것은?

① 법원의 판결이나 결정이 확정된 때부터 시작된다.
② 보호관찰은 부가적 처분으로 부과할 수 있을 뿐이고, 독립적 처분으로 부과할 수 없다.
③ 보호관찰대상자가 보호관찰의 준수사항을 위반한 경우 보호관찰을 취소해야 한다.
④ 보호관찰에 대한 임시해제결정이 취소된 때에는 그 임시해제기간은 보호관찰기간에 산입되지 않는다.

06 소년부 판사가 결정으로 그 기간을 연장할 수 있는 보호처분만을 모두 고르면?

> ㄱ. 보호관찰관의 단기 보호관찰
> ㄴ. 병원, 요양소 또는 보호소년 등의 처우에 관한 법률에 따른 의료재활소년원에 위탁
> ㄷ. 장기 소년원 송치
> ㄹ. 보호자 또는 보호자를 대신하여 소년을 보호할 수 있는 자에게 감호위탁

① ㄱ, ㄷ   ② ㄴ, ㄷ   ③ ㄴ, ㄹ   ④ ㄷ, ㄹ

07 「보호관찰 등에 관한 법률」상 구인(제39조 또는 제40조)한 보호관찰 대상자의 유치에 대한 설명으로 옳지 않은 것은?

① 보호관찰소의 장은 가석방 및 임시퇴원의 취소 신청이 필요하다고 인정되면 보호관찰 대상자를 수용기관 또는 소년분류심사원에 유치할 수 있다.
② 보호관찰 대상자를 유치하려는 경우에는 보호관찰소의 장이 검사에게 신청하여 검사의 청구로 관할 지방법원 판사의 허가를 받아야 하며, 이 경우 검사는 보호관찰 대상자가 구인된 때부터 48시간 이내에 유치 허가를 청구하여야 한다.
③ 유치된 사람에 대하여 보호관찰을 조건으로 한 형의 선고유예가 실효되거나 집행유예가 취소된 경우 또는 가석방이 취소된 경우에는 그 유치기간을 형기에 산입한다.
④ 유치의 기간은 구인한 날부터 20일로 한다. 다만, 보호처분의 변경 신청을 위한 유치에 있어서는 심사위원회의 심사에 필요하면 10일의 범위에서 한 차례만 유치기간을 연장할 수 있다.

08 현행법상 소년보호사건 처리에 관한 설명 중 옳은 것(○)과 옳지 않은 것(×)을 올바르게 묶은 것은?

> ㉠ 소년보호사건에 있어서 보호자는 소년부 판사의 허락이 없어도 보조인을 선임할 수 있다.
> ㉡ 소년부판사는 보호관찰관의 단기 보호관찰처분 시 14세 이상의 소년에 대하여 사회봉사를 동시에 명할 수 있다.
> ㉢ 소년의 보호처분은 그 소년의 장래의 신상에 어떠한 영향도 미치지 아니한다.
> ㉣ 보호처분이 계속 중일 때에 징역, 금고 또는 구류를 선고받은 소년에 대하여는 먼저 그 형을 집행한다.
> ㉤ 보호처분이 계속 중일 때에 사건 본인에 대하여 새로운 보호처분이 있었을 때에는 그 처분을 한 소년부 판사는 이전의 보호처분을 한 소년부에 조회하여 어느 하나의 보호처분을 취소하여야 한다.

① ㉠ (×), ㉡ (○), ㉢ (○), ㉣ (×), ㉤ (○)
② ㉠ (×), ㉡ (×), ㉢ (○), ㉣ (○), ㉤ (○)
③ ㉠ (○), ㉡ (○), ㉢ (×), ㉣ (○), ㉤ (×)
④ ㉠ (×), ㉡ (○), ㉢ (○), ㉣ (○), ㉤ (○)

09 마약의 주생산지인 황금의 삼각지대에 해당되는 곳은?

① 아프가니스탄   ② 이란
③ 파키스탄   ④ 미얀마

10 연쇄살인의 특징으로 옳지 않은 것은?

① 반복성을 가진다.   ② 우발적으로 범행을 하는 경우가 대부분이다.
③ 심리적 냉각기를 가진다.   ④ 사건 사이에 시간적 공백이 있다.

11 범죄인 가계(家系)연구에 관한 설명 중 옳지 않은 것은?

① 범죄인 가계란 범죄인의 계보를 연구한 결과 범죄인·이상성격자·부랑자 등이 많이 배출되는 가계를 말한다.
② 범죄인 가계의 연구는 범죄성이 유전되는 것을 가계도(家系圖)에 의해서 증명하려는 연구 방법으로 쥬크(Juke)가와 칼리카크(Kallikak)가에 대한 연구가 대표적이다.
③ 범죄인 가계연구는 환경적 영향을 전혀 고려하지 않았고, 특정 가계에 대한 지엽적 연구에 불과하여 일반성을 인정할 수 없다는 비판이 있다.
④ 서덜랜드(Sutherland)는 조나단 에드워드(Jonathan Edward)가의 연구를 통해 범죄의 유전성을 입증하였다.

12 다음 설명 중 옳은 것을 모두 고른 것은?

> ㉠ 성적 충동이 강한 사람이 이러한 성향을 누드를 그린다거나 매우 관능적인 춤을 추는 행위 등을 통해 사회가 인정하는 방법으로 표출하는 방어기제는 '승화'이다.
> ㉡ 소질과 환경에 대한 범죄발생원인으로서 소질의 내용에는 유전, 신체, 빈곤, 가정해체 등이 포함된다.
> ㉢ "조작적 조건화"란 어떤 반응에 대해서 선택적으로 보상을 하고 그 반응이 일어날 확률을 감소시키거나 증가시키는 방법을 말한다.
> ㉣ 달라드와 밀러(Dollard & Miller)는 공격하고자 하는 발양성의 강도는 욕구좌절의 양에 반비례한다고 주장하였다.

① ㉠, ㉡   ② ㉡, ㉢   ③ ㉠, ㉢   ④ ㉢, ㉣

13 「소년법」에 규정된 소년보호자에 대한 형사처분의 특례규정으로 볼 수 없는 것으로만 묶인 것은?

> ㉠ 구속영장의 발부제한
> ㉡ 구속시 성인피의자, 피고인과의 분리수용
> ㉢ 소년형사사건에 관하여 필요한 사항 조사를 위한 조사관의 필요적 위촉
> ㉣ 가석방 조건의 완화
> ㉤ 소년분류심사원 위탁기간의 미결구금일수 산입
> ㉥ 보도금지의 완화
> ㉦ 보호처분 계속 중 징역형이 선고된 경우 보호처분 우선집행

① ㉠, ㉢, ㉣   ② ㉡, ㉤, ㉦   ③ ㉢, ㉥, ㉦   ④ ㉤, ㉥, ㉦

14 다음 설명 중 옳지 않은 것을 모두 고른 것은?

> ㉠ 최근 MMPI연구는 각 하위척도와 관련되는 성격적 · 행동적 변인들을 발견하는 쪽으로 집중되고 있다.
> ㉡ 소질과 환경을 범죄발생원인으로서 보는 에이커스(Akers)는 범죄발생은 개인의 소질이 아니라 자본주의의 모순으로 인해 자연적으로 발생하는 사회현상이라고 보았다.
> ㉢ 반두라에 의하면 사회학습이론의 학습과정에서 관찰을 통해 학습한 정보를 기억하는 단계에 해당하는 것은 '집중단계'이다.
> ㉣ 아들러(Adler)는 신체적 결함뿐만 아니라 사회적 소외도 콤플렉스의 원인이 된다고 봄으로써 범죄원인을 개인심리적 영역에서 사회적 영역으로 확대하였다.

① ㉠, ㉡   ② ㉡, ㉢   ③ ㉠, ㉢   ④ ㉢, ㉣

15 인지발달이론에 대한 설명으로 옳은 것은?

① 피아제는 인지발달과정에서 인지한 것을 의미 있게 만드는 방식을 '조절'이라고 한다.
② 도덕성과 비행성과의 관계를 직접 검증한 연구가 많다는 장점이 있는 반면, 다양한 비행원인론을 포괄할 수 없다는 단점이 있다.
③ 인지이론은 범죄행동 패턴에서 왜 사람들이 성숙해지고 추론능력이 발달하면서 범죄성향이 줄어드는지를 잘 설명한다.
④ 패스팅거의 본능이론은 보상이 따를 만한 행위를 일부러 하지 않고, 좋지 않은 결과로 여겨지는 선택을 하는 경우를 설명하고자 하는 이론이다.

16 「소년법」상 부정기형에 대한 설명으로 옳지 않은 것은?

① 소년이 법정형으로 장기 2년 이상의 유기형에 해당하는 죄를 범한 경우 그 형의 범위에서 선고하되 장기는 10년, 단기는 5년을 초과하지 못한다.
② 형의 집행유예나 선고유예를 선고할 때에는 부정기형을 선고할 수 없다.
③ 검사는 형의 단기가 지난 소년범의 행형성적이 양호하고 교정의 목적을 달성하였다고 인정되는 경우 법원의 허가를 얻어 형집행을 종료시킬 수 있다.
④ 부정기형을 선고받은 소년에 대해서는 단기의 3분의 1을 경과하면 가석방을 허가할 수 있다.

17 [보기 1]의 이론과 [보기 2]의 내용을 연결한 것 중 옳은 것은?

[보기 1]

㉠ 억제이론(deterrence theory)　　　　　　㉡ 낙인이론(labeling theory)
㉢ 일상생활이론(routine activity theory)　　㉣ 합리적 선택이론(rational choice theory)
㉤ 중화기술이론(techniques of neutralization)

[보기 2]

ⓐ 맞벌이부부의 증가로 빈집이 늘어나면서 절도범죄가 증가한다.
ⓑ 친구들에게서 '나쁜 놈'이라는 놀림을 받다가 결국에는 범죄인이 되었다.
ⓒ 기물파괴는 악의 없는 장난이고, 절도는 물건을 잠시 빌린 것이다.
ⓓ 자동차 운전자의 과속운전은 무인속도측정기가 설치된 지역에서 줄어든다.
ⓔ 수질오염방지시설을 정상적으로 가동하는 것보다 적발되더라도 벌금을 내는 것이 경제적으로 더 유리하다.

---

① ㉠-ⓑ　　　　② ㉡-ⓐ　　　　③ ㉢-ⓒ　　　　④ ㉣-ⓔ

18 범죄원인에 관한 이론과 그에 대한 비판으로 옳지 않은 것만으로 묶인 것은?

> ㉠ 차별접촉이론 : 과실범과 격정범 등의 범죄는 설명하기 쉬우나, 청소년비행은 설명하기 어렵다.
> ㉡ 문화갈등이론 : 이민사회의 다양한 문화를 전제로 한 이론이기 때문에 범죄원인론으로 보편화하는 데에는 한계가 있다.
> ㉢ 범죄정상이론 : 범죄를 옹호한다는 비판이 있다.
> ㉣ 머튼(R. Merton)의 아노미이론 : 과실범, 격정범 및 상류계층의 경미한 재산범죄 등을 설명할 수 없다.
> ㉤ 낙인이론 : 일탈의 생성에 있어서 행위자의 속성을 너무 강조한다.

① ㉠, ㉡   ② ㉠, ㉤   ③ ㉡, ㉢   ④ ㉢, ㉣

19 (가)와 (나)에 들어갈 내용을 바르게 연결한 것은?

> (가)는(은) 보호관찰관의 기능과 자원의 활용에 따라 보호관찰을 모형화하였는데, 이 중 (나) 모형이란 전문성을 갖춘 보호관찰관이 외부의 사회적 자원을 적극 개발하고 활용하는 유형을 말한다.

	(가)	(나)		(가)	(나)
①	Crofton	옹호(advocacy)	②	Crofton	중개(brokerage)
③	Smykla	옹호(advocacy)	④	Smykla	중개(brokerage)

20 현행법상 형의 실효에 대한 설명으로 옳지 않은 것은?

① 수형인이 3년 이하의 징역형인 경우, 자격정지 이상의 형을 받지 아니하고 형의 집행을 종료하거나 그 집행이 면제된 날부터 5년이 경과한 때에 그 형은 실효된다.

② 구류와 과료는 형의 집행을 종료하거나 그 집행이 면제된 날부터 1년이 경과한 때에 그 형은 실효된다.

③ 하나의 판결로 여러 개의 형이 선고된 경우에는 각 형의 집행을 종료하거나 그 집행이 면제된 날부터 가장 무거운 형에 대한 「형의 실효 등에 관한 법률」에서 정한 형의 실효기간이 경과한 때에 형의 선고는 효력을 잃는다. 이때 징역과 금고는 같은 종류의 형으로 보고 각 형기를 합산한다.

④ 징역 또는 금고의 집행을 종료하거나 집행이 면제된 자가 피해자의 손해를 보상하고 자격정지 이상의 형을 받음이 없이 7년을 경과한 때에는 본인 또는 검사의 신청에 의하여 법원은 그 재판의 실효를 선고할 수 있다.

박상민 *Justice* 형사정책 ○──────────────────

엄선 경찰범죄학 40選

엄선 경찰범죄학 40選

해설 277p

01 형사정책의 연구방법에 대한 다음 설명 중 가장 적절하지 않은 것은? 경찰간부 23

① 설문조사를 통한 연구는 두 변수 사이의 관계를 넘어서는 다변량 관계를 살펴볼 수 있다는 장점이 있다.
② 양적 연구는 질적 연구에 비해 연구결과의 외적 타당성을 확보하기 어렵다는 단점이 있다.
③ 실험연구는 연구자가 필요한 조건을 통제함으로써 내적 타당성을 확보하기에 용이하다.
④ 설문조사를 통한 연구는 부정확한 응답의 가능성에 대한 고려가 필요하다.

02 형사정책과 형사정책의 연구방법에 관한 설명으로 가장 적절하지 않은 것은? 경행2차 23

① 서덜랜드(Sutherland)와 크레시(Cressey)에 따르면 형사정책은 범죄에 대한 모든 지식체계로서 범죄의 원인과 법 위반에 대해 대응하는 과정에 관한 연구를 포함한다.
② 형사정책은 법학, 심리학, 사회학 등 다양한 학문과 연계되는 학제적인 학문이다.
③ 경험론적 형사정책 연구방법에는 표본집단조사, 설문조사연구, 통계자료분석, 실험연구 및 관찰연구가 포함된다.
④ 공식범죄통계를 통해 확인하기 어려운 암수를 직접 관찰하는 방법으로는 자기보고식 조사와 피해자 조사가 있다.

03 공식범죄통계에 대한 설명으로 가장 적절한 것은? 경찰간부 24

① 범죄율은 일정 기간(통상 1년) 동안 특정 지역에서 인구 1,000명당 발생한 범죄건수를 나타낸다.
② 총인구가 2022년 20만 명에서 2023년 15만 명으로 감소한 인구소멸 지역인 A시에서 동 기간 범죄건수가 2,000건에서 1,000건으로 줄었다면 범죄율이 50% 감소한 것이다.
③ 우리나라의 공식 범죄통계 중 경찰청 「범죄통계」와 검찰청 「범죄분석」의 범죄발생 건수는 동일하다.
④ 우리나라 경찰의 검거율은 100%를 초과하여 달성되는 경우도 종종 발생한다.

04 경찰청은 사이버범죄를 '정보통신망 침해 범죄', '정보통신망 이용 범죄', '불법콘텐츠 범죄'로 구분하고 있다. 다음 중 '정보통신망 침해범죄'와 가장 거리가 먼 것은? 경찰간부 23

① 해킹　　　　　　② 사이버 도박
③ 서비스 거부공격(DDos 등)　　④ 악성 프로그램 전달 및 유포

05 다음 그림에 관한 설명으로 가장 적절하지 않은 것은?

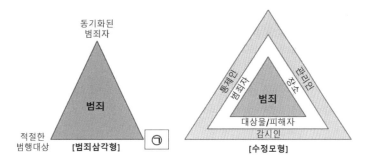

① 범죄삼각형은 일상활동이론(Routine Activity Theory)의 3요소가 시·공간에서 수렴했을 때 범죄가 발생한다는 것을 도식화한 것이다.

② 두 모형은 범죄문제 해결 및 예방을 위한 환경설계를 통한 범죄예방(CPTED) 및 상황적 범죄 예방기법과 밀접한 관련이 있다.

③ ㉠에 대한 구체적 범죄예방 기법으로는 소유물에 대한 표시, 출입문 잠금장치 및 방범창 설치, 금고의 활용 등이 있다.

④ 수정모형은 ㉠의 개념을 보다 구체화한 것으로 동기화된 범죄자를 사적으로 통제할 수 있는 통제인(handler), 장소와 시설을 관리할 수 있는 관리인(manager), 범행대상을 공·사적으로 보호할 수 있는 감시인(guardian)으로서의 역할을 강조하였다.

06 다음은 범죄원인론에 관한 설명이다. ㉠, ㉡의 학자를 가장 적절하게 연결한 것은?

- (㉠)은 범죄자 집단과 비범죄자 집단을 비교·분석한 결과, 범죄의 원인이 신체적 차이에 있는 것이 아니라 유전학적 열등성에 있다고 주장하면서 롬브로조(Lombroso)의 연구를 비판하였다.
- (㉡)는 도덕적 발달단계를 범죄에 적용하였으며, 도덕적 발달단계를 3가지 수준인 전관습적, 관습적, 후관습적 수준으로 나누고 각 수준마다 2단계씩 총 6단계로 나누었다.

① ㉠ 후튼(Hooton)　㉡ 피아제(Piaget)

② ㉠ 고링(Goring)　㉡ 콜버그(Kohlberg)

③ ㉠ 후튼(Hooton)　㉡ 콜버그(Kohlberg)

④ ㉠ 고링(Goring)　㉡ 피아제(Piaget)

07 범죄행위에 영향을 미치는 뇌와 신경전달물질에 관한 설명으로 가장 적절하지 않은 것은?

경찰간부 23

① 뇌의 변연계에 존재하는 편도체는 공포 및 분노와 관련되어 있다.
② 뇌의 전두엽은 욕구, 충동, 감정 관련 신경정보를 억제하거나 사회적 맥락에 맞게 조절, 제어, 표출하게 하는 집행기능을 수행한다.
③ 세로토닌 수치가 너무 높을 경우 충동, 욕구, 분노 등이 제대로 통제되지 않을 수 있다.
④ 도파민 시스템은 보상 및 쾌락과 관련되어 있다.

08 프로이트(Freud)의 정신분석이론에 대한 설명으로 가장 적절한 것은?

경찰간부 24

① 프로이트에 따르면 인성 구조에서 이드(Id)는 쾌락원칙, 에고(Ego)는 도덕원칙을 따른다.
② 슈퍼에고(Superego)는 양심과 이상 같은 긍정적 요소이므로 미발달한 경우는 문제이지만 과다하게 발달하는 경우는 문제가 되지 않는다.
③ 프로이트는 인간 발달의 성 심리적 단계를 구순기(Oral Stage), 항문기(Anal Stage), 남근기 (Phallic Stage), 잠복기(Latent Stage), 생식기(Genital Stage) 순으로 제시하였다.
④ 남근기에 여자아이는 아버지에게 성적 감정을 가지게 되는데 이를 오이디푸스 콤플렉스라고 한다.

09 심리학적 범죄이론에 관한 내용으로 가장 적절하지 않은 것은?

경행 22

① 프로이트(Freud)의 인성구조 중 이드(Id)는 모든 행동의 기초를 이루는 생물학적 심리학적 욕구와 충동 자극 등을 대표하는 것으로서 즉각적인 만족을 요구하는 쾌락원리(pleasure principle)를 따른다.
② 스키너(Skinner)는 실험상자(Skinner box) 지렛대 실험에서 쥐의 행동이 보상과 처벌에 따라 변화하는 것을 확인하였고, 이를 통해 인간의 행위 역시 조절할 수 있다고 보았다.
③ 슈나이더(Schneider)의 정신병질에 대한 10가지 분류 중 무정성 정신병질자는 동정심이나 수치심 등 인간의 고등감정이 결여되었으며, 토막살인범이나 범죄단체조직원 등에서 많이 나타나는 유형이다.
④ 콜버그(Kohlberg)의 도덕발달이론에 관한 경험적 연구결과에 따르면 대부분의 범죄자는 도덕발달 6단계 중 중간단계인 3−4단계에 속하는 것으로 보았다.

10 쇼(Shaw)와 맥케이(McKay)의 사회해체이론(Social Disorganization Theory)에 관한 설명으로 가장 적절하지 않은 것은?

경행2차 23

① 특정 지역에서의 범죄가 다른 지역에 비해서 많이 발생하는 이유를 규명하고자 하였다.
② 지역 거주민의 인종과 민족의 변화가 해당 지역의 범죄율을 좌우하는 핵심요인으로 나타났다.
③ 전이지역(transitional zone)은 타 지역에 비해 범죄율이 상대적으로 높게 나타났다.
④ 사회해체의 요소로 낮은 경제적 지위, 민족적 이질성, 거주 불안정성 등을 제시하였다.

11 에그뉴(Agnew)의 일반긴장이론(General Strain Theory)에 관한 설명 중 옳은 것은 모두 몇 개인가? 경행 22

> ㉠ 모든 사회인구학적 집단의 범죄행위와 비행행위를 설명하는 일반이론 중 하나이다.
> ㉡ 개인적인 스트레스와 긴장이 범죄의 유발요인이므로 미시적 수준의 범죄이론으로 볼 수 있다.
> ㉢ 긴장원인의 복잡성과 부정적 감정의 상황들을 밝혀내어 결국 아노미이론을 축소시켰다.
> ㉣ 부정적 자극의 발생(presentation of negative stimuli)은 일상생활에서 자신이 통제할 수 없는 부정적 사건의 발생을 의미하며, 부모의 사망, 이혼 등이 대표적 사례이다.

① 0개　　　　　② 1개　　　　　③ 2개　　　　　④ 3개

12 1990년대에 등장한 긴장이론의 하나인 메스너(Messner)와 로젠펠드(Rosenfeld)의 제도적 아노미이론(Institutional Anomie Theory)에 대한 설명으로 가장 적절하지 않은 것은? 경찰간부 23

① 아메리칸 드림이라는 문화사조는 경제제도와 다른 사회제도 간 '힘의 불균형' 상태를 초래했다고 주장한다.
② 머튼의 긴장이론이 갖고 있던 거시적 관점을 계승하여 발전시켰다.
③ 아메리칸 드림이라는 문화사조의 저변에는 성취지향, 개인주의, 보편주의, 물신주의(fetishism of money)의 네 가지 주요 가치가 전제되어 있다고 분석한다.
④ 머튼의 긴장개념을 확장하여 다양한 상황이나 사건들이 긴장상태를 유발할 수 있다고 하였다.

13 학자와 그 견해에 관한 설명으로 가장 적절하지 않은 것은? 경행2차 23

① 코헨(Cohen)은 하류계층의 비행이 중류계층의 가치와 규범에 대한 저항이라고 설명하였다.
② 클로워드(Cloward)와 올린(Ohlin)은 머튼(Merton)의 아노미이론 (Anomie Theory)과 사이크스(Sykes)와 맛차(Matza)의 중화이론 (Neutralization Theory)을 확장하여 범죄원인을 설명하였다.
③ 밀러(Miller)는 하류계층에 중류계층의 문화와는 구별되는 독자적인 문화가 있다고 설명하였다.
④ 울프강(Wolfgang)과 페라쿠티(Ferracuti)는 폭력사용이 사회적으로 용인되는 폭력하위문화가 존재한다고 설명하였다.

14 사회학습 이론 및 행동주의 이론을 바탕으로 하여 이루어진 실제 실험에 대한 설명으로 가장 거리가 먼 것은? 경찰간부 24

① 조건자극(종소리)이 무조건 자극(먹이) 없이도 개의 행동반응(침 흘림)을 유발할 수 있음을 증명하여 자극과 반응을 통한 학습의 원리를 처음으로 제시하였다.
② 피실험체(생쥐)가 우연한 기회(지렛대 누르기)에 긍정적인 보상(먹이)이 주어지는 것을 경험하고 지렛대 누르기를 반복하게 되는 것을 통해 행동의 강화를 증명하였다.
③ 성인 모델이 인형을 대상으로 하는 폭력적·비폭력적 행동을 아동이 화면으로 시청한 후에 성인 모델의 행동방식을 그대로 모방하는 경향을 관찰하였다.
④ 가상의 교도소에 교도관과 수용자 역할을 할 지원자를 모집하여 각자의 행동변화를 관찰하였다.

15 심리학적 범죄이론에 관한 평가로 가장 적절하지 않은 것은? 경행1차 23

① 프로이트(Freud)의 정신분석이론은 범죄자의 현재 상황보다 초기 아동기의 경험을 지나치게 강조한다는 비판을 받는다.
② 스키너(Skinner)의 행동이론은 외적 자극의 영향보다는 인지·심리 등 내적 요인을 지나치게 강조하였다는 비판을 받는다.
③ 콜버그(Kohlberg)의 도덕발달이론은 도덕적 판단과 도덕적 행위간의 불일치가 문제점으로 지적되고 있다.
④ 아이젠크(Eysenck)의 성격이론은 극단적인 범행동기를 파악하는 데 유용하지만, 그렇지 않은 범죄자의 범행원인 파악은 어려운 것으로 평가된다.

16 범죄원인에 관한 학자들의 견해로 가장 적절하지 않은 것은? 경찰간부 24

① 반두라(Bandura)는 사람들이 폭력행위를 할 수 있는 능력을 가지고 태어나는 것이 아니라, 삶의 경험을 통해서 공격적 행동을 학습하는 것이며, 학습행동이 범죄와 깊은 관련성이 있다고 보았다.
② 아들러(Adler)는 열등감을 갖는 사람들은 열등감을 보상받기 위해 탁월함을 보여주려고 노력한다고 주장하면서 열등 콤플렉스(Inferiority Complex)라는 용어로 설명하였다.
③ 글레이저(Glaser)는 단순히 범죄적 집단이나 가치에 접촉함으로써 범죄를 저지르는 것이 아니라, 그것을 자기와 동일시하는 단계에 이르러야 범죄를 저지른다고 보았다.
④ 보울비(Bowlby)는 아동이 한 행동에 대하여 칭찬이나 보상을 하면 그 행동이 강화되지만 처벌이나 제재를 하면 그러한 행동이 억제된다고 하였다.

17 낙인이론에 대한 설명 중 가장 적절하지 않은 것은? 경찰간부 23

① 레머트(Lemert)는 조직적이고 일관성 있게 일어나는 일차적 일탈을 막기 위해서는 지역사회의 관심과 역할이 중요하다고 주장하였다.
② 탄넨바움(Tannenbaum)은 「범죄와 지역공동체」(Crime and the Community, 1938)라는 저서에서 소년들이 지역사회로부터 범죄자로 낙인되는 과정을 묘사하였다.
③ 패터노스터(Paternoster)와 이오반니(Iovanni)에 의하면 낙인이론의 뿌리는 갈등주의와 상징적 상호작용이론으로 볼 수 있다.
④ 낙인이론에 따르면 범죄자의 인구통계학적 특성에 따라 낙인 가능성 및 정도가 달라질 수 있다.

18 초기 통제이론들에 대한 다음 설명 중 가장 적절하지 않은 것은? 경찰간부 23

① 나이(Nye)는 가정을 사회통제의 가장 중요한 근본이라고 주장하였다.
② 리스(Reiss)는 개인이 스스로 욕구를 참아내는 능력인 개인적 통제력의 개념을 제시하였다.
③ 레클리스(Reckless)의 봉쇄이론(Containment Theory)은 청소년 비행의 요인으로 내적배출요인과 외적유인요인이 있다고 하였다.
④ 토비(Toby)의 통제이론은 범죄를 통제하는 기제로서 자아의 역할을 특히 강조하였다.

19 다음은 고등학교 야구선수 A의 비행시작과 비행중단에 대한 이론적 설명이다. 가장 적절하지 않은 것은? 경찰간부 24

> 어려서부터 유망한 야구선수였던 A는 고교 진학 후 좋은 성적을 내야 한다는 심리적 부담과 급작스런 부상으로 야구를 그만두고 비행친구와 어울리게 된다. 하지만, 소속팀을 떠나 음주, 흡연, 성인오락실 출입 등 방황과 일탈로 시간을 보내던 중, 자신이 정말 원하고 좋아하는 일이 야구 그 자체였음을 깨닫고 다시 어렵사리 야구부로 돌아왔다. 일탈적 생활습관이 추후 선수생활을 유지하는 데 지장을 줄 수 있다고 생각하여 비행친구의 유혹을 뿌리치고 운동에만 매진하게 되었다.

① 애그뉴(Agnew)의 일반긴장이론에 따르면 야구선수 A의 부상과 성적에 대한 부담은 긴장으로 볼 수 있다.
② 허쉬(Hirschi)의 사회유대이론에 따르면 A가 야구부 복귀 후 비행친구의 유혹을 뿌리치고 운동에만 매진하는 것은 전념(Commitment)에 해당한다.
③ 레클리스(Reckless)의 봉쇄이론에 따르면 A의 비행중단은 외적 봉쇄요인보다 내적 봉쇄요인의 작용이 컸다.
④ 갓프레드슨과 허쉬(Gottfredson & Hirschi)의 자기통제이론에 따르면 A의 비행은 전형적인 낮은 자기통제력 사례에 해당한다.

20 다음 甲의 성장과정에서 나타나는 범죄경향의 변화를 설명할 수 있는 이론으로 가장 적절하지 않은 것은?

> 甲은 평범한 중산층 가정에서 태어나 부족함 없이 자랐으나 고등학교 진학 후 비행친구들과 어울리면 서 절도에 가담하게 되었다. 이 사건으로 甲은 법원으로부터 소년보호처분을 받게 되었으며, 주변 친구들로부터 비행청소년이라는 비난을 받고 학교생활에 적응하지 못하여 자퇴를 하게 되었다. 甲은 가출 후 비행친구들과 더 많은 범죄를 저지르고 급기야 불법도박에 빠지게 되었고 많은 재산을 탕진하 게 되었다. 甲은 경제적 어려움으로 인해 방황을 하다가 군대에 입대하게 되었고, 규칙적이고 통제된 군대생활 속에서 삶에 대해 고민하는 계기를 가지게 되었다. 甲은 군 전역 이후 기술을 배워 안정적인 직장을 다니면서 더 이상 범죄를 저지르지 않게 되었다.

① 차별접촉이론(Differential Association Theory)
② 문화갈등이론(Culture Conflict Theory)
③ 생애과정이론(Life Course Theory)
④ 낙인이론(Labeling Theory)

21 법과 형사사법에 대한 갈등주의적 관점과 가장 거리가 먼 이론은?

① 챔블리스(Chambliss)의 마르크스주의 범죄이론
② 체스니–린드(Chesney–Lind)의 페미니스트 범죄이론
③ 블랙(Black)의 법행동이론
④ 메스너(Messner)와 로젠펠드(Rosenfeld)의 제도적 아노미이론

22 페미니즘 범죄이론에 대한 설명으로 가장 적절하지 않은 것은?

① 자유주의적 페미니즘은 성 불평등의 원인은 법적·제도적 기회의 불평등이므로 여성에게 동등 한 기회를 부여하고 선택의 자유를 허용한다면 성 불평등은 해결될 수 있다고 한다.
② 사회주의적 페미니즘은 계급불평등과 함께 가부장제로 인한 성 불평등을 분석해야 한다고 한다.
③ 급진적 페미니즘에 따르면 남성은 생물학적 우월성을 근거로 여성이 자신보다 나약한 존재이 기 때문에 통제나 지배를 할 수 있는 대상이라고 인식한다.
④ 페미니즘 범죄이론은 1970년대에 다양한 실증적 연구가 이루어져 1980년대부터 주류 형사정 책 이론 중 하나로 완전히 자리매김하였다.

23 다음은 형사정책자 A의 여성범죄의 원인에 대한 내용이다. 이를 주장한 형사정책자 A는 누구인가?

경찰간부 24

> 가. 자신의 저서 「여성의 범죄성」(The Criminality of Women)에서 여성의 범죄는 대개 사적인 영역에서 발생하며 잘 들키지 않는다고 주장하였다.
> 나. 여성범죄가 감추어져 있는 것이지 실제로는 남성의 범죄와 비슷한 양을 가지고 있을 것이라고 추정하였다.
> 다. 여성은 그들의 범죄를 잘 감추는 능력을 타고났다고 보았으며, 범죄를 교사하여 자신은 체포되지 않거나, 들키지 않는 방법으로 범죄를 행하는 특성이 있다고 하였다.

① 프로이트(Freud)   ② 폴락(Pollak)   ③ 롬브로조(Lombroso)   ④ 애들러(Adler)

24 헤이건(Hagan)과 동료들의 권력통제이론(Power Control Theory)에 관한 설명으로 가장 적절한 것은?

경행2차 23

① 아노미(anomie)의 발생원인을 문화적 목표와 제도화된 수단 간의 괴리에서 찾는다.
② 부모가 아들보다 딸을 더 많이 통제하기 때문에 결과적으로 소녀가 소년보다 더 위험한 행동을 한다.
③ 부모의 직장에서의 권력적 지위가 부부 간의 권력관계에 반영되고, 이는 자녀에 대한 감독, 통제 수준과 연계된다.
④ 부모의 권력이 평등한 가정의 자녀들은 성별에 따른 범죄 정도의 차이가 뚜렷하지만, 가부장적 가정의 자녀들은 성별에 따른 범죄 정도의 차이가 상대적으로 뚜렷하지 않다.

25 엘리엇(Elliott)과 동료들의 통합이론(Integrated Theory)이 주장하는 내용으로 가장 적절한 것은?

경찰간부 23

① 노동자 계급 가정에서 양육된 청소년은 부모의 강압적 양육방식으로 인해 부모와의 유대관계가 약해져 범죄를 저지를 가능성이 크다.
② 사회유대가 강한 청소년일수록 성공기회가 제약되면 긴장을 느끼고 불법적 수단으로 목표를 달성하려 할 가능성이 크다.
③ 가부장적 가정은 양성 평등적 가정보다 청소년비행에 있어 성별 차이가 크다.
④ 범죄행위에 대한 비난을 받더라도 사회유대가 강한 청소년은 재범을 저지를 가능성이 적다.

26 발달 형사정책의 주요이론에 대한 설명으로 적절한 것은 모두 몇 개인가? 경찰간부 24

> ㉠ 손베리(Thornberry)의 상호작용이론은 사회유대의 약화를 비행이 시작되는 출발점으로 보았다.
> ㉡ 패터슨(Patterson)은 비행청소년을 생애 지속형(Life Persistent)과 청소년기 한정형(Adolescent Limited)으로 구분하였다.
> ㉢ 모핏(Moffit)은 비행청소년이 되어가는 경로에 따라 조기 개시형(Early Starters)과 후기 개시형(Late Starters)으로 구분하였다.
> ㉣ 샘슨과 라웁(Sampson & Laub)의 생애과정이론은 사회유대이론과 사회학습이론을 결합한 합성이론이다.
> ㉤ 티틀(Tittle)의 통제균형이론은 타인으로부터 받는 통제와 자신이 행사하는 통제의 양이 균형을 이룰 때 순응이 발생하고 통제의 불균형이 비행과 범죄행위를 발생시킨다고 설명한다.

① 2개　　　　　② 3개　　　　　③ 4개　　　　　④ 5개

27 다음은 발달형사정책이론에 관한 설명이다. ㉠, ㉡ 이론을 주장한 학자를 가장 적절하게 연결한 것은? 경행 22

> ㉠ 범죄자를 청소년기 한정형(adolescence-limited) 범죄자와 생애지속형(life-course-persistent) 범죄자로 분류하였다. 청소년기 한정형은 사춘기에 집중적으로 일탈행동을 저지르다가 성인이 되면 일탈행동을 멈추는 유형이고, 생애지속형은 유아기부터 문제행동이 시작되어 평생 동안 범죄행동을 지속하는 유형이다.
> ㉡ 범죄의 시작, 유지, 중단의 연령에 따른 변화는 생애과정에서의 비공식적 통제와 사회유대를 반영하고, 인생의 중요한 전환기에 발생하는 사건들과 그 결과에 영향을 받는다고 보았다.

① ㉠ 모핏(Moffitt)　　　　　　㉡ 패터슨(Patterson)
② ㉠ 모핏(Moffitt)　　　　　　㉡ 샘슨과 라웁(Sampson & Laub)
③ ㉠ 패터슨(Patterson)　　　　㉡ 모핏(Moffitt)
④ ㉠ 패터슨(Patterson)　　　　㉡ 샘슨과 라웁(Sampson & Laub)

28 다음 사례에 적용된 환경설계를 통한 범죄예방의 원리로 가장 적절한 것은? 경행1차 23

> ○○경찰서에는 관할구역 내 방치된 공·폐가와 인적이 드문 골목길에 대한 민원이 자주 접수되고 있다. 이에 경찰서는 관할 구청과 협조하여 방치된 공·폐가는 카페로 조성하고 골목길에는 벤치와 운동기구를 설치하였다. 새로 조성된 카페와 시설물을 주민들이 적극적으로 이용하면서 자연스럽게 감시 기능이 향상되는 결과가 나타났다.

① 접근통제(access control)　　　　　② 영역성(territoriality)
③ 활동성 지원(activity support)　　　④ 유지·관리(maintenance & management)

29 1세대 환경설계를 통한 범죄예방(CPTED) 전략을 활용한 범죄예방 방안으로 가장 거리가 먼 것은? 경찰간부 24

① CCTV 설치　　② 벽화 그리기　　③ 출입구 단일화　　④ 시민방범순찰

30 깨진유리창이론(Broken Window Theory)에 대한 설명으로 가장 적절하지 않은 것은? 경찰간부 24

① 이웃사회의 무질서는 비공식적 사회통제 참여활동을 감소시켜 이로 인해 지역사회가 점점 더 무질서해지는 악순환에 빠져 지역사회의 붕괴로 이어지게 된다.
② 기존 범죄대책이 범죄자 개인에 집중하는 개인주의적 관점을 취하는 것에 반하여 공동체적 관점으로의 전환을 주장하고 범죄예방활동의 중요성을 강조하였다.
③ 깨진유리창이론은 윌슨과 켈링(Wilson & Kelling)이 발표하였다.
④ 1990년대 미국 시카고시에서 깨진유리창이론을 적용하여 사소한 범죄라도 강력히 처벌하는 무관용주의(Zero Tolerrance)를 도입하였다.

31 코니쉬(Cornish)와 클락(Clarke)의 상황적 범죄예방 기법 25개 중 '노력의 증가(increasing efforts)'에 해당하지 않는 것은? 경행1차 23

① 대상물 강화(hardening targets) - 운전대 잠금장치, 강도방지 차단막
② 시설접근 통제(control access to facilities) - 전자카드 출입, 소지품 검색
③ 출구검색(screen exits) - 전자식 상품태그, 퇴장 시 티켓 확인
④ 자연적 감시지원(assist natural surveillance) - 가로등 개선, 방어적 공간설계

32 범죄두려움(Fear of Crime)에 대한 설명으로 가장 적절하지 않은 것은? 경찰간부 24

① 범죄두려움에 대한 개념은 다양하나 일반적으로 특정 범죄의 피해자가 될 가능성의 추정이나 범죄 등에 대한 막연한 두려움의 추정으로 정의된다.
② 범죄두려움의 이웃통합모델(Neighborhood Integration Model)은 지역사회의 무질서 수준이 범죄두려움에 영향을 준다는 설명방식이다.
③ 일반적으로 여성이나 노인은 젊은 남성에 비해 범죄피해율이 매우 낮지만 상대적으로 범죄두려움은 더 높게 나타나는 현상을 범죄피해-두려움의 패러독스라 한다.
④ 범죄두려움 개념은 CCTV, 조명 개선의 범죄예방효과 확인을 위한 지역주민의 주관적 평가에 활용할 수 있다.

33 범죄전이에 관한 설명으로 가장 적절하지 않은 것은? 경행2차 23

① 레페토(Reppetto)는 범죄는 탄력적이며, 범죄자들은 합리적 선택을 한다고 가정하였다.
② 레페토가 제안한 전이의 유형 중 전술적 전이는 범죄자가 동종의 범죄를 저지르기 위해 새로운 수단을 사용하는 것을 말한다.
③ 레페토가 제안한 전이의 유형 중 목표의 전이는 범죄자가 같은 지역에서 다른 피해자를 선택하는 것을 말한다.
④ CCTV의 증설로 인하여 차량절도범이 인접 지역으로 이동해 범행을 저지르는 것은 레페토가 제안한 전이의 유형 중 영역적 전이에 해당한다.

34 에크와 스펠만(Eck & Spelman)이 제시한 SARA모델에 대한 설명으로 가장 적절하지 않은 것은? 경찰간부 24

① 탐색(Scanning) 단계는 지역사회 문제, 쟁점, 관심사 등을 인식하고 범주화하는 단계이다.
② 분석(Analysis) 단계는 경찰 내부 조직을 통해 문제의 범위와 성격에 따라 문제에 대한 원인을 파악하기 위해 데이터를 수집하고 분석하는 단계이다.
③ 대응(Response) 단계는 경찰과 지역사회의 다양한 주체가 협력하여 분석된 문제의 원인을 제거하고 해결하는 단계이다.
④ 평가(Assessment) 단계는 대응 후의 효과성을 검토하는 단계로서 문제해결의 전 과정에 대한 문제점을 분석하고 환류를 통해 대응방안 개선을 도모한다.

35 쉐이퍼(Schafer)가 제시한 범죄피해자 유형의 분류기준으로 가장 적절한 것은? 경찰간부 24

① 범죄피해 위험요인(Risk Factors)
② 피해자 책임공유(Shared Responsibility)
③ 피해자에 대한 비난(Victim Blaming)
④ 기능적 책임성(Functional Responsibility)

36 회복적 사법에 대한 설명 중 가장 적절하지 않은 것은? 경찰간부 23

① 최초의 공식적인 회복적 사법 프로그램은 미국 오하이오주에서 도입된 피해자-가해자 화해 프로그램(victim-offender mediation)이다.
② 가족집단 회합모델(family group conference)은 뉴질랜드 마오리족의 전통에서 유래하였다.
③ 써클모델(circle)은 아메리칸 인디언과 캐나다 원주민들에 의해 사용되던 것으로 범죄상황을 정리하여 피해자와 가해자를 공동체 내로 재통합하려는 시도이다.
④ 미국에서 시행된 가장 대규모의 회복적 사법제도는 버몬트주의 배상적 보호관찰 프로그램이다.

37 범죄피해에 관한 이론들의 내용으로 가장 적절하지 않은 것은? 경찰간부 23

① 생활양식·노출이론(Lifestyle−Exposure Theory)은 인구통계학적, 사회구조적 요인이 개인별 생활양식의 차이를 야기하고 이러한 생활양식의 차이가 범죄피해 가능성의 차이로 이어진다고 본다.

② 코헨(Cohen)과 펠슨(Felson)의 일상활동이론(Routine Activity Theory)은 사람들의 일상활동 에 영향을 미친 사회변화에 관한 거시적 차원의 고찰이 없다는 비판을 받는다.

③ 코헨(Cohen)과 펠슨(Felson)의 일상활동이론(Routine Activity Theory)은 동기가 부여된 범죄 자, 적합한 표적(범행대상), 보호(감시)의 부재라는 세 가지 요소가 합치할 때 범죄피해가 발생 한다고 본다.

④ 펠슨(Felson)은 경찰과 같은 공식적 감시자의 역할보다 가족, 이웃, 지역사회 등 비공식적 통 제수단에 의한 범죄예방과 억제를 강조하였다.

38 범죄피해자에 관한 설명으로 가장 적절한 것은? 경행2차 23

① 레클리스(Reckless)는 피해자의 도발을 기준으로 피해자 유형을 '가해자−피해자'모델과 '피해 자−가해자−피해자'모델로 분류하였다.

② 멘델존(Mendelsohn)은 심리학적 기준으로 피해자 유형을 잠재적 피해자와 일반적 피해자로 분류하였다.

③ 헨티히(Hentig)는 피해자의 유책성을 기준으로 피해자 유형을 이상적인 피해자, 무지에 의한 피해자, 자발적 피해자, 유발적 피해자 및 기망적 피해자 5가지 유형으로 분류하였다.

④ 엘렌베르거(Ellenberger)는 '피해자를 위한 정의'라는 논문을 통하여 피해자의 공적 구제에 대 한 관심을 촉구하였다.

39 형벌의 목적 중 소극적 일반예방에 대한 설명으로 가장 적절한 것은? 경찰간부 23

① 형벌을 통해 범인을 교육·개선함으로써 범죄자의 재범을 예방한다.

② 형벌을 통해 일반인의 규범의식을 강화하여 사회의 규범안정을 도모한다.

③ 준엄한 형집행을 통해 일반인을 위하함으로써 범죄예방의 목적을 달성한다.

④ 형벌의 고통을 체험하게 함으로써 범죄자가 스스로 재범을 억제하도록 한다.

40 범죄예측에 관한 설명으로 옳은 것은 모두 몇 개인가?

> ㉠ 범죄예측이란 예방, 수사, 재판, 교정의 각 단계에서 잠재적 범죄자의 범행가능성이나 범죄자의 재범가능성을 판단하는 것이다.
> ㉡ 버제스(Burgess)는 가중실점방식이라는 조기예측법을 소개 하였다.
> ㉢ 교정단계의 예측은 가석방 여부와 가석방 시기를 결정하기 위해 필요하다.
> ㉣ 우리나라에서 범죄예측은 청소년의 재범을 예측하기 위해서 시작되었다.

① 0개   ② 1개   ③ 2개   ④ 3개

정답 및 해설

2023년 보호7급 형사정책 기출문제

[정답 및 해설]　　　　　　　　　　　　　　　　　　　　　　　　　　　　　　　문제 6p

01	①	02	③	03	④	04	①	05	②	06	③	07	③	08	②	09	②	10	③
11	③	12	②	13	④	14	③	15	①	16	④	17	④	18	①	19	④	20	④
21	④	22	①	23	③	24	①	25	④												

01　Answer　①

② 범죄율은 인구 10만 명당 범죄발생건수를 나타내는데, 특정기간별 범죄발생건수를 비교할 수 있다
　는 점에서 매우 유용한 자료이다. 다만, 무거운 범죄와 상대적으로 가벼운 범죄가 동등한 범죄로
　취급되어 통계화된다는 문제점이 있다.
③ 자기보고식 조사는 경미한 범죄의 실태파악은 가능하나, 처벌에 대한 두려움 등으로 인해 중대한
　범죄의 실태파악은 곤란하다.
④ 피해조사는 실제 범죄피해자로 하여금 범죄피해 경험을 보고하게 하는 것으로, 가장 많이 사용된다.
　다만, 범죄피해자의 기억에만 의존하게 되므로, 객관적이고 정확한 자료수집이 곤란하다.

02　Answer　③

③ 비범죄화 논의의 대표적 범죄로서 간통죄와 낙태죄가 있다.
① 비범죄화는 낙인이론의 산물로, 형법의 보충적 성격을 강조한다.
② 비범죄화는 형사처벌에 의한 낙인의 부정적 효과를 감소시킨다.
④ 피해자 없는 범죄는 비범죄화의 주요 대상으로 논의된다(도박, 매춘 등).

03　Answer　④

응보적 사법, 즉 전통적 형사사법에 대한 설명이다. 회복적 사법에서 피해자는 직접참여자로서 범죄해
결과정의 중심인물로 인식되고, 가해자는 책임을 수용하고 배상과 교화의 대상으로 인식된다.

[전통적 형사사법과 회복적 사법 비교]

기존의 형사처벌	회복적 사법
• 범죄자 처벌 중심 • 국가(정부)가 주도하는 방식 • 가해자와 피해자 간 조정 없음	• 피해자 (피해)회복 중심 • 피해자의 적극적인 참여 유도 • 가해자와의 갈등해소 · 원상회복

04　Answer　①

① 차별적 강화이론에 의하면, 범죄행동은 조작적 조건형성의 원리에 따라 학습된다. 즉, 스키너(Skinner)의
　조작적 조건화로 재구성한 것이 차별적 접촉강화이론이다.
② 행동주의 학습이론가들에 따르면, 범죄행위는 어떠한 행위에 대한 보상이나 처벌의 경험에 따라 학

습되는 것이지, 비정상적이거나 도덕적으로 미성숙한 심리상태 때문에 범죄행위에 가담하는 것이 아니라고 주장한다.

③ 범죄자의 정신적·인지적·성격적 문제가 범죄행위를 유발한다는 결정론과 달리, 행동주의 학습이 론가들은 범죄자의 행위는 다른 사람들의 반응이나 자극에 따라 변화한다고 본다. 특히 행동만 강 조하고 개인의 인지과정을 무시했다는 점과 인간의 자유의지를 무시하고 인간을 외부통제자에 의 해 조종당하는 존재로 보았다는 점에서 비판받았다.

④ 사회적 학습이론의 반두라는 보보인형실험으로써 TV 등 미디어를 통한 공격성 학습원리를 증명하 였는데, 관찰자에게 제공되는 어떠한 강화자극이 없더라도 관찰과 모방을 통해 폭력과 같은 행동이 학습될 수 있음을 증명하였다는 데 의의가 있으며(대리강화), 미디어 등을 통한 간접적인 범죄학습 이 가능하다는 점을 제시하였다.

05   Answer   ②

② 낮은 지능이 저조한 학업성취를 가져오고, 학업에서의 실패와 무능은 비행 및 범죄와 높은 관련성 을 갖는다고 본 사람은 허쉬와 힌델랑이다. 아이젠크는 성격이론에서 자율신경계의 특징에 따라 사 람들의 성격을 내성적인 사람과 외향적인 사람으로 분류하였다. 내성적인 사람은 처벌에 대한 불안 감을 크게 느끼고 이를 회피하는 성향이 강하기 때문에 규범에 어긋난 행동을 하는 정도가 약한 반 면, 외향적인 사람은 처벌에 대한 불안감을 대체로 덜 느끼고 기본적으로 새로운 자극을 항상 추구 하기 때문에 그만큼 반사회적 행위를 저지를 가능성이 크다고 보았다.

④ 콜버그(Kohlberg)는 대부분의 일반청소년들은 3~4단계에 속하는 반면, 대부분의 비행청소년들은 1~2단계에 속한다고 보고 있으며, 더 높은 도덕적 판단수준이 내재화되도록 성장한 청소년은 비행 행위를 저지르지 않게 된다고 주장하였다.

06   Answer   ③

③ 낮은 자기통제력의 근본적인 원인을 타고난 기질에서 찾지 않고, 부모의 부적절한 양육에 의한 결 과라고 보았으며, 낮은 자기통제력과 관련하여 사회화의 결여가 범죄로 이어진다고 주장하였다.

① 갓프레드슨과 허쉬는 기존의 실증주의학파와 고전주의학파를 통합하려고 한 관계로, (일반이론) 자 기통제이론은 모든 유형의 범죄를 설명한다.

④ 갓프레드슨과 허쉬는 범죄유발에 영향을 주는 요인을 자기통제력과 범행기회라고 보았다. 따라서 범행기회도 중요한 기능을 한다고 주장하였다.

07   Answer   ③

③ 선고하는 벌금이 1억원 이상 5억원 미만인 경우에는 300일 이상, 5억원 이상 50억원 미만인 경우에 는 500일 이상, 50억원 이상인 경우에는 1천일 이상의 노역장 유치기간을 정하여야 한다(형법 제70 조 제2항).

① 벌금은 5만원 이상으로 한다. 다만, 감경하는 경우에는 5만원 미만으로 할 수 있다(동법 제45조).

② 동법 제78조

④ 형법 제55조 제1항 제6호의 벌금을 감경할 때의 다액의 2분의 1이라는 문구는 금액의 2분의 1이라 고 해석하여 그 상한과 함께 하한도 2분의 1로 내려가는 것으로 해석하여야 한다. 형법 제55조 제1 항 제6호에는 벌금을 감경할 때에는 그 다액의 2분의 1로 한다고 규정되어 있어 이를 문자 그대로 해석한다면 벌금을 감경할 때에는 그 상한액만이 2분의1로 내려갈 뿐 하한액은 변동이 없게 된다고

보여진다. 그런데 그와 같이 해석한다면 재판실무상 벌금을 감경 특히 작량감경하는 경우, 각종 특별법에 규정되어 있는 벌금의 형태 등을 고려할 때 불합리한 점이 생기므로, 그 상한과 함께 하한도 2분의 1로 내려가는 것으로 해석하여야 한다(대법원 1978.4.25. 78도246).

08　Answer　②

② 법원은 스토킹범죄를 저지른 사람에 대하여 유죄판결(선고유예는 제외한다)을 선고하거나 약식명령을 고지하는 경우에는 200시간의 범위에서 재범 예방에 필요한 수강명령 또는 스토킹 치료프로그램의 이수명령을 병과할 수 있다(스토킹범죄의 처벌 등에 관한 법률 제19조 제1항).
① 스토킹범죄란 지속적 또는 반복적으로 스토킹행위를 하는 것을 말한다(동법 제2조 제2호).
③ 동법 제2조 제1호 가목
④ 동법 제19조 제4항 제2호

09　Answer　②

② 보호관찰 등에 관한 법률 제52조 제4항
① 보호관찰을 조건으로 한 형의 선고유예가 실효되거나 보호관찰을 조건으로 한 집행유예가 실효되거나 취소된 때에는 보호관찰은 종료한다(동법 제51조 제1항 제2호).
③ 보호관찰의 임시해제 중에는 보호관찰을 하지 아니한다. 다만, 보호관찰 대상자는 준수사항을 계속하여 지켜야 한다(동법 제52조 제2항).
④ 보호관찰이 정지된 임시퇴원자가 22세가 된 때에는 보호관찰은 종료한다(동법 제51조 제1항 제6호).

10　Answer　③

③ 형의 집행유예를 선고받은 자에 대하여는 형선고의 효력을 상실하게 하는 특별사면 또는 형을 변경하는 감형을 하거나 그 유예기간을 단축할 수 있다(사면법 제7조).
① 동법 제3조 제2호, ② 동법 제5조 제1항 제1호, ④ 동법 제8조

11　Answer　③

③ 청소년이란 9세 이상 24세 이하인 사람을 말한다. 다만, 다른 법률에서 청소년에 대한 적용을 다르게 할 필요가 있는 경우에는 따로 정할 수 있다(청소년 기본법 제3조 제1호).
① 형법 제9조, ② 소년법 제2조, ④ 아동·청소년의 성보호에 관한 법률 제2조 제1호

12　Answer　②

사이코패스 진단방법인 PCL-R은 심리학자 로버트 헤어(Robert D. Hare)가 PCL을 수정하여 개발한 것으로, 20개 항목에 40점을 최고점으로 하여 이에 근접할수록 사이코패스적 성향이 높다고 판단한다. 오늘날 PCL-R은 연구와 임상 부문에서 가장 빈번하게 사용되는 사이코패스 진단방법으로, 20개의 항목별 점수는 0~2점이다.

13　Answer　④

④ 셸던(Sheldon)은 크고 근육질의 체형을 가진 자를 중배엽형으로 분류하고 비행행위에 더 많이 관여하는 경향이 있다고 주장하였다.

① 입양부모가 최소 중산층 이상이 되어야 입양심사를 통과할 수 있으므로, 입양부모들이 제공하는 환경이 전체 모집단의 환경을 대표한다고 볼 수 없다. 즉, 그 연구결과를 모집단에 일반화하기 어렵다는 단점이 있다.

[셸던의 체형분류]
• 내배엽형 : 소화기관(내장긴장형)＝비만형, 온순·외향적 성격
• 중배엽형 : 근육, 뼈(신체긴장형)＝운동형, 활동적·공격적 성격
• 외배엽형 : 피부, 신경계(두뇌긴장형)＝세장형, 예민·내향적 성격

14 Answer ③

③ 소년원장은 미성년자인 보호소년등이 친권자나 후견인이 없거나 있어도 그 권리를 행사할 수 없을 때에는 법원의 허가를 받아 그 보호소년등을 위하여 친권자나 후견인의 직무를 행사할 수 있다(보호소년 등의 처우에 관한 법률 제23조).
① 동법 제12조 제1항
② 20일 이내의 기간 동안 지정된 실(室) 안에서 근신하게 하는 것은 14세 미만의 보호소년등에게는 부과하지 못한다(동법 제15조 제3항).
④ 소년원장은 교정성적이 우수하거나 품행이 타인의 모범이 되는 보호소년 등에게 포상을 할 수 있고(동법 제16조 제1항), 포상을 받은 보호소년 등에게는 특별한 처우를 할 수 있다(동조 제2항).

15 Answer ①

[샘슨의 집합효율성]
• 빈곤이 그 자체로는 범죄와 관련이 없지만, 거주지 안정성이 낮은 곳의 빈곤은 폭력범죄와 높은 상관관계가 있음을 발견하였다.
• 지역사회가 자체의 공동가치를 실현할 수 있는 능력을 상실한 상태가 바로 사회해체이다.
• 적은 사회자본으로 인한 익명성이 근린지역의 범죄와 폭력을 증가시키는 것이다. 오히려 준법정신이 투철한 사람들은 범죄의 증가에 따라 타 지역으로 이주하게 되고, 결국 범죄와 폭력으로 만연한 근린은 지역사회의 와해가 더욱 촉진된다.
• 집합효율성 : 거리, 보도, 공원 등과 같은 공공장소에서 질서를 유지할 수 있는 능력
• 근린지역의 거주민들이 당국에 불만을 토로하거나 지역감시프로그램을 조직하는 것과 같이 질서유지를 위한 명확한 행동이 선택될 때 나타난다.
• 주민들은 근린의 '결속과 상호신뢰'가 근린의 '사회통제를 위해 개입하려는 주민들의 공유된 기대'와 연계될 때에만 범죄를 줄이기 위한 행동을 한다.

16 Answer ④

④ 형사조정에 회부할 수 있는 형사사건의 구체적인 범위는 대통령령으로 정한다. 다만, 피의자가 도주하거나 증거를 인멸할 염려가 있는 경우, 공소시효의 완성이 임박한 경우, 불기소처분의 사유에 해당함이 명백한 경우(다만, 기소유예처분의 사유에 해당하는 경우는 제외한다)에는 형사조정에 회부하여서는 아니 된다(범죄피해자 보호법 제41조 제2항).
① 동법 제41조 제1항, ② 동법 제43조 제3항, ③ 동법 제45조 제4항

17   Answer   ④

④ 소년부 판사는 위탁받은 자나 보호처분을 집행하는 자의 신청에 따라 결정으로써 보호처분과 부가처분을 변경할 수 있다. 다만, 보호자 등에게 감호위탁(제32조 제1항 제1호), 아동복지시설이나 그 밖의 소년보호시설에 감호위탁(제32조 제1항 제6호), 병원·요양소 또는 의료재활소년원에 위탁의 보호처분(제32조 제1항 제7호)과 보호관찰 처분 시 대안교육 또는 상담·교육 처분(제32조의2 제1항)은 직권으로 변경할 수 있다(소년법 제37조 제1항). 따라서 1개월 이내의 소년원 송치 처분(제32조 제1항 제8호)은 소년부 판사의 직권으로 변경할 수 없다.

① 동법 제32조 제4항, ② 동법 제32조의2 제2항, ③ 동법 제32조의2 제1항

18   Answer   ①

① 소년에 대한 부정기형을 집행하는 기관의 장은 형의 단기가 지난 소년범의 행형성적이 양호하고 교정의 목적을 달성하였다고 인정되는 경우에는 관할 검찰청 검사의 지휘에 따라 그 형의 집행을 종료시킬 수 있다(소년법 제60조 제4항).

② 동법 제65조 제1호, ③ 동법 제63조, ④ 동법 제59조

소년법 제65조(소년의 가석방) 징역 또는 금고를 선고받은 소년에 대하여는 다음 각 호의 기간이 지나면 가석방(假釋放)을 허가할 수 있다.
1. 무기형의 경우에는 5년
2. 15년 유기형의 경우에는 3년
3. 부정기형의 경우에는 단기의 3분의 1

19   Answer   ④

④ 제1항 제1호(보호자, 소년을 보호할 수 있는 적당한 자 또는 시설에 위탁) 및 제2호(병원이나 그 밖의 요양소에 위탁)의 위탁기간은 3개월을, 제1항 제3호(소년분류심사원에 위탁)의 위탁기간은 1개월을 초과하지 못한다. 다만, 특별히 계속 조치할 필요가 있을 때에는 1회에 한하여 결정으로써 연장할 수 있다(소년법 제18조 제3항).

① 동법 제10조, ② 동법 제12조, ③ 동법 제13조 제2항

20   Answer   ④

④ 국가는 이 법에 따라 구조금을 받은 사람이 거짓이나 그 밖의 부정한 방법으로 구조금을 받은 경우, 구조금을 받은 후 구조금을 지급하지 아니할 수 있는 경우에 규정된 사유가 발견된 경우, 구조금이 잘못 지급된 경우의 어느 하나에 해당하면 지구심의회 또는 본부심의회의 결정을 거쳐 그가 받은 구조금의 전부 또는 일부를 환수할 수 있다(범죄피해자 보호법 제30조 제1항).

① 동법 제31조
② 동법 제19조 제4항 제2호
③ 지구심의회에서 구조금 지급신청을 기각(일부기각된 경우를 포함한다) 또는 각하하면 신청인은 결정의 정본이 송달된 날부터 2주일 이내에 그 지구심의회를 거쳐 본부심의회에 재심을 신청할 수 있다(동법 제27조 제1항).

21 Answer ④

조직구성원은 매우 제한적이고 배타적이다.

[아바딘스키(Abadinsky)가 제시한 조직범죄의 특성]

- 비이념적 : 정치적인 것에는 관심이 없고 오로지 '돈'과 권력이 목적이다.
- 위계적 구조 : 조직구성원 간 권력구조(위계질서)가 계층적(수직적)으로 형성된다.
- 구성원 제한 : 조직구성원은 매우 제한적이고 배타적이다.
- 영속적 활동 : 조직의 활동이나 구성원의 참여가 평생 지속되는 경우가 많다.
- 불법수단 사용 : 조직의 이익이나 목적을 위해 폭력, 뇌물 등을 동원한다.
- 분업화 · 전문화 : 조직의 활동에서 임무나 역할을 철저하게 분업화하여 전문성을 확보한다.
- 독점성 : 폭력, 뇌물 등을 동원하여 특정 사업분야를 독점한다.
- 규범통제 : (합법적 조직과 같이) 규칙이나 규정에 따라 통제된다.

22 Answer ①

① 형법 제49조 본문에 의하면 몰수는 타형에 부가하여 과한다라고 하여 몰수형의 부가성을 명정하고 있으나 같은 법조단서는 행위자에게 유죄의 재판을 아니할 때에도 몰수의 요건이 있는 때에는 몰수만을 선고할 수 있다고 규정함으로써 일정한 경우에 몰수의 부가형성에 대한 예외를 인정하고 있는 점으로 보아, 형법 제59조에 의하여 형의 선고의 유예를 하는 경우에도 몰수의 요건이 있는 때에는 몰수형만의 선고를 할 수 있다고 해석함이 상당하다(대법원 1973.12.11. 73도1133).

② 선고유예의 요건 중 '개전의 정상이 현저한 때'라고 함은, 반성의 정도를 포함하여 널리 형법 제51조가 규정하는 양형의 조건을 종합적으로 참작하여 볼 때 형을 선고하지 않더라도 피고인이 다시 범행을 저지르지 않으리라는 사정이 현저하게 기대되는 경우를 가리킨다고 해석할 것이고, 이와 달리 여기서의 '개전의 정상이 현저한 때'가 반드시 피고인이 죄를 깊이 뉘우치는 경우만을 뜻하는 것으로 제한하여 해석하거나, 피고인이 범죄사실을 자백하지 않고 부인할 경우에는 언제나 선고유예를 할 수 없다고 해석할 것은 아니다(대법원 2003.2.20.2001도6138).

③ 형법 제59조의2 제1항 · 제2항

④ 형의 선고유예 판결이 확정된 후 2년을 경과한 때에는 형법 제60조에 따라 면소된 것으로 간주하고, 그 뒤에는 실효의 대상이 되는 선고유예의 판결이 존재하지 않으므로 선고유예 실효의 결정을 할 수 없다. 이는 원결정에 대한 집행정지의 효력이 있는 즉시항고 또는 재항고로 인하여 아직 선고유예 실효 결정의 효력이 발생하기 전 상태에서 상소심 절차 진행 중에 선고유예 기간이 그대로 경과한 경우에도 마찬가지이다(대법원 2018.2.6. 2017모3459).

23 Answer ③

③ 보호사건을 송치받은 소년부는 보호의 적정을 기하기 위하여 필요하다고 인정하면 결정으로써 사건을 다른 관할 소년부에 이송할 수 있으며(소년법 제6조 제1항), 소년부는 사건이 그 관할에 속하지 아니한다고 인정하면 결정으로써 그 사건을 관할 소년부에 이송하여야 한다(동조 제2항). 즉, 필요적 이송이다.

① 동법 제4조 제2항

② 법원은 소년에 대한 피고사건을 심리한 결과 보호처분에 해당할 사유가 있다고 인정하면 결정으로써 사건을 관할 소년부에 송치하여야 하고(동법 제50조), 소년부는 법원으로부터 송치받은 사건을

조사 또는 심리한 결과 사건의 본인이 19세 이상인 것으로 밝혀지면 결정으로써 송치한 법원에 사건을 다시 이송하여야 한다(동법 제51조).

④ 범죄·촉법·우범소년을 발견한 보호자 또는 학교·사회복리시설·보호관찰소의 장은 이를 관할 소년부에 통고할 수 있다(동법 제4조 제3항).

24   Answer   ①

① 힌델랑의 생활양식이론은 범죄예방을 위한 체포가능성의 확대와 처벌확실성의 확보보다는 개인의 직업활동과 여가활동을 포함하는 일상활동의 생활양식이 그 사람의 범죄피해 위험성을 결정하는 중요한 요인이 된다고 한다. 즉, 범죄와 접촉할 가능성이 큰 생활양식을 가진 사람이 범죄피해자가 되기 쉬우므로, 범죄예방을 위해서는 외부에서 활동하는 시간을 줄이고, 가족과 함께하는 시간을 늘리는 등 범죄와 접촉할 가능성이 적은 생활양식으로 변화할 필요가 있음을 강조하였다.

② 브랜팅햄과 파우스트의 범죄예방모델은 질병예방의 보건의료모형을 차용하였다. 1차적 예방은 질병예방을 위해 주변환경의 청결·소독과 같은 위생상태를 개선하는 것과 유사하고, 2차적 예방은 질병에 걸린 사람들을 격리하고 주변 사람들에게 예방접종을 하는 것과 유사하며, 3차적 예방은 중병에 걸린 사람을 입원시켜 치료하는 것과 유사하다. 즉, 1차적 범죄예방은 범죄를 야기할 가능성이 있는 문제점을 미연에 방지할 목적으로 범죄의 기회를 제공하거나 범죄를 촉진하는 물리적·사회적 환경조건을 변화시키는 것을 말하고, 2차적 범죄예방은 범죄의 가능성이 있는 잠재적 범죄자를 조기에 발견하고 그를 감시·교육함으로써 반사회적 행위에 이르기 전에 미리 예방하는 것을 말하며, 3차적 범죄예방은 범죄자를 대상으로 하는 범죄예방조치를 통하여 재범을 방지할 수 있도록 하는 것을 말한다.

③ 코헨(Cohen)과 펠슨(Felson)의 일상활동이론에 따르면, 동기화된 범죄자와 매력적인 목표물, 보호능력의 부재나 약화라는 범죄의 발생조건의 충족을 제지함으로써 범죄를 예방할 수 있다.

[브랜팅햄(Brantingham)과 파우스트(Faust)의 범죄예방모델]

구분	대상	내용	사례
1차 예방	일반인	• 범죄예방교육 실시 • 물리적·사회적 '환경' 개선	방범교육, 환경설계, CCTV 설치
2차 예방	잠재적 범죄자	• 잠재적 범죄자 조기 발견 • 우범자 대상 관리·교육 실시	우범지역 분석, 재범예측
3차 예방	범죄자 (전과자)	재범방지 (교화, 개선)	재범예방프로그램, 사회복귀

25   Answer   ④

코헨의 비행하위문화이론에 대한 설명이다. 코헨은 사회가 중류계층의 기준으로 평가되므로, 하류계층 청소년들은 학교에서부터 부적응을 경험하게 되고, 중류계층의 성공목표를 합법적으로 성취할 수 없음에 지위좌절이라는 문화갈등이 발생하며, 지위좌절을 겪는 하류계층 청소년들이 이를 해결하기 위한 수단으로써 비행하위문화를 형성한다고 보았다. 그러나 밀러는 하류계층의 비행이 중류계층에 대한 반발에서 비롯된 것이라는 코헨의 주장에 반대하고, 하류계층만의 독특한 문화 자체가 비행을 발생시킨다고 주장하였다.

2022년 보호7급 형사정책 기출문제

[정답 및 해설]   문제 13p

01	①	02	④	03	②	04	④	05	④	06	②	07	①	08	①	09	①	10	③
11	③	12	③	13	④	14	③	15	①	16	③	17	④	18	②	19	④	20	②
21	④	22	②	23	④	24	②	25	②										

01 Answer ①

보호소년 등의 처우에 관한 법률 제14조의2(보호장비의 사용) ③ 원장은 다음 각 호의 어느 하나에 해당하는 경우에는 소속 공무원으로 하여금 보호소년등에 대하여 수갑, 포승 또는 보호대 외에 가스총이나 전자충격기를 사용하게 할 수 있다.

1. 이탈, 자살, 자해하거나 이탈, 자살, 자해하려고 하는 때
2. 다른 사람에게 위해를 가하거나 가하려고 하는 때
3. 위력으로 소속 공무원의 정당한 직무집행을 방해하는 때
4. 소년원·소년분류심사원의 설비·기구 등을 손괴하거나 손괴하려고 하는 때
5. 그 밖에 시설의 안전 또는 질서를 크게 해치는 행위를 하거나 하려고 하는 때

02 Answer ④

甲은 우범소년에 해당한다.

④ 甲의 나이가 13세이므로, 14세 이상의 소년에게만 할 수 있는 사회봉사명령은 부과할 수 없으나(소년법 제32조 제3항), 12세 이상의 소년에게만 할 수 있는 수강명령은 부과할 수 있다(동법 제32조 제4항).

① 촉법·우범소년이 있을 때에는 경찰서장은 직접 관할 소년부에 송치하여야 하며(동법 제4조 제2항), 소년보호사건을 송치하는 경우에는 송치서에 사건 본인의 주거·성명·생년월일 및 행위의 개요와 가정상황을 적고, 그 밖의 참고자료를 첨부하여야 한다(동법 제5조).

② 범죄·촉법·우범소년을 발견한 보호자 또는 학교·사회복리시설·보호관찰소(보호관찰지소를 포함한다)의 장은 이를 관할 소년부에 통고할 수 있다(동법 제4조 제3항).

③ 동법 제13조 제1항·제2항

03 Answer ②

② 소년이 소년분류심사원에 위탁되지 아니하였을 때에도 ㉠ 소년에게 신체적·정신적 장애가 의심되는 경우, ㉡ 빈곤이나 그 밖의 사유로 보조인을 선임할 수 없는 경우, ㉢ 그 밖에 소년부 판사가 보조인이 필요하다고 인정하는 경우 법원은 직권에 의하거나 소년 또는 보호자의 신청에 따라 보조인을 선정할 수 있다(소년법 제17조의2 제2항).

① 동법 제17조의2 제1항

③ 사건 본인이나 보호자는 소년부 판사의 허가를 받아 보조인을 선임할 수 있으며, 보호자나 변호사

를 보조인으로 선임하는 경우에는 위 허가를 받지 아니하여도 된다(동법 제17조 제1항·제2항).
④ 동법 제17조 제5항

04   Answer   ④

④ 제32조 제1항 제4호(단기 보호관찰) 또는 제5호(장기 보호관찰)의 처분을 할 때에 3개월 이내의 기간을 정하여 「보호소년 등의 처우에 관한 법률」에 따른 대안교육 또는 소년의 상담·선도·교화와 관련된 단체나 시설에서의 상담·교육을 받을 것을 동시에 명할 수 있다(소년법 제32조의2 제1항).
① 동법 제32조 제1항 제1호
② 동조 동항 제6호
③ 제32조 제1항 제4호(단기 보호관찰) 또는 제5호(장기 보호관찰)의 처분을 할 때에 1년 이내의 기간을 정하여 야간 등 특정 시간대의 외출을 제한하는 명령을 보호관찰대상자의 준수사항으로 부과할 수 있다(동법 제32조의2 제2항).

05   Answer   ④

공리주의자인 벤담은 최대다수 최대행복의 원리를 바탕으로 범죄를 설명하였는데, 처벌의 비례성과 형벌의 일반예방을 통하여 성취될 수 있는 최대다수의 최대행복을 강조하였고, 범죄를 공동체에 대한 해악으로 취급하였으며, 형벌은 응보의 목적보다는 예방의 목적으로 행사되어야 한다는 입장이었다.

06   Answer   ②

② 소년원장은 교정성적이 양호하며 교정의 목적을 이루었다고 인정되는 보호소년[「소년법」 제32조 제1항 제8호(1개월 이내의 소년원 송치)에 따라 송치된 보호소년은 제외한다]에 대하여는 보호관찰심사위원회에 퇴원을 신청하여야 한다(보호소년 등의 처우에 관한 법률 제43조 제3항).
① 동법 제43조 제4항, ③ 동법 제46조 제1항, ④ 동법 제45조의2 제2항

07   Answer   ①

셀린(Sellin)은 이민집단의 경우처럼 특정 문화집단의 구성원이 다른 문화의 영역으로 이동할 때에 발생할 수 있는 갈등을 일차적 문화갈등으로 보았고, 단일문화가 각기 다른 독특한 행위규범을 갖는 여러 개의 상이한 하위문화로 분화될 때에 발생할 수 있는 갈등을 이차적 문화갈등으로 보았다.

08   Answer   ①

① 책임의 부정은 자신의 행위에 대한 책임을 가정환경, 빈곤 등의 외부적 요인에 전가시키는 것으로, 기초수급자로 지정받지 못한 채 어렵게 살고 있던 중에 배가 고파서 편의점에서 빵과 우유를 훔쳤다고 주장하는 경우가 이에 해당한다.
② 가해의 부정, ③ 피해자의 부정, ④ 비난자에 대한 비난

09   Answer   ①

① 징역 또는 금고는 무기 또는 유기로 하고 유기는 1개월 이상 30년 이하로 한다. 단, 유기징역 또는 유기금고에 대하여 형을 가중하는 때에는 50년까지로 한다(형법 제42조).
② 동법 제44조 제2항, ③ 동법 제69조 제2항, ④ 동법 제70조 제2항

10   Answer   ③

차별적 접촉이론에 의하면, 법률위반에 대한 호의적인 정의가 비호의적인 정의보다 클 때 개인은 범죄를 저지른다. 즉, 사람들이 법률을 위반해도 무방하다는 생각을 학습한 정도가 법률을 위반하면 안 된다는 생각을 학습한 정도보다 클 때 범죄를 저지르게 된다는 것이다. 이처럼 차별적 접촉이론은 나쁜 친구들을 사귀면 범죄를 저지를 것이라는 식의 단순한 등식이 아니라, 불법적인 생각과 접촉한 정도와 준법적인 생각과 접촉한 정도의 차이가 범죄유발의 중요한 요인이라고 본다.

11   Answer   ③

레크레이션 시설의 설치, 산책길에 벤치의 설치 등 해당 지역에 일반인의 이용을 장려하여 그들에 의한 감시기능을 강화하는 전략은 활동성 지원에 해당한다. CPTED는 감시와 접근통제, 공동체 강화를 기본원리로 자연적 감시, 접근통제, 영역성 강화, 활동성 지원, 유지·관리 등 5가지 실천전략으로 구성된다. 영역성 강화는 주거지의 영역을 공적 영역이 아닌 사적 영역화함으로써 외부인을 통제하고, 외부인 스스로가 자신이 통제대상이라는 것을 자각하게 함으로써 범죄를 예방하는 전략이다. 조경, 도로의 포장, 특수 울타리 설치, 출입구 통제강화, 표지판 설치, 내부공원 조성 등은 주민들의 소유재산이나 자기의 사적 영역이라는 인식을 강화하는 영역성 강화의 예이다.

[CPTED의 기본 원리]
- 자연적 감시 : 누구나 쉽게 외부인의 관찰이 가능하도록 하여 가시성을 극대화시킨다.
  예 주택설계 시 골목길로 테라스 배치, CCTV, 가로등 확대 등
- 접근통제 : 외부로부터의 출입이나 접근을 제한하도록 설계하여 범죄를 예방한다.
  예 건물 출입구 단일화, 방범경보장치 설치 등
- 영역성 강화 : '사적 영역'(경계) 표시로 외부인의 인식을 강화하고 범죄기회를 차단한다.
  예 보안시스템 표지판 설치, 조경관리, 출입통제 강화 등
- 활동성 지원 : 주민참여 증대를 위한 설계로써 자연감시와 접근통제를 강화한다.
  예 놀이터, 근린공원이나 체육시설 배치, 벤치 설치
- 유지·관리 : 지속적인 유지·관리로써 안전한 이미지를 구축한다.
  예 파손 즉시 보수, 청결유지(낙서 지우기)

12   Answer   ③

부정기형은 형벌개별화원칙에 기여하나, 수형자의 특성에 따라서 수형기간이 달라지는 문제점이 있으며, 교도관의 자의가 개입할 여지가 있고, 석방결정과정에서 적정절차의 보장이 결여될 위험이 있다.

13   Answer   ④

전자장치 부착 등에 관한 법률 제21조의2(보호관찰명령의 청구) 검사는 다음 각 호의 어느 하나에 해당하는 사람에 대하여 형의 집행이 종료된 때부터 「보호관찰 등에 관한 법률」에 따른 보호관찰을 받도록 하는 명령(이하 "보호관찰명령"이라 한다)을 법원에 청구할 수 있다.
1. 성폭력범죄를 저지른 사람으로서 성폭력범죄를 다시 범할 위험성이 있다고 인정되는 사람
2. 미성년자 대상 유괴범죄를 저지른 사람으로서 미성년자 대상 유괴범죄를 다시 범할 위험성이 있다고 인정되는 사람
3. 살인범죄를 저지른 사람으로서 살인범죄를 다시 범할 위험성이 있다고 인정되는 사람

4. 강도범죄를 저지른 사람으로서 강도범죄를 다시 범할 위험성이 있다고 인정되는 사람

5. 스토킹범죄를 저지른 사람으로서 스토킹범죄를 다시 범할 위험성이 있다고 인정되는 사람

14   Answer   ③

③ 카타르시스 가설은 폭력물 시청이 감정정화 혹은 대리만족을 유도하여 공격성향을 감소시킨다는 가설이고, 억제 가설은 폭력물 시청이 공포심을 불러일으켜 공격성향을 감소시킨다는 가설이다. 따라서 두 가설 모두 매스컴의 순기능성을 강조하는 이론이다.

① 체스니-린드는 여성범죄와 남성범죄가 서로 다르게 증가한다고 주장한다. 특히 여성의 체포·기소·구금은 1970년대 이후 매우 증가했는데, 여성이 남성과 다른 범죄를 범하는 것뿐만 아니라, 여자청소년은 남자청소년과 비교하여 차별적으로 처벌받기 때문이다.

② 상대적 박탈이론(relative deprivation theory)은 1949년 스토우퍼와 동료들의 「미군(The American Soldier)」연구에 기초하는데, 그들은 제2차 세계대전 동안 미군의 계급과 만족도 사이에 존재하는 특별한 관계를 설명하기 위해 상대적 박탈감이라는 용어를 만들었다. 또한 머튼에 의하면, 하류계층 사람은 상류계층 사람과의 관계에서 상대적 박탈감을 느끼는 것이 아니라 같은 입장에 있는 사람과 비교함으로써 상대적 박탈감을 느끼므로, 아노미 조건에 대한 개인적 해석의 차이가 가능하고, 이러한 차별적 해석이 개인의 행위에 영향을 미친다.

15   Answer   ①

① 범죄피해자보상제도는 미결구금의 폐해를 줄이기 위한 정책과는 관련이 없다.

② 헌재 2019.2.28. 2015헌마1204

③ 대법원 2009.12.10. 2009도11448

④ 「형사소송법」에 따른 일반 절차 또는 재심이나 비상상고 절차에서 무죄재판을 받아 확정된 사건의 피고인이 미결구금을 당하였을 때에는 이 법에 따라 국가에 대하여 그 구금에 대한 보상을 청구할 수 있다(형사보상 및 명예회복에 관한 법률 제2조 제1항).

16   Answer   ③

울프강(Wolfgang)의 폭력하위문화이론, 코헨(Cohen)의 비행하위문화이론, 밀러(Miller)의 하위계층문화이론은 모두 '하위문화이론(Subcultural Theory)'에 포함된다.

17   Answer   ④

④ 상황적 범죄예방활동으로 인해 오히려 사회 전체적인 측면에서 범죄를 줄일 수 없게 된다는 비판을 받는 개념은 '전이효과'이다. '이익의 확산효과'는 상황적 범죄예방활동이 다른 지역으로까지 확대되어 사회 전체적인 측면에서 범죄가 줄어들게 된다는 개념이다.

① 뉴먼은 주택건축과정에서 공동체의 익명성을 줄이고, 범죄자의 침입과 도주를 차단하며, 순찰·감시가 용이하도록 구성하여 범죄예방을 도모하여야 한다는 방어공간의 개념을 사용하였다.

② 상황적 범죄예방모델은 범죄기회가 주어진다면 누구든지 범죄를 저지를 수 있다고 전제하므로, 범죄예방은 범죄기회의 감소로써 달성할 수 있다고 한다.

③ 레피토는 범죄의 전이를 '범죄예방활동으로 인해 범죄의 장소, 시간, 유형 등이 다른 형태로 변경되는 것'이라고 정의하고, 그 유형을 공간적(지역적) 전이, 시간적 전이, 전술적 전이, 목표물 전이, 기능적 전이 등 5가지로 분류하였다.

18 Answer ②

② 양형기준표는 양형인자를 먼저 가중인자와 감경인자로 구분하고, 양형에 미치는 영향력을 고려하여 다시 특별양형인자와 일반양형인자로 구분하며, 마지막으로 이를 행위인자와 행위자·기타인자로 구분한다. 즉, 가중인자와 감경인자가 특별양형인자와 일반양형인자인 것은 아니다.

① 양형위원회는 모든 범죄에 통일적으로 적용되는 단일한 양형기준을 설정하는 방식이 아닌, 개별범죄의 특성을 반영하여 범죄군별로 독립적인 양형기준을 설정하는 방식을 채택하였다. 즉, 보호법익과 행위태양을 기준으로 유사한 범죄군을 취합하고, 그 범죄군 내에서 다시 범죄의 특수성을 고려하여 개별적인 양형기준을 설정하는 방식이다.

③ 양형기준은 형종 및 형량 기준과 집행유예 기준으로 구성되는데, 형종 및 형량 기준은 동일한 범죄군에 속한 범죄들을 일정한 기준에 따라 여러 가지 범죄유형으로 분류하고, 각 범죄유형별로 감경·기본·가중의 3단계 권고형량범위를 제시하고 있다.

④ 양형기준이란 법관이 형을 정함에 있어 참고하는 기준으로, 법관은 양형기준에서 대상 범죄유형을 찾아 권고형량범위와 함께 집행유예 여부를 결정하게 되는데, 3년 이하의 징역 또는 금고에 해당하는 때에는 실형이 권고되는 경우, 집행유예가 권고되는 경우, 어느 쪽도 권고되지 않는 경우(실형과 집행유예 중에서 선택 가능)로 구분되어 있는 집행유예 기준에 따라 그 여부를 결정한다.

19 Answer ④

④ 성폭력범죄자의 성충동 약물치료에 관한 법률에 의한 약물치료명령은 사람에 대하여 성폭력범죄를 저지른 성도착증 환자로서 성폭력범죄를 다시 범할 위험성이 있다고 인정되는 19세 이상의 사람에 대하여 약물투여 및 심리치료 등의 방법으로 도착적인 성기능을 일정 기간 동안 약화 또는 정상화하는 치료를 실시하는 보안처분으로, 원칙적으로 형집행종료 이후 신체에 영구적인 변화를 초래할 수도 있는 약물의 투여를 피청구자의 동의 없이 강제적으로 상당 기간 실시하게 된다는 점에서 헌법이 보장하고 있는 신체의 자유와 자기결정권에 대한 가장 직접적이고 침익적인 처분에 해당하므로, 장기간의 형집행이 예정된 사람에 대해서는 그 형집행에도 불구하고 재범의 방지와 사회복귀의 촉진 및 국민의 보호를 위한 추가적인 조치를 취할 필요성이 인정되는 불가피한 경우에 한하여 이를 부과함이 타당하다(대법원 2014.12.11. 2014도6930).

① 이 사건 법률조항은 성범죄 전력에 기초하여 어떠한 예외도 없이 그 대상자의 재범위험성을 당연시할 뿐 아니라, 형의 집행이 종료된 때로부터 10년이 경과하기 전에는 결코 재범의 위험성이 소멸하지 않는다는 입장에 있다고 할 수 있다. 이처럼 이 사건 법률조항이 성범죄 전력만으로 재범의 위험성이 있다고 간주하고 일률적으로 장애인복지시설에 10년간 취업제한을 하는 것은 지나친 기본권 제한에 해당한다(헌법재판소 2016.7.28. 2015헌마915).

② 대법원 2011.7.28. 2011도5813,2011전도99

③ 취업제한명령은 범죄인에 대한 사회 내 처우의 한 유형으로서 형벌 그 자체가 아니라 보안처분의 성격을 가지는 것이지만, 실질적으로 직업선택의 자유를 제한하는 것이다(대법원 2019.10.17. 2019도11540).

20 Answer ②

② 제1심 또는 제2심의 형사공판 절차에서 일정한 범죄에 관하여 유죄판결을 선고할 경우, 법원은 직권에 의하여 또는 피해자나 그 상속인(이하 "피해자"라 한다)의 신청에 의하여 피고사건의 범죄행위로 인하여 발생한 직접적인 물적 피해, 치료비 손해 및 위자료의 배상을 명할 수 있으며(소송촉진 등에

관한 특례법 제25조 제1항), 피해자는 제1심 또는 제2심 공판의 변론이 종결될 때까지 사건이 계속(係屬)된 법원에 제25조(배상명령)에 따른 피해배상을 신청할 수 있다(동법 제26조 제1항 전단).

① 형을 정함에 있어서는 범인의 연령, 성행, 지능과 환경, 피해자에 대한 관계, 범행의 동기, 수단과 결과, 범행 후의 정황을 참작하여야 한다(형법 제51조).

④ 정부는「형사소송법」제477조 제1항에 따라 집행된 벌금에 100분의 6 이상의 범위에서 대통령령으로 정한 비율을 곱한 금액을 기금에 납입하여야 한다(범죄피해자보호기금법 제4조 제2항).

21   Answer   ④

④ 징역형과 함께 치료명령을 받은 사람 및 그 법정대리인은 주거지 또는 현재지를 관할하는 지방법원(지원을 포함한다)에 치료명령이 집행될 필요가 없을 정도로 개선되어 성폭력범죄를 다시 범할 위험성이 없음을 이유로 치료명령의 집행면제를 신청할 수 있다. 다만, 징역형과 함께 치료명령을 받은 사람이 치료감호의 집행 중인 경우에는 치료명령의 집행면제를 신청할 수 없다(성폭력범죄자의 성충동 약물치료에 관한 법률 제8조의2 제1항).

① 동법 제8조 제1항

② 검사는 사람에 대하여 성폭력범죄를 저지른 성도착증 환자로서 성폭력범죄를 다시 범할 위험성이 있다고 인정되는 19세 이상의 사람에 대하여 약물치료명령(이하 "치료명령"이라고 한다)을 법원에 청구할 수 있다(동법 제4조 제1항).

③ 검사는 치료명령 청구대상자(이하 "치료명령 피청구자"라 한다)에 대하여 정신건강의학과 전문의의 진단이나 감정을 받은 후 치료명령을 청구하여야 한다(동법 제4조 제2항).

22   Answer   ②

사회에 새롭게 등장한 법익침해행위를 형법전에 편입해야 할 필요성을 인정함에 사용되는 범죄개념은 실질적 범죄개념이다. 형사정책의 중요한 목표 중 하나는 현행법상 가벌화되지 않은 반사회적 행위를 신범죄화하는 것과, 사회의 변화에 따라 이제는 가벌화할 필요가 없는 행위를 비범죄화하는 것이고, 이의 척도가 되는 범죄개념이 바로 실질적 범죄개념이다.

23   Answer   ④

④ 제32조의 보호처분을 받은 소년에 대하여는 그 심리가 결정된 사건은 다시 공소를 제기하거나 소년부에 송치할 수 없다. 다만, 제38조 제1항 제1호(보호처분이 계속 중일 때에 사건 본인이 처분 당시 19세 이상인 것으로 밝혀져 소년부 판사가 결정으로써 그 보호처분을 취소하고 검찰청 검사에게 송치)의 경우에는 공소를 제기할 수 있다(소년법 제53조).

① 소년법은 인격이 형성되는 과정에 있기에 그 개선가능성이 풍부하고 심신의 발육에 따르는 특수한 정신적 동요상태에 놓여 있는 소년의 특수성을 고려하여 소년의 건전한 성장을 돕기 위해 형사처분에 관한 특별조치로서 제60조 제1항에서 소년에 대하여 부정기형을 선고하도록 정하고 있다. 다만, 소년법 제60조 제1항에 정한 '소년'은 소년법 제2조에 정한 19세 미만인 자를 의미하는 것으로 이에 해당하는지는 사실심판결 선고 시를 기준으로 판단하여야 하므로, 제1심에서 부정기형을 선고받은 피고인이 항소심 선고 이전에 19세에 도달하는 경우 정기형이 선고되어야 한다. 이 경우 피고인만이 항소하거나 피고인을 위하여 항소하였다면 형사소송법 제368조가 규정한 불이익변경금지원칙이 적용되어 항소심은 제1심판결의 부정기형보다 무거운 정기형을 선고할 수 없다(대법원 2020.10.22. 2020도4140).

② 소년에 대한 부정기형을 집행하는 기관의 장은 형의 단기가 지난 소년범의 행형(行刑)성적이 양호하고 교정의 목적을 달성하였다고 인정되는 경우에는 관할 검찰청 검사의 지휘에 따라 그 형의 집행을 종료시킬 수 있다(소년법 제60조 제4항).

③ 징역 또는 금고를 선고받은 소년이 가석방된 후 그 처분이 취소되지 아니하고 가석방 전에 집행을 받은 기간과 같은 기간이 지난 경우에는 형의 집행을 종료한 것으로 한다(동법 제66조 본문). 따라서 가석방된 후 그 처분이 취소되지 아니하고 6년이 경과한 때에 형의 집행을 종료한 것으로 한다.

24   Answer   ②

청소년기 한정형(adolescence−limited) 일탈의 원인과 관계있는 것은 ㄱ, ㄷ이다.

ㄱ, ㄷ. 청소년기 한정형은 아동기에는 일탈행동을 저지르지 않다가 사춘기에 접어들면서 집중적으로 일탈행동을 저지르고, 성인이 되어 일탈행동을 멈추는 유형이다. 사춘기에 일탈행동에 가담하는 주된 이유는 성장격차 때문인데, 사춘기 동안 성인들의 역할이나 지위를 갈망하면서 생애 지속형의 일탈을 흉내 내고, 흡연이나 음주 등의 경미한 지위비행을 일삼는다.

ㄴ, ㄹ. 생애 지속형은 아동기부터 일탈행동이 시작되어 평생 동안 범죄행동을 지속하는 유형으로, 생래적인 신경심리학적 결함으로 인해 아동기 동안 언어 및 인지능력에서 장애증상을 보이고, 각종 문제를 일으킨다.

25   Answer   ②

범죄자의 재범확률을 낮추고 궁극적으로는 사회의 범죄율을 감소시키는 효과를 기대할 수 있는 것은 재통합적 수치심(reintegrative shaming)이다. 재통합적 수치심 부여는 범죄자를 사회와 결속시키기 위해 고도의 낙인을 찍는 것이고, 해체적 수치심 부여는 범죄자에게 명백한 낙인을 찍어 커다란 수치심을 주는 것으로, 결과적으로 전자는 재범확률이 낮은 반면에 후자는 재범확률이 높았다. 재통합적 수치심 부여는 용서의 단어나 몸짓, 일탈자라는 낙인을 벗겨 주는 의식을 통해 범법자가 법을 준수함으로써 공동체로 돌아가기 위한 재통합의 노력을 말하고, 이는 사회의 범죄율을 감소시키는 경향이 있다. 참고로, 해체적 수치심 부여는 수치를 당한 범죄자와 공동체가 화해하려는 시도조차 하지 않는 낙인을 찍는 것을 말하고, 이는 사회의 범죄율 감소에 도움이 되지 않는다.

2021년 보호7급 형사정책 기출문제

[정답 및 해설]   문제 21p

01	②	02	②	03	③	04	③	05	②	06	③	07	④	08	②	09	④	10	①
11	②	12	①	13	①	14	④	15	④	16	④	17	②	18	②	19	①	20	③
21	④	22	③	23	④	24	③	25	①										

01　Answer　②

케틀레(Quetelet)는 암수범죄와 관련하여 정비례의 법칙을 주장하면서 명역범죄(공식적으로 인지된 범죄)와 암역범죄 사이에는 변함없는 고정관계가 존재하고, 이로 인해 명역범죄가 크면 그만큼 암역범죄도 크고, 명역범죄가 작으면 그만큼 암역범죄도 작다고 하였다. 참고로, 서덜랜드는 정비례의 법칙을 부정하였다.

02　Answer　②

보호소년 등의 처우에 관한 법률 제14조의2(보호장비의 사용) ① 보호장비의 종류는 다음 각 호와 같다.

1. 수갑
2. 포승(捕繩)
3. 가스총
4. 전자충격기
5. 머리보호장비
6. 보호대(保護帶)

03　Answer　③

글레이저의 차별적(분화적) 동일화이론에 따르면, 사람은 누구나 자신을 다른 누군가와 동일화하려는 경향이 있는데, 자신의 범죄행위를 수용할 수 있다고 믿는 실재의 인간이나 관념상의 인간에게 자신을 동일화하는 과정을 통해 자기 자신을 합리화함으로써 범죄행위를 저지른다. 따라서 가족이나 친구 등의 직접적인 접촉대상보다는 매스미디어 등의 간접적인 접촉대상이나 자신의 행동을 평가하는 준거집단의 성격이 범죄학습과정에서 더욱 중요하게 작용한다고 본다. 참고로, 범죄를 학습의 결과로 보는 차별적 접촉이론의 관점과 동일한 면이 있으나, 서덜랜드의 '접촉'이 아닌 '동일화'라는 개념을 사용하여 범죄학습 대상을 확대함으로써 차별적 접촉이론을 수정·보완하였다(사람은 동일화과정을 통해 범죄행위를 수행한다. 동일화 → 합리화 → 범죄행위).

04　Answer　③

인간의 합리적인 이성을 신뢰하지 않고 범죄원인을 개인의 소질과 환경에 있다고 하는 결정론을 주장한 것은 실증학파 범죄이론이다. 고전학파 범죄이론은 인간을 자유의지에 따라 선택하는 합리적이고 이성적인 존재로 전제하는 비결정론을 주장하였다.

05　Answer　②

코헨과 펠슨(Cohen & Felson)의 일상활동이론에 의하면, 동기를 가진 범죄자, 적당한 범행대상의 존재, 범죄에 대한 보호장치나 감시인의 부재 등과 같은 요소가 결집되면 범죄가 발생한다.

06 Answer ③

③ 법원은 동일한 범죄사실에서 피해자등의 증인신문의 신청인이 여러 명인 경우에는 진술할 자의 수를 제한할 수 있다(형사소송법 제294조의2 제3항).
① 동법 제294조의2 제4항, ② 동법 제294조의3 제1항, ④ 동법 제161조의2 제4항

07 Answer ④

④ 형사조정절차를 개시하기 위해서는 당사자의 동의가 있어야 한다(범죄피해자 보호법 시행령 제52조 제1항).
① 동법 제41조 제2항 제1호, ② 동법 시행령 제48조 제1항, ③ 동법 제45조 제4항.

08 Answer ②

② 항고는 결정의 집행을 정지시키는 효력이 없다(소년법 제46조).
① 동법 제43조 제2항, 제44조 제1항, ③·④ 동법 제43조 제1항

09 Answer ④

④ 소년분류심사원이 설치되지 아니한 지역에서는 소년분류심사원이 설치될 때까지 소년분류심사원의 임무는 소년원이 수행하고, 위탁소년 및 유치소년은 소년원의 구획된 장소에 수용한다(보호소년 등의 처우에 관한 법률 제52조).
① 동법 제11조, ② 동법 제14조의2 제7항, ③ 동법 제14조의3 제2항

10 Answer ①

② 제33조 제1항 각 호의 어느 하나에 해당하는 사건(국선변호인 선임 대상사건) 및 같은 조 제2항·제3항의 규정에 따라 변호인이 선정된 사건에 관하여는 변호인 없이 개정하지 못한다. 단, 판결만을 선고할 경우에는 예외로 한다(형사소송법 제282조).
③ 형의 집행유예나 선고유예를 선고할 때에는 제1항(부정기형)을 적용하지 아니한다(소년법 제60조 제3항). 즉, 부정기형을 선고하지 못한다.
④ 소년에 대한 부정기형을 집행하는 기관의 장은 형의 단기가 지난 소년범의 행형(行刑)성적이 양호하고 교정의 목적을 달성하였다고 인정되는 경우에는 관할 검찰청 검사의 지휘에 따라 그 형의 집행을 종료시킬 수 있다(동조 제4항).

11 Answer ②

② 검사는 미성년자 대상 유괴범죄를 저지른 사람으로서 미성년자 대상 유괴범죄를 다시 범할 위험성이 있다고 인정되는 사람에 대하여 부착명령을 법원에 청구할 수 있다. 다만, 유괴범죄로 징역형의 실형 이상의 형을 선고받아 그 집행이 종료 또는 면제된 후 다시 유괴범죄를 저지른 경우에는 부착명령을 청구하여야 한다(전자장치 부착 등에 관한 법률 제5조 제2항). 즉, 반드시 부착하는 것은 아니다.
① 동법 제4조, ③ 동법 제12조 제1항, ④ 동법 제17조 제2항

12 Answer ①

① 치료감호대상자에 대한 치료감호를 청구할 때에는 정신건강의학과 등의 전문의의 진단이나 감정(鑑定)을 참고하여야 한다. 다만, 제2조 제1항 제3호[소아성기호증(小兒性嗜好症), 성적 가학증(性的加虐症) 등 성적 성벽(性癖)이 있는 정신성적 장애인으로서 금고 이상의 형에 해당하는 성폭력범죄를 지은 자]에 따른 치료감호대상자에 대하여는 정신건강의학과 등의 전문의의 진단이나 감정을 받은 후 치료감호를 청구하여야 한다(치료감호 등에 관한 법률 제4조 제2항, 검사의 치료감호 청구 시 전문의의 진단 또는 감정).

② 동법 제8조, ③ 동법 제10조 제3항, ④ 동법 제27조

13 Answer ①

코헨은 비행하위문화의 특징으로서 악의성, 부정성, 비합리성(비공리성) 등을 제시하였다. 자율성은 밀러가 제시한 내용이다.

[코헨(Cohen)의 비행하위문화이론(집단문화이론) 특징]

비공리성	다른 사람의 물건을 훔치는 경우, 그 행위는 경제적 효용가치를 얻기 위한 행위가 아닌 스릴이나 동료로부터 인정받고 지위를 얻기 위한 행위이다.
악의성	다른 사람들에게 불편을 주고, 이로 인해 고통당하는 모습에서 쾌감을 느낀다.
부정성 (거부주의)	합법적 사회규범이나 어른들의 문화를 부정 · 거부하고 그들 나름대로의 문화를 정당화한다. ※ 코헨은 하위계층의 소년들이 사회의 일반문화와 정반대되는 방향으로 하위문화의 가치나 규범을 설정하는 과정을 반항형성(反抗形成)이라는 개념으로 표현
변덕	일정한 체계 없이 매 순간 바뀌는 마음과 가치체계를 말한다.
단락적 쾌락주의	장기적 계획이나 목표가 아닌 현실적 쾌감에 급급한 심리를 말한다.
집단자율성	외부에 대한 극도의 적개심(반항)과 내부에 대한 응집력을 말한다.

[밀러의 하위계층 주요 관심사]

Trouble (말썽 · 걱정 · 사고치기)	• 주위 사람들의 주목을 끌고 높은 평가를 받기 위해 사고를 치지만, 그 사고의 결과를 회피하기 위해 노력한다. • 법이나 법집행기관 등과의 갈등을 오히려 영웅적이고 정상적이며 성공적인 것으로 간주한다.
Toughness (강인 · 완강)	• 남성다움과 육체적 힘을 과시하려고 하며, 강인함 · 대담함에 대한 관심이 크다. • 하류계층은 공부에 열중하고 인정에 얽매이는 것을 남자답지 못하다고 생각한다.
Smartness (교활 · 영악 · 영리함)	• 영리함이란 지적인 총명함을 의미하는 것이 아니라, 도박이나 사기, 탈법 등의 기만적인 방법으로 다른 사람을 속일 수 있는 능력을 의미한다. • 남이 나를 속이기 전에 내가 먼저 남을 속일 수 있어야 함을 강조한다.
Excitement (흥분 · 자극 · 스릴)	• 하류계층이 거주하는 지역에서 도박이나 싸움, 음주 등이 많이 발생하는 것은 그들이 흥분거리를 찾기 때문이다. • 스릴, 모험 등으로 권태감을 모면하는 데에 집중한다.
Fatalism (운명 · 숙명)	• 자신의 미래는 스스로의 노력보다는 통제할 수 없는 운명에 달려 있다고 믿는다. • 하류계층은 행운이나 불행에 의존하는데, 범죄를 저지르고 체포되더라도 이를 운수가 좋지 않았기 때문이라고 판단한다. • 빈곤한 사람은 때로 그들의 생활이 숙명이라고 생각하면서 현실을 정당화한다.
Autonomy (자율 · 자립)	• 다른 사람으로부터 간섭받는 것을 극도로 혐오하고, 외부로부터의 명령이나 통제에 잠재의식적으로 반발한다. • 사회의 권위 있는 기구들에 대해 경멸적인 태도를 취한다.

14 Answer ④

④ 사형집행을 위한 구금은 미결구금도 아니고 형의 집행기간도 아니며 특별감형은 형을 변경하는 효과만 있을 뿐이고 이로 인하여 형의 선고에 의한 기성의 효과는 변경되지 아니하므로 사형이 무기징역으로 특별감형된 경우 사형의 판결확정일에 소급하여 무기징역형이 확정된 것으로 보아 무기징역형의 형기 기산일을 사형의 판결확정일로 인정할 수도 없고 사형집행대기기간이 미결구금이나 형의 집행기간으로 변경된다고 볼 여지도 없으며, 또한 특별감형은 수형 중의 행장의 하나인 사형집행대기기간까지를 참작하여 되었다고 볼 것이므로 사형집행대기기간을 처음부터 무기징역을 받은 경우와 동일하게 가석방요건 중의 하나인 형의 집행기간에 다시 산입할 수는 없다(대법원 1991.3.4. 90모59).

① 형법 제59조에 의하여 형의 선고를 유예하는 판결을 할 경우에도 선고가 유예된 형에 대한 판단을 하여야 하므로, 선고유예판결에서도 그 판결이유에서는 선고형을 정해 놓아야 하고 그 형이 벌금형일 경우에는 벌금액뿐만 아니라 환형유치처분까지 해 두어야 한다(대법원 2015.1.29. 2014도15120).

② 형법 제59조 제1항은 "1년 이하의 징역이나 금고, 자격정지 또는 벌금의 형을 선고할 경우 제51조의 사항을 참작하여 개전의 정상이 현저한 때에는 그 선고를 유예할 수 있다. 단, 자격정지 이상의 형을 받은 전과가 있는 자에 대하여는 예외로 한다."고 규정하고 있는바, 위 단서에서 정한 "자격정지 이상의 형을 받은 전과"라 함은 자격정지 이상의 형을 선고받은 범죄경력 자체를 의미하는 것이고, 그 형의 효력이 상실된 여부는 묻지 않는 것으로 해석함이 상당하다. 따라서 형의 집행유예를 선고받은 자는 형법 제65조에 의하여 그 선고가 실효 또는 취소됨이 없이 정해진 유예기간을 무사히 경과하여 형의 선고가 효력을 잃게 되었다고 하더라도 형의 선고의 법률적 효과가 없어진다는 것일 뿐, 형의 선고가 있었다는 기왕의 사실 자체까지 없어지는 것은 아니므로, 형법 제59조 제1항 단서에서 정한 선고유예 결격사유인 "자격정지 이상의 형을 받은 전과가 있는 자"에 해당한다고 보아야 한다(대법원 2007.5.11., 2005도5756).

③ 형법 제73조 제1항

15 Answer ④

④ 대통령령으로 정한 금액(500만 원) 범위 내의 벌금형이 확정된 벌금 미납자는 검사의 납부명령일부터 30일 이내에 주거지를 관할하는 지방검찰청(지방검찰청지청을 포함한다)의 검사에게 사회봉사를 신청할 수 있다(벌금 미납자의 사회봉사 집행에 관한 특례법 제4조 제1항 본문).

① 대법원 2020.11.5. 2017도18291

② 보호관찰 등에 관한 법률 제61조 제2항

③ 사회봉사 국민공모제에 대한 설명이다.

16 Answer ④

④ 피해자구조청구권의 대상이 되는 범죄피해에 해외에서 발생한 범죄피해의 경우를 포함하고 있지 아니한 것이 현저하게 불합리한 자의적인 차별이라고 볼 수 없어 평등원칙에 위배되지 아니한다(헌법재판소 2011.12.29. 2009헌마354).

① 배우자(사실상 혼인관계를 포함한다) 및 구조피해자의 사망 당시 구조피해자의 수입으로 생계를 유지하고 있는 구조피해자의 자녀는 유족구조금을 지급받을 수 있는 유족 중 1순위에 해당한다(범죄피해자 보호법 제18조 제1항 제1호).

② 범죄피해자 보호법에 의한 범죄피해 구조금 중 위 법 제17조 제2항의 유족구조금은 사람의 생명 또는 신체를 해치는 죄에 해당하는 행위로 인하여 사망한 피해자 또는 그 유족들에 대한 손실보상을

목적으로 하는 것으로서, 위 범죄행위로 인한 손실 또는 손해를 전보하기 위하여 지급된다는 점에서 불법행위로 인한 소극적 손해의 배상과 같은 종류의 금원이라고 봄이 타당하다(대법원 2017.11.9. 2017다228083).

③ 이 법은 외국인이 구조피해자이거나 유족인 경우에는 해당 국가의 상호보증이 있는 경우에만 적용한다(범죄피해자 보호법 제23조).

17 Answer ②

② 집행유예의 요건에 관한 형법 제62조 제1항이 형의 집행을 유예할 수 있다고만 규정하고 있다고 하더라도, 이는 같은 조 제2항이 그 형의 일부에 대하여 집행을 유예할 수 있는 때를 형을 병과할 경우로 한정하고 있는 점에 비추어 보면, 조문의 체계적 해석상 하나의 형의 전부에 대한 집행유예에 관한 규정이라 할 것이고, 또한 하나의 자유형에 대한 일부 집행유예에 관하여는 그 요건, 효력 및 일부 실형에 대한 집행의 시기와 절차, 방법 등을 입법에 의해 명확하게 할 필요가 있어, 그 인정을 위해서는 별도의 근거규정이 필요하므로 하나의 자유형 중 일부에 대해서는 실형을, 나머지에 대해서는 집행유예를 선고하는 것은 허용되지 않는다(대법원 2007.2.22. 2006도8555).

① 벌금, 과료, 몰수, 추징, 과태료, 소송비용, 비용배상 또는 가납의 재판의 집행을 위한 검사의 명령은 집행력 있는 채무명의와 동일한 효력이 있다(형사소송법 제477조 제2항).

③ 벌금을 납입하지 아니한 자는 1일 이상 3년 이하, 과료를 납입하지 아니한 자는 1일 이상 30일 미만의 기간 노역장에 유치하여 작업에 복무하게 한다(형법 제69조 제2항).

④ 벌금형에 따르는 노역장 유치는 실질적으로 자유형과 동일하므로, 그 집행에는 자유형의 집행에 관한 규정을 준용한다(형사소송법 제492조).

18 Answer ②

모두 더하면 7년이 된다.
(가) 「형법」상 선고유예를 받은 자의 보호관찰 기간은 1년으로 한다(형법 제59조의2 제2항).
(나) 가석방의 기간은 무기형에 있어서는 10년으로 하고, 유기형에 있어서는 남은 형기로 하되, 그 기간은 10년을 초과할 수 없으며(동법 제73조의2 제1항), 가석방된 자는 가석방기간 중 보호관찰을 받는다(동조 제2항 본문). 따라서 「형법」상 실형 5년을 선고받고 3년을 복역한 후 가석방된 자의 보호관찰 기간은 남은 형기인 2년이다.
(다) 「소년법」상 단기 보호관찰을 받은 소년의 보호관찰 기간은 1년으로 한다(소년법 제33조 제2항).
(라) 「치료감호 등에 관한 법률」상 피치료감호자에 대한 치료감호가 가종료된 자의 보호관찰 기간은 3년으로 한다(치료감호 등에 관한 법률 제32조 제2항).

19 Answer ①

① 회복적 사법과는 관련이 없다. 코헨과 펠슨의 일상활동이론은 시간의 흐름에 따른 범죄율의 변화를 설명하기 위한 이론으로, 일상활동 유형의 구조적 변화가 동기화된 범죄자, 적절한 범행대상 및 보호의 부재라는 세 가지 요소에 시공간적으로 영향을 미치고 이에 따라 범죄율이 변화한다고 주장한다. 즉, 세 가지 요소 중 어느 하나라도 부족하다면 범죄활동은 예방될 수 없다.

② 회복적 사법은 공적 통제장치에 의한 응보적 사법을 지양하고, 범죄로 인한 피해자, 가해자, 그 밖의 관련자 및 지역공동체가 함께 범죄로 인한 문제를 치유하면서 기존의 관계를 회복하도록 유도하는 절차, 레머트는 경미범죄자, 과실범죄자 등의 이차적 일탈 예방에 많은 공헌을 하였다. 경미한

일탈은 낙인의 방지와 제한을 통한 이차적 일탈의 예방을 목표로 비범죄화시켰고, 공적 개입과 그로 인한 공식낙인보다는 다양한 대체처분으로 전환시켰다. 레머트의 낙인이론은 공적 통제가 사회적 낙인을 유발하므로, 이를 최소화할 수 있도록 범죄자에 대한 국가개입의 축소와 비공식적인 사회 내 처우의 실시를 강조한다는 점에서 회복적 사법과 맥락을 같이 한다.

③ 퀴니(Quinney)와 페핀스키(Pepinsky)는 평화구축 범죄학에서 평화롭고 정의로운 사회를 실현하는 데 범죄학의 목표가 있다고 보고, 경험적 연구보다는 종교적이고 철학적인 가르침으로부터 영감을 얻는 것에 관심을 가졌다. 평화주의 범죄학의 기본적인 주제는 연락, 관심, 배려 등으로, 중재와 갈등해결, 화해, 고통완화 그리고 범죄를 줄이려는 노력을 통해 범죄자를 지역공동체에 재통합시켜야 한다고 주장한다.

④ 회복적 사법이 재통합적 수치심부여이론을 근본이론으로 삼는 이유는, 범죄자 하나에 초점을 두어 그를 비난하는 것이 아니라, 객관적인 범죄행위에 관심을 가지고 가족, 친구, 지역사회 구성원 전체가 자발적으로 참여하여 문제의 해결을 위해 실천방안을 제시하기 때문이다. 재통합적 수치심 부여는 용서의 단어나 몸짓, 일탈자라는 낙인을 벗겨 주는 의식을 통해 범법자가 법을 준수함으로써 공동체로 돌아가기 위한 재통합의 노력을 말한다.

20   Answer   ③

레머트의 이차적 일탈론에 의하면, 일차적 일탈이 타인이나 사회통제기관에 발각되면 낙인이 찍히고, 낙인으로 인해 합법적·경제적 기회의 감소, 대인관계의 축소 등이 수반되며, 결국 자아왜곡으로 이어져 자기 스스로를 일탈자로 간주하고, 이차적 일탈을 저지르면서 지속적인 범죄행위로 나아가게 된다. 일탈행위에 대한 사회적 반응 중에서 사법기관에 의한 공식적인 반응(처벌은 일차적 일탈자에게 오명을 씌우고, 사법제도의 불공정성을 자각하게 하며, 제도적으로 강제당하고, 일탈하위문화를 사회화하며, 죄책감이나 책임감을 회피할 수 있는 긍정적인 이익을 제공한다)은 일상생활에서의 비공식적 반응보다 심각한 낙인효과를 불러일으키는데, 이로써 일차적 일탈자가 이차적 일탈자로 발전하게 된다.

21   Answer   ④

④ 소년부 판사는 보호처분을 하기 전까지 화해를 권고할 수 있다. 이 경우 화해를 권고하기 위한 기일(이하 "화해권고기일"이라 한다)까지 소년, 보호자 및 피해자(피해자가 미성년자인 경우 그 보호자도 포함한다)의 서면에 의한 동의를 받아야 하며(소년심판규칙 제26조의2 제1항), 소년, 보호자 및 피해자는 화해권고절차가 종료할 때까지 동의를 서면에 의하여 철회할 수 있다(동조 제2항).

① 소년법 제25조의3 제1항, ② 동법 제25조의3 제2항, ③ 동법 제25조의3 제3항

22   Answer   ③

기간을 연장할 수 있는 보호처분은 ㉡, ㉣이다.

㉠ 보호관찰관의 단기 보호관찰기간은 1년으로 한다(소년법 제33조 제2항). 기간연장에 대한 규정이 없으므로, 그 기간을 연장할 수 없다.

㉡·㉣ ⓐ 보호자 또는 보호자를 대신하여 소년을 보호할 수 있는 자에게 감호위탁, ⓑ 아동복지시설이나 그 밖의 소년보호시설에 감호위탁, ⓒ 병원, 요양소 또는 의료재활소년원에 위탁기간은 6개월로 하되, 소년부 판사는 결정으로써 6개월의 범위에서 한 번에 한하여 그 기간을 연장할 수 있다. 다만, 소년부 판사는 필요한 경우에는 언제든지 결정으로써 그 위탁을 종료시킬 수 있다(동조 제1항). 기간연장에 대한 규정이 있으므로, 그 기간을 연장할 수 있다.

ⓒ 장기로 소년원에 송치된 소년의 보호기간은 2년을 초과하지 못한다(동조 제6항). 기간연장에 대한 규정이 없으므로, 그 기간을 연장할 수 없다.

23 Answer ④

④ 허쉬는 사회유대이론에서 비행억제요인인 사회연대의 요소로 애착(attachment), 전념(commitment), 참여(involvement), 믿음(belief)을 제시하였는데, 부모 등 가족구성원이 실망할 것을 우려해서 비행을 그만두는 것은 사회연대의 요소 중 애착(attachment)에 해당한다.

① 퀴니는 범죄를 개인의 소질에 의한 것이 아닌 자본주의의 모순으로 인한 자연적인 사회현상으로 보고, 자본가 계급의 억압적 전술로부터 살아남기 위한 노동자 계급(피지배집단)의 범죄를 적응(화해)범죄와 대항(저항)범죄로 구분하였다. 이에 따르면 절도, 강도, 마약거래 등과 같은 경제적 약탈범죄와 살인, 폭행, 강간 등 같은 계층을 대상으로 하는 대인범죄는 적응범죄, 시위나 파업 등은 대항범죄의 예이다.

② 레클리스는 범죄유발요인을 압력요인·유인요인·배출요인으로 구분하였는데, 압력요인의 예로 열악한 생활조건(빈곤, 실업 등), 가족갈등, 열등한 신분적 지위, 성공기회 박탈 등을, 유인요인의 예로 나쁜 친구들, 비행(범죄)하위문화, 범죄조직, 불건전한 대중매체 등을, 배출요인의 예로 불안감, 불만감, 내적 긴장감, 증오심, 공격성, 즉흥성, 반역성 등을 들었다.

③ 세상은 모두 타락했고, 경찰도 부패했다고 말하는 것은 중화기술의 유형 중 '비난자에 대한 비난'에 해당한다.

24 Answer ③

• 응보형주의 내지 고전주의에 의하면, 범죄는 사람의 자유의지에 따른 선택에 의해 발생한다.
• 응보형주의는 형벌의 본질이 범죄에 대한 정당한 응보에 있다고 주장하는 사상이다. 즉, 범죄는 위법한 해악이므로 범죄를 행한 자에게는 그 범죄에 상응하는 해악을 가하는 것이 바로 형벌이고, 따라서 형벌의 본질은 응보에 있으며, 형벌의 내용은 악에 대한 보복적 반동으로서의 고통을 의미한다.
• 응보형주의는 사람은 자유의지를 가지고 자신의 행위를 스스로 결정한다는 고전주의 사상을 배경으로 하므로, 범죄는 사람의 의지에 의해 발생하는 것으로 본다.

25 Answer ①

전환제도가 도입되면 기존의 제도하에서는 형사사법의 대상이 되지 않았던 문제가 그 대상이 되어 사회적 통제가 강화될 우려가 있다. 즉, 형사제재를 받지 않던 사람도 전환제도의 시행으로써 일정한 형사제재를 받게 되어 형사사법망이 확대되는 결과를 초래한다. 따라서 형사사법 대상자 확대 및 형벌 이외의 비공식적 사회통제망 확대는 전환제도의 단점에 해당한다.

1회 형사정책 모의고사

[정답 및 해설] 문제 30p

| 01 | ① | 02 | ② | 03 | ④ | 04 | ② | 05 | ③ | 06 | ③ | 07 | ③ | 08 | ② | 09 | ④ | 10 | ④ |
| 11 | ② | 12 | ③ | 13 | ② | 14 | ③ | 15 | ② | 16 | ④ | 17 | ① | 18 | ① | 19 | ② | 20 | ④ |

01 Answer ①

"구조대상 범죄피해"란 대한민국의 영역 안에서 또는 대한민국의 영역 밖에 있는 대한민국의 선박이나 항공기 안에서 행하여진 사람의 생명 또는 신체를 해치는 죄에 해당하는 행위(「형법」제9조, 제10조 제1항, 제12조, 제22조 제1항에 따라 처벌되지 아니하는 행위를 포함하며, 같은 법 제20조 또는 제21조 제1항에 따라 처벌되지 아니하는 행위 및 과실에 의한 행위는 제외한다)로 인하여 사망하거나 장해 또는 중상해를 입은 것을 말한다(범죄피해자 보호법 제3조 제1항 제4호). 따라서 살인, 상해, 강간 등은 「범죄피해자 보호법」상 구조대상 범죄피해에 해당하나 직권남용, 배임, 해킹 등은 구조대상 범죄피해에 해당하지 않는다.

02 Answer ②

2차 피해자화는 최초의 범죄피해에 관한 사건을 처리하는 과정에서 파생되어 피해자가 받게 되는 피해를 말하며, 주로 수사기관이나 재판기관에서 발생하는 피해자 본인이나 그 가족 등의 고통이 주가 된다.

03 Answer ④

선고유예 선고 시에는 보호관찰만을 부과할 수 있을 뿐, 사회봉사 또는 수강을 명할 수는 없다.

04 Answer ②

× : ㉠ 형의 집행을 유예하는 경우에는 보호관찰을 받을 것을 명하거나 사회봉사 또는 수강을 명할 수 있다(형법 제62조의2). 「형법」제62조에 의하여 집행유예를 선고할 경우에는 같은 법 제62조의2 제1항에 규정된 보호관찰과 사회봉사 또는 수강을 동시에 명할 수 있다고 해석함이 상당하다(대법원 1998.4.24. 98도98 판결).
　　㉢ 사회봉사명령은 집행유예기간 내에 이를 집행한다(형법 제62조의2 제2항).
　　㉥ 1988년 「소년법」에 먼저 도입되었고, 1995년 「형법」에 확대적용되었다.
○ : ㉡ 형법 제62조의2 제2항
　　㉣ 보호관찰 등에 관한 법률 제59조 제1항, 소년법 제32조 제4항

05 Answer ③

보안처분은 범죄자의 장래 위험성에 근거하여 사회방위를 목적으로 부과되는 형벌 이외의 각종 범죄예방처분을 말하므로, 과거의 책임에 근거하는 형벌과 구별된다.

보안처분의 특징

- 범죄의 위험성을 근거로 한다.
- 예방주의 내지 사회방위사상을 실현하기 위한 국가의 처분이다.
- 행위자의 미래를 판단하는 제도이다.
- 범죄자의 개선과 사회방위 등 특별예방을 중시한다.
- 치료, 개선, 교육 등의 목적을 위한 강제처분이다.
- 형벌을 대체하거나 보충하는 사회방위적 제재이다.

---

06   Answer   ③

③ 사회봉사·수강명령 대상자는 주거를 이전하거나 1개월 이상 국내외 여행을 할 때에는 미리 보호관 찰관에게 신고하여야 한다(보호관찰법 제62조 제2항 제2호).
① 동법 제59조 제1항, ② 동법 제60조 제1항, ④ 동법 제63조 제2항

07   Answer   ③

형벌을 행정벌로 전환하는 것은 입법상 비형벌화의 대표적인 경우이다.

[비형벌화의 유형]

	입법상 비형벌화	범죄를 질서위반으로, 형벌을 행정벌로 변경
형사사법상 비형벌화	재판 전 단계에서의 비형벌화	훈방, 기소유예 등
	재판단계에서의 비형벌화	집행유예, 선고유예 등
	교정단계에서의 비형벌화	보호관찰, 사회봉사명령, 수강명령 등

08   Answer   ②

범죄피해자조사는 범죄의 피해자가 가해자보다 자신이 당한 범죄를 보고할 가능성이 더 크기 때문에 범죄피해자의 특성을 파악하기가 보다 용이하고, 가해자가 보고할 때까지 기다리지 않고 직접 찾아 나 선다는 점에서 정확한 범죄현상의 파악을 가능하게 하며, 전국적인 조사로써 대표성 있는 자료를 수집 할 수 있고, 피해원인의 규명을 통해 범죄예방을 위한 기초자료가 된다. 또한 공식범죄통계에서 누락된 범죄가 범죄피해자조사에서 발견될 수 있으므로, 암수범죄를 해결하는 데 효과적이다.

09   Answer   ④

일원주의는 형벌과 보안처분을 동일시하고 형벌이 부적합한 경우에 보안처분을 적용하자는 주의이다. 일원주의에 대한 주요 비판은 단순히 행위자의 반사회적 위험성만을 근거로 일정한 제재를 부과하는 것은 책임주의에 반한다는 점이다.

10   Answer   ④

④ 검사는 성폭력범죄, 미성년자 대상 유괴범죄, 살인범죄, 강도범죄와 스토킹범죄를 다시 범할 위험성 이 있다고 인정되는 사람에 대하여 전자장치를 부착하도록 하는 명령을 법원에 청구할 수 있다(전 자장치 부착 등에 관한 법률 제5조 제1항). 따라서 방화범죄는 전자장치 부착 대상범죄가 아니다.
① 동법 제12조 제1항, ② 동법 제17조 제2항, ③ 동법 제14조 제3항

11　Answer　②

[롬브로조의 범죄인 분류]

생래적 범죄인		선천적으로 범죄자적인 생물학적 구조를 타고난 자
정신병범죄인		정신병이 원인이 되어 범행하는 자
격정범죄인		선천적으로 범죄소질을 가진 것은 아니나, 우발적으로 범행하는 자
기회범죄인	사이비범죄인	범죄의 위험성은 없으나, 자신의 생존이나 명예를 위해 범행할 수 있는 자
	준범죄인	생래적 범죄인과는 구별되나, 다소 선천적 원인이 있는 자
관습(상습)범죄인		좋지 못한 환경으로 인해 상습적으로 범행하는 자
잠재적 범죄인		음주 등 다른 이유로 격한 감정이 생기면 범죄인의 특성이 나타나는 자

12　Answer　③

범죄자 가계연구, 쌍생아연구, 입양아연구, 호르몬연구 등은 범죄생물학적 관점의 연구와 관련이 있으나, 인성연구는 심리학적 관점의 연구와 관련이 있다.

13　Answer　②

롬브로조는 범죄인들은 원래 생물학적 열등성이 있어 범죄를 저지를 수밖에 없다고 보았으며, 셸던은 신체유형을 내배엽·중배엽·외배엽으로 나누어 근육질의 중배엽형 신체를 가진 사람이 공격적인 성향으로 인해 범죄를 많이 저지르게 된다고 주장하였다. 고링은 범죄자 특유의 외형적 특징은 존재하지 않는다고 주장하였으나 범죄인은 일반인에 비해 지능이 낮다는 점을 인정하면서 범죄의 원인이 유전임은 인정하였다.

14　Answer　③

국친사상(father of country)에 대한 설명이다. 국친사상은 국가가 비행소년의 부모를 대신하여 보호의무를 수행해야 한다는 이념이다.

[「소년법」의 이념과 소년보호의 원칙]

「소년법」의 이념	소년보호의 원칙
국친사상, 교육형주의	인격주의, 예방주의, 개별주의, 과학주의, 교육주의, 협력주의, 밀행주의

15　Answer　②

② 항고는 결정의 집행을 정지시키는 효력이 없다(소년법 제46조).
① 동법 제43조 제2항, ③·④ 동조 제1항

16　Answer　④

하급계층을 포함한 모든 계층이 경험할 수 있는 긴장을 범죄의 주요 원인으로 제시한 이론은 애그뉴(R. Agnew)의 일반긴장이론이다.

17   Answer   ①

맞차는 비행적 하위문화가 독자적으로 존재하는 것이 아니라고 함으로써 코헨의 비행적 하위문화이론을 비판하였다.

18   Answer   ①

○ : ㉠

㉡ [스키너의 조작적 조건형성실험(Operant Conditioning Experiment)]
조건적 조건형성실험은 지렛대를 누르면 먹이가 나오도록 설계된 실험용 박스에 생쥐를 넣고, 우연히 생쥐가 지렛대를 눌러 먹이가 나오면 같은 행동을 반복하는 횟수가 증가한다는 사실을 밝혀낸 실험으로, 이를 통해 행동의 강화를 파악하고 그 원리를 이해할 수 있게 되었다. 이때 행동의 빈도를 증가시키는 역할을 하는 모든 자극물을 강화물(Reinforcement)이라고 한다.

× : ㉢ 사회적 학습이론이 사회적 강화나 자극을 강조하고 있는 것은 분명하나, 비사회적 강화나 자극을 부정한 것은 아니다. 다시 말하면, 비사회적 강화나 자극보다 사회적 강화나 자극을 보다 강조한다.

㉣ 사회적 학습이론은 학습환경과 관련하여 사회적 상호작용뿐만 아니라 비사회적 환경 모두를 고려하였다. 즉, 사회적 학습이론은 사회적 상호작용과 더불어 물리적 만족감(예 굶주림, 갈망, 성적 욕구 등의 해소)과 같은 비사회적인 사항에 의해서도 범죄행위가 학습될 수 있다고 보았다.

19   Answer   ②

② 결정론에 입각한 다른 실증주의 이론들은 범죄 및 비행을 야기하는 외적 요인들이 일방향의 인과관계에 따라 한 개인의 비행행위에 영향을 미친다고 보는 반면, 낙인이론은 외적 요인인 낙인과 내적 자아 간의 상호작용과정에 초점을 맞춘다.

① 서술적 성격이 아닌 귀속적 성격을 갖는다.

③ 낙인이론은 개인적 상호작용이라는 미시적 관심에 머무르고 있으며, 범죄개념에 대해서도 국가적 범죄개념을 취하고 있어 역사적 방법을 선호한다고 볼 수 없다.

④ 최초의 일탈해명에 취약하다는 비판을 받는다.

20   Answer   ④

④ 비판범죄론은 범죄를 국가와 계급지배라는 맥락에서 연구하고자 하는 이론적 입장으로, 주류 범죄학이론들이 권력과 지배라는 계급구조와 무관하게 범죄를 연구하는 것을 비판하면서 등장하였다.

① 억제이론은 사법기관의 처벌 여하에 의해 범죄나 비행을 설명할 수 있다는 이론으로, 인간은 누구나 쾌락을 추구하지만 처벌을 두려워하기 때문에 강력한 처벌만이 범죄를 막을 수 있다고 주장한다.

② 환경범죄학이론은 환경이 가진 범죄유발요인을 분석하여 방범환경의 설계관리를 제안하는 이론이다.

③ 생활양식노출이론은 범죄피해나 범죄발생가능성이 피해자의 일상생활과 관련이 있다고 보는 이론이다.

2회 형사정책 모의고사

[정답 및 해설] 문제 35p

| 01 | ① | 02 | ③ | 03 | ④ | 04 | ① | 05 | ③ | 06 | ③ | 07 | ③ | 08 | ③ | 09 | ① | 10 | ② |
| 11 | ② | 12 | ③ | 13 | ④ | 14 | ① | 15 | ③ | 16 | ② | 17 | ① | 18 | ① | 19 | ② | 20 | ② |

01 Answer ①

① 합리적 선택이론은 비결정론적 인간관에 입각하여 인간의 자유의지를 인정하고, 합리적 인간관을 바탕으로 범죄자는 자신에게 유리한 경우에 범죄를 행한다고 본다.

③ 클라크(Clarke)와 코니쉬(Cornish)의 합리적 선택이론은, 경제이론에서의 기대효용법칙을 범죄학에 적용하여 인간은 범죄로 인해 얻게 될 효용과 손실의 크기를 비교함으로써 범행 여부를 결정한다고 본다. 이는 고전범죄학에서 이해하는 인간본성에 대한 가정과 일치한다.

02 Answer ③

③ 가족집단 회합모델은 뉴질랜드 마오리족의 전통에 기원을 두고 있는데, 1989년 뉴질랜드의 소년범 중 마오리족 청소년들이 높은 비중을 차지하는 문제를 해결하기 위한 방안으로서 「아동·청소년 및 그 가족들에 관한 법」에 의해 도입되었다.

① 회복적 사법은 가해자와 피해자, 그 가족 및 지역사회를 함께 참여시키는 사회적 관계 속에서 문제를 해결하고자 하므로, 사회방위와는 직접적 관련이 없다.

② 회복적 사법은 피해자의 범죄로 인한 정신적·물질적 피해의 회복에 그치지 않고, 범죄의 피해와 그로 인한 후유증 등을 해소하고, 관련 당사자들의 재통합을 추구하는 일체의 범죄대응 형식을 말한다.

④ 범죄도 하나의 사회현상이라는 사실을 중시한다.

[회복적 사법]
특정 범죄에 대한 이해관계를 가진 당사자(범죄의 피해자와 가해자, 지역사회 구성원)들이 사건 해결과정에 능동적으로 참여하여 피해자의 권리신장과 피해회복에 초점을 두는 과정이다.

03 Answer ④

× : ⓒ 선고유예제도는 특별예방효과의 목적달성을 위한 책임주의의 중대한 양보를 의미한다.
ⓔ 선고유예는 1년 이하의 징역이나 금고, 자격정지 또는 벌금의 형을 선고할 경우에 그 선고를 유예하는 제도이다(형법 제59조 제1항).

○ : ㉠, ㉡

04 Answer ①

× : ⓒ 최근 미국에서는 경고적 의미의 단기자유형이 반드시 부정적인 효과만을 초래하는 것은 아니라는 주장하에 단기구금을 할 수 있는 shock probation(단기자유형 집행 후 보호관찰), shock parole

(단기자유형 집행 후 가석방) 등의 충격요법이 활용되고 있는데, 이는 단기자유형의 문제점이 아니라, 단기자유형의 폐해를 최소화하면서 그 장점을 살리자는 의미의 제도로 보아야 한다.

○ : ㉠, ㉢, ㉣, ㉤

05   Answer   ③

우리 대법원은 "개정형법 제62조의2에서 규정하고 있는 보호관찰처분은 형벌이 아니므로 재판 시의 규정에 의하여 그 이전의 행위자에 대해서도 보호관찰을 받을 것을 명할 수 있다"고 보았고, 이 같은 해석이 형벌불소급의 원칙에 위배되는 것은 아니라고 판시하였다(대판 1997.6.13. 97도703). 즉, 판례는 보안처분에 대해서는 소급효금지의 원칙이 적용되지 않는다는 입장을 취하고 있다.

06   Answer   ③

③ 범죄피해자 보호법 제3조 제1항 제4호, 동법 제16조 제1호
   제16조(구조금의 지급요건) 국가는 구조대상 범죄피해를 받은 사람(이하 "구조피해자"라 한다)이 다음 각 호의 어느 하나에 해당하면 구조피해자 또는 그 유족에게 범죄피해 구조금(이하 "구조금"이라 한다)을 지급한다.
   1. 구조피해자가 피해의 전부 또는 일부를 배상받지 못하는 경우
   2. 자기 또는 타인의 형사사건의 수사 또는 재판에서 고소·고발 등 수사단서를 제공하거나 진술, 증언 또는 자료제출을 하다가 구조피해자가 된 경우
① 국가는 구조피해자나 유족이 해당 구조대상 범죄피해를 원인으로 하여 손해배상을 받았으면 그 범위에서 구조금을 지급하지 아니한다(동법 제21조 제1항).
② "구조대상 범죄피해"란 대한민국의 영역 안에서 또는 대한민국의 영역 밖에 있는 대한민국의 선박이나 항공기 안에서 행하여진 사람의 생명 또는 신체를 해치는 죄에 해당하는 행위(「형법」 제9조, 제10조 제1항, 제12조, 제22조 제1항에 따라 처벌되지 아니하는 행위를 포함하며, 같은 법 제20조 또는 제21조 제1항에 따라 처벌되지 아니하는 행위 및 과실에 의한 행위는 제외한다)로 인하여 사망하거나 장해 또는 중상해를 입은 것을 말한다(동법 제3조 제1항 제4호). 따라서 사기피해는 구조대상 범죄피해에 해당하지 않는다.
④ 단순폭행은 구조대상 범죄피해에 해당하지 않는다(동법 제3조 제1항 제4호).

07   Answer   ③

자기보고방법은 경미한 범죄의 파악에는 도움이 되나, 중한 범죄는 은폐할 가능성이 커서 파악하기 어렵다는 단점이 있다.

[자기보고방법의 장단점]

장점	단점
• 대상 집단 전체에서 차지하는 범죄를 정확히 파악 가능 • 공식통계에 나타난 범죄인과 자기보고에 기초한 범죄인의 특성을 비교·연구할 수 있음 • 공식통계에 나타나지 않은 암수범죄 파악에 용이 • 범죄통계상 존재할 수 있는 계급적 편견 파악에 용이 • 피조사자의 범죄에 대한 가치관과 태도 등의 파악에 용이	• 조사에 응하는 사람의 진실성과 성실성에 따라 신빙성이 좌우 • 경미한 범죄를 파악함에는 유리하나, 중한 범죄는 은폐될 가능성이 큼 • 다양한 종류의 범행을 모두 조사하기 곤란 • 지속적이고 전국적인 조사보다는 특정 시점과 특정 지역에 한정되는 경우가 많아 조사결과를 일반화하기 어려움

08 Answer ③

범죄학의 연구방법 중 참여적 관찰법은 연구자가 스스로 범죄자의 생활에 참여하여 범죄자의 심리나 가치관 등을 살펴 범죄성의 원인을 파악하는 방법으로, 체포되지 않은 자뿐만 아니라 시설에 수용된 자도 연구대상에 포함된다.

[참여관찰법의 장단점]

장점	단점
• 범죄인의 생생한 실증자료 채취에 유리 • 일탈자의 일상생활을 자연스럽게 관찰 가능 • 다른 방법보다 비교적 타당성이 높음	• 연구자 스스로 범죄에 가담하므로 처벌문제 대두 • 연구자의 주관적 편견 개입 • 피관찰자들의 인격상태에 관한 객관적인 관찰 불가능 • 관찰대상이 한정되어 다양한 범죄인의 전체적 파악곤란 • 조사방법의 성격상 많은 시간이 소요

09 Answer ①

② 젠더(gender)폭력은 여성과 남성의 성차에 기반을 두고 발생하는 신체적·성적·정서적 폭력을 말한다. 성폭력, 가정폭력 등 전통적인 여성폭력 외에도 스토킹, 데이트강간, 사이버성폭력, 리벤지포르노 등이 이에 해당한다.

③ 주거침입절도와 단순절도의 차이점은 타인의 재물을 절취하기 위해 주거를 위한 건축물을 불법적으로 침입했는지 여부가 중요할 뿐, 침입 시 무력의 사용 여부는 고려대상이 아니다.

④ 미국의 경우, 50주의 형법에 따라 강도의 유형은 상이하나, 강도범죄를 크게 일반강도, 무장강도, 주거침입강도, 차량탈취강도로 구분한다.

[범죄동기에 의한 분류]

이욕범	• 자신의 경제적 이익을 위해 저지른 범죄 • 절도, 횡령, 배임, 통화위조 등
곤궁범	• 경제적인 곤궁에서 벗어나기 위해 저지른 범죄 • 절도, 영아살인, 유기 등
격정범	• 증오, 질투, 복수심, 성욕 등 격정에 휩싸여 저지른 범죄 • 폭행, 상해, 살인, 강간 등
유쾌범	• 스릴이나 흥분을 얻고자 하는 목적으로 저지른 범죄 • 가게물건 절도, 과속운전 등
정치범	• 정치적인 목적으로 저지른 범죄

10 Answer ②

② 법원은 「소년법」 제12조에 따라 소년보호사건에 대한 조사 또는 심리를 위하여 필요하다고 인정하면 그 법원의 소재지 또는 소년의 주거지를 관할하는 보호관찰소의 장에게 소년의 품행, 경력, 가정상황, 그 밖의 환경 등 필요한 사항에 관한 조사를 의뢰할 수 있다(보호관찰 등에 관한 법률 제19조의2 제1항).

① 동법 제19조 제1항

③ 소년법 제49조의2

④ 전자장치 부착 등에 관한 법률 제6조

11   Answer   ②

보안처분은 장래의 범죄위험성에 대한 예방으로서 형벌이 아니기 때문에 행위책임원칙에 근거하지 않는다. 따라서 책임능력이 없어도 부과될 수 있다.

12   Answer   ③

슐징어는 양자연구를 한 학자이다. 체형이론을 연구한 학자는 크레취머(Ernst Kretschmer), 셸던(William Sheldon) 등이다.

13   Answer   ④

롬브로조는 생래적 범죄인, 정신적 범죄인, 격정범죄인, 기회범죄인, 상습범죄인, 잠재적 범죄인으로 범죄인을 분류하였다.

14   Answer   ①

㉠은 차별적 접촉이론, ㉡은 비행하위문화이론, ㉢은 차별적 기회구조이론에 대한 설명이다.

15   Answer   ③

③ 성폭력범죄로 징역형의 실형을 선고받은 사람이 그 집행을 종료한 후 또는 집행이 면제된 후 10년 이내에 성폭력범죄를 저지른 때(전자장치 부착 등에 관한 법률 제5조 제1항 제1호)
① 동조 동항 제2호
② 동조 동항 제3호
④ 동조 동항 제4호. 다만, 만 19세 미만의 자에 대하여 부착명령을 선고한 때에는 19세에 이르기까지 전자장치를 부착할 수 없다(동법 제4조).

16   Answer   ②

머튼의 아노미이론은, 사회의 모든 계층이 부의 성취를 추구하지만 대부분의 하류계층에게는 문화적 목표를 달성할 합법적 수단이 제한되어 있으므로, 비합법적 수단을 통해서라도 그 목표를 달성하고자 한다는 가정에서 출발하며, 전통적인 범죄의 대부분이 하류계층에 의해 실행된다는 것을 설명하고자 하였다.

17   Answer   ①

② 통제이론은 범죄연구의 초점을 "인간은 왜 범죄를 저지르는지"가 아닌 "인간은 왜 범죄를 저지르지 않는지"에 맞춘 이론으로, 그 원인으로 주목한 것은 개인과 사회가 가지고 있는 통제력 또는 억제력이다. 따라서 범죄억제요인으로서 심리학적·사회적 특정 요인을 제시하였을 뿐, 생물학적 요인을 제시하지는 않았다.
③ 허쉬(Hirschi)의 사회통제이론에 대한 설명으로, 허쉬는 반사회적 행위를 자행토록 하는 근본적인 원인은 인간의 본성에 있으며, 누구든지 범행가능성이 잠재되어 있음에도 이를 통제할 수 있는 이유는 개인이 사회와 맺고 있는 일상적인 유대 때문이라고 주장하였다.
④ 갓프레드슨과 허쉬에 따르면, 어릴 때 형성된 자기통제력은 청소년기를 지나 성인이 되어서도 변하지 않는 안정적이고도 지속적인 성향이 된다고 한다.

18 Answer ①

예방주의는 범죄소년이 더 이상 범죄를 저지르지 않도록 하고, 범죄우려가 있는 우범소년 또한 범죄를 저지르지 않도록 하는 범죄예방에 중점을 두는 원칙으로, 「소년법」 제4조 제1항 제3호는 이와 같은 예방주의를 표현한 규정이다.

19 Answer ②

낙인이론은 규범이나 가치에 대한 단일한 사회적 합의의 존재를 부정한다. 또한 전통적인 범죄이론과는 달리 범죄행위 자체에 초점을 두지 않고, 어떤 사람이 왜 일탈자로 규정되는지, 어떤 행위가 왜 일탈행위로 규정되는지에 초점을 둔다.

20 Answer ②

② 제1항 제2호(수강명령) 및 제10호(장기 소년원 송치)의 처분은 12세 이상의 소년에게만 할 수 있다 (소년법 제32조 제4항).
① 동법 제4조, ③ 동법 제50조, 제51조, ④ 동법 제33조 제4항

3회 형사정책 모의고사

[정답 및 해설]

문제 41p

| 01 | ④ | 02 | ④ | 03 | ③ | 04 | ③ | 05 | ④ | 06 | ② | 07 | ④ | 08 | ② | 09 | ④ | 10 | ④ |
| 11 | ④ | 12 | ④ | 13 | ③ | 14 | ③ | 15 | ④ | 16 | ④ | 17 | ④ | 18 | ④ | 19 | ④ | 20 | ④ |

01   Answer   ④

④ 브랜팅햄과 파우스트의 범죄예방모델은 질병예방의 보건의료모형을 차용하였다. 1차적 예방은 질병예방을 위해 주변 환경의 청결·소독과 같은 위생상태를 개선하는 것과 유사하고, 2차적 예방은 질병에 걸린 사람들을 격리하고 주변 사람들에게 예방접종을 하는 것과 유사하며, 3차적 예방은 중병에 걸린 사람을 입원시켜 치료하는 것과 유사하다.

① · ② 환경설계 및 범죄예방교육은 1차적 범죄예방이다.

③ 재범예방프로그램은 3차적 범죄예방이다.

02   Answer   ④

멘델존은 피해자의 유책성 정도에 따라 ㉠ 책임이 없는 피해자, ㉡ 책임이 조금 있는 피해자, ㉢ 가해자와 동등한 책임이 있는 피해자, ㉣ 가해자보다 책임이 큰 피해자, ㉤ 가장 책임이 큰 피해자 등으로 분류하였다. 해당 지문은 가해자보다 책임이 큰 피해자 유형에 해당한다.

[멘델존의 피해자 유형]

책임이 없는 피해자	영아살해죄의 영아, 약취유인된 유아 등
책임이 조금 있는 피해자	낙태로 인해 사망한 임산부 등 무지로 인한 피해자
가해자와 책임이 동일한 피해자	자살미수·동반자살 등 자발적인 피해자
가해자보다 책임이 큰 피해자	범죄자의 가해행위를 유발시킨 피해자, 부주의에 의한 피해자 등
가장 책임이 큰 피해자	정당방위의 상대방 같은 공격적 피해자, 무고죄의 범인 같은 기망적 피해자 등

03   Answer   ③

③ 검사는 피의자와 범죄피해자(이하 "당사자"라 한다) 사이에 형사분쟁을 공정하고 원만하게 해결하여 범죄피해자가 입은 피해를 실질적으로 회복하는 데 필요하다고 인정하면 당사자의 신청 또는 직권으로 수사 중인 형사사건을 형사조정에 회부할 수 있다(범죄피해자 보호법 제41조 제1항).

① 동법 제34조 제1항, ② 동법 제24조 제1항, ④ 동법 제21조 제1항

04   Answer   ③

① 죄형법정주의에 위배된다는 비판을 받는 것은 절대적 부정기형제도이다.

② 부정기형제도도 자유형에 해당하므로 단기자유형의 대체방안이 될 수 없다.

④ 부정기형은 근본적으로 형벌 정도를 정하는 권한이 법관으로부터 교정담당자로 이전된다는 것을

의미하므로, 교도관의 권한을 강화시킬 우려가 있다.

05 Answer ④

위험성의 판단은 미래에 대한 예상적 판단이므로 판단의 기준시는 행위 시가 아니라, 보안처분의 선고나 집행 시이다.

06 Answer ②

○ : ㉠, ㉡ 보호관찰 등에 관한 법률 제19조 제1항, ㉣
× : ㉢ 판결 전 조사요구는 제1심뿐만 아니라 항소심에서도 할 수 있으나, 법률심인 상고심에서는 할 수 없다.
　　㉤ 법원은 피고인에 대하여 「형법」 제59조의2 및 제62조의2에 따른 보호관찰, 사회봉사 또는 수강을 명하기 위하여 필요하다고 인정하면 그 법원의 소재지(所在地) 또는 피고인의 주거지를 관할하는 보호관찰소의 장에게 범행동기, 직업, 생활환경, 교우관계, 가족상황, 피해회복 여부 등 피고인에 관한 사항의 조사를 요구할 수 있다(동법 제19조 제1항).

07 Answer ④

④ 보호감호를 규정한 「사회보호법」은 2005년에 폐지되었으므로, 현행법상 부과할 수 있는 보안처분이 아니다.
① 성폭력범죄자의 성충동 약물치료에 관한 법률
② 전자장치 부착 등에 관한 법률
③ 형법

08 Answer ②

①·② 검사는 사람에 대하여 성폭력범죄를 저지른 성도착증 환자로서 성폭력범죄를 다시 범할 위험성이 있다고 인정되는 19세 이상의 사람에 대하여 약물치료명령을 법원에 청구할 수 있다(성폭력범죄자의 성충동 약물치료에 관한 법률 제4조 제1항). 따라서 위치추적 전자장치 부착자와는 상관없고, 성폭력범죄를 다시 범할 위험성을 요건으로 한다.
③ 19세 이상의 사람에 대하여 청구할 수 있다(동법 제4조 제1항).
④ 당사자의 동의를 필요로 하지 않는다.

09 Answer ④

형벌 법령에 저촉되는 행위를 하는 것은 우범소년이 아닌 촉법소년이나 범죄소년이다(소년법 제4조).

10 Answer ④

④ 무어(Moore)는 화이트칼라범죄를 범행수법에 따라 신용사기(stings/swindles), 사취(chiseling), 조직 내 권한의 사적 이용, 횡령, 고객사기, 정보판매와 뇌물, 고의적으로 규정을 위반하는 행위 등 7가지 유형으로 구분하였다.
① 서덜랜드에 따르면, 화이트칼라범죄는 높은 사회적 지위를 가진 존경받고 있는 사람이 자신의 직업활동과 관련하여 행하는 범죄로 정의된다.

11   Answer   ④

가로팔로는 범죄인을 자연범, 법정범, 과실범으로 분류하고, 자연범의 유형으로 ① · ② · ③ 외에 풍속범죄인을 들었다.

[가로팔로의 범죄인 분류]

자연범	모살범죄인	개선 불가능한 자는 사형
	폭력범죄인	본능적인 살상범은 무기유형. 기타 폭력범죄인은 부정기자유형
	재산범죄인	본능적 · 상습적인 자는 무기유형. 소년은 시설에 수용하여 훈련, 성인은 강제노역
	풍속범죄인	부정기자유형
법정범		정기구금형
과실범		처벌 불필요

12   Answer   ④

제이콥스(Jacobs)는 성염색체의 이상과 범죄의 관계를 연구한 학자이다.

13   Answer   ③

고다드는 정신박약자 가계인 칼리카크가의 연구를 통해 범죄성의 유전성을 긍정하였다.

14   Answer   ③

다원론적 관점(다원인자론)은 1920년대 소년비행 예측에 사용된 이론으로, 범죄의 발생은 하나의 원인이 아닌 생물학적 · 사회학적 · 심리학적 원인이 복합적으로 작용한 결과라고 보는 견해를 말하며, 힐리(W. Healy) · 글룩 부부(S. Glueck & E. Glueck) 등의 연구에서 출발한다.

15   Answer   ④

사회적 학습이론이 사회적 강화나 자극을 강조하고 있는 것은 분명하나, 비사회적 강화나 자극을 부정한 것은 아니다. 다시 말하면, 비사회적 강화나 자극보다 사회적 강화나 자극을 보다 강조한다.

16   Answer   ④

④ 제32조 제1항 제4호(단기 보호관찰) 또는 제5호(장기 보호관찰)의 처분을 할 때에 3개월 이내의 기간을 정하여 「보호소년 등의 처우에 관한 법률」에 따른 대안교육 또는 소년의 상담 · 선도 · 교화와 관련된 단체나 시설에서의 상담 · 교육을 받을 것을 동시에 명할 수 있다(소년법 제32조의2 제1항).
① 동법 제49조의3 제2호
② 형사소송법 제448조 제1항. 15세의 중학생에게도 벌금형을 선고할 수 있으나, 벌금을 미납하더라도 18세 미만이므로 노역장 유치선고를 할 수는 없다.
③ 소년법 제32조 제1항 제3호, 제33조 제4항

17   Answer   ④

레클리스는 내적 봉쇄요인과 외적 봉쇄요인 중 어느 한 가지라도 제대로 작용하면 범죄나 비행을 예방할 수 있다고 보았다. 레클리스가 주장한 범죄유발요인과 범죄통제요인을 정리하면 다음과 같다.

구분		유형별 특징
범죄 유발요인	압력요인	사람들을 불만족한 상태에 들게 하는 요인(열악한 사회조건, 가족갈등 등)
	유인요인	정상적인 생활로부터 이탈하도록 하는 요인(나쁜 친구, 불건전한 대중매체 등)
	배출요인	범죄를 저지르도록 하는 생물학적 · 심리학적 요인(불안감, 불만감, 증오심, 공격성 등)
범죄 통제요인	내적 통제	내부적인 범죄차단요소(자기통제력, 긍정적 자아개념, 강한 책임감 등)
	외적 통제	외부적인 범죄차단요소(효과적인 관리와 규율, 가족과 지역사회의 유대감 등)

18 Answer ④

× : ⓒ 낙인이 없으면 범죄도 없다는 개념은 상대주의 논리에 해당한다.
　　 ② 낙인이론은 일탈자와 사회 간의 상호작용에 집착한 결과, 일탈자의 소질적인 요인 등 주체적
　　　 특성에 대한 이론적 배려가 없다는 점이 단점으로 지적되고 있다.
○ : ㉠, ㉡

19 Answer ④

× : ⓒ 18세 미만인 소년에게는 「형법」 제70조에 따른 유치선고를 하지 못한다(소년법 제62조 본문).
　　 ⑩ 소년분류심사원 위탁처분은 소년부 판사가 사건을 조사 또는 심리하는 데에 필요하다고 인정
　　　 하면 소년의 감호에 관하여 결정으로써 행하는 조치이므로(동법 제18조 제1항 제3호), 소년에
　　　 대한 전환제도의 일종으로 볼 수 없다.
○ : ㉠ 소년보호 이념 중 개별주의에 대한 설명이다.
　　 ㉡ 소년형사사건의 경우, 해당 소년이 또 다시 비행행위를 범하지 않도록 하는 특별예방이 더 강
　　　 조된다.
　　 ② 동법 제49조 제1항

20 Answer ④

①·②·③은 맛차의 표류이론, ④는 코헨(Cohen)의 비행적 하위문화이론에 대한 설명이다.

4회 형사정책 모의고사

[정답 및 해설]   문제 47p

| 01 | ② | 02 | ③ | 03 | ④ | 04 | ① | 05 | ④ | 06 | ④ | 07 | ② | 08 | ③ | 09 | ① | 10 | ② |
| 11 | ③ | 12 | ④ | 13 | ④ | 14 | ④ | 15 | ② | 16 | ② | 17 | ① | 18 | ③ | 19 | ④ | 20 | ① |

01   Answer   ②

시대적 대응성은 평가기준에 포함되지 않는다.

[에이커스와 셀러스의 범죄학이론을 평가하는 기준]
- 논리적 일관성: 범죄학이론의 설명은 논리적으로 일관되어야 한다.
- 검증가능성: 범죄학은 사회과학의 한 분야로서 관찰 및 실험에 의해 검증 가능하여야 한다.
- 경험적 타당성: 어떠한 이론이 주장하는 명제나 가설이 경험적 증거인 설문조사, 실험, 관찰 등에 의해 지지된다면, 경험적 타당성이 높은 좋은 이론이라고 할 수 있다(평가기준 중 가장 중요).
- 정책적 함의: 정책적 함의가 풍부하여 유용성이 있어야 한다. 좋은 범죄학이론은 정책에 적용할 수 있는 다양한 정책함의를 가져야 한다.

02   Answer   ③

엘렌베르거는 피해자를 잠재적 피해자와 일반적 피해자로 나누었다.

[엘렌베르거의 피해자 유형]

잠재적 피해자	• 실제로 범죄피해를 당하지 않았지만, 언젠가는 범죄자의 표적이 될 가능성이 큰 사람 • 잠재적 피해자는 자기혐오 성향. 우울증 및 아벨증후군(스스로 남들보다 행복하다고 믿고 있어 늘 모두의 질투를 받고 있다는 불안에 시달린 나머지 비정상적으로 행동하는 것)을 가지고 있는 것이 특징이다.
일반적 피해자	• 잠재적 피해자 외의 피해자 • 일반적으로 피해자는 일시적 또는 외형적 요인 때문에 피해를 당한다고 보고, 이들의 일반적 특성으로 연령. 직업, 정신병리적 · 사회적 · 신체적 상황 등을 들고 있다.

03   Answer   ④

× : ㉡ 집행유예의 유형은 유예의 방법을 기준으로 조건부 유죄판결주의와 조건부 특사주의로 구분되는데, 전자는 유예기간 중 집행유예의 선고가 취소되지 않는 한 유예기간이 지나면 자동적으로 형의 선고가 없었던 것과 동일한 효과를 가지는 제도인 반면, 후자는 유예기간을 무사히 지나면 사면에 의해 형의 집행을 면제하되, 형의 선고는 여전히 유효한 제도를 말한다. 우리나라의 집행유예제도는 조건부 유죄판결주의를 따르고 있다.
㉣ 형의 집행을 유예하는 경우에는 보호관찰을 받을 것을 명하거나 사회봉사 또는 수강을 명할 수 있다(형법 제62조의2 제1항).
○ : ㉠, ㉢

04 Answer ①

×: ㉠ 우리 형법은 정기형을 원칙으로 한다. 다만, 소년법에서 상대적 부정기형을 규정하고 있을 뿐이다.
　㉡ 부정기형제도는 교육형주의자들로부터 주장되었다.

○: ㉢, ㉣

05 Answer ④

일원주의에 대해서는, 단순히 행위자의 반사회적 위험성만을 척도로 일정한 제재를 가하는 것은 행위자의 개별책임원칙에 반한다는 비판이 있다.

06 Answer ④

내란죄로 5년의 징역형이 확정된 후 형의 전부의 집행을 받은 사람은 보호관찰이 아닌 보안관찰처분대상자이다(보안관찰법 제3조).

07 Answer ②

×: ㉡ 수사기관에 인지된 경우라도 미해결의 상태로 남아 있다면 암수범죄에 포함된다.
　㉢ 초기에는 범죄와 암수범죄의 관계가 일정한 비율을 지닌다고 보아 그 중요성을 인정받지 못하였으나, 20세기에 들어서면서 암수율은 항상 일정한 것이 아니고 불규칙적으로 변화한다는 사실이 밝혀지면서 그 중요성을 인정받게 되었다.

○: ㉠, ㉣

08 Answer ③

○: ㉠ [반두라의 보보인형실험(Bobo Doll Experiment)]
　　보보인형실험은 실험참가 아동 72명(평균 4세 남자아이 36명, 여자아이 36명) 중 24명을 통제집단, 나머지 48명을 8개의 실험집단(남자/여자/동일성별모델/비동일성별모델/폭력모델/비폭력모델)에 할당하여 실험을 진행하였다. 폭력집단에서는 나무 망치로 보보인형을 때리고 고함을 치는 등의 행동을 보여 주었고, 비폭력집단에서는 보보인형을 완전히 무시하고 손가락인형을 가지고 조용히 10분간 성인모델이 노는 모습을 보여 주었으며, 실험이 끝난 후 실험에 참여한 아이들의 공격적인 행동을 관찰하여 그 결과를 비교하였다. 또한 실험에서 보보인형을 공격하고 상을 받거나 혹은 벌을 받는 조건에서도 상을 받는 상황을 관찰한 실험집단에서 보다 공격적인 행동을 보여 관찰을 통한 대리강화(Vicarious Reinforcement)가 발생하는 것으로 나타났다.
　㉣ 해당 주장은 버제스와 에이커스의 차별적 강화이론으로, 서덜랜드의 주장을 보완한다.
　　[버제스와 에이커스(Bugess & Akers)의 차별적 (접촉)강화이론의 4가지 주요개념]
　　• 차별적 접촉(differential association) : 범죄자에게는 그들에게 범죄나 모방할 모형이나 차별적 강화를 제공하는 집단이 존재하며, 이러한 집단 가운데 가장 중요한 것은 가족이나 친구와 같은 일차적 집단이다.
　　• 정의(definition) : 특정 행위에 개인이 부여하는 의미와 태도를 의미한다.
　　• 차별적 강화(differential reinforcement) : 범죄행위의 결과로부터 돌아오는 보상과 처벌의 균형에 의해 달라지는 것으로, 개인이 그 범죄행위를 저지를 것인지 여부는 과거와 미래에 예상되는 보상과 처벌 간의 균형에 영향을 받는다.

- 모방(imitation) : 타인의 행동에 대한 관찰과 학습의 결과로써 그와 유사한 행동을 하게 되는 것으로, 사회학습이론을 기반으로 한다.

× : ㉡ 방향의 법칙에 대한 설명이다. 거리의 법칙은 모방의 강도는 사람과 사람 사이의 반비례한다고 설명한다.

㉢ 차별적 기회구조론이다. 사회적 학습이론이 아닌 범죄적·갈등적·도피적 하위문화에 대한 설명이다.

09 Answer ①

② 사이버범죄는 전문가나 내부자가 전문성 및 기술성을 가지고 행하는 경우가 많기 때문에 범죄의 지능화로 인한 수사의 어려움이 생길 수 있다.

③ 해킹·서비스 거부공격(디도스)은 테러형 사이버범죄, '개인정보 침해'는 일반 사이버범죄에 속한다.

④ 경찰청 사이버안전국의 사이버범죄 분류에 따르면, 몸캠피싱은 정보통신망 이용 범죄 중 사이버 금융범죄에 속한다.

[사이버범죄 분류(경찰청)]

테러형 사이버범죄	의의	정보의 기밀성, 무결성을 침해하는 범죄
	분류	해킹, 컴퓨터바이러스, 디도스(서비스 거부), 인터넷 웜
일반 사이버범죄	의의	사이버 공간에서 이루어지는 일반 형사범죄
	분류	음란물 유통, 사이버 도박, 개인정보침해, 사이버 스토킹, 사이버 명예훼손 등

10 Answer ②

② 보안관찰처분에 관한 결정은 보안관찰처분심의위원회의 의결을 거쳐 법무부장관이 행한다(보안관찰법 제14조 제1항). 따라서 보안관찰처분은 사법처분이 아닌 행정처분이다.

① 형의 집행을 유예하는 경우에는 보호관찰을 받을 것을 명하거나 사회봉사 또는 수강을 명할 수 있다(형법 제62조의2 제1항).

③ 판사는 심리 결과 보호처분이 필요하다고 인정할 때에는 결정으로 다음 각 호의 어느 하나에 해당하는 처분을 할 수 있다(성매매알선 등 행위의 처벌에 관한 법률 제14조 제1항).

④ 소년부 판사는 심리 결과 보호처분을 할 필요가 있다고 인정하면 결정으로써 다음 각 호의 어느 하나에 해당하는 처분을 하여야 한다(소년법 제32조 제1항).

11 Answer ③

③ 리스트는 성욕범죄인을 동정범죄인·긴급범죄인·격정범죄인 등과 더불어 개선가능자로 분류하고, 목적달성방법으로 개선조치를 제시하였다.

리스트는 범죄인을 개선불가능자·개선가능자·기회범 등 세 가지로 크게 나누고, 목적달성방법으로 개선불가능자는 무해화조치, 개선가능자는 개선조치, 기회범은 위협이 적당하다고 하였다.

[리스트의 범죄인 분류]

개선불가능자	법익침해의식이 없거나 희박한 범죄인	[무해화조치] • 종신형에 의한 무해화조치가 필요 • 개선 불가능한 자에 대한 범죄학적·형사정책적 연구는 매우 중요

개선가능자	동정범죄인	[개선조치]
	긴급범죄인	• 개선을 위한 형벌 부과
	성욕범죄인	• 다만, 단기자유형은 불합리한 결과를 초래하므로 피해야 함
	격정범죄인	
기회범	명예 · 지배욕범죄인	[위협]
	이념범죄인	• 위하의 목적으로 형벌 부과
	이욕 · 쾌락욕범죄인	• 다만, 형벌은 벌금 정도가 적합하고, 단기자유형은 피해야 함

12   Answer   ④

○ : ⑩, ⑭
× : ㉠ 롬브로조는 다윈의 진화론에서 많은 영향을 받았다.
     ㉡ 후튼은 롬브로조의 이론에 찬성하였다.
     ㉢ XXY형, XYY형 등 성염색체 연구는 제이콥스(Jacobs) · 위트킨(Witken) 등에 의해 이루어졌다.
     ㉣ 메드닉(Mednick)은 뇌파와 범죄의 관련성을 연구한 학자이다. MMPI(Minnesota Muliphasic Personality Inventory, 미네소타 다면적 인성검사)는 1940년 미국의 하더웨이와 맥킨리(S. Hathaway & J. Mckinley)에 의해 개발되었다.

13   Answer   ④

④ 징역형과 함께 치료명령을 받은 사람 및 그 법정대리인은 주거지 또는 현재지를 관할하는 지방법원(지원을 포함한다)에 치료명령이 집행될 필요가 없을 정도로 개선되어 성폭력범죄를 다시 범할 위험성이 없음을 이유로 치료명령의 집행면제를 신청할 수 있다. 다만, 징역형과 함께 치료명령을 받은 사람이 치료감호의 집행 중인 경우에는 치료명령의 집행면제를 신청할 수 없다(성폭력범죄자의 성충동 약물치료에 관한 법률 제8조의2 제1항).
① 동법 제8조 제1항, ② 동법 제4조 제1항, ③ 동조 제2항

14   Answer   ④

헤어(Hare)에 대한 설명이다. 로버트 헤어가 개발한 사이코패스에 대한 표준화된 진단표(PCL−R)는 20개의 문항으로 범죄적 사이코패스의 정서적 · 대인적 · 행동적 · 사회적 일탈 측면을 평가하는데, 현재 가장 많이 사용디고 있는 사이코패스 측정도구이다.

15   Answer   ②

× : ㉡ 퀴니(Quinney)에 대한 설명으로, 퀴니는 1970년 「범죄의 사회적 실재」를 통해 볼드의 집단갈등이론을 바탕으로 형사법의 제정과 집행과정이 개인 및 집단의 이익을 추구하는 정치적 환경에서 이루어진다고 주장했다.
     ㉢ [반두라의 사회학습이론에서의 학습과정]
      • 집중단계 : 관찰한 행동이 학습되려면 그 행동이 '주의'나 '관심'을 끌어야 한다.
      • 인지단계 : 학습한 행동에 관한 정보를 내적으로 '기억'함으로써 '인지'한다.
      • 재생단계 : 실제 행동으로 옮기기 위해서 저장한 기억을 재생시켜 행동을 조정한다.
      • 동기화단계 : 학습한 내용대로 실제 행동에 옮기기 전에 기대감(=동기부여)을 가진다.

○ : ㉠, ㉣

16 Answer ②

애그뉴(R. Agnew)의 일반긴장이론에서 제시한 긴장을 유발하는 원천은 긍정적 목적(목표) 달성의 실패, 기대와 성취의 불일치, 긍정적 자극의 소멸, 부정적 자극에의 직면(부정적 자극의 발생) 등이다.

17 Answer ①

① 허쉬(T. Hirschi)의 사회통제이론에 대한 설명으로서 맞는 표현이다.
② 밀러(W.B. Miller)의 하층계급문화이론에 대한 설명이다.
③ 맛차(D. Matza)의 표류이론에 대한 설명이다.
④ 글래저(D. Glaser)의 차별적 동일화이론에 대한 설명이다.

18 Answer ③

우범소년에게는 형벌을 선고할 수 없으나, 「소년법」상의 보호처분을 부과할 수는 있다.

19 Answer ④

셀린은 이질적 문화충돌에 의한 갈등을 일차적 문화갈등, 동일한 문화 내에서 사회적 분화에 의한 갈등을 이차적 문화갈등이라고 보았다.

20 Answer ①

① 소년법 제25조의3 제1항
② 사건 본인이나 보호자는 소년부 판사의 허가를 받아 보조인을 선임할 수 있으며, 보호자나 변호사를 보조인으로 선임하는 경우에는 위 허가를 받지 아니하여도 된다(동법 제17조 제1항·제2항).
③ 제32조 제1항 제10호에 따라 장기로 소년원에 송치된 소년의 보호기간은 2년을 초과하지 못한다(동법 제33조 제6항).
④ 18세 미만인 소년에게는 「형법」 제70조에 따른 유치선고를 하지 못한다. 다만, 판결선고 전 구속되었거나 제18조 제1항 제3호의 조치가 있었을 때에는 그 구속 또는 위탁의 기간에 해당하는 기간은 노역장에 유치된 것으로 보아 「형법」 제57조를 적용할 수 있다(동법 제62조).

5회 형사정책 모의고사

[정답 및 해설]   문제 53p

| 01 | ② | 02 | ② | 03 | ③ | 04 | ④ | 05 | ② | 06 | ① | 07 | ② | 08 | ② | 09 | ② | 10 | ④ |
| 11 | ② | 12 | ② | 13 | ④ | 14 | ④ | 15 | ④ | 16 | ③ | 17 | ② | 18 | ② | 19 | ③ | 20 | ④ |

01   Answer   ②

[범죄예방의 구조모델]

접근법	대상	내용	적용 예
1차적 예방	일반대중	범죄행위를 조장하거나 범죄의 기회를 제공하는 물리적 · 사회적 환경조건을 개선하여 범죄를 예방	환경설계, 민간경비, 이웃감시, 경찰방범활동, 일반예방, 감시장비 설치, 범죄예방교육 등
2차적 예방	우범자 또는 그 집단	잠재적 범죄자를 초기에 발견하고 이들의 범죄기회를 차단하여 범죄를 예방	범죄지역 분석, 재범예측, 전환제도 등
3차적 예방	범죄자	범죄자들이 더 이상 범죄를 저지르지 못하게 하여 범죄를 예방	교정기관의 목표로, 범죄자교화 · 재범예방 프로그램 등

02   Answer   ②

× : ㉡ 멘델존은 범죄피해자 유형을 피해자의 유책성(귀책성) 정도를 기준으로 책임이 없는 피해자(영아살해죄의 영아), 책임이 조금 있는 피해자, 가해자와 책임이 동등한 피해자(동반자살), 가해자보다 더 책임이 큰 피해자, 가장 책임이 큰 피해자(정당방위의 상대방)로 분류하였다.
　　㉢ 헨티히의 주장이다.
○ : ㉠, ㉣

03   Answer   ③

③ 형법 제62조 제1항
① 3년 이하의 징역이나 금고 또는 500만원 이하의 벌금형을 선고할 경우이어야 한다(동법 제62조 제1항).
② 형의 집행을 유예할 수 있는 기간은 1년 이상 5년 이하이다(동조 동항).
④ 형법 제51조에 규정한 정상참작사유가 있다고 판단되어야 한다(동조 동항).

04   Answer   ④

④ 벌금 미납자의 사회봉사 집행에 관한 특례법 제4조 제1항
① 벌금과 과료는 판결확정일로부터 30일 이내에 납입하여야 한다. 다만 벌금을 선고할 때에는 동시에 그 금액을 완납할 때까지 노역장에 유치할 것을 명할 수 있다(형법 제69조 제1항).
② 벌금형의 시효는 5년이다(동법 제78조).
③ 벌금을 납입하지 아니한 자는 1일 이상 3년 이하, 과료를 납입하지 아니한 자는 1일 이상 30일 미만

의 기간 노역장에 유치하여 작업에 복무하게 한다(동법 제69조 제2항). 즉, 환형유치기간의 상한은 3년이므로 유치기간의 상한이 없다는 표현은 옳지 않다.

05   Answer   ②

② 벌금을 미납한 사람은 보호관찰대상자가 될 수 없다(보호관찰 등에 관한 법률 제3조).
① 소년법 제32조
③ 보호소년 등의 처우에 관한 법률 제43조 제3항
④ 형법 제59조의2

06   Answer   ①

① "성충동 약물치료"란 비정상적인 성적 충동이나 욕구를 억제하기 위한 조치로서 성도착증 환자에게 약물 투여 및 심리치료 등의 방법으로 도착적인 성기능을 일정 기간 동안 약화 또는 정상화하는 치료를 말한다(성충동약물치료법 제2조 제3호).
② 동법 제4조 제1항, ③ 동조 제2항, ④ 동법 제13조 제1항

[성폭력범죄자의 성충동 약물치료에 관한 법률]

구분	판결에 의한 치료명령	수형자에 대한 법원의 결정	가종료자 등의 치료감호심의위원회의 결정
대상	사람을 성폭행한 19세 이상인 자로, 성도착증 환자	사람을 성폭행한 징역형 이상의 성도착증 환자로, 치료에 동의한 자	성도착증 환자(결정일 전 6개월 이내에 실시한 정신건강의학과 전문의의 진단 또는 감정 결과 반드시 참작)
기간	15년 범위 내 법원선고	15년 범위 내 법원결정 고지	보호관찰기간의 범위 내 치료감호심사위원회 결정
관할	지방법원 합의부 (지원 합의부 포함)	지방법원 합의부 (지원 합의부 제외)	치료감호심사위원회
집행	검사 지휘 보호관찰관 집행	검사 지휘 보호관찰관 집행	보호관찰관 집행
비용	국가부담	원칙 본인부담. 예외 가능 (본인의 동의에 의함)	국가부담
통보	• 석방되기 3개월 전까지 보호관찰소장 통보 • 석방되기 5일 전까지 보호관찰소장 통보	석방되기 5일 전까지 보호관찰소장 통보	석방되기 5일 전까지 보호관찰소장 통보
집행 시기	석방되기 전 2개월 이내	석방되기 전 2개월 이내	석방되기 전 2개월 이내
임시 해제	• 치료명령이 개시된 후 6개월 경과, 기각되면 6개월 경과 후에 신청 • 준수사항도 동시에 임시해제 • 임시해제기간은 치료명령기간에 산입되지 않음		
치료 명령 시효	• 판결 확정 후 집행 없이 형의 시효기간 경과 • 판결 확정 후 집행 없이 치료감호의 시효 완성	치료명령 결정이 확정된 후 집행을 받지 아니하고 10년 경과하면 시효 완성	없음

종료	• 기간경과 • 사면(형선고 효력상실) • 임시해제기간 경과	• 기간경과 • 사면(형선고 효력상실) • 임시해제기간 경과	• 기간경과 • 보호관찰기간 경과 및 종료 • 임시해제기간 경과

기타	• 청구시기 : 항소심 변론종결 시까지
	• 주거이전 또는 7일 이상의 국내여행을 하거나 출국할 때에는 보호관찰관의 허가
	• 치료명령의 집행면제 신청
	   – 징역형과 함께 치료명령을 받은 사람 등 : 주거지 또는 현재지 관할 지방법원(지원 포함)에 집행면제 신청(치료감호 집행 중인 경우 치료명령 집행면제를 신청할 수 없음)
	   – 신청기간 : 징역형 집행종료되기 전 12개월부터 9개월까지
	   – 법원의 결정 : 징역형 집행종료되기 3개월 전까지(집행면제 여부 결정에 대한 항고 가능)
	   – 치료감호심사위원회의 치료명령 집행면제 : 징역형과 함께 치료명령을 받은 사람의 경우 형기가 남아 있지 아니하거나 9개월 미만의 기간이 남아 있는 사람에 한정하여 집행면제 결정		

07   Answer   ②

[암수범죄에 관한 학자들의 견해 요약정리]

서덜랜드	범죄와 비행에 대한 통계는 모든 사회통계 중 가장 신빙성이 없고 난해한 것이다.
엑스너	암수범죄의 정확한 이해는 곧 범죄통계의 급소이다.
래디노비츠	암수가 전체 범죄의 85%에 달하며, 특히 성범죄의 90% 이상이 암수범죄에 해당한다.
폴락	여성범죄의 가장 큰 특징은 은폐성이며, 현존하는 남녀범죄 간의 불평등을 야기하는 현저한 원인의 하나는 기사도정신이다.
존스	암수는 그 규모를 바르게 알 수 없지만, 경찰에서 알고 있는 범죄의 약 4배 정도 될 것이다.
셀린	통계상 표시되는 범죄는 형사사법절차의 각 단계가 진행됨에 따라 점점 줄어들며, 법집행기관의 개입이 가장 적은 경찰단계의 통계에서 암수가 가장 적게 나타난다.

08   Answer   ②

① 실험연구 : 일정한 조건을 인위적으로 설정하고, 그 속에서 발생하는 사실을 관찰함으로써 어떤 가설의 타당성을 검증하고 새로운 사실을 관찰하는 방법이다. 실험연구가 성공하기 위해서는 조사대상자의 선정, 통제집단과 비교집단의 구성, 실험조건이 필요하다.

③ 문헌연구 : 기존의 연구자들이 기록한 범죄 관련 기록물이나 통계자료 등을 현재의 연구에 활용하는 방법이다. 범죄연구자들은 많은 정부기관, 연구기관 및 기타 관련 기관들의 데이터 집적 자료들을 활용하기 때문에 보다 적은 비용과 시간만으로도 기존의 연구성과를 폭넓게 파악할 수 있다. 그러나 문헌의 신뢰성이 하락할 경우에는 연구결과의 신뢰성도 함께 하락한다는 문제가 있다.

④ 피해자조사 : 범죄의 피해자가 가해자보다 자신이 당한 범죄를 보고할 가능성이 더 크기 때문에 범죄피해자의 특성을 파악하기가 보다 용이하고, 가해자가 보고할 때까지 기다리지 않고 직접 찾아 나선다는 점에서 정확한 범죄현상의 파악을 가능하게 하며, 전국적인 조사로써 대표성 있는 자료를 수집할 수 있고, 피해원인의 규명을 통해 범죄예방을 위한 기초자료가 된다. 또한 공식범죄통계에서 누락된 범죄가 범죄피해자조사에서 발견될 수 있으므로, 암수범죄를 해결하는 데 효과적이다.

09   Answer   ②

× : ⓒ 사회봉사명령 처분은 14세 이상의 소년에게만 할 수 있다(소년법 제32조 제3항).

     ⓔ 징역 또는 금고와 동시에 벌금을 선고받은 사람은 사회봉사를 신청할 수 없다(벌금 미납자의

사회봉사 집행에 관한 특례법 제4조 제2항).

ㅂ 법원이 아동·청소년대상 성범죄를 범한 사람에 대하여 형의 집행을 유예하는 경우에는 제2항에 따른 수강명령 외에 그 집행유예기간 내에서 보호관찰 또는 사회봉사 중 하나 이상의 처분을 병과할 수 있다(아동·청소년의 성보호에 관한 법률 제21조 제4항).

○ : ㉠ 판사는 심리의 결과 보호처분이 필요하다고 인정하는 경우에는 결정으로 다음 각 호의 어느하나에 해당하는 처분을 할 수 있다(가정폭력범죄의 처벌 등에 관한 특례법 제40조 제1항 제4호).
4.「보호관찰 등에 관한 법률」에 따른 사회봉사·수강명령

㉡ 판사는 심리 결과 보호처분이 필요하다고 인정할 때에는 결정으로 다음 각 호의 어느 하나에해당하는 처분을 할 수 있다(성매매 알선 등 행위의 처벌에 관한 법률 제14조 제1항 제3호).
3.「보호관찰 등에 관한 법률」에 따른 사회봉사·수강명령

10   Answer   ④

사기범죄는 계획성, 전문성, 지능성에 의해 이루어지는 범죄이다. 격정적인 흥분상태에서 범행을 실행하는 것은 주로 폭력범죄, 성범죄 등이다.

11   Answer   ②

가로팔로는 성범죄를 저지르는 풍속범의 경우에는 성적 편향이 고쳐질 때까지 부정기자유형에 처할 것을 주장하였다.

[가로팔로의 범죄인 분류]

자연범	모살범죄인	개선 불가능한 자는 사형
	폭력범죄인	본능적인 살상범은 무기유형, 기타 폭력범죄인은 부정기자유형
	재산범죄인	본능적·상습적인 자는 무기유형, 소년은 시설에 수용하여 훈련, 성인은 강제노역
	풍속범죄인	부정기자유형
법정범		정기구금형
과실범		처벌 불필요

12   Answer   ②

고링은 범죄인이 비범죄인보다 일반적으로 신장과 체중이 다소 미달될 뿐, 신체적으로는 일반인과 구별되는 특징을 발견할 수 없었다고 주장하고, 롬브로조가 주장하는 범죄인 분류는 현실적으로 활용하기에 부적절하다고 비판하였으나, 범죄성의 유전성에 대해서는 긍정하는 입장을 취하였으므로 학습에 주의를 요한다.

13   Answer   ④

Y염색체가 많은 자는 중배엽형으로, 공격적인 행동을 하는 신체긴장형에 속한다.

14   Answer   ④

④ 검사는 소속 검찰청 소재지 또는 성폭력 수형자의 주소를 관할하는 보호관찰소의 장에게 성폭력 수형자에 대하여 제5조 제1항에 따른 조사를 요청할 수 있다(성폭력범죄자의 성충동 약물치료에 관한

법률 제22조 제2항 제3호).
① 동조 동항 제1호, ② 동조 동항 제2호, ③ 동법 제23조 제1항

15 Answer ④

머튼은 문화적 목표와 제도화된 수단에 따라 여러 가지 적응유형이 있다고 보았다. 설문은 '혁신형'에 대한 설명으로, 혁신형은 목표는 추구하지만 합법적 수단이 없어 부당한 수단으로 목표를 달성하려는 집단이다.

16 Answer ③

클로워드와 올린은 코헨과는 달리 청소년비행을 중산계층의 가치나 규범에 대한 부정적인 표현이라고 보지 않고, 사회적 지위나 복지를 이루려는 목표를 합법적으로 달성할 수 없을 경우에 발생하는 것이라고 보았다.

17 Answer ②

가정의 빈곤을 소년범죄의 중요한 원인으로 생각하는 학자들은 개인적 소질보다는 환경적 요인을 더 중요하게 생각하는 경향이 있다.

18 Answer ②

○ : ⓛ 재통합적 수치이론의 핵심개념인 수치란 낙인이론에서의 낙인에 상응하는 개념으로 볼 수 있는데, 브레이스웨이트는 수치를 불승인표시로서 "당사자에게 양심의 가책을 느끼게 하는 것"으로 정의하였다.
ⓒ 형사처벌과 이차적 일탈 간의 관계를 살펴본 실증연구들의 결론은 일관되지 않다. 이와 같은 연구결과는 형사처벌의 효과를 설명하는 두 가지 상반된 이론의 존재와 무관하지 않다. 낙인이론은 형사처벌, 즉 공식낙인이 향후 범죄 및 비행을 유발한다고 보는 반면, 전통적 억제이론은 형사처벌이 향후 범죄를 억제한다고 본다. 재통합적 수치이론은 이렇듯 엇갈리는 형사처벌의 효과에 대한 이론 및 실증연구의 결과들을 통합하고자 하는 시도의 일환이라고 볼 수 있다.
× : ㉠ 재통합적 수치는 제재를 가하되, 범죄자라는 낙인으로부터 벗어나도록 해 주기 위한 의식, 용서의 말과 몸짓 등을 수반한다.
㉣ 낙인이론에 대한 설명이다.

19 Answer ③

× : ⓛ 집단 간 갈등을 사회의 지속적인 발전을 이끄는 핵심적이고 필수적인 사회과정의 하나로 보았다.
㉣ 범죄는 충분한 권력을 가지지 못한 사회집단이 이익을 획득하기 위한 투쟁이라고 보았다.
○ : ㉠, ⓒ

20 Answer ④

④ 항고는 결정의 집행을 정지시키는 효력이 없다(소년법 제46조).
① 동법 제3조 제2항, ② 동법 제38조 제1항, ③ 동법 제3조 제3항

6회 | 형사정책 모의고사

[정답 및 해설]   문제 59p

| 01 ④ | 02 ① | 03 ② | 04 ④ | 05 ② | 06 ② | 07 ③ | 08 ② | 09 ④ | 10 ④ |
| 11 ② | 12 ② | 13 ① | 14 ③ | 15 ④ | 16 ④ | 17 ② | 18 ③ | 19 ③ | 20 ③ |

01   Answer   ④

④ 구조금은 유족구조금·장해구조금 및 중상해구조금으로 구분하며, 일시금으로 지급한다(범죄피해자 보호법 제17조 제1항). 다만, 구조대상 범죄피해에서 과실로 인한 행위는 제외한다(동법 제3조 제1항 제4호).

③ 형사소송법 제95조 제6호

02   Answer   ①

간이공판절차는 경미한 범죄의 소송절차를 간이화하는 제도로, 이는 피해자 보호보다는 소송경제 및 범죄자를 위한 제도이자 신속한 재판을 위한 제도이다.

03   Answer   ②

② 형을 병과할 경우에는 그 형의 일부에 대하여 집행을 유예할 수 있다(형법 제62조 제2항).

① 동조 제1항, ③ 동법 제62조의2 제1항, ④ 동법 제63조

04   Answer   ④

종단적 연구방법은 여러 시간에 걸쳐 조사하는 것으로, 현상의 변화를 측정하여 분석하고자 할 때 사용한다.

[종단적 연구방법의 종류]
- 패널연구 : 동일한 조사대상자를 동일한 조사항목을 중심으로 특정 시점마다 반복하여 조사한다.
- 추세연구 : 일정한 기간 동안 전체 모집단 내의 변화를 조사하는 것으로, 광범위한 연구대상의 특정 속성을 여러 시기에 걸쳐 관찰하여 그 결과를 비교한다.
- 코호트연구 : 유사한 경험을 공유하는 집단을 반복조사하고, 조사시점에 따라 응답자를 서로 다르게 하여 조사한다.

05   Answer   ②

① 징역 또는 금고와 동시에 벌금을 선고받은 사람은 사회봉사를 신청할 수 없다(벌금 미납자의 사회봉사 집행에 관한 특례법 제4조 제2항).

③ 500만원 내의 벌금형이 확정된 벌금 미납자는 검사의 납부명령일부터 30일 이내에 주거지를 관할하는 지방검찰청의 검사에게 사회봉사를 신청할 수 있다(동법 제4조 제1항 본문). 따라서 1천만원의 벌금형이 확정된 벌금 미납자는 검사에게 사회봉사를 신청할 수 없다.

④ 사회봉사대상자는 사회봉사의 이행을 마치기 전에 벌금의 전부 또는 일부를 낼 수 있다(동법 제12조 제1항).
② 동법 제6조 제4항

06 Answer ②

② 치료감호사건의 제1심 재판관할은 지방법원 합의부 및 지방법원지원 합의부로 한다(치료감호법 제3조 제2항).
① 동법 제16조 제2항 제1호, ③ 동법 제45조 제2항, ④ 동법 제32조 제3항 제1호

[치료감호제도 정리]

대상자	심신장애자	금고 이상의 형에 해당하는 죄를 범한 때
	약물중독자	금고 이상의 형에 해당하는 죄를 범한 때
	정신성적 장애인	금고 이상의 형에 해당하는 성폭력범죄를 지은 자
청구		• 사유 : 치료의 필요성과 재범의 위험성 • 전문가의 감정 여부 : 심신장애인, 약물중독자는 참고. 정신성적 장애인은 필수 청구 • 청구시기 : 항소심 변론종결 시 합의부 • 독립청구 : 심신상실자, 반의사불벌죄, 친고죄, 기소유예자 • 검사의 청구가 없는 치료감호는 법원에서 선고할 수 없고, 청구를 요청할 수는 있음
치료감호영장		• 보호구속사유 → 검사 청구 → 관할 지방법원 판사 발부 　– 일정한 주거가 없을 때 　– 증거를 인멸할 염려가 있을 때 　– 도망가거나 도망할 염려가 있을 때 • 치료감호 청구만을 하는 때에는 구속영장은 치료감호영장으로 보며, 그 효력을 잃지 아니함
치료감호 집행	심신장애 · 정신성적 장애인	최대 15년
	약물중독자	최대 2년
	집행순서	치료감호 먼저 집행, 치료기간 형기산입
	살인범죄자 치료감호 기간 연장	• 법원은 검사의 청구로 3회까지 매회 2년 범위 연장결정 가능 • 검사의 청구 : 치료감호 종료 6개월 전 • 법원의 결정 : 치료감호 종료 3개월 전
종료 · 가종료 치료위탁 심사	가종료 종료심사	• 집행개시 후 매 6개월마다 심사
	치료위탁 가종료	• 가종료됐거나 치료위탁한 경우 보호관찰 개시 : 3년 • 치료위탁 · 가종료자의 종료심사 : 매 6개월마다 심사
	치료위탁신청	• 독립청구된 자 : 1년 경과 후 위탁 • 형벌병과 시 : 치료기간이 형기를 경과한 때
	재집행	• 금고 이상의 형에 해당하는 죄를 지은 때(과실 제외) • 보호관찰에 관한 지시 · 감독 위반 • 증상이 악화되어 치료감호 필요
	피치료감호자 등의 종료심사 심청	• 치료감호의 집행이 시작된 날부터 6개월이 지난 후 가능 • 신청이 기각된 경우 6개월이 지난 후 다시 신청 가능
청구시효		판결확정 없이 치료감호 청구 시부터 15년
보호관찰		• 기간 : 3년 • 대상자 신고의무 : 출소 후 10일 이내 • 종료 : 기간종료, 치료감호 재수용, 금고 이상의 형집행을 받게 된 때에는 종료되지 않고 계속 진행
유치		• 요건 : 가종료의 취소 신청, 치료 위탁의 취소 신청 • 절차 : 보호관찰소장 → 검사(구인된 때부터 48시간 이내 유치허가 청구) → 지방법원 판사 허가

유치	→ 보호관찰소장 24시간 이내 검사에게 유치사유 신청 → 검사는 48시간 이내에 치료감호심의 위원회에 가종료 등 취소 신청 • 구인한 날부터 30일 + 1회 20일 연장 가능 + 유치기간 치료감호 기간에 산입
시효 (집행면제)	• 심신장애인 및 정신성적 장애인에 해당하는 자의 치료감호는 10년 • 약물중독자에 해당하는 자의 치료감호는 7년
실효	재판상 실효	집행종료·면제된 자가 피해자의 피해를 보상하고, 자격정지 이상의 형이나 치료감호를 선고받지 아니하고 7년이 지났을 때에 본인이나 검사의 신청에 의함
	당연실효	집행종료·면제된 자가 자격정지 이상의 형이나 치료감호를 선고받지 아니하고 10년이 지났을 때
피치료감호자 등 격리사유	• 자신이나 다른 사람을 위험에 이르게 할 가능성이 뚜렷하게 높은 경우 • 중대한 범법행위 또는 규율위반행위를 한 경우 • 수용질서를 문란케 하는 중대한 행위를 한 경우

[치료명령제도 정리]

대상	• 통원치료 필요와 재범의 위험성 • 심신미약자와 알코올중독자 및 약물중독자로, 금고 이상의 형에 해당하는 죄를 지은 자
선고·집행유예 시 치료명령	• 보호관찰 병과(선고유예 1년, 집행유예 유예기간) • 치료기간은 보호관찰기간을 초과할 수 없음
집행	• 검사의 지휘를 받아 보호관찰관이 집행 • 정신보건전문요원 등 전문가에 의한 인지행동치료 등 심리치료프로그램 실시 등의 방법으로 집행
치료기관의 지정	법무부장관 지정
준수사항위반	선고유예 실효 또는 집행유예 취소
비용부담	원칙 본인부담, 예외 국가부담

07 Answer ③

× : ㉠ 콘하우저는 사회해체가 어느 정도 진행된 동네에서는 비행하위문화의 형성 여부와 관계없이 비행행위가 발생하지만, 사회해체가 진행되지 않은 동네에서는 비행이 발생하지 않기 때문에 비행을 지지하는 하위문화 자체가 존재할 수 없다고 보았다. 따라서 이론적 차원에서 비행의 발생에 중요한 역할을 하는 것은 사회해체이지 비행하위문화가 아니라고 강조한다.
㉢ 동심원이론이나 문화전달이론 등은 모두 미국형사사법기관의 공식적인 통계에 지나치게 의존하여 연구결과의 정확성을 신뢰하기 어렵다는 비판이 있다.
㉺ 사회해체론은 도시화 및 산업화에 따른 사회해체가 통제력을 약화시켜 범죄에 이른다는 사회구조이론 혹은 거시환경론에 속한다.
○ : ㉡ 제2지역의 범죄발생률이 가장 높다. 제2지역을 '틈새지역', '전이지역', '과도퇴화지역', '슬럼지역'이라고 지칭한다.
㉣

08 Answer ②

일탈은 형법상 범죄개념보다 넓은 개념으로서 모든 규범에 대한 침해는 물론, 규범에 대한 지나친 순응도 일탈의 범위에 포함된다는 것이 일반적인 견해이다.

09   Answer   ④

④ 보호관찰은 보호관찰 대상자가 다음 각 호의 어느 하나에 해당하는 때에 종료한다(보호관찰 등에 관한 법률 제51조 제1항 제2호).
　　2. 「형법」제61조에 따라 보호관찰을 조건으로 한 형의 선고유예가 실효되거나 같은 법 제63조 또는 제64조에 따라 보호관찰을 조건으로 한 집행유예가 실효되거나 취소된 때
① 형의 집행을 유예하는 경우에는 보호관찰을 받을 것을 명하거나 사회봉사 또는 수강을 명할 수 있다(형법 제62조의2).
② 사회봉사·수강명령대상자에 대한 특별준수사항은 보호관찰대상자에 대한 것과 같을 수 없고, 따라서, 보호관찰대상자에 대한 특별준수사항을 사회봉사·수강명령대상자에게 그대로 적용하는 것은 적합하지 않다(대법원 2009.3.30. 2008모1116).
③ 제42조에 따라 유치된 사람에 대하여 보호관찰을 조건으로 한 형의 선고유예가 실효되거나 집행유예가 취소된 경우 또는 가석방이 취소된 경우에는 그 유치기간을 형기에 산입한다(보호관찰 등에 관한 법률 제45조).

10   Answer   ④

영국의 버어트(C. Burt)는 훈육결함가정 출신의 비행소년 비율이 같은 가정 출신의 무비행소년보다 6배가 많고, 훈육결함의 범인성은 빈곤의 범인성보다 4배가 높다고 주장하는 등 훈육결함가정의 범인성을 강조하였다.

11   Answer   ②

② 기존 범죄학이론들이 행위자 개인의 반사회적 성향과 그의 불우한 환경이 결합하여 지속적으로 범죄행위를 저지르도록 조건을 형성한다는 식의 단선적 인과관계로 설명한 반면, 발달범죄학은 아동기, 청소년기, 성인기로 진행하는 과정 속에서 낮은 연령대의 반사회적 행동이 그 사람의 사회적 조건들을 악화시키고, 이로 인해 그 다음 연령대의 범죄와 비행을 유발하며, 이는 또 다시 사회적 조건을 더욱 악화시키는 식의 시차적이면서 상호적인 인과관계로 설명한다. 따라서 성인기의 범죄성이란 반사회적 행동과 그 결과로서 불리한 사회적 조건 간의 상호작용이 누적되어 온 결과물이라는 점을 잘 나타내고 있다.
① 잠재적 특질이론에 대한 설명이다.
　[잠재적 특질이론]
　범죄행동은 출생 또는 그 직후에 나타나고, 평생을 통해 변화하지 않는 주요한 특질에 의해 통제되기 때문에 인간은 변하지 않고 기회가 변할 뿐이다.
③ 모핏(Moffitt)에 대한 설명이다.
④ 글룩(Glueck) 부부의 종단연구는 발달범죄학의 토대가 되었다.

12   Answer   ②

② 소년부 판사는 심리 결과 보호처분을 할 필요가 있다고 인정하면 결정으로써 다음 각 호의 어느 하나에 해당하는 처분을 하여야 한다(소년법 제32조). 다만, 14세 이상의 소년에게만 가능하다.
① 형법 제62조의2 제1항, 보호관찰 등에 관한 법률 제3조 제2항
③ 사회봉사명령 또는 수강명령은 집행유예기간 내에 이를 집행한다(형법 제62조의2 제3항).
④ 보호관찰 등에 관한 법률 제59조 제1항

13   Answer   ①

오린은 보호관찰관의 유형을 총 네 가지로 분류하는데, 처벌적 보호관찰관은 위협을 수단으로 대상자를 규율에 동조하도록 통제를 강조하고, 복지적 보호관찰관은 대상자의 복지향상을 목표로 지원기능을 강조하며, 보호적 보호관찰관은 통제와 지원기능을 적절히 조화시키고, 마지막으로 수동적 보호관찰관은 통제나 지원 모두에 소극적이면서 자신의 임무는 최소한의 개입이라고 믿는다.

- 지원을 강조하고, 통제는 약화되는 복지적 보호관찰관
- 지원과 통제를 모두 강조하는 보호적 보호관찰관
- 지원과 통제가 모두 약화되는 수동적 보호관찰관
- 지원은 약화되고, 통제를 강조하는 처벌적 보호관찰관

14   Answer   ②

[모피트(Moffitt)의 생애과정이론]
신경심리학과 낙인이론 그리고 (사회적) 긴장이론의 입장에서 범죄경력의 발전과정을 설명한 이론으로, 비행소년을 생애지속형(어린 나이부터 비행을 시작)과 청소년기 한정형으로 구분하였으며, 생애지속형은 성인이 되어서도 비행을 지속할 가능성이 크다고 보았다[이유 : 낮은 언어능력과 과잉활동, 충동적 성격 때문(친구의 영향을 크게 받지 않음)].
× : ㉠ 샘슨(Sampson)과 라웁(Laub)의 생애과정이론에 대한 설명이다.
　　 ㉣ 그는 청소년기 한정형 범죄자보다 생애지속형 범죄자가 정신건강상의 문제를 더 많이 가지고 있다고 하였다.
○ : ㉡, ㉢

15   Answer   ④

목표를 지나치게 강조하는 반면 수단을 경시하는 인식에 대한 설명과 부합하므로, 혁신형에 해당한다.

[뒤르켐과 머튼의 이론 비교]

뒤르켐	구분	머튼
생래적(=선천적)·무한함	인간의 욕구	사회문화적 목표
성악설(이기적인 존재)	인간의 본성	성선설(노력하는 존재)
급격한 사회변동	문제의 발단	불평등한 사회구조
사회의 무규범상태	아노미	목표와 수단 간의 불일치상황
통제받던 개인적 욕구 분출	범죄원인	목표를 위한 수단 → 범죄

16   Answer   ④

하층계급문화이론에서 주장한 주요 관심으로는 말썽부리기(trouble), 강인함(toughness), 영악함(smartness), 흥분추구(excitement), 운명(fate), 자율성(autonomy)이 있다.

17   Answer   ②

② 「소년법」상 소년보호사건의 대상이 되는 우범소년은 10세 이상 19세 미만의 소년이다.
① 형벌법령에 저촉되는 행위를 한 10세 이상 14세 미만인 촉법소년이므로, 그 대상이 될 수 있다.

③ 우범소년이므로 그 대상이 될 수 있다.

④ 죄를 범한 14세 이상 19세 미만인 범죄소년이므로, 그 대상이 될 수 있다.

18 Answer ③

낙인이론은 기존의 범죄인처우에 있어 국가의 개입이 인격의 발전과정에 하등의 실효를 거두지 못함을 비판하고, 자유박탈적 처분을 피하면서 비형법적인 새로운 방법으로 범죄인을 처우할 것을 주장하며 비범죄화(Decriminalization), 전환조치(Diversion), 적법절차(Due Process), 비시설화(Deinstitutionalization)로 구성된 4D이론의 이론적 근거를 제공하였다.

[낙인방지대책(4D정책)]

• 비범죄화(Decriminalization) : 웬만한 범죄는 일탈로 규정하지 말자는 것

• 전환제도(Diversion) : 비행청소년을 체포·기소·처벌이라는 공식절차상에 두지 않고, 기소하기 전에 지역사회에서 일정한 처우를 받도록 하는 지역사회 내 처우제도를 강화하는 것

• 적법절차(Due process) : 계층 간 차별 없이 공정한 법집행을 하자는 것

• 비시설화(Deinstitutionalization) : 소년원이나 소년교도소와 같은 시설에서 처우하기보다는 가능하면 사회 내에서 비시설처우를 확대하여 해결하자는 것으로서 보호관찰, 사회봉사명령, 수강명령 등이 그 예이다.

19 Answer ③

× : ㉡ 문화갈등이 존재하는 지역의 사람들은 그 지역의 행위규범이 모호하고, 상호 경쟁적이기 때문에 사회통제가 약화되어 범죄에 빠지기 쉽다고 보았다.

㉣ 개인 간 관계악화, 규범혼란 등은 동일한 문화 내에서의 갈등, 즉 제2차적 문화갈등에 해당한다.

○ : ㉠, ㉢, ㉤

20 Answer ③

1개월 이내 소년원 송치와 병합할 수 있는 처분은 보호관찰관의 장기 보호관찰이다.

소년법 제32조(보호처분의 결정) ② 다음 각 호 안의 처분 상호 간에는 그 전부 또는 일부를 병합할 수 있다.

1. 제1항 제1호·제2호·제3호·제4호 처분   2. 제1항 제1호·제2호·제3호·제5호 처분

3. 제1항 제4호·제6호 처분   4. 제1항 제5호·제6호 처분

5. 제1항 제5호·제8호 처분

7회 형사정책 모의고사

[정답 및 해설]

문제 65p

| 01 | ① | 02 | ② | 03 | ④ | 04 | ③ | 05 | ④ | 06 | ④ | 07 | ② | 08 | ④ | 09 | ② | 10 | ③ |
| 11 | ② | 12 | ② | 13 | ① | 14 | ② | 15 | ① | 16 | ① | 17 | ① | 18 | ④ | 19 | ④ | 20 | ④ |

01   Answer   ①

②·③ 환경설계 및 범죄예방교육은 1차적 범죄예방이다.
④ 재범예방프로그램은 3차적 범죄예방이다.

02   Answer   ②

피해자는 제1심 또는 제2심 공판의 변론이 종결될 때까지 사건이 계속된 법원에 제25조에 따른 피해배상을 신청할 수 있다(소송촉진 등에 관한 특례법 제26조 제1항).

03   Answer   ④

④ 집행유예의 선고를 받은 후 그 선고의 실효 또는 취소됨이 없이 유예기간을 경과한 때에는 형의 선고는 효력을 잃는다(형법 제65조).
① 형사소송법 제349조, ② 소년법 제60조 제1항, ③ 형법 제49조

04   Answer   ③

③ 벌금 미납자의 사회봉사 집행에 관한 특례법 제5조 제6항
① 법원으로부터 벌금선고와 동시에 벌금을 완납할 때까지 노역장에 유치할 것을 명받은 사람은 사회봉사를 신청할 수 없다(동법 제4조 제2항).
② 검사는 신청일부터 7일 이내에 사회봉사의 청구 여부를 결정하여야 한다. 다만, 제2항에 따른 출석요구, 자료제출요구에 걸리는 기간은 위 기간에 포함하지 아니한다(동법 제5조 제4항). 따라서 '출석요구기간을 포함하여'는 틀린 표현이다.
④ 법원은 사회봉사를 허가하는 경우 벌금 미납액에 의하여 계산된 노역장 유치기간에 상응하는 사회봉사시간을 산정하여야 한다. 다만, 산정된 사회봉사시간 중 1시간 미만은 집행하지 아니한다(동법 제6조 제4항).

05   Answer   ④

④ 검사는 치료감호대상자가 치료감호를 받을 필요가 있는 경우 관할 법원에 치료감호를 청구할 수 있다(치료감호법 제4조 제1항).
① 동법 제4조 제7항, ② 동조 제4항, ③ 동조 제2항

06 Answer ④

× : ㉢ 콜빈(Colvin)과 폴리(Poly)의 마르크스주의 통합이론에 대한 설명이다. 마르크스주의 범죄이론 과 사회통제이론을 결합한 이론으로, 노동자의 지위에 따라 차별적인 통제방식이 가정에서 이 루어지는 부모의 양육방식과 연관되어 있다고 주장한다.

㉣ 범죄의 시작·유지·중단의 연령에 따른 변화는 생애과정에서의 비공식적 통제와 사회유대를 반영하고, 인생의 중요한 전환기에 발생하는 사건들과 그 결과에 영향을 받는다고 본 학자는 생애과정이론(Life Course Theory, 인생항로이론)을 주장한 샘슨과 라웁(Sampson & Laub)이 다. 그들은 패터슨이나 모핏의 이론처럼 청소년집단을 인위적으로 구분하지 않는 대신 누구든 지 생애과정 속에서 범죄행위를 지속하거나 중지할 수 있다고 전제하였다.

○ : ㉠ 엘리엇(Elliott)과 동료들은 관습적 목표를 달성하기 위한 제도적 기회가 차단되었을 때 사회유 대의 개인차가 상이한 방식으로 개인의 행동에 영향을 미친다고 한다. 사회유대가 강하고 관습 적 목표에 대한 전념 정도가 높은 사람은 기회가 차단되었을 때 긴장이론의 주장대로 긴장이 발생하고, 이를 해소하기 위한 방편으로 비제도적, 즉 불법적 수단을 동원하게 된다. 하지만 처 음부터 사회유대가 약하고 제도적 목표에 그다지 전념하지 않는 사람은 성공기회가 제약되더 라도 이로 인한 부정적 영향을 별로 받지 않는다.

㉡ 가장 근본적으로는 변화를 받아들이려는 마음이 요구된다. 둘째, 변화의 계기(hooks for change) 를 만나야 하며, 보다 중요하게는 이를 긍정적 발전을 위한 새로운 상황으로 인식해야 한다. 셋째, 친사회적이고 바람직한 '대체자아'(replacement self)를 마음속에 그려 보고 구체화해야 한다. 넷째, 행위자가 지금까지의 범죄행동이 더 이상 긍정적으로 여겨지지 않으며, 자신의 삶과도 무관하다고 인식하게 되는 상태이다.

07 Answer ②

비범죄화는 그 사회를 지배하는 국민적 공감대의 추세에 따라 가치기준이 달라질 수 있는 성격을 지닌 범죄유형이 주요 대상이 된다. 따라서 일탈이 비범죄화정책을 수립할 때 중요한 판단척도가 된다고 보 기 어렵다.

08 Answer ④

우리나라는 소년형사범에 대해 보호관찰, 사회봉사명령, 수강명령 등을 선고하는 경우에 판결 전 조사 제도를 도입하였는데, 2009년 「보호관찰 등에 관한 법률」을 개정하여 성인형사범의 사회 내 처우 사건 에 대한 판결 전 조사제도를 확대도입하였다. 이는 동법 제19조에 규정되어 있다.

09 Answer ②

② 소년부 판사는 심리 결과 보호처분을 할 필요가 있다고 인정하면 결정으로써 다음 각 호의 어느 하 나에 해당하는 처분을 하여야 한다(소년법 제32조). 다만, 14세 이상의 소년에게만 가능하다.
① 형의 집행을 유예하는 경우에는 보호관찰을 받을 것을 명하거나 사회봉사 또는 수강을 명할 수 있 다(형법 제62조의2 제1항).
③ 보호관찰 등에 관한 법률 제61조 제1항
④ 동법 제61조 제2항

10 Answer ③

- 보호관찰의 모형화 : 스미크라(Smykla)는 보호관찰관의 기능과 자원의 활용이라는 측면에서 보호관찰을 모형화하고 있다.
- 전통적 모형 : 보호관찰관이 지식인으로서 내부자원을 이용하여 지역적으로 균등배분된 대상자에 대하여 지도·감독에서 보도·원호에 이르기까지 다양한 기능을 수행하나, 통제를 보다 중시하는 모형이다.
- 프로그램모형
  - 보호관찰관은 전문가를 지향하나, 목적수행을 위한 자원은 내부적으로 해결하려는 모형이다.
  - 보호관찰관이 전문가로 기능하기 때문에 대상자를 분류하여 보호관찰관의 전문성에 따라 배정하게 된다.
  - 범죄자의 상당수는 특정한 한 가지 문제만으로 범죄자가 된 것은 아니며, 한 가지의 처우만을 필요로 하는 것도 아니라는 점이 문제이다.
- 옹호모형 : 보호관찰관은 지식인으로, 외부자원을 적극 활용하여 대상자가 다양하고 전문적인 사회적 서비스를 제공받을 수 있도록 무작위로 배정된 대상자들을 사회기관에 위탁하는 것을 주된 임무로 한다.
- 중개모형 : 보호관찰관은 전문가로, 자신의 전문성에 맞게 배정된 대상자에 대하여 사회자원의 개발과 중개의 방법으로써 외부자원을 적극 활용하여 전문적인 보호관찰을 한다.

11 Answer ②

①·③·④ 아샤펜부르크는 심리학적 입장에서 범죄의 원인을 개인적 원인과 일반적 원인으로 나누고, 범죄인을 우발범죄인·격정범죄인·기회범죄인·예모범죄인·누범범죄인·관습범죄인·직업범죄인 등 7종으로 분류하였다.

[아샤펜부르크의 범죄인 분류]

우발범죄인	공공의 법적 안정성을 해칠 의도는 없으나, 사회방위의 관점에서 적당한 대책이 필요한 자
격정범죄인	해를 끼치려는 의도는 적으나, 위험성이 있으므로 일정한 조치가 필요한 자
기회범죄인	감정적 흥분 때문이 아니고, 우연한 기회가 동기로 되어 범죄를 저지르는 자
예모(豫謀)범죄인	모든 기회를 노리고 찾으려는 자로, 고도의 공공위험성이 있는 자
누범범죄인	범죄를 반복하는 자로, 여기에서의 누범은 전과 유무를 불문한 심리학적 개념임
관습범죄인	형벌을 불명예로 보지 않고, 범죄에 익숙하여 나태와 무기력으로 살아가는 자
직업범죄인	적극적 범죄욕구를 가진 자로, 환경보다는 이상성격이 그 원인이 되는 경우가 많음

12 Answer ②

아이젠크(Eysenck)는 자율신경계의 특징에 따라 사람들의 성격을 내성적인 사람과 외향적인 사람 두 부류로 대분하고, 외향적인 사람은 대뇌에 가해지는 자극이 낮기 때문에 항상 자극을 갈망하여 성격 자체도 충동적·낙관적·사교적·공격적이 된다고 본 반면, 내성적인 사람은 대뇌에 가해지는 자극이 강하고 오랫동안 지속되기 때문에 자극을 회피하는 경향이 강하여 성격 자체도 신중하고 조심스러우며 비관적이 된다고 보았다.

13 Answer ①

웨스트와 패링턴은 부모의 범죄행위는 그의 자녀들에 의해 답습될 수 있다고 주장하였다.

14 Answer ②

○ : ㉡, ㉢

× : ㉠ 버식과 웹은 지역사회해체를 '지역사회의 무능력', 즉 '지역사회가 주민들의 공통된 가치체계를 실현하지 못하고, 지역주민들이 공통적으로 겪는 문제를 해결할 수 없는 상태'라고 정의하고, 사회해체의 원인은 주민이동성과 주민이질성의 측면에서 파악할 수 있다고 보았다.

㉣ 지역사회를 지탱하고 보호하던 공동체적 전통이 사라지고, 도덕적 가치가 약화되며, 이를 틈타 비행과 범죄자가 늘어난다고 본다.

㉤ 해당 주장은 쇼와 맥케이가 한 주장이다. 조보(Zorbaugh)는 문화적 독특성에 따라 자연적으로 발생하는 문화지역(cultural areas)을, 도시의 성장과 발전과정에 따른 무계획적이고 자연적인 산물이라는 점에서 자연지역(natural areas)이라고 규정하였다.

15 Answer ①

② 동조형은 정상적인 기회구조에 접근할 수는 없지만, 문화적 목표와 사회적으로 제도화된 수단을 통해 목표를 추구하는 적응방식이다.

③ 하층계급을 포함한 모든 계층이 경험할 수 있는 긴장을 범죄의 주요 원인으로 제시한 것은 에그뉴(Agnew)의 일반긴장이론이다.

④ 아노미라는 개념은 뒤르켐이 무규제상황을 설명하기 위해 처음 사용하였고, 머튼은 이를 받아들여 범죄이론에 적용하였다.

16 Answer ①

클로워드와 올린은 청소년비행을 비행하위문화의 영향이라고 보았으며, 그 유형을 범죄적 하위문화, 갈등적 하위문화, 도피적 하위문화 등 세 가지로 분류하였다. 지문은 갈등적 하위문화에 대한 설명이다.

17 Answer ①

① 「소년법」상 소년보호사건의 대상이 되는 범죄소년은 죄를 범한 14세 이상 19세 미만의 소년이다.

② 우범소년, ③ 촉법소년, ④ 우범소년

18 Answer ④

④ 형사처벌과 재범 간의 관계를 설명하는 매개변수가 다르다. 고전적 억제이론은 형사처벌이 그 개인의 이익과 손해에 대한 합리적 평가과정에 영향을 미쳐 범죄를 억제한다고 본다. 즉, 고전적 억제이론에서 형사처벌과 재범억제 간의 관계를 설명하는 매개변수는 개인이 합리적으로 평가한 '위험에 대한 인식'이다. 이에 반해 낙인이론은 형사처벌이 개인의 자아관념을 바꾸고, 사회적 기회를 박탈하며, 비행하위문화와의 접촉수준을 높이는 등의 매개과정을 거쳐 재범을 유발한다고 본다.

② 낙인이론은 국가의 범죄통제가 오히려 범죄를 증가시키는 경향이 있으므로, 과감하게 이를 줄여야 한다고 주장한다.

19 Answer ④

④ 소년원장은 미성년자인 보호소년등이 친권자나 후견인이 없거나 있어도 그 권리를 행사할 수 없을
때에는 법원의 허가를 받아 그 보호소년등을 위하여 친권자나 후견인의 직무를 행사할 수 있다(보
호소년 등의 처우에 관한 법률 제23조).

① 소년분류심사원은 다음 각 호의 임무를 수행한다(동법 제3조 제2항 제1호).

　　1. 위탁소년의 수용과 분류심사

② 동법 제22조 제3항

③ 동법 제7조 제1항

20 Answer ④

ⓒ는 허쉬(T. Hirschi)의 사회통제이론, ⓓ는 슈어(E.M. Schur)의 낙인이론에 대한 설명이다.

8회 형사정책 모의고사

[정답 및 해설]

문제 71p

01	①	02	③	03	④	04	④	05	①	06	③	07	②	08	②	09	③	10	②
11	③	12	②	13	③	14	①	15	④	16	②	17	④	18	①	19	④	20	③

01   Answer   ①

레페토의 범죄전이란 특정 지역에서 시작된 범죄예방활동의 영향으로 범죄가 다른 지역으로 이동하는 것을 말한다. 전이에 관한 대부분의 논의는 범죄가 한 지역에서 다른 지역으로 이동하는 것에 초점을 맞추며, 범죄의 감소나 예방보다는 단지 범죄의 이동에 국한된다.

영역적 전이	한 지역에서 다른 지역, 일반적으로 인접지역으로의 이동
시간적 전이	낮에서 밤으로와 같이 한 시간대에서 다른 시간대로의 이동
전술적 전이	범행에 사용하는 방법의 변경
목표의 전이	같은 지역에서 다른 피해자를 선택
기능적 전이	범죄자가 한 범죄유형을 그만두고 다른 범죄유형을 시작
범죄자 전이	한 범죄자의 활동중지가 다른 범죄자에 의해 대체

02   Answer   ③

범죄피해자 보호법상 "구조대상 범죄피해"란 대한민국의 영역 안에서 또는 대한민국의 영역 밖에 있는 대한민국의 선박이나 항공기 안에서 행하여진 사람의 생명 또는 신체를 해치는 죄에 해당하는 행위[형법 제9조(형사미성년자), 제10조 제1항(심신상실자), 제12조(강요된 행위), 제22조 제1항(긴급피난)에 따라 처벌되지 아니하는 행위를 포함하며, 형법 제20조(정당행위) 또는 제21조 제1항(정당방위)에 따라 처벌되지 아니하는 행위 및 과실에 의한 행위는 제외한다]로 인하여 사망하거나 장해 또는 중상해를 입은 것을 말한다(범죄피해자 보호법 제3조 제1항 제4호).

③ 강도상해는 사람의 신체를 해치는 죄에 해당하고, 반신불수는 중상해를 입은 것에 해당하므로 범죄피해자 구조금의 지급대상이 된다.

① 구조금의 지급대상이 되려면 구조피해자가 피해의 전부 또는 일부를 배상받지 못하는 경우이어야 하는데(동법 제16조 제1호), 지문의 경우 피해의 전부를 가해자로부터 배상받았으므로 구조금의 지급대상이 될 수 없다.

② 사기피해는 사람의 생명 또는 신체를 해치는 죄에 해당하지 않으므로 구조금의 지급대상이 될 수 없다.

④ 단순폭행은 사망하거나 장해 또는 중상해를 입은 것에 해당하지 않으므로 구조금의 지급대상이 될 수 없다.

03   Answer   ④

④ 집행유예의 선고를 받은 자가 유예기간 중 고의로 범한 죄로 금고 이상의 형의 선고를 받아 그 판결이 확정된 때에는 집행유예의 선고는 효력을 잃는다(형법 제63조).

① 동법 제62조 제1항, ② 동조 제2항, ③ 동법 제62조의2 제1항

04   Answer   ④

④ 벌금 미납자의 사회봉사 집행에 관한 특례법 제10조 제3항

① 사회봉사는 보호관찰관이 집행한다. 다만, 보호관찰관은 그 집행의 전부 또는 일부를 국공립기관이나 그 밖의 단체 또는 시설의 협력을 받아 집행할 수 있다(동법 제9조 제1항).

② 검사는 보호관찰관에게 사회봉사 집행실태에 대한 관련 자료의 제출을 요구할 수 있고, 집행방법 및 내용이 부적당하다고 인정하는 경우에는 이에 대한 변경을 요구할 수 있다(동조 제2항).

③ 사회봉사는 1일 9시간을 넘겨 집행할수 없다. 다만, 사회봉사의 내용상 연속집행의 필요성이 있어 보호관찰관이 승낙하고 사회봉사대상자가 분명히 동의한 경우에만 연장하여 집행할 수 있다(동법 제10조 제2항).

05   Answer   ①

① 구속영장에 의하여 구속된 피의자에 대하여 검사가 공소를 제기하지 아니하는 결정을 하고 치료감호 청구만을 하는 때에는 구속영장은 치료감호영장으로 보며 그 효력을 잃지 아니한다(치료감호법 제8조).

② 동법 제27조, ③ 동법 제18조, ④ 동법 제32조 제2항

06   Answer   ③

× : ㉠ 뒤르켐(Durkheim)은, 범죄는 사회의 도덕적 각성과 법제의 정상적인 발전계기가 된다는 점에서 유용하며(범죄필요설), 범죄에 대한 제재와 비난을 통해 사람들이 사회공통의식을 체험하게 됨으로써 범죄가 사회의 유지ㆍ존속에 중요한 역할을 담당한다고 보았다(범죄기능설).

㉢ 뒤르켐은 범죄에 관한 범죄정상설과 범죄필요설을 주장했다.

○ : ㉡ 뒤르켐은 1893년 발간된 「분업론」에서 아노미 개념을 제시하였다.

㉣

07   Answer   ②

② 형사조정에 회부할 수 있는 형사사건의 구체적인 범위는 대통령령으로 정한다. 다만, 다음 각 호의 어느 하나에 해당하는 경우에는 형사조정에 회부하여서는 아니 된다(범죄피해자 보호법 제41조 제2항).

1. 피의자가 도주하거나 증거를 인멸할 염려가 있는 경우
2. 공소시효의 완성이 임박한 경우
3. 불기소처분의 사유에 해당함이 명백한 경우(다만, 기소유예처분의 사유에 해당하는 경우는 제외한다) 따라서 기소유예처분의 사유에 해당하는 경우에는 형사조정에 회부할 수 있다.

① 소송촉진 등에 관한 특례법 제25조 제1항

③ 범죄피해자 보호법 제3조 제1항 제1호

④ 성폭력범죄의 처벌에 관한 특례법 제27조 제6항

08 Answer ②

판결 전 조사제도(presentence investigation)에 대한 설명이다.

09 Answer ③

모이어(Moyer)는 대상과 방법에 따라 정서적 폭력, 도구적 폭력, 무작위 폭력, 집단적 폭력, 테러리즘 등으로 구분하였다.

10 Answer ②

그로스가 주장한 폭력적 강간의 유형에는 지배강간, 가학적 변태성욕강간, 데이트강간, 분노강간 등이 있다.

[그로스(N. Groth)가 분류한 강간유형]

- 지배강간 : 피해자를 힘으로 자신의 통제하에 놓고 싶어 하는 강간유형으로, 능력 있는 남성이라는 자부심을 유지하기 위해 강간이라는 비정상적인 행위로써 자신의 힘을 과시하고 확인하고자 한다.
- 가학성 변태성욕강간 : 분노와 권력에의 욕구가 성적으로 변형되어 가학적인 공격행위 그 자체에서 성적 흥분을 느끼는 정신병리적 강간유형으로, 사전계획하에 상대방을 묶거나 성기 또는 유방을 물어뜯거나 불로 지지는 등 다양한 방법으로 모욕하는 등 반복적인 행동으로 쾌락과 만족감을 얻는다.
- 데이트강간 : 데이트를 하고 있는 이성 간에 여성의 동의 없이 남성의 폭행 또는 협박 등에 의한 강제적 강간유형으로, 주로 10대에서 20대의 젊은이들 사이에서 많이 발생한다.
- 분노강간 : 강간자의 증오와 분노감정에 의해 촉발되는 우발적이고 폭력적인 강간유형으로, 성적 만족을 위한 행위가 아니라, 자신의 분노를 표출하고 상대방을 모욕하고 미워하기 위한 행위로서 신체적인 학대가 심하다.

11 Answer ③

① 제이콥스(P. Jacobs)에 대한 설명이다. 고링은 부모의 범죄성과 자식의 범죄성이 관련이 있다는 연구결과에 근거하여 범죄성은 유전에 의해 전수되는 것으로 보았다.

② 콜버그(Kohlberg)는 행위의 옳고 그름에 대한 이해와 그에 상응하는 행동은 세 가지 수준의 여섯 가지 과정(사회화)을 통해 발달한다고 하였는데, 도덕발달단계를 전인습수준(1−2단계), 인습수준(3−4단계), 후인습수준(5−6단계)으로 나누고, 대부분의 일반청소년들은 3~4단계에 속하는 반면, 대부분의 비행청소년들은 1~2단계에 속한다고 보았다.

④ 초남성형 범죄이론은 폭력적 범죄와 이상염색체의 관련성을 연구한 것으로, 비폭력적 범죄와 여성 관련 범죄를 잘 설명하지 못한다.

[콜버그(Kohlberg)의 도덕발달이론]

- 1수준 : 전인습적 도덕성(비행소년)
  - 1단계 : 처벌받지 않을 행동, 처벌과 복종단계
  - 2단계 : 일반적으로 이익이 되는 행동, 쾌락주의
- 2수준 : 인습적 도덕성(일반청소년)
  - 3단계 : 타인에게 인정받고 비난받지 않을 행동, 대인관계 조화
  - 4단계 : 법과 질서에 의해 엄격히 규정된 행동
- 3수준 : 후인습적 도덕성

- 5단계 : 법은 대중의 복리를 위한 사회계약이라는 입장에 근거하여 판단
- 6단계 : 보편적인 윤리원칙에 입각하여 판단

12   Answer   ②

융은 인간의 태도를 외향성과 내향성으로 분류하고, 외향적인 자는 범죄에 친화적인 반면, 내향적인 자는 주의가 깊고 사회규범 등에 대한 학습능력이 높아 상습범죄자가 되기 어렵다고 보았다.

13   Answer   ③

③ 「경범죄 처벌법」은 사회봉사명령과 수강명령을 규정하고 있지 않다.
① 성폭력범죄의 처벌 및 피해자보호 등에 관한 법률 제16조 제3항
② 아동·청소년의 성보호에 관한 법률 제21조 제4항
④ 가정폭력범죄의 처벌 등에 관한 특례법 제40조 제1항 제4호

14   Answer   ①

① 샘슨은 범죄원인을 개인에게서 찾은 것이 아니므로, '사람이 아니라 지역(장소) 바꾸기'를 범죄대책으로 강조하였다. 집합효율성이론은 시카고학파의 사회해체이론을 현대적으로 계승한 것으로서 사회자본, 주민 간의 관계망 및 참여 등을 중시하는 이론이다.
③ 샘슨(Sampson)은 집합효율성이라는 용어를 통해 범죄를 설명하고자 하였는데, 집합효율성이란 공공장소에서 질서를 유지할 수 있는 능력을 말한다.

15   Answer   ④

기존의 문화적 목표와 사회적 수단 모두를 거부하고, 새로운 목표와 수단을 추구하는 적응양식은 혁신형이 아니라, 반항형(전복형)이다.

16   Answer   ②

나이는 가정에서의 비공식적 간접통제가 특히 중요하고, 청소년의 욕구가 가정 안에서 충족될수록 가정 밖에서의 일탈을 막을 수 있다고 보았다.

17   Answer   ④

보호관찰처분을 받은 자의 보호관찰 기간은 6개월을 초과할 수 없다(가정폭력범죄의 처벌 등에 관한 특례법 제41조).

18   Answer   ①

낙인이론에 의하면, 범죄(비행)는 그 행위의 내재적 속성이 아니라 (그 실질에 관계없이) 사람들이 범죄자라는 낙인을 찍는 행위, 즉 그 사회적 반응에 의해 규정되는 것으로, 법과 제재를 적용한 결과라고 한다. 이처럼 낙인이론은 일탈행위 전반에 관한 개념적 기초로서 일탈행위와 사회적 낙인화의 동적 관계를 사회적 상호작용의 관점에서 파악하는 이론이다.

19 Answer ④

[손베리(Thørnberry)의 상호작용이론(interaction theory)]
- 인생의 초기에는 가정에서의 부모와의 유대가 비행의 원인이 된다.
- 인생의 중기를 거쳐 후기에 이를수록 부모의 영향력은 작아지고, 비행친구와의 접촉이 비행의 주된 원인이 된다.
- 청소년기 초기에는 부모와의 유대를 강조한 사회유대이론이 비행의 원인을 더 잘 설명하지만, 청소년 중기와 후기에는 친구와의 접촉을 강조한 차별접촉이론이 비행의 원인을 더 잘 설명한다고 본다.

20 Answer ③

③은 실증주의 범죄학에 대한 설명이다. 참고로, 급진범죄학은 사변적이며 정치적이다.

9회 형사정책 모의고사

[정답 및 해설]   문제 77p

01	④	02	④	03	①	04	②	05	④	06	②	07	①	08	④	09	④	10	①
11	②	12	③	13	④	14	③	15	④	16	④	17	①	18	④	19	①	20	②

01   Answer   ④

[CPTED의 기본원리]
- 자연적 감시(natural surveillance)
- 접근통제(access control)
- 영역성 강화(territoriality)
- 활동성 지원
- 유지 · 관리(이미지)

02   Answer   ④

④ 국가는 구조대상 범죄피해를 받은 사람이 다음 각 호의 어느 하나에 해당하면 구조피해자 또는 그 유족에게 범죄피해 구조금을 지급한다(범죄피해자 보호법 제16조).
1. 구조피해자가 피해의 전부 또는 일부를 배상받지 못하는 경우
2. 자기 또는 타인의 형사사건의 수사 또는 재판에서 고소 · 고발 등 수사단서를 제공하거나 진술, 증언 또는 자료제출을 하다가 구조피해자가 된 경우

2010년 「범죄피해자 보호법」의 개정으로 범죄피해 구조금 지급요건에서 가해자 불명 또는 무자력 요건이 삭제되었으므로, 피해의 전부를 배상받지 못하고 생계곤란의 사유가 없더라도 구조받을 수 있다.

① 동법 제3조 제1항 제4호, ② 동조 제2항, ③ 동법 제23조

03   Answer   ①

① 형의 집행을 유예하는 경우에는 보호관찰을 받을 것을 명하거나 사회봉사 또는 수강을 명할 수 있는데, 이때 보호관찰의 기간은 집행을 유예한 기간으로 한다(형법 제62조의2 제1항 · 제2항).

③ · ④ 동법 제59조

04   Answer   ②

벌금형은 시설 내 구금을 필요로 하지 않고, 부과된 벌금액을 납부하면 집행이 종료되어 집행절차가 간편하므로, 행정의 효율을 기할 수 있다는 장점이 있다.

05   Answer   ④

④ 법원은 치료감호사건을 심리하여 그 청구가 이유 없다고 인정할 때 또는 피고사건에 대하여 심신상실 외의 사유로 무죄를 선고하거나 사형을 선고할 때에는 판결로써 청구기각을 선고하여야 한다(치료감호법 제12조 제1항).

① 살인범죄를 저질러 치료감호를 선고받은 피치료감호자가 살인범죄를 다시 범할 위험성이 있고 계속 치료가 필요하다고 인정되는 경우에는 법원은 치료감호시설의 장의 신청에 따른 검사의 청구로 3회까지 매회 2년의 범위에서 피치료감호자를 치료감호시설에 수용하는 기간을 연장하는 결정을 할 수 있고(동법 제16조 제3항), 검사의 청구는 피치료감호자를 치료감호시설에 수용하는 기간 또는 치료감호가 연장된 기간이 종료하기 6개월 전까지 하여야 한다(동조 제5항).

② 치료감호심의위원회는 치료감호만을 선고받은 피치료감호자에 대한 집행이 시작된 후 1년이 지났을 때에는 상당한 기간을 정하여 그의 법정대리인, 배우자, 직계친족, 형제자매(법정대리인 등)에게 치료감호시설 외에서의 치료를 위탁할 수 있다(동법 제23조 제1항).

③ 근로에 종사하는 피치료감호자에게는 근로의욕을 북돋우고 석방 후 사회정착에 도움이 될 수 있도록 법무부장관이 정하는 바에 따라 근로보상금을 지급하여야 한다(동법 제29조).

06   Answer   ②

A. 의료(치료)모형 : 교정은 치료라고 보며, 소년원에 있어 교정교육기법의 기저가 되었다.

B. 적응(조정)모형 : 범죄자는 치료의 대상이지만, 스스로 책임 있는 선택과 합리적 결정을 할 수 있는 존재로 본다.

C. 범죄통제(정의)모형 : 청소년도 자신의 행동에 대한 책임을 져야 하므로, 청소년범죄자에 대한 처벌을 강화하는 것만이 청소년범죄를 줄일 수 있다.

D. 최소제한(제약)모형 : 낙인이론에 근거하여 시설수용의 폐단을 지적하고, 처벌 및 처우개념을 모두 부정하며, 불간섭주의를 주장한다.

07   Answer   ①

① 실증주의에 대한 설명이다. 고전주의는 범죄를 효과적으로 제지하기 위해서는 처벌이 엄격·확실하고, 집행이 신속해야 하며, 효과적인 범죄예방은 형벌을 통해 사람들이 범죄를 포기하게 만드는 것이라고 주장한다.

④ 실증주의는, 인간은 이성적 판단에 따라 행동하는 자율적 존재가 아닌 이미 결정된 대로 행동할 뿐인 존재로 본다. 따라서 인간의 행위는 개인의 개별적 소질과 그 주변의 환경에 따라 결정된다고 주장한다.

08   Answer   ④

사례조사는 범죄인 개인을 대상으로 그의 인격·성장과정·사회생활·범죄경력 등과 같은 환경적인 측면들을 종합적으로 분석하고, 각 요소 간의 상호관계를 밝힘으로써 범죄의 원인을 해명하는 연구방법을 말한다. ④는 표본조사에 대한 설명에 가깝다.

09   Answer   ④

화이트칼라범죄는 하류계층보다 사회적 지위가 높고 비교적 존경받는 사람들이 자신의 직업수행과정에서 행하는 직업적 범죄로, 크게 조직체범죄와 직업범죄로 나뉜다.

④ 신용카드범죄, 마약범죄, 성폭력범죄는 화이트칼라범죄로 분류되는 범죄유형이라고 할 수 없다.

③ 화이트칼라범죄의 특징은 범죄자의 규범의식이 희박하고, 피해자의 피해의식도 낮다는 점에 있다.

10   Answer   ①

피해자를 힘으로 자신의 통제하에 놓고 싶어 하는 강간유형은 지배강간으로, 능력 있는 남성이라는 자부심을 유지하기 위해 강간이라는 비정상적인 행위로써 자신의 힘을 과시하고 확인하고자 한다.

11   Answer   ②

소년부 판사는 심리 결과 보호처분을 할 필요가 있다고 인정하면 결정으로써 14세 이상 소년에게 사회봉사명령을 부과할 수 있다(소년법 제32조 제1항).

12   Answer   ③

③ 사회봉사명령 또는 수강명령은 보호관찰관이 집행한다(보호관찰 등에 관한 법률 제61조 제1항).
① 촉법소년은 형벌법령에 저촉되는 행위를 한 10세 이상 14세 미만인 소년을 의미하고(소년법 제4조 제2호), 제1항 제2호(수강명령)의 처분은 12세 이상의 소년에게만 할 수 있다(동법 제32조 제4항).
② 동법 제33조 제4항
④ 제1항 제2호(수강명령) 및 제10호(장기 소년원 송치)의 처분은 12세 이상의 소년에게만 할 수 있다(동법 제32조 제4항). 따라서 수강명령은 12세 이상 14세 미만인 형사미성년자에게 부과될 수 있다.

13   Answer   ④

생물학적 범죄원인론은 결정론적 인간관을 기초로, 범죄인은 비범죄인과 본질적으로 다르다고 보았다.

14   Answer   ③

사회해체이론 중 범죄지역에 관한 이론, 즉 동심원이론이나 문화전달이론 등은 모두 미국형사사법기관의 공식적 통계에 지나치게 의존하여 암수범죄의 문제가 있으며, 그 연구결과의 정확성을 신뢰하기 어렵다는 비판이 있다.

15   Answer   ④

④ 밀러는 코헨의 하위문화이론에 대해 하위문화는 중류계급에 대한 반발로 생성된 것이 아니라고 비판하였다.
① 코헨에 따르면, 최초로 자기 지위에 대한 좌절감을 경험하는 곳은 중산층의 가치체계가 지배하는 학교이다.
② 밀러(Miller)의 하위계층 주요 관심사에 대한 설명이다.
③ 차별적 기회구조이론에 대한 비판이다.

16   Answer   ④

클로워드와 올린의 비행적 하위문화 유형 중 갈등적 하위문화란, 합법적 기회뿐만 아니라 비합법적 기회에도 접근하지 않고, 자신들의 욕구불만을 폭력으로 표현하는 투쟁적인 하위문화 유형을 말하며, 이러한 유형에서는 범죄조직에 대한 통제가 확고하지 않은 관계로 과시적인 폭력과 무분별한 갱 전쟁 등이 빈번하게 발생된다.

17 Answer ①

○ : ㉠ 소년비행은 개인통제력의 미비함으로 유발되고, 사회통제력의 부족으로 이들의 비행성향이 분출되는 것을 통제하지 못하기 때문에 발생한다(라이스의 개인통제이론).

㉡

× : ㉢ 통제이론은 범죄연구의 초점을 "인간은 왜 범죄를 저지르지 않는지"에 맞춘 이론으로, 이 이론은 본질적으로 홉스(Hobbes)의 성악설을 바탕으로 한다

㉣ 자아의 역할을 특히 강조하는 통제이론은 레클리스(Reckless)의 봉쇄이론이다. 토비(J. Toby)는 경제환경과 범죄에 대해 이야기하면서 자신이 속한 사회에서 스스로 느끼고 경험하는 상대적 결핍감이 범죄의 원인이 된다고 하였다.

18 Answer ④

④ 단기 보호관찰기간은 1년으로 한다(소년법 제33조 제2항).
① 형법 제62조의2 제2항, ② 전자장치 부착 등에 관한 법률 제21조의3, ③ 형법 제59조의2 제2항

19 Answer ①

보수적 갈등론자인 셀린(Sellin)은 이질적인 문화 사이에서 발생하는 갈등형태를 '1차적 문화갈등', 하나의 단일문화가 각기 독특한 행위규범을 갖는 여러 개의 상이한 하위문화로 분화될 때에 발생하는 갈등형태를 '2차적 문화갈등'이라고 하였다.

20 Answer ②

제1항 제2호(촉법소년) 및 제3호(우범소년)에 해당하는 소년이 있을 때에는 경찰서장은 직접 관할 소년부에 송치하여야 한다(소년법 제4조 제2항).

10회 형사정책 모의고사

[정답 및 해설]   문제 83p

01 ③	02 ④	03 ③	04 ①	05 ④	06 ①	07 ④	08 ②	09 ②	10 ②
11 ③	12 ①	13 ②	14 ②	15 ②	16 ②	17 ②	18 ④	19 ③	20 ③

01   Answer   ③

○ : ㉠ 1세대 CPTED는 범죄예방에 효과적인 물리환경을 설계·개선하는 하드웨어 중심의 접근방법이고, 2세대 CPTED는 주민이 환경개선과정에 직접 참여하여 물리적 개선과 함께 유대감을 재생하는 소프트웨어적 접근방법이며, 3세대 CPTED는 2세대 CPTED에 대한 접근을 확장하여 지역구성원이 스스로 필요한 서비스를 결정하고 추진하는 공동체적 추진절차를 구축하는 접근방법이다.

㉢ 목표물 견고화란 잠재적 범행대상이 쉽게 피해를 보지 않도록 하는 일련의 조치로, 범죄에 대한 물리적 장벽을 설치·강화하거나 범죄의 표적이 되는 대상물의 약점을 보강함으로써 범죄의 실행을 곤란하게 하는 것이다.

× : ㉡ 사적·공적 공간의 구분은 "영역성 강화"와 관련 있다.

㉣ CPTED의 기본원리 중 자연적 감시는 주민들이 자연스럽게 낯선 사람을 발견할 수 있도록 건물과 시설물을 배치하는 것이고, 영역성 강화는 사적 공간, 준사적 공간, 공적 공간 사이의 경계를 분명히 하여 공간이용자들에게 사적 공간에 들어갈 때 심리적 부담을 주는 것이다.

[환경설계를 통한 범죄예방(CPTED)]

자연적 감시	가시권의 최대화와 감시기능의 확대로 누구나 쉽게 침입자를 관찰할 수 있도록 설계하는 전략이다. 예 조명개선. 조경수 정비. 접근로 위치 조정. 주요 위치에 CCTV 설치 등
접근통제	지역 내 건물이나 주택에 수상한 사람이 침입하기 어렵도록 설계하는 전략이다. 예 건물 출입구 단일화. 방범창·경보장치·차단기 등 설치 등
활동성 지원	해당 지역에 일반인의 이용을 장려하여 그들에 의한 감시기능(거리의 눈)을 강화하는 전략이다. 예 놀이터·체육시설·정자·벤치 등 설치
영역성 강화	지역주민의 주거지 영역은 사적 영역이라는 인식을 강화시켜 외부인을 통제하는 전략이다. → 울타리 설치. 출입구 통제강화 등
유지·관리	시설물을 깨끗하고 정상적으로 유지하여 범죄를 예방하는 전략으로, 깨진유리창이론과 같은 성격이다. 예 파손의 즉시보수. 청결유지. 조명·조경의 유지·관리

02   Answer   ④

① 범죄피해자 보호법 제19조 제1항 제1호, ② 동조 제3항 제1호, ③ 동조 동항 제2호

03   Answer   ③

책임주의원칙은 특별예방에 대한 양보라고 볼 수 있다.

04   Answer   ①

벌금형에 대한 선고유예 및 집행유예 시 현행법상 그 액수에 관계없이 선고유예는 가능하나, 집행유예는 500만원 이하에 한한다.

05   Answer   ④

④ 이 법에 따른 치료감호의 내용과 실태는 대통령령으로 정하는 바에 따라 공개하여야 한다. 이 경우 피치료감호자나 그의 보호자가 동의한 경우 외에는 피치료감호자의 개인신상에 관한 것은 공개하지 아니 한다(치료감호법 제20조).
① 동법 제32조 제2항, ② 동법 제22조, ③ 동법 제2조 제3호

06   Answer   ①

「가정폭력범죄의 처벌 등에 관한 특례법」 제40조 제1항 제5호에 따라 판사는 심리의 결과 보호처분이 필요하다고 인정하는 경우에는 보호관찰의 처분을 할 수 있다. 반면, 「가정폭력방지 및 피해자보호 등에 관한 법률」은 보호관찰을 부과할 수 있는 근거를 두고 있지 않다.

07   Answer   ④

④ 수강명령 대상자가 수강명령 집행기간 중 벌금 이상의 형의 집행을 받게 된 것은 종료사유에 해당하지 않는다(「보호관찰 등에 관한 법률」 제63조 제1항).
① 형의 선고를 유예하는 경우에는 보호관찰을 받을 것을 명할 수 있고(형법 제59조의2 제1항), 형의 집행을 유예하는 경우에는 보호관찰을 받을 것을 명하거나 사회봉사 또는 수강을 명할 수 있다(동법 제62조의2 제1항). 따라서 「형법」상 형의 선고를 유예하는 경우에는 수강을 명할 수 없다.
② 법원은 「형법」 제62조의2의 규정에 의한 사회봉사를 명할 때에는 500시간, 수강을 명할 때에는 200시간의 범위 내에서 그 기간을 정하여야 한다. 다만, 다른 법률에 특별한 규정이 있는 경우에는 그 법률이 정하는 바에 의한다(보호관찰 등에 관한 법률 제59조 제1항).
③ 소년법 제32조 제1항

08   Answer   ②

② 특별준수사항(보호관찰 등에 관한 법률 제32조 제3항)
①·③·④ 일반준수사항(동법 제32조 제2항)

09   Answer   ②

화이트칼라범죄 등은 지능이 높을수록, 학력이 높을수록 범죄와 깊은 상관관계를 가진다.

10   Answer   ②

② 황금의 초승달지대는 양귀비를 재배해서 모르핀, 헤로인 등으로 가공하여 세계 각국에 공급하는 지대로, 아프가니스탄·파키스탄·이란 등 3국의 접경지대이다.
① 백색의 삼각지대에 대한 설명으로, 대만에서 원료를 밀수입하여 우리나라에서 제조한 후 일본에 판매하는 구조였으나, 이후 중국에서 제조하고 한국, 일본에 수출하는 구조로 바뀌었다.

③ 헤로인은 중독 시 강한 의존성과 금단증상을 보이며, 산모가 남용 시에는 태아도 중독이 된다.

④ 엑스터시는 파티에서 주로 사용되기 때문에 '파티용 알약', '도리도리'라고도 불리며, 환각작용이 강하다. 치료용으로는 사용되지 않기 때문에 의사가 처방할 수 없다.

11　Answer　③

①은 우발범죄인, ②는 기회범죄인, ④는 직업범죄인에 대한 설명이다.

12　Answer　①

(가) 소년부 판사는 사건을 조사 또는 심리하는 데에 필요하다고 인정하면 소년의 감호에 관하여 결정으로써 다음 각 호의 어느 하나에 해당하는 조치를 할 수 있다(소년법 제18조 제1항).
　　1. 보호자, 소년을 보호할 수 있는 적당한 자 또는 시설에 위탁
　　2. 병원이나 그 밖의 요양소에 위탁
　　3. 소년분류심사원에 위탁
(나) 동행된 소년 또는 제52조 제1항에 따라 인도된 소년에 대하여는 도착한 때로부터 24시간 이내에 제1항의 조치를 하여야 한다(동법 제18조 제2항).
(다) 제1항 제1호(보호자, 소년을 보호할 수 있는 적당한 자 또는 시설에 위탁) 및 제2호(병원이나 그 밖의 요양소에 위탁)의 위탁기간은 3개월을, 제1항 제3호(소년분류심사원에 위탁)의 위탁기간은 1개월을 초과하지 못한다. 다만, 특별히 계속 조치할 필요가 있을 때에는 한 번에 한하여 결정으로써 연장할 수 있다.

13　Answer　②

14　Answer　②

사회해체이론은, 급격한 도시화·산업화는 지역사회에 기초한 통제의 붕괴를 낳게 되고, 이는 사회해체로 이어져 범죄나 비행이 유발된다는 이론으로, 틈새지역에서의 하류계층의 높은 범죄율을 설명하는 데에 유용하다. 화이트칼라범죄, 기업범죄 등을 설명하는 데 유용한 이론은 차별적 접촉이론이다.

15　Answer　②

밀러는 하류계층소년의 비행원인이 중류계층문화에 대한 적대감정에서 비롯되는 것이 아니라, 하류계층문화에 적응하였기 때문이라고 보았다.

16　Answer　②

보호복은 보호장비의 종류에 해당하지 않는다.

보호소년 등의 처우에 관한 법률 제14조의2(보호장비의 사용) 보호장비의 종류는 다음 각 호와 같다.
1. 수갑　　　　　　　　　　2. 포승(捕繩)
3. 가스총　　　　　　　　　4. 전자충격기
5. 머리보호장비　　　　　　6. 보호대(保護帶)

17 Answer ②

중화기술이론은 코헨의 하위문화이론에 대한 비판으로서 등장한 것으로, 법률위반에 관한 서덜랜드의 적극적 정의를 구체화한 이론이다.

18 Answer ④

① 글래저(Glaser)의 차별적 동일시이론에 대한 설명이다. 서덜랜드는 범죄행위의 학습은 가까운 곳에서 이루어지며 라디오, TV, 영화, 신문 등과 같은 비인격적 매체와는 관련이 없다고 보았다.

② 소질적 범죄자는 범죄와의 접촉경험이 없더라도 범죄를 저지를 수 있으므로, 차별적 접촉이론으로 설명하기 곤란하다는 비판이 있다.

③ '거리의 법칙'에 대한 설명이다.

[타르드의 모방법칙]

제1법칙 (거리의 법칙)	• 사람들은 서로를 모방하며, 모방 정도는 타인과의 접촉 정도에 비례 • 거리란 심리학적 의미의 거리와 기하학적 의미의 거리를 포함 • 도시에서는 모방의 빈도가 높고 빠르고(유행), 시골에서는 모방의 빈도가 덜하고 느림(관습)
제2법칙 (방향의 법칙)	• 열등한 사람이 우월한 사람을 모방 • 하층계급은 상층계급의 범죄를 모방하고, 시골에서는 도시의 범죄를 모방
제3법칙 (삽입의 법칙)	• 새로운 유행이 기존의 유행을 대체 • 모방 → 유행 → 관습의 패턴으로 확대·진전

19 Answer ③

③ 소년원장은 보호소년이 22세가 되면 퇴원시켜야 한다(보호소년 등의 처우에 관한 법률 제43조).
① 동법 제18조 제4항, ② 동법 제3조 제1항, ④ 동법 제2조 제2항

20 Answer ③

③ 보호관찰관의 단기 보호관찰기간은 1년으로 한다(소년법 제33조 제2항). 그 기간은 연장할 수 없다.
①·②·④ 제32조 제1항 제1호(보호자 등에게 감호위탁)·제6호(소년보호시설에 감호위탁)·제7호(병원, 요양원, 의료재활소년원에 위탁)의 위탁기간은 6개월로 하되, 소년부 판사는 결정으로써 6개월의 범위에서 한 번에 한하여 그 기간을 연장할 수 있다. 다만, 소년부 판사는 필요한 경우에는 언제든지 결정으로써 그 위탁을 종료시킬 수 있다(동법 제33조 제1항).

11회 형사정책 모의고사

[정답 및 해설]

문제 89p

| 01 ③ | 02 ① | 03 ② | 04 ① | 05 ① | 06 ③ | 07 ④ | 08 ④ | 09 ① | 10 ④ |
| 11 ① | 12 ④ | 13 ② | 14 ③ | 15 ① | 16 ③ | 17 ④ | 18 ② | 19 ① | 20 ④ |

01 Answer ③

③ 범죄농담은 한 지역사회에서 일정 기간 발생하는 총 범죄를 강도·살인과 같은 중범죄로 나눈 것을 말한다. 범죄농담률이 높을수록 중범죄가 많이 발생한다고 본다.

① 범죄시계(crime clock)는 매 시간마다 범죄발생현황을 표시한 것으로, 인구성장률을 반영하지 않고, 시간을 고정적인 비교단위로 사용하는 문제점이 있기 때문에 통계적 가치는 없다.

② 국제형사학협회(IKV)는 범죄인을 기회범죄인, 사회생활능력이 약화된 범죄인, 합법적 사회생활을 기대할 수 없는 범죄인으로 분류한다.

④ 실질적 의미의 범죄는 법규정과 관계없이 반사회적인 법익침해행위이고, 형식적 의미의 범죄는 형법상 범죄구성요건으로 규정된 행위이다.

02 Answer ①

① 구조금 지급신청은 해당 구조대상 범죄피해의 발생을 안 날부터 3년이 지나거나 해당 구조대상 범죄피해가 발생한 날부터 10년이 지나면 할 수 없다(범죄피해자 보호법 제25조 제2항).

② 동법 제32조, ③ 동법 제21조 제2항, ④ 동조 제1항

03 Answer ②

× : ㉠ 선고형 → 법정형, ㉣ 폭의 이론에 대한 설명이다.
○ : ㉡, ㉢

[양형의 일반이론]

유일형 이론	범죄에 대한 책임은 언제나 고정된 크기를 가지므로, 정당한 형벌은 오직 하나일 수밖에 없다는 이론
폭(幅)의 이론	형벌에 상응하는 정당하고 유일한 형벌을 결정하는 것은 현실적으로 불가능하므로, 범죄에 대한 책임은 일정한 상하의 폭이 있다는 이론(독일 연방최고법원의 입장)
단계이론	형량은 불법과 책임에 따라 결정하고, 형벌의 종류와 집행 여부는 예방을 고려하여 결정해야 한다는 이론

04 Answer ①

총액벌금제는 현행형법이 채택하고 있는 제도이며, 일수벌금제가 배분적 정의에 맞는다고 본다.

05 Answer ①

① 억제의 개념은 고전주의 범죄학자인 베카리아와 벤담의 주장에 근거한다.
② 야만적인 시대에 과거의 야만적인 형사사법제도를 개편하여 효율적인 범죄예방을 위한 형벌제도 개혁에 힘쓴 것은 고전주의 범죄학파로, 합리적인 형사사법제도를 통해 범죄자의 형벌로 인한 고통이 범죄로 인한 이익보다 크도록 하였을 때 범죄행위들이 억제될 수 있다고 보았으며, 범죄에 상응하는 일정한 형벌이 존재하고 엄중하게 집행된다면 범죄가 예방될 수 있다는 형이상학적 관념으로 법과 제도의 개혁에 관심을 기울였다.
③ 서덜랜드에 대한 설명이다. 서덜랜드는 법, 범죄, 범죄에 대한 조치와 관련된 과정들에 대한 일반적이고 신뢰할 수 있는 원칙을 확립하는 것이 범죄학의 궁극적인 목적이라고 보았다.
④ 일반억제효과에 대한 설명이다.

일반억제	범죄자에 대한 처벌을 통해 일반시민이 처벌에 대한 두려움을 느껴 범죄가 억제되는 것
특수억제	범죄자 자신이 처벌의 고통을 느낌으로써 이후 범죄를 저지르지 않게 되는 것

06 Answer ③

× : ⓛ 촉법소년·우범소년(법으로 정한 사유가 있고 그의 성격 또는 환경에 비추어 장래 형벌법령에 저촉되는 행위를 할 우려가 있는 10세 이상 19세 미만인 소년)이 있을 때에는 경찰서장은 직접 관할 소년부에 송치하여야 한다(소년법 제4조 제2항).
　　ⓒ 소년보호사건의 대상이 되는 촉법소년은 형벌법령에 저촉되는 행위를 한 10세 이상 14세 미만인 소년을 말한다(동법 제4조 제1항 제2호). 따라서 14세의 촉법소년은 소년보호사건의 대상이 될 수 없다.

○ : ⓖ 동법 제4조 제2항, ⓔ 동조 제3항

07 Answer ④

① 범죄율은 인구 100,000명당 범죄건수로 표시한다.
② 검거율은 범인이 실제 검거된 비율에 관한 통계치로, 전체 인지된 범죄건수에서 범인이 검거된 범죄건수가 차지하는 비율로 표시된다.
③ 공식통계는 숨은(암수) 범죄를 반영할 수 없다는 단점이 있다.

08 Answer ④

「가정폭력범죄의 처벌 등에 관한 특례법」 제41조에 의하여 보호관찰처분을 받은 자의 보호관찰기간은 6개월을 초과할 수 없다.

보호관찰 등에 관한 법률 제30조(보호관찰의 기간) 보호관찰 대상자는 다음 각 호의 구분에 따른 기간에 보호관찰을 받는다.
1. 보호관찰을 조건으로 형의 선고유예를 받은 사람: 1년
2. 보호관찰을 조건으로 형의 집행유예를 선고받은 사람: 그 유예기간. 다만, 법원이 보호관찰 기간을 따로 정한 경우에는 그 기간
3. 가석방자: 「형법」 제73조의2 또는 「소년법」 제66조에 규정된 기간
4. 임시퇴원자: 퇴원일부터 6개월 이상 2년 이하의 범위에서 심사위원회가 정한 기간
5. 「소년법」 제32조 제1항 제4호 및 제5호의 보호처분을 받은 사람: 그 법률에서 정한 기간

6. 다른 법률에 따라 이 법에서 정한 보호관찰을 받는 사람: 그 법률에서 정한 기간

09　Answer　①

① 형의 선고를 유예하는 경우에는 보호관찰을 받을 것을 명할 수 있고(형법 제59조의2 제1항), 형의 집행을 유예하는 경우에는 보호관찰을 받을 것을 명하거나 사회봉사 또는 수강을 명할 수 있다(동법 제62조의2 제1항). 따라서 「형법」상 형의 선고를 유예하는 경우에는 사회봉사 또는 수강을 명할 수 없다.
② 보호관찰 등에 관한 법률 제59조 제1항
③ 소년법 제32조 제4항
④ 보호관찰 등에 관한 법률 제61조 제1항

10　Answer　④

포승, 수갑, 가스총, 전자충격기, 보호대가 이에 해당한다.

11　Answer　①

② 엑스너는 성격학적 원인, 유전생물학적 원인, 범죄심리학적 원인, 체질학적 원인, 범죄사회학적 원인, 형사정책적 원인 등의 관점을 다원적으로 활용하여 범죄인을 분류하였다.
③ 구룰레는 범죄를 일으키는 동기를 심리학적으로 분석하여 경향범죄인, 박약범죄인, 격정범죄인, 명예(확신)범죄인, 빈곤범죄인 등으로 분류하였다.
④ 마이호퍼는 재사회화 이념에 따라 속죄용의 있는 기회범인, 속죄용의 없는 기회범인, 개선 가능한 상태범, 개선 불가능한 상태범으로 분류하였다.

12　Answer　④

④ 제1항 제2호(촉법소년) 및 제3호(우범소년)에 해당하는 소년이 있을 때에는 경찰서장은 직접 관할 소년부에 송치하여야 한다(소년법 제4조 제2항).
① 사건 본인이나 보호자는 소년부 판사의 허가를 받아 보조인을 선임할 수 있다. 보호자나 변호사를 보조인으로 선임하는 경우에는 제1항의 허가를 받지 아니하여도 된다(동법 제17조 제1항·제2항).
② 동법 제8조
③ 동법 제38조 제2항 후단

13　Answer　②

[워렌(Warren)의 대인성숙도(I-Level)]
1965년 개발한 인성검사법으로, 인간관계의 성숙 정도의 발전수준을 1~7단계로 나누고 I-level로 명명하였다. I-Level에 따르면, 비행자는 정상자보다 단계가 낮게 나왔고, 특히 2단계부터 4단계에서 비행자가 가장 많이 발견되었다.

2단계	비사회적·공격적 그리고 폭력지향적 성향	반사회적 모사자
3단계	비행집단의 규칙에 동조하는 성향	문화적 동조자
4단계	전형적인 신경과민과 정신이상의 성향	신경증적 행위자

14 Answer ③

③ 18세 미만인 소년에게는 「형법」제70조(노역장 유치)에 따른 유치선고를 하지 못한다. 다만, 판결선고 전 구속되었거나 제18조 제1항 제3호의 조치가 있었을 때에는 그 구속 또는 위탁의 기간에 해당하는 기간은 노역장에 유치된 것으로 보아 「형법」제57조를 적용할 수 있다(소년법 제62조).
① 동법 제4조 제1항 제1호, ② 동법 제60조 제1항, ④ 동조 제3항

15 Answer ①

폭력적 하위문화이론의 핵심은, 모든 사회는 고유한 문화체계를 가지고 있으며 사람의 행위는 문화체계를 통해 이해된다는 것으로, 폭력적 하위문화는 전체 문화의 하위 부분으로서 구성원들이 학습을 통해 하위문화의 내용을 행동의 기준으로 삼기 때문에 주류문화와 항상 갈등상태를 형성하는 것은 아니다.

16 Answer ③

자기통제력은 내적 봉쇄요인에 해당한다.

[레클리스의 범죄억제요소]

내적 억제요인 (내적 통제)	• 규범이나 도덕을 내면화하여 개인의 내부에 형성된 범죄차단력에 관한 요인 • 자기통제력, 자아나 초자아의 능력, 좌절감을 인내할 수 있는 능력, 책임감, 집중력, 성취지향력, 대안을 찾을 수 있는 능력 등
외적 억제요인 (외적 통제)	• 가족이나 주위사람들과 같이 외부적으로 범죄를 차단하는 요인 • 일관된 도덕교육, 교육기관에의 관심, 합리적 규범과 기대체계, 집단의 포용성, 효율적인 감독과 훈육, 소속감과 일체감의 배양 등

17 Answer ④

갓프레드슨과 허쉬는 비행을 저지른 청소년에 대해서는 가정에서 즉시 벌을 주는 외적 통제가 필요함을 강조하고, 이러한 외적 통제가 사회화과정을 거쳐 청소년에게 내면화됨으로써 비행이 예방된다고 보았으며, 가족치료를 비행예방의 주요 방안으로 제시하였다.

18 Answer ②

애착(Attachment)은 허쉬의 사회유대이론과 관련이 있다.

19 Answer ①

볼드는 집단 간에 갈등이 발생하는 이유는 이익과 목적이 중첩되고 상호 잠식하며 경쟁적이기 때문이고, 그 갈등이 가장 첨예하게 대립하는 영역은 입법정책분야라고 하였다.

20 Answer ④

④ 보호소년 등의 처우에 관한 법률 제15조 제3항
① 소년원장은 보호소년이 22세가 되면 퇴원시켜야 한다(동법 제43조 제1항).
② 수갑, 포승 등 보호장비를 징벌의 수단으로 사용할 수 없다(동법 제14조의2 제2항·제3항).
　제14조의2(보호장비의 사용) ② 원장은 다음 각 호의 어느 하나에 해당하는 경우에는 소속 공무원으

로 하여금 보호소년등에 대하여 수갑, 포승 또는 보호대를 사용하게 할 수 있다.

1. 이탈·난동·폭행·자해·자살을 방지하기 위하여 필요한 경우
2. 법원 또는 검찰의 조사·심리, 이송, 그 밖의 사유로 호송하는 경우
3. 그 밖에 소년원·소년분류심사원의 안전이나 질서를 해칠 우려가 현저한 경우

③ 원장은 다음 각 호의 어느 하나에 해당하는 경우에는 소속 공무원으로 하여금 보호소년등에 대하여 수갑, 포승 또는 보호대 외에 가스총이나 전자충격기를 사용하게 할 수 있다.

1. 이탈, 자살, 자해하거나 이탈, 자살, 자해하려고 하는 때
2. 다른 사람에게 위해를 가하거나 가하려고 하는 때
3. 위력으로 소속 공무원의 정당한 직무집행을 방해하는 때
4. 소년원·소년분류심사원의 설비·기구 등을 손괴하거나 손괴하려고 하는 때
5. 그 밖에 시설의 안전 또는 질서를 크게 해치는 행위를 하거나 하려고 하는 때

③ 보호소년등을 소년원이나 소년분류심사원에 수용할 때에는 법원소년부의 결정서, 법무부장관의 이송허가서 또는 지방법원 판사의 유치허가장에 의하여야 한다(동법 제7조).

12회 형사정책 모의고사

[정답 및 해설]   문제 94p

01 ④ 02 ④ 03 ② 04 ② 05 ④ 06 ④ 07 ② 08 ③ 09 ② 10 ②
11 ④ 12 ④ 13 ② 14 ② 15 ③ 16 ② 17 ① 18 ④ 19 ② 20 ②

01   Answer   ④

코헨(Cohen)과 펠슨(Felson)은 감시인 또는 보호자란 경찰이나 민간경비원 등의 공식감시인을 의미하
는 것이 아니라, 그 존재나 근접성 자체가 범죄를 좌절시킬 수 있는 사람들을 의미하는 것으로, 의도하
지 않더라도 사람들이 친지나 친구 또는 모르는 사람들로부터 보호받게 되는 측면을 의미한다고 설명
하였다. 또한 동기를 가진 범죄자, 적당한 범행대상의 존재 및 범죄방지의 보안장치 또는 감시인의 결
여 등과 같은 요소가 결집되면 범죄의 피해자가 될 수 있다고 본다. 따라서 일상활동의 구조적 변화는
위와 같은 세 가지 요소에 시간적·공간적으로 영향을 미치고, 그것이 결집된 경우에 범죄가 발생하므
로, 범죄의 예방을 위해서는 이러한 영향을 미치는 요소가 결집되지 않도록 하여야 함을 의미한다.

02   Answer   ④

타인의 형사사건의 재판에 있어서 증언과 관련하여 피해자로 된 때에는 구조금을 지급한다.

03   Answer   ②

② 법원 및 심사위원회는 판결의 선고 또는 결정의 고지를 할 때에는 제2항의 준수사항 외에 범죄의 내용과
   종류 및 본인의 특성 등을 고려하여 필요하면 보호관찰 기간의 범위에서 기간을 정하여 다음 각 호의
   사항을 특별히 지켜야 할 사항으로 따로 과(科)할 수 있다(보호관찰 등에 관한 법률 제32조 제3항).
① 동법 제5조 제1항, ③ 동법 제29조 제1항, ④ 대법원 2010.9.30. 2010도6403

04   Answer   ②

② 범죄로 인해 직접적인 피해를 입은 피해자만을 포함하고, 간접적인 피해를 입은 사람은 제외한다.
   이 경우, 형법에서 규정하는 범죄의 직접피해자로 범죄피해자의 개념이 한정되기 때문에 피해자의
   범위가 매우 명확하다는 장점이 있다.
① 종래의 형사정책은 범죄인에 대한 연구에만 중점을 두고 피해자에 대해서는 관심을 두지 않았으나,
   제2차 세계대전 이후에는 범죄인과 피해자를 형사상 동반자 내지 대립자로 파악하게 되었다.
③ 범죄피해자 보호법상 구조대상 범죄피해란 대한민국의 영역 안에서 또는 대한민국의 영역 밖에 있
   는 대한민국의 선박이나 항공기 안에서 행하여진 사람의 생명 또는 신체를 해치는 죄에 해당하는
   행위로 인하여 사망하거나 장해 또는 중상해를 입은 것을 말한다(범죄피해자 보호법 제3조 제1항
   제4호). 따라서 재산범죄 피해자는 구조대상 범죄피해에 해당하지 않는다.
④ 피해자학에서의 피해자는 형식적 의미의 범죄뿐만 아니라 실질적 의미에서 범죄로 인해 보호법익
   을 침해당한 사람까지 포함한다는 견해가 통설이다.

최협의	법률상 범죄가 성립하는 경우에 범죄자의 상대방(침해당한 법익의 주체)
협의	범죄성립과 관련 없이 현실적으로 범죄피해를 경험한 자(예 책임무능력자에 의한 범죄피해자)
광의	• 범죄피해를 직접 경험한 직접피해자뿐만 아니라 간접피해자도 포함 • **범죄학에서 연구대상으로서의 피해자 개념에 해당** • 타인의 범죄행위로 피해를 당한 사람과 사실상 혼인관계에 있는 사람까지 포함하는 그 배우자, 직계친족 및 형제자매를 말한다. 그리고 이외에 범죄피해 방지 및 범죄피해자 구조활동으로 피해를 당한 사람도 범죄피해자로 본다(범죄피해자 보호법 제3조).
최광의	사회환경 및 자연재해로 인한 피해자도 포함

05   Answer   ④

×: ⓒ 보안관찰처분심의위원회 → 법무부장관(보안관찰법 제16조 제1항)
      ⓔ 보안관찰처분의 기간은 보안관찰처분 결정을 집행하는 날부터 계산한다(동법 제25조 제1항).
○: ㉠ 동법 제12조 제2항, ⓛ 동법 제14조 제1항

06   Answer   ④

×: ⓒ 촉법소년·우범소년이 있을 때에는 경찰서장은 직접 관할 소년부에 송치하여야 한다(소년법 제4조 제2항).
      ⓔ 범죄소년·촉법소년·우범소년을 발견한 보호자 또는 학교·사회복리시설·보호관찰소의 장은 이를 관할 소년부에 통고할 수 있다(동조 제3항).
○: ㉠ 동법 제3조 제2항, ⓛ 동조 제3항

07   Answer   ②

② 인간의 존엄성을 침해할 소지가 있다.
① 사회 내 처우의 효과를 증진시키는 장점이 있다.
③ 행형비용을 감소시킬 수 있는 장점이 있다.
④ 시설처우의 단점을 보완할 수 있는 장점이 있다.

08   Answer   ③

보호관찰 등에 관한 법률 시행령 제18조(주거이전등의 신고) ① 보호관찰대상자는 법 제32조 제2항 제4호의 규정에 의한 신고를 할 때에는 법무부령이 정하는 바에 의하여 본인의 성명, 주거, 주거이전예정지 또는 여행지, 주거이전이유 또는 여행목적, 주거이전일자 또는 여행기간 등을 신고하여야 한다.
② 보호관찰대상자가 다른 보호관찰소의 관할구역 안으로 주거를 이전한 때에는 10일 이내에 신주거지를 관할하는 보호관찰소에 출석하여 서면으로 주거이전의 사실을 신고하여야 한다.

09   Answer   ②

② 소년부 판사는 사건 본인을 보호하기 위하여 긴급조치가 필요하다고 인정하면 제13조 제1항에 따른 소환 없이 동행영장을 발부할 수 있다(소년법 제14조).
① 동법 제13조 제2항, ③ 동법 제17조 제1항·제2항, ④ 동법 제11조 제1항

10 Answer ②

② 촉법소년은 형사미성년자이므로 검사는 촉법소년에 대하여 공소를 제기할 수 없다.
① 검사선의주의란 소년사건처리에서 보호처분을 위하여 소년심판절차에 의할 것인지, 형벌을 위하여 형사절차에 의할 것인지를 선택하는 선의권을 검사에게 귀속시키려는 입장을 말한다.
③ 소년법 제7조 제1항, 제8조
④ 동법 제60조 제1항

11 Answer ④

④ 1개월 이내의 소년원 송치는 10세 이상의 소년에게 할 수 있다.
① 수강명령 처분은 12세 이상의 소년에게만 할 수 있다(소년법 제32조 제4항).
② 장기 소년원 송치 처분은 12세 이상의 소년에게만 할 수 있다(동법 제32조 제4항).
③ 사회봉사명령 처분은 14세 이상의 소년에게만 할 수 있다(동법 제32조 제3항).

12 Answer ④

사이코패스는 자신의 능력과 의지를 과대포장하는 특징이 있고, 일상생활에서 특정 사안에 광적으로 집착한다.

13 Answer ②

약물치료명령은 「소년법」상 소년보호처분에 해당하지 않는다.

14 Answer ②

비행과 범죄를 인간의 합법적인 사회적 성공을 위한 울분과 좌절의 결과로 본 것은 아노미이론이다.

15 Answer ③

밀러는 하층계급에 있는 소년이라도 중류층 계급문화에 동조하는 경향이 있는 경우에는, 범죄나 비행에 가담하지 않는다고 보았다.

16 Answer ②

② 나이(Nye)는 가정이 사회통제의 가장 중요한 근본임을 강조하고, 대부분의 청소년비행이 불충분한 사회통제의 결과라고 보았다. 그는 비행자들은 부모에게 거부당하거나 인정받지 못하였고, 비행을 저지르지 않은 청소년들은 부모의 훈육과 부모와 시간을 보내는 것에 긍정적인 태도를 갖고 있다는 설문조사의 결과를 제시하며, 청소년비행에서 가정의 중요성을 강조하였다.
① 소년비행 예방에 가장 효율적인 방법으로 본 것은 비공식적 간접통제이다.
③ 나이는 가정에서의 비공식적 간접통제가 특히 중요하고, 청소년의 욕구가 가정 안에서 충족될수록 가정 밖에서의 일탈을 막을 수 있다고 보았다.
④ 라이스(A. Reiss)의 주장에 대한 설명이다.

17 Answer ①

① 외국에서 무죄판결을 받고 석방되기까지의 미결구금은, 국내에서의 형벌권 행사가 외국에서의 형사절차

와는 별개의 것인 만큼 우리나라 형벌법규에 따른 공소의 목적을 달성하기 위하여 필수불가결하게 이루어진 강제처분으로 볼 수 없고, 유죄판결을 전제로 한 것이 아니어서 해당 국가의 형사보상제도에 따라 구금기간에 상응하는 금전적 보상을 받음으로써 구제받을 성질의 것에 불과하다. 또한 형사절차에서 미결구금이 이루어지는 목적, 미결구금의 집행방법 및 피구금자에 대한 처우, 미결구금에 대한 법률적 취급 등이 국가별로 다양하여 외국에서의 미결구금으로 인해 피고인이 받는 신체적 자유 박탈에 따른 불이익의 양상과 정도를 국내에서의 미결구금이나 형의 집행과 효과 면에서 서로 같거나 유사하다고 단정할 수도 없다. 따라서 위와 같이 외국에서 이루어진 미결구금을 형법 제57조 제1항에서 규정한 '본형에 당연히 산입되는 미결구금'과 같다고 볼 수 없다(대법원 2017.8.24. 2017도5977).

② 대법원 2019.4.18. 2017도14609

③ 그 본형이 실형이든 집행유예가 부가된 형이든 불문하고 그 산입된 미결구금 일수는 형사보상의 대상이 되지 않는다. 그 미결구금은 유죄에 대한 본형에 산입되는 것으로 확정된 이상 형의 집행과 동일시되므로, 형사보상할 미결구금 자체가 아닌 셈이기 때문이다(대법원 2017.11.28. 2017모1990).

④ 형사소송법 제471조의2 제2항

18 Answer ④

× : ㉡ 낙인이론에서는 일탈행위의 분석방법으로서 공식통계의 한계(암수범죄)를 지적하고, 자기보고나 참여적 관찰에 의한 보충의 필요성을 강조한다.

㉣ 낙인이 범죄나 비행을 지속시킨다고 볼 때에는 낙인이 독립변수로 작용한다.

㉾ 일탈행위를 상호작용의 낙인으로 분석한다.

○ : ㉠, ㉢, ㉤

19 Answer ②

× : ㉡ 테일러(Taylor) · 왈튼(Walton) · 영(Young)의 신범죄학은 갈등론적 · 비판적 · 마르크스주의적 비행이론을 반영한 범죄이론이다. 한편 퀴니(Quinney)는 신범죄학이 비판범죄학과 동의어라고 주장한다.

○ : ㉠ 포스트모던이론은 권력을 가진 자들이 자신의 언어로 범죄와 법을 규정하여 객관적인 공정성이나 타당성을 확립한다는 점을 강조한다.

㉢ 챔블리스의 마르크스주의 범죄이론은 범죄의 주 원인을 자본주의 경제체제의 속성에 따른 불평등한 분배구조로 본다.

㉣

20 Answer ②

② 범죄패턴이론은 범죄의 공간적 패턴을 분석할 때 범죄자들이 평범한 일상생활 속에서 범죄기회와 조우하는 과정을 설명한다. 범죄는 일정한 장소적 패턴이 있으며 이는 범죄자의 일상적인 행동패턴과 유사하다는 논리로 범죄자의 여가활동장소나 이동경로 · 이동수단 등을 분석하여 범행지역을 예측함으로써 연쇄살인이나 연쇄강간 등의 연쇄범죄해결에 도움을 줄 수 있다는 범죄예방론이다.

③ 환경설계를 통한 범죄예방을 주장한 제프리는 사회환경의 개선을 통해서만 범죄방지가 가능하다고 보았다.

④ 정보주도 경찰활동이란 치안정보 또는 그 배경이 되는 내외의 정치, 경제, 사회, 문화 등의 일반적 정보 등을 수집, 작성, 배포하는 경찰활동을 말한다.

13회 형사정책 모의고사

[정답 및 해설]   문제 100p

01	②	02	④	03	①	04	④	05	③	06	②	07	②	08	①	09	④	10	④
11	④	12	③	13	④	14	③	15	④	16	①	17	①	18	③	19	④	20	②

01 Answer ②

○ : ⓒ 코헨과 펠슨은 감시인 또는 보호자는 경찰이나 민간경비원 등의 공식감시인을 의미하는 것이 아니라, 그 존재나 근접성 자체가 범죄를 좌절시킬 수 있는 사람들을 의미하는 것으로, 의도하지 않더라도 사람들이 친지나 친구 또는 모르는 사람들로부터 보호받게 되는 측면을 의미한다고 설명하였다. 즉, 일상활동이론은 비공식적 통제체계에서의 자연스러운 범죄예방과 억제를 중요시한다.

ⓔ 지역사회 구성원들이 긴밀한 유대강화를 통해 범죄 등 사회문제에 대해 함께 주의를 기울인다면 범죄를 예방할 수 있다고 보는 이론은 '집합효율성이론'이다.

× : ㉠ 목표물 견고화(대상물 강화), 접근통제(시설 접근통제) 기법은 노력의 증가에 해당한다. 코니쉬(Cornish)와 클라크(Clarke)의 상황적 범죄예방이란 사회나 사회제도 개선에 의존하는 것이 아니라, 단순히 범죄기회의 감소에 의존하는 예방적 접근을 말하며, 구체적인 범죄를 대상으로 체계적·장기적으로 직접적인 환경을 관리·조정하여 범죄기회를 감소시키고, 잠재적 범죄자로 하여금 범행이 위험할 수 있음을 인지하도록 하는 데 목표를 두고 있다. 코니쉬와 클라크는 상황적 범죄예방의 5가지 목표(노력의 증가, 위험의 증가, 보상의 감소, 자극의 감소, 변명의 제거)와 25가지의 구체적 기법을 제시하였다.

ⓒ 제프리는 자신의 범죄대책모델 중 환경공학적 범죄통제모델을 특히 강조하였다.

02 Answer ④

× : ⓒ 1년 → 2년(범죄피해자 보호법 제31조), ⓔ 지방법원 → 지방검찰청(동법 제21조 제1항)
○ : ㉠ 동법 제17조 제1항, ⓒ 동법 제19조 제1항 제4호

03 Answer ①

① 형의 선고를 유예하는 경우에 재범방지를 위하여 지도 및 원호가 필요한 때에는 보호관찰을 받을 것을 명할 수 있으며, 보호관찰의 기간은 1년으로 한다(형법 제59조의2).
② 동법 제61조 제1항, ③ 동법 제62조의2 제1항·제2항, ④ 동법 제73조의2 제2항

04 Answer ④

④ 행위자에게 유죄판결을 하지 않을 때에도 몰수요건이 있는 때에는 몰수만을 선고할 수 있다(형법 제49조).
① 동법 제69조 제1항, ② 동법 제44조 제2항, ③ 동법 제59조

05   Answer   ③

보안관찰의 대상자는 보안관찰해당범죄 또는 이와 경합된 범죄로 금고 이상의 형의 선고를 받고, 그 형기 합계가 3년 이상인 자로서 형의 전부 또는 일부의 집행을 받은 사실이 있는 자이다(보안관찰법 제3조). 이에 해당하는 자 중 보안관찰해당범죄를 다시 범할 위험성이 있다고 인정할 충분한 이유가 있어 재범의 방지를 위한 관찰이 필요한 자에 대하여는 보안관찰처분을 한다(동법 제4조 제1항).

06   Answer   ②

위치추적 전자장치 부착명령을 청구할 수 있는 범죄는 성폭력범죄, 미성년자 대상 유괴범죄, 살인범죄, 강도범죄 및 스토킹범죄에 한정한다(전자장치 부착 등에 관한 법률 제5조). 따라서 상습 재산범죄자는 위치추적 전자장치 부착대상자가 아니다.

07   Answer   ②

② 법원은 사회봉사·수강명령 대상자가 사회봉사를 하거나 수강할 분야와 장소 등을 지정할 수 있다 (보호관찰 등에 관한 법률 제59조 제2항).
① 동법 제61조 제1항, ③ 동법 제62조 제2항, ④ 동법 제59조 제1항

08   Answer   ①

조직범죄에는 정치적 목적이나 이해관계가 개입되지 않고, 일부 정치적 참여도 자신들의 보호나 면책을 위한 수단에 지나지 않는 비이념적 특성을 갖는다.

[아바딘스키의 조직범죄에 대한 견해]

비이념적	정치적 목적이나 이해관계가 개입되지 않고, 일부 정치적 참여도 자신들의 보호나 면책을 위한 수단에 지나지 않는다.
위계적 구조	조직범죄는 위계적·계층적이다.
구성원 제한	조직범죄의 구성원은 매우 제한적·배타적이다.
영속적 활동	조직활동이나 구성원의 참여가 거의 영구적이며, 내부구성원이 따라야 할 규칙을 가지고 있다.
불법수단 사용	이익을 증대시키기 위해 폭력을 사용하고, 뇌물로 부패공무원을 매수한다.
분업화·전문화	조직 내 위치에 따라 임무와 역할이 철저하게 분업화·전문화되어 있다.
독점성	특정 사업을 독점하여 경제적 이익을 취한다.
규범통제	합법적 조직과 동일하게 조직 내 규범통제가 이루어진다.

09   Answer   ④

④ 소년이 소년분류심사원에 위탁된 경우 보조인이 없을 때에는 법원은 변호사 등 적정한 자를 보조인으로 선정하여야 하며(소년법 제17조의2 제1항), 소년이 소년분류심사원에 위탁되지 아니하였을 때에도 다음의 경우 법원은 직권에 의하거나 소년 또는 보호자의 신청에 따라 보조인을 선정할 수 있다(동조 제2항).
    1. 소년에게 신체적·정신적 장애가 의심되는 경우
    2. 빈곤이나 그 밖의 사유로 보조인을 선임할 수 없는 경우
    3. 그 밖에 소년부 판사가 보조인이 필요하다고 인정하는 경우

① 동법 제24조 제2항, ② 동법 제12조, ③ 동법 제13조 제2항

10 Answer ④

가정폭력처벌법 제2조에서는 '가정구성원'에 대하여 다음과 같이 규정하고 있다. 별거중인 배우자는 제1호에, 동거하는 계모는 제3호에, 동거하는 사촌은 제4호에, 동거하지 않는 부친은 제2호에 각각 해당된다.

[가정구성원(가정폭력처벌법 제2조 제2호)]
- 배우자(사실혼 포함) 또는 배우자였던 사람
- 자기 또는 배우자와 직계존비속관계(사실상의 양친자관계를 포함)에 있거나 있었던 사람
- 계부모와 자녀의 관계 또는 적모(嫡母)와 서자(庶子)의 관계에 있거나 있었던 사람
- 동거하는 친족

11 Answer ④

엑스너는 여러 가지 관점에서 범죄인을 분류하였는데 ㉠ 유전생물학적 분류, ㉡ 범죄심리학적 분류, ㉢ 성격학적 분류, ㉣ 체질학적 분류, ㉤ 범죄사회학적 분류, ㉥ 형사정책학적 분류가 그것이다.

12 Answer ③

③ 형의 집행유예나 선고유예를 선고할 때에는 제1항(부정기형 선고)을 적용하지 아니한다(소년법 제60조).
① 대법원 2009.5.28. 2009도2682,2009전도7, ② 소년법 제59조, ④ 동법 제60조

13 Answer ④

실업은 합법적 수단의 박탈을 의미하므로 범죄율을 높이는 요인이다. 긴장이론은 사회구조의 모순을 범죄원인으로 보기 때문에 개인의 교화개선보다 사회구조나 제도의 개선 또는 복지대책을 중시한다.

14 Answer ③

× : ㉢ 버제스의 동심원이론에 등장하는 환상지대(loop)란 도시의 중심부에 위치하는 상공업 기타 각종 직업의 중심적 업무지역을 말한다. 버제스가 범죄학적으로 가장 문제 되는 지역으로 지적한 곳은 제2지대(전이지대)이다.
㉣ 쇼와 맥케이는 대체로 도시의 중심부에서 멀어질수록 범죄가 거의 규칙적으로 감소한다고 주장하였다.
○ : ㉠, ㉡, ㉤

15 Answer ④

㉠ 장기 보호관찰기간은 2년으로 한다. 다만, 소년부 판사는 보호관찰관의 신청에 따라 결정으로써 1년의 범위에서 한 번에 한하여 그 기간을 연장할 수 있다(소년법 제33조 제3항).
㉡·㉢·㉣ 위탁기간은 6개월로 하되, 소년부 판사는 결정으로써 6개월의 범위에서 한 번에 한하여 그 기간을 연장할 수 있다. 다만, 소년부 판사는 필요한 경우에는 언제든지 결정으로써 그 위탁을 종료시킬 수 있다(동법 제33조 제1항).

16 Answer ①

① 죄를 범할 당시 18세 미만인 소년에 대하여 사형 또는 무기형으로 처할 경우에는 15년의 유기징역
으로 한다(소년법 제59조).
② 동법 제63조
③ 부정기형의 경우에는 단기의 3분의 1이 지나면 가석방을 허가할 수 있다(동법 제65조 제3호).
④ 동법 제64조

17 Answer ①

갓프레드슨(Gottfredson)과 허쉬(Hirschi)에 의하면, 범죄는 기회의 요인에 의해 영향을 받고, 어린 시
절에 형성된 낮은 자기통제력은 성인기에도 지속적인 성향을 보이며, 자기통제력이 강해도 기회가 있
을 경우에는 범죄를 저지를 수 있다.

18 Answer ③

③ 낙인이론은 사회구조보다는 사회과정에, 거시적 차원보다는 미시적 차원에 초점을 둔 이론이다. 일
탈자에 대한 사회적 반응을 지나치게 강조하다보니 최초의 일탈에 대한 원인설명이 부족하다는 비
판이 있다.
① 어떠한 사람들이 낙인을 당하는 가에 관한 지위특정가설은, 범죄발생 시 형사사법기관이 그 범죄자
를 처벌할지 여부 및 처벌의 경중에 대한 의사결정은 가해자와 피해자의 사회적 특성(인종, 사회계
층 등)에 영향을 받는다는 가설이고, 낙인을 경험한 개인이 이차적 일탈을 저지르게 되는 인과과정
을 가설화한 이차적 일탈가설은, 낙인을 경험한 개인은 정체성의 변화를 겪고, 삶의 기회로부터 차
단되어 결국 더 많은 비행행위에 가담하게 될 것이라는 가설이다.

19 Answer ④

○ : ㉠, ㉡, ㉢, ㉣
× : 없음

20 Answer ②

손베리의 상호작용이론에 대한 설명이다. 사회적으로 해체된 지역에서 성장한 아동은 낮은 사회적 유
대감을 가질 가능성이 크고, 그 결과 범죄행동을 보이게 된다는 것이다.

14회 형사정책 모의고사

[정답 및 해설]   문제 105p

01 ②   02 ③   03 ①   04 ②   05 ②   06 ④   07 ①   08 ②   09 ①   10 ②
11 ②   12 ④   13 ③   14 ③   15 ④   16 ④   17 ④   18 ④   19 ④   20 ④

01   Answer   ②

범죄패턴이론이란 범죄는 일정한 장소적 패턴을 가지며, 이는 범죄자의 일상적인 행동패턴과 유사하다는 논리로, 범죄자의 여가활동장소나 이동경로·이동수단 등을 분석하여 범행지역을 예측함으로써 연쇄살인이나 연쇄강간 등의 연쇄범죄 해결에 도움을 줄 수 있다는 범죄예방론이다.

02   Answer   ③

× : ㉡ 회복적 사법은 가해자와 피해자, 그 가족 및 지역사회를 함께 참여시키는 사회적 관계 속에서 문제를 해결하고자 하므로, 사회방위와는 직접적 관련이 없다.
　　 ㉢ 범죄도 하나의 사회현상이라는 사실을 중시한다.
○ : ㉠, ㉣

03   Answer   ①

① 유일점 형벌이론이란 범죄에 대한 책임은 언제나 고정된 크기를 가지므로 정당한 형벌은 오직 하나라는 것으로, 예방목적은 고려의 대상이 아니다.
③ 형법 제51조

04   Answer   ②

○ : ㉠, ㉢, ㉤
× : ㉡ 일수벌금제는 범죄인의 행위책임에 따라 벌금일수를 먼저 정하고, 범죄자의 경제능력 내지 지불능력에 따라 1일 벌금액을 정한 후 이를 곱한 액수로 벌금을 확정한다.
　　 ㉣ 일수벌금제는 범죄자의 경제능력에 따라 벌금액을 정하므로 배분적 정의에 부합한다는 장점이 있다.
　　 ㉥ 일수벌금제는 범죄자의 경제능력에 따라 벌금을 부과하는데, 범죄자의 경제능력은 범죄와 무관하므로 책임주의에 부합하지 않는다는 비판이 있다.

05   Answer   ②

② 보호관찰은 보호관찰 대상자의 주거지를 관할하는 보호관찰소 소속 보호관찰관이 담당한다(보호관찰 등에 관한 법률 제31조).
① 동법 제29조 제1항, ③ 동법 제33조의2, ④ 동법 제46조의2 제1항

06 Answer ④

모욕범죄는 위치추적 전자장치의 부착을 청구할 수 있는 범죄가 아니다.

전자장치 부착 등에 관한 법률 제5조(전자장치 부착명령의 청구) ① 검사는 다음 각 호의 어느 하나에 해당하고, 성폭력범죄를 다시 범할 위험성이 있다고 인정되는 사람에 대하여 전자장치를 부착하도록 하는 명령(이하 "부착명령"이라 한다)을 법원에 청구할 수 있다.

1. 성폭력범죄로 징역형의 실형을 선고받은 사람이 그 집행을 종료한 후 또는 집행이 면제된 후 10년 이내에 성폭력범죄를 저지른 때
2. 성폭력범죄로 이 법에 따른 전자장치를 부착받은 전력이 있는 사람이 다시 성폭력범죄를 저지른 때
3. 성폭력범죄를 2회 이상 범하여(유죄의 확정판결을 받은 경우를 포함한다) 그 습벽이 인정된 때
4. 19세 미만의 사람에 대하여 성폭력범죄를 저지른 때
5. 신체적 또는 정신적 장애가 있는 사람에 대하여 성폭력범죄를 저지른 때

② 검사는 미성년자 대상 유괴범죄를 저지른 사람으로서 미성년자 대상 유괴범죄를 다시 범할 위험성이 있다고 인정되는 사람에 대하여 부착명령을 법원에 청구할 수 있다. 다만, 유괴범죄로 징역형의 실형 이상의 형을 선고받아 그 집행이 종료 또는 면제된 후 다시 유괴범죄를 저지른 경우에는 부착명령을 청구하여야 한다.

③ 검사는 살인범죄를 저지른 사람으로서 살인범죄를 다시 범할 위험성이 있다고 인정되는 사람에 대하여 부착명령을 법원에 청구할 수 있다. 다만, 살인범죄로 징역형의 실형 이상의 형을 선고받아 그 집행이 종료 또는 면제된 후 다시 살인범죄를 저지른 경우에는 부착명령을 청구하여야 한다.

④ 검사는 다음 각 호의 어느 하나에 해당하고 강도범죄를 다시 범할 위험성이 있다고 인정되는 사람에 대하여 부착명령을 법원에 청구할 수 있다.

1. 강도범죄로 징역형의 실형을 선고받은 사람이 그 집행을 종료한 후 또는 집행이 면제된 후 10년 이내에 다시 강도범죄를 저지른 때
2. 강도범죄로 이 법에 따른 전자장치를 부착하였던 전력이 있는 사람이 다시 강도범죄를 저지른 때
3. 강도범죄를 2회 이상 범하여(유죄의 확정판결을 받은 경우를 포함한다) 그 습벽이 인정된 때

⑤ 검사는 다음 각 호의 어느 하나에 해당하고 스토킹범죄를 다시 범할 위험성이 있다고 인정되는 사람에 대하여 부착명령을 법원에 청구할 수 있다.

1. 스토킹범죄로 징역형의 실형을 선고받은 사람이 그 집행을 종료한 후 또는 집행이 면제된 후 10년 이내에 다시 스토킹범죄를 저지른 때
2. 스토킹범죄로 이 법에 따른 전자장치를 부착하였던 전력이 있는 사람이 다시 스토킹범죄를 저지른 때
3. 스토킹범죄를 2회 이상 범하여(유죄의 확정판결을 받은 경우를 포함한다) 그 습벽이 인정된 때

07 Answer ①

② 보호관찰은 집행유예의 경우 부가적 처분으로 부과할 수 있고, 보호처분의 경우에는 독립적 처분으로 부과할 수 있다.

③ 보호관찰 대상자가 보호관찰의 준수사항을 위반한 경우, 보호관찰을 취소할 수 있다.

④ 보호관찰에 대한 임시해제 결정이 취소된 때에는, 그 임시해제기간은 준수사항에 대한 준수의무 등 자유제한이 수반되기 때문에 보호관찰기간에 산입된다.

08   Answer   ②

② 소년부는 사건이 그 관할에 속하지 아니한다고 인정하면 결정으로써 그 사건을 관할 소년부에 이송하여야 한다(소년법 제6조 제2항).
① 동법 제3조 제3항, ③ 동법 제10조, ④ 동법 제49조 제2항

09   Answer   ①

×：㉠ 미국 FBI의 정의에 따르면, 증오범죄란 인종, 종교, 장애, 성적 지향, 성별 또는 성정체성에 대한 범죄자의 편견이 범행의 전체 또는 일부 동기가 되어 발생하는 범죄를 의미한다. 따라서 개인적 원한 또는 복수심과는 거리가 멀다.
㉡ 증오범죄는 비대면성, 불특정성, 비합리성, 잔인성, 피해대량성, 지속성, 모방성, 보복유발성 등이 특징이다.
○：㉢, ㉣

[레빈과 맥데빗(Levin & McDevitt)의 증오범죄 분류]

스릴추구형	• 소수집단에 대한 편견, 괴롭힘, 재산파괴 • 상대방에게 고통을 주며 스릴을 느낌
방어형	• 자신과 가치관이 다른 자들이 자신에게 위협이 된다고 인식 • 외부세력에 대한 방어적 차원에서 공격이 곧 최선의 방어라고 봄
사명형	• 종교적 믿음 등에 기초 • 상대방을 증오하는 것이 사명이라고 인식
보복형	자신의 이익훼손에 대한 보복

10   Answer   ②

② 소년법 제60조 제1항
① 제18조 제1항 제3호의 조치가 있었을 때에는 그 위탁기간은 「형법」 제57조 제1항의 판결선고 전 구금일수로 본다(동법 제61조).
③ 보호처분이 계속 중일 때에 징역, 금고 또는 구류를 선고받은 소년에 대하여는 먼저 그 형을 집행한다(동법 제64조).
④ 징역 또는 금고를 선고받은 소년에 대하여는 무기형의 경우 5년이 지나면 가석방을 허가할 수 있다(동법 제65조).

11   Answer   ②

아이젠크는 성격 차원들을 세 개의 기본적인 성격 요인(정신병적 성향, 외향성, 신경증적 성향)에 의해 이해한다.

12   Answer   ④

우리나라는 형사실무상 양형과 범죄인처우를 위해 범죄인을 우발범, 상습범, 심신장애범, 소년범, 사상범으로 분류하고 있다.

13   Answer   ③

제이콥스는 성염색체와 범죄의 관계를 연구한 사람이다. 체형이론을 연구한 사람은 크레취머, 셀던 등이다.

14   Answer   ③

③ 이 장에서 "범칙자"란 범칙행위를 한 사람으로서 18세 미만인 사람에 해당하지 아니하는 사람을 말한다(경범죄처벌법 제6조 제2항 제4호).
   따라서 만 15세인 갑은 범칙자가 아닐 뿐만 아니라, 검사는 즉결심판 청구권자에 해당하지 않는다. 행위가 경미하다고 판단되면 검사는 선도조건부 기소유예 등 불기소처분을 할 수 있다.
① 소년법 제49조의2 제1항, ② 동법 제49조 제1항, ④ 형사소송법 제246조

15   Answer   ④

1920년대부터 미국 시카고대학을 중심으로 하여 생태학적으로 범죄를 설명한 시카고학파는 범죄원인을 사회환경에 있다고 보았을 뿐, 개인의 소질을 고려하지는 않았다.

16   Answer   ④

④ 허쉬(Hirschi)는 1969년 「비행의 원인」을 통해 "우리는 모두 동물이며, 자연적으로 누구든지 범죄를 저지를 수 있다"고 주장함으로써 모든 사람을 잠재적 법위반자라고 가정하였다.
① '애착'에 대한 설명이다.
② 사회통제이론은 인간은 항상 일탈의 가능성을 가지고 있다고 본다.
③ 신념은 관습적인 규범의 내면화를 통해 개인이 사회와 맺고 있는 유대의 형태로, 내적 통제를 의미한다.

17   Answer   ④

설문은 자신의 친구, 가족 기타 친근한 집단에 대한 충성심 또는 도리를 위해 불가피하게 범죄행위를 하였기 때문에 자신의 비행이 정당화될 수 있다고 합리화하는 기술, 즉 중화의 기술 중 고도의 충성심에 대한 호소(상위가치에 대한 호소)에 해당한다.

18   Answer   ④

베커는 형사사법기관의 범죄통제에 대한 사회반응이 범죄에 미치는 영향에 주목하였다.

19   Answer   ④

① 선도조건부 기소유예는 「소년법」 제49조의3에서 규정하고 있으나, 보호처분의 일종은 아니다.
② 선도조건부 기소유예는 선도의 필요가 있는 범죄소년에 대해서만 부과한다.
③ 검사의 기소독점주의, 기소편의주의, 검사선의주의 등의 결합에 기초하고 있다.

20   Answer   ④

헤이건(John Hagan)의 권력통제이론은 범죄의 성별 차이를 설명하기 위해 페미니즘이론, 갈등이론, 통제이론의 요소들을 종합한 것으로, 남성과 여성의 범죄 차이를 가족구조(가부장적·평등주의적)와 연결시켜 설명한다.

15회 형사정책 모의고사

[정답 및 해설]   문제 111p

| 01 | ① | 02 | ④ | 03 | ④ | 04 | ④ | 05 | ③ | 06 | ④ | 07 | ② | 08 | ③ | 09 | ② | 10 | ③ |
| 11 | ④ | 12 | ③ | 13 | ④ | 14 | ③ | 15 | ③ | 16 | ① | 17 | ④ | 18 | ① | 19 | ④ | 20 | ③ |

01 Answer ①

① 법원은 피고인에 대하여 「형법」 제59조의2 및 제62조의2에 따른 보호관찰, 사회봉사 또는 수강을 명하기 위하여 필요하다고 인정하면 그 법원의 소재지(所在地) 또는 피고인의 주거지를 관할하는 보호관찰소의 장에게 범행동기, 직업, 생활환경, 교우관계, 가족상황, 피해회복 여부 등 피고인에 관한 사항의 조사를 요구할 수 있다(보호관찰 등에 관한 법률 제19조 제1항).
② 동법 제29조 제1항, ③ 동법 제51조 제1항 제2호, ④ 형법 제64조 제2항

02 Answer ④

④ 피해자-가해자 중재(조정)모델은 범죄자와 피해자 사이에 제3자가 개입하여 화해와 배상 등을 중재하는 프로그램으로, 1974년 캐나다 온타리오주의 피해자-가해자 화해프로그램에서 시작된 가장 오래된 회복적 사법프로그램의 모델이다.
③ 힌델랑(Hindelang)의 생활양식·노출이론은 개인의 직업적 활동·여가활동 등 모든 일상적 활동의 생활양식이 그 사람의 범죄피해 위험성을 높이는 중요한 요인이 된다는 이론으로, 인구학적·사회학적 계층·지역에 따른 범죄율의 차이는 피해자의 개인적 생활양식의 차이를 반영한다고 한다.

03 Answer ④

판결 전 조사제도는 미국에서 Probation제도의 발전과 함께 시작되었는데, 미국의 판결 전 조사제도는 유죄로 인정된 자를 대상으로 실시된다.

04 Answer ④

○ : ㉠ 형법 제69조 제1항 단서, ㉢ 동조 제2항, ㉣ 동법 제45조
× : ㉡ 벌금형에 대한 500만원 초과의 집행유예는 불가능하다.
    ㉤ 벌금은 판결확정일로부터 30일 내에 납입하여야 한다(동법 제69조).

05 Answer ③

③ 보호관찰에 관한 규정을 두고 있지 않다.
① 형법 제59조의2, 제62조의2, 제73조의2
② 치료감호법 제32조
④ 성폭력처벌법 제16조

06 Answer ④

× : ⓒ 보호관찰처분을 하는 경우 1년 이내의 기간을 정하여 야간 등 특정 시간대의 외출을 제한하는
명령을 보호관찰대상자의 준수사항으로 부과할 수 있다(소년법 제32조의2 제2항).
ⓒ 장기로 소년원에 송치된 소년의 보호기간은 2년을 초과하지 못한다(동법 제33조 제6항).
ⓔ 1개월 이내의 소년원 송치처분은 보호관찰관의 단기 보호관찰처분과 병합할 수 없다(동법 제32조 제2항).
○ : ⓐ 동법 제32조 제3항, ⓓ 동법 제40조

07 Answer ②

② 전자장치 부착 등에 관한 법률 제5조
① 위치추적 전자장치 부착명령을 청구할 수 있는 범죄는 성폭력범죄, 미성년자 대상 유괴범죄, 살인
범죄, 강도범죄 및 스토킹범죄에 한정한다(동법 제5조).
③ 부착명령은 검사의 지휘를 받아 보호관찰관이 집행한다(동법 제12조).
④ 검사는 성폭력범죄를 저지른 사람으로서 성폭력범죄를 다시 범할 위험성이 있다고 인정되는 사람
등에 대하여 형의 집행이 종료된 때부터 「보호관찰 등에 관한 법률」에 따른 보호관찰을 받도록 하
는 명령(이하 "보호관찰명령"이라 한다)을 법원에 청구할 수 있다(동법 제21조의2). 따라서 부착명
령과 보호관찰은 별개의 처분이다.

08 Answer ③

① 징역을 선고받은 소년이 가석방된 경우에는 시설에서 집행한 형기만큼 보호관찰을 받는다.
② 특정 시간대의 외출제한 등과 같은 특별준수사항을 따로 과할 수 있다.
④ 검사는 보호관찰소에 선도를 위탁할 수 있으나, 보호관찰을 받을 것을 명할 수는 없다. 이는 법원의
관할이다.

09 Answer ②

2021.3.24. 스토킹범죄의 처벌 등에 관한 법률이 통과되어 2021.10.21.부터 시행 중이다.
④ 3년 이하의 징역 또는 3천만원 이하의 벌금에 처한다(스토킹처벌법 제18조 제1항).

10 Answer ③

③ 제1항 제3호(사회봉사명령)의 처분은 14세 이상의 소년에게만 할 수 있다(소년법 제32조 제3항).
① 동법 제4조 제2항
② 제1항 각 호의 어느 하나에 해당하는 소년을 발견한 보호자 또는 학교·사회복리시설·보호관찰소
(보호관찰지소를 포함한다)의 장은 이를 관할 소년부에 통고할 수 있다(동법 제4조 제3항).
④ 제32조 제1항 제4호(단기 보호관찰) 또는 제5호(장기 보호관찰)의 처분을 할 때에 1년 이내의 기간
을 정하여 야간 등 특정 시간대의 외출을 제한하는 명령을 보호관찰대상자의 준수사항으로 부과할
수 있다(동법 제32조의2 제2항).

11 Answer ④

양자의 범죄율은 생부와 양부 모두 범죄자 > 생부만 범죄자 > 양부만 범죄자 > 생부와 양부 모두
비범죄자 순으로 나타난다.

12 Answer ③

에이크혼(Aichhorn)은, 비행소년은 슈퍼에고가 제대로 발달하지 않았기 때문에 비행을 하게 된다고 본 반면, 프로이트(Freud)는 과잉발달된 슈퍼에고로 인해 범죄를 저지를 수 있다고 보았다.

13 Answer ④

범죄의 선천성을 입증하기 위해 범죄인 가계연구, 쌍생아연구, 양자연구 등이 행하여졌다. 그러나 결손 가정의 청소년의 범죄율이 높다는 것은 환경 및 후천적 측면을 강조하는 입장의 논거이다.

14 Answer ③

코헨(Cohen)은 하층의 청소년들이 어떻게 비행하위문화를 형성하게 되고, 비행을 저지르게 되는지를 설명 하였다. 코헨은 물질적 성공에서의 좌절이 아니라 중산층 지위성취에 있어서의 좌절을 강조하였는데, 하층의 청소년들이 중산층의 기준에 맞춰 생활하다 보면 늘 좌절을 겪기 때문에 그들은 중상층의 잣대가 아닌 자신 들만의 고유한 문화를 형성하기 시작한다. 그리고 이 문화는 중산층의 문화와는 완전히 반대인 '반동형성'의 성격을 가지게 되는데 '악의적'이고, '부정적'이며, '단기 쾌락주의적'이고, '비공리적'인 가치에 입각한 하위 문화만의 특성을 갖는다.

15 Answer ③

밀러는 하층계급에 있는 소년이라도 중류층 계급문화에 동조하는 경향이 있는 경우에는, 범죄나 비행 에 가담하지 않는다고 보았다.

16 Answer ①

허쉬의 사회통제이론은 어떠한 요인들이 작용하면 범죄를 저지르지 않도록 만드는지에 관심을 갖는데, 이 관점에서는 범죄를 저지르지 않는 많은 사람들의 특성은 무엇인가에 주목한다.

17 Answer ④

설문은 자신의 친구·가족 기타 친근한 집단에 대한 충성심 또는 도리를 위해 불가피하게 범죄행위를 하였기 때문에 자신의 비행이 정당화될 수 있다고 합리화하는 기술, 즉 상위가치에 대한 호소에 해당 한다.

18 Answer ①

면회제한은 보호소년에 대한 징계의 종류로 규정되어 있지 않다.

보호소년 등의 처우에 관한 법률 제15조(징계) ① 원장은 보호소년등이 제14조의4 각 호의 어느 하나에 해당하는 행위를 하면 제15조의2 제1항에 따른 보호소년등처우·징계위원회의 의결에 따라 다음 각 호 의 어느 하나에 해당하는 징계를 할 수 있다.
1. 훈계
2. 원내 봉사활동
3. 서면사과
4. 20일 이내의 텔레비전 시청제한

5. 20일 이내의 단체체육활동 정지
6. 20일 이내의 공동행사 참가정지
7. 20일 이내의 기간 동안 지정된 실(室) 안에서 근신하게 하는 것

19 Answer ④

샘슨과 라웁은 청소년비행의 원인을 약화된 사회유대 때문이라 본다. 따라서 비행청소년이 어떠한 계기로 사회와의 유대가 회복되거나 강화될 경우, 더 이상 비행을 저지르지 않고 비행을 중단하며 사회유대 혹은 사회자본을 형성하게 된다고 한다.

20 Answer ③

× : ⓒ 위 내용은 인격주의가 아닌 밀행주의에 대한 설명이다. 인격주의는, 소년보호절차는 객관적 비행사실만을 중요하게 취급하여서는 안 되고, 소년의 인격과 관련된 개인적 범죄특성도 함께 고려하여야 한다는 이념이다.

○ : ㉠ 예방주의에 대한 설명이다.
ⓒ 교육주의에 대한 설명이다.
㉣ 개별주의에 대한 설명이다.
㉤ 협력주의에 대한 설명이다.

16회 형사정책 모의고사

[정답 및 해설]   문제 117p

| 01 ② | 02 ① | 03 ④ | 04 ③ | 05 ① | 06 ④ | 07 ③ | 08 ① | 09 ① | 10 ④ |
| 11 ② | 12 ① | 13 ④ | 14 ③ | 15 ④ | 16 ④ | 17 ① | 18 ① | 19 ① | 20 ④ |

01 Answer ②

② 보호관찰 등에 관한 법률 제3조
① 형의 집행을 유예하는 경우에는 보호관찰을 받을 것을 명하거나 사회봉사 또는 수강을 명할 수 있으며(형법 제62조의2 제1항), 형의 선고를 유예하는 경우에 재범방지를 위하여 지도 및 원호가 필요한 때에는 보호관찰을 받을 것을 명할 수 있다(동법 제59조의2 제1항). 따라서 보호관찰 대상자와 사회봉사명령이나 수강명령 대상자는 서로 다르다.
③ 가석방된 자는 가석방기간 중 보호관찰을 받으며(동법 제73조의2 제2항), 보호관찰의 준수사항을 위반하고 그 정도가 무거운 때에는 가석방처분을 취소할 수 있다(동법 제75조).
④ 보호관찰심사위원회는 가석방과 그 취소에 관한 사항 등을 심사·결정한다(보호관찰 등에 관한 법률 제6조 제1호).

02 Answer ①

① 위치추적 전자장치 부착명령을 청구할 수 있는 범죄는 성폭력범죄, 미성년자 대상 유괴범죄, 살인범죄, 강도범죄 및 스토킹범죄에 한정한다(전자장치 부착 등에 관한 법률 제5조).
② 동법 제4조, ③ 동법 제9조의2, ④ 동법 제13조

03 Answer ④

모두 판결 전 조사제도의 장점에 해당한다.

[판결 전 조사제도의 장단점]

장점	• 법관이 판결 전에 피고인의 자료를 얻을 수 있어 실체적 진실발견에 도움을 줄 수 있음 • 양형의 합리화 및 과학화에 기여 • 형확정 이후에는 수형자의 분류와 개별처우의 참고자료로 활용 • 보호관찰의 활성화에 기여 • 변호활동을 보완하여 피고인의 인권보장에 기여
단점	• 사실인정절차와 양형절차가 합체된 소송구조하에서는 유죄인정의 자료로 이용될 수 있음 • 공정한 조사가 담보될 수 없을 경우, 양형의 합리화에 역행 • 유죄판결 후 조사하는 경우, 조사결과에 대한 피고인의 반론기회가 제공되지 않아 피고인에게 불리한 자료로 이용될 수 있음 • 정보제공자의 개인적 감정에 따라 조사결과가 달라질 수 있음 • 조사과정에 피고인이 관여할 여지가 없으므로, 직권주의화로 흐를 가능성이 있음

04   Answer   ③

선고하는 벌금이 1억원 이상 5억원 미만인 경우에는 300일 이상, 5억원 이상 50억원 미만인 경우에는 500일 이상, 50억원 이상인 경우에는 1,000일 이상의 유치기간을 정하여야 한다(형법 제70조 제2항).

05   Answer   ①

올린(Ohlin)은 보호관찰관의 유형으로 처벌적 관찰관, 보호적 관찰관, 복지적 관찰관, 수동적 관찰관을 들었는데, 이 중 보호적 관찰관이란 사회와 범죄인의 보호 양자 사이를 망설이는 유형으로, 직접적인 지원이나 강연·칭찬·꾸중의 방법을 주로 이용한다. 이러한 유형은 사회와 범죄인의 입장을 번갈아 편들기 때문에 어중간한 입장에 처하기 쉬우며, 지역사회 보호와 범죄자 보호 양쪽 사이에서 갈등을 가장 크게 겪게 된다.

06   Answer   ④

사회봉사·수강명령 대상자에 대한 준수사항은 보호관찰과는 별개로 규정되어 있다.

07   Answer   ③

③ 범죄백서에서 정의한 우리나라 범죄율은 인구 10만명당 범죄발생건수이다.
① 암수범죄는 통계상 보이지 않는 범죄이므로 포함시키지 못한다.
② 검거율은 범죄발생건수 대비 검거건수의 비율을 말한다.
④ 일정 기간 동안 일어난 중요범죄의 발생상황을 나타낸 것이지만, 시계로 표시한 범죄시계는 해당하지 않는다.

08   Answer   ①

프랑스학파는 소질은 범죄의 원인이 될 수 없다고 보고, 환경일원론을 취한 것이 특징이다.

09   Answer   ①

① 대부분 기회범죄이고, 소규모적인 범행을 반복하는 경우가 많으며, 은폐되어 암수범죄가 되는 경우도 많다.
② 체스니−린드(Chesney−Lind)는 경찰을 비롯해 형사사법시스템에 종사하는 대부분의 사람들은 남성이며, 이들이 남성범죄자와 여성범죄자를 대하는 태도 및 방식에 있어서 차이가 존재한다고 주장한다. 예를 들어, 여자청소년의 비행과 범죄는 남자청소년에 비해 더 엄한 법적 처벌을 받고, 소년범 중 전통적인 성역할을 벗어나는 범죄의 경우 여성범죄자를 남성범죄자보다 더 가혹하게 처우하는 경향이 있다고 보았다.
④ 폴락(Pollak)은 「여성의 범죄성」(1950)에서 통계적으로 남성범죄자보다 여성범죄자의 비율이 낮은 이유는 형사사법이 여성에게 관대한 처분을 내리기 때문이라는 기사도가설(chivalry hypothesis)과, 여성은 그들의 범죄를 잘 감추는 능력을 타고나기 때문이라고 주장하였다.

10   Answer   ④

'장기보호관찰'은 소년법상 규정된 소년보호처분이다.

[가해학생에 대한 조치(학교폭력예방법 제17조 제1항)]

자치위원회는 피해학생의 보호와 가해학생의 선도·교육을 위하여 가해학생에 대하여 다음 각 호의 어느 하나에 해당하는 조치(수 개의 조치를 병과하는 경우를 포함한다)를 할 것을 학교의 장에게 요청하여야 하며, 각 조치별 적용 기준은 대통령령으로 정한다. 다만, 퇴학처분은 의무교육과정에 있는 가해학생에 대하여는 적용하지 아니한다.

1. 피해학생에 대한 서면사과
2. 피해학생 및 신고·고발 학생에 대한 접촉, 협박 및 보복행위의 금지
3. 학교에서의 봉사
4. 사회봉사
5. 학내외 전문가에 의한 특별 교육이수 또는 심리치료
6. 출석정지
7. 학급교체
8. 전학
9. 퇴학처분

11　Answer　②

② 소년부는 조사 또는 심리한 결과 금고 이상의 형에 해당하는 범죄사실이 발견된 경우 그 동기와 죄질이 형사처분을 할 필요가 있다고 인정하면 결정으로써 사건을 관할 지방법원에 대응한 검찰청 검사에게 송치하여야 한다(소년법 제7조 제1항).
① 동법 제3조 제1항·제2항, ③ 동법 제19조, ④ 동법 제33조 제5항·제6항

12　Answer　①

① 심리학적 연구의 가장 큰 단점 중 하나는 경험적 검증이 쉽지 않다는 것이다. 또한 심리학적 이론은 세련된 방법론을 결여하고 있으며, 연구결과의 일반화나 대표성이 결여되어 있다.
② 범죄심리학과 관련하여 인간의 인격적 특성에서 범인성을 찾는 인성이론, 인지발달과정에서 범죄원인을 찾는 인지발달이론, 위에서 말하는 학습 및 행동이론, 심리학적 원인에 생물학적 특징을 함께 고려하는 심리생물학적 이론 등이 연구되고 있다.
④ 심리학적 범죄이론에는 범죄자의 정신을 중심으로 범죄의 원인을 규명하려는 정신의학적 또는 정신분석적 접근, 인간의 인격 특성의 차이에서 범인성을 찾으려는 인성(성격)이론, 범죄자의 인지발달 정도에 따라 범죄자를 밝히고자 하는 인지발달이론, 범죄를 범죄자의 과거 학습경험의 자연적인 발전으로 파악하는 학습 및 행동이론, 심리학적 관점뿐만 아니라 생물학적 관점도 동시에 고려하는 심리생물학적 접근 등이 있다.

13　Answer　④

④ 소년에 대한 부정기형을 집행하는 기관의 장은 형의 단기가 지난 소년범의 행형(行刑)성적이 양호하고 교정의 목적을 달성하였다고 인정되는 경우에는 관할 검찰청 검사의 지휘에 따라 그 형의 집행을 종료시킬 수 있다(소년법 제60조 제4항).
① 동법 제25조의3, ② 동법 제54조, ③ 동법 제24조 제2항

14   Answer   ③

해당 소년의 행위가 범죄를 구성하지 않는 경우에는 '죄가안됨'에 해당하므로 불기소처분의 대상이 되고, 이는 선도조건부 기소유예의 대상이 아니다.

15   Answer   ④

합법적 수단과 불법적 기회 두 가지 모두가 용이하지 않은 곳에서 자포자기하는 이중실패문화집단은 약물중독과 같은 도피적 하위문화이다.

[차별기회이론 – 이중실패자들의 세 가지 형태의 적응유형]
- 범죄하위문화 : 문화적 가치를 인정하나, 불법적 기회구조와 접촉이 가능하여 범죄를 저지르는 비행문화집단
- 갈등하위문화 : 문화적 가치를 인정하나, 합법적 또는 불법적 기회구조가 모두 차단되어 욕구불만을 폭력행위나 패싸움 등으로 해소하는 비행문화집단
- 도피적 하위문화 : 문화적 목표는 인정하나, 이를 달성하기 위한 합법적 또는 불법적인 기회구조가 차단되어 자포자기하는 이중실패문화집단

16   Answer   ④

①·②·③ 억제이론에서 제시하고 있는 억제유형으로는 일반적 억제, 특수적 억제, 절대적 억제, 제한적 억제가 있다.

일반적 억제	범죄자에 대한 처벌로써 일반시민들에게 범죄로 인해 치르게 될 대가를 알게 하고, 그로 인해 처벌의 두려움을 불러일으켜 범행을 억제하는 처벌효과
특수적 억제	범죄자 자신이 처벌의 고통을 체험함으로써 차후의 범행충동을 억제하는 처벌효과
절대적 억제	범죄를 절대 저지르지 않도록 억제하는 처벌효과
제한적 억제	범죄행위의 빈도를 부분적으로 감소시키는 처벌효과

17   Answer   ①

봉쇄이론이란 레클리스(W. Reckless)가 자기관념이론을 더욱 발전시켜 주장한 것으로, 강력한 내면적 통제와 그것을 보강하는 외부적 통제가 사회적·법적 행위규범의 위반에 대한 하나의 절연체를 구성한다는 이론을 말한다. 이 이론에 따르면, 모든 사람들에게는 범죄를 유발하는 범죄유발요인과 범죄를 억제하는 범죄억제요인이 부여되어 있는데, 전자가 후자보다 강하면 범죄를 저지르게 되고, 후자가 전자보다 강하면 범죄를 자제하게 된다고 한다.

18   Answer   ①

① 낙인이론은 규범이나 가치에 대한 단일한 사회적 합의의 존재를 부정한다.
④ 낙인이론이 형사정책적으로 추구하는 대책은 '5D원칙'으로 범죄화(Decriminalization), 비형벌화(Depenalization), 법의 적정절차 Due process of law), 비사법적 해결(Deinstitutiolaliazation), 탈낙인화(Destigmatization) 등이다.

19 Answer ①

㉠ 법원 소년부, ㉡ 소년분류심사원, ㉢ 소년원, ㉣ 소년교도소

20 Answer ④

④ 사업자 또는 공단은 영 제41조 제2항 단서의 규정에 의하여 갱생보호대상자에 대한 숙식제공의 기간을 연장하고자 할 때에는 <u>본인의 신청에 의하되</u>, 자립의 정도, 계속보호의 필요성 기타 사항을 고려하여 이를 결정하여야 한다(보호관찰 등에 관한 법률 시행규칙 제60조).

① 동법 시행령 제41조 제1항, ② 동조 제3항, ③ 동조 제2항

17회 형사정책 모의고사

[정답 및 해설]   문제 123p

01	①	02	③	03	①	04	②	05	③	06	④	07	②	08	④	09	④	10	①
11	③	12	②	13	③	14	②	15	④	16	④	17	②	18	②	19	①	20	④

01   Answer   ①

법 제119조의 가석방심사위원회는 법 제121조에 따른 가석방 적격 여부 및 이 규칙 제262조에 따른 가석방 취소 등에 관한 사항을 심사한다(형의 집행 및 처우에 관한 법률 시행규칙 제236조).

보호관찰 등에 관한 법률 제6조(관장사무) 심사위원회는 이 법에 따른 다음 각 호의 사항을 심사·결정한다.
1. 가석방과 그 취소에 관한 사항
2. 임시퇴원, 임시퇴원의 취소 및 「보호소년 등의 처우에 관한 법률」 제43조 제3항에 따른 보호소년의 퇴원(이하 "퇴원"이라 한다)에 관한 사항
3. 보호관찰의 임시해제와 그 취소에 관한 사항
4. 보호관찰의 정지와 그 취소에 관한 사항
5. 가석방 중인 사람의 부정기형의 종료에 관한 사항
6. 이 법 또는 다른 법령에서 심사위원회의 관장사무로 규정된 사항
7. 제1호부터 제6호까지의 사항과 관련된 사항으로서 위원장이 회의에 부치는 사항

02   Answer   ③

× : ㉠ 일상활동이론의 범죄발생 3요소는 '동기화된 잠재적 범죄자', '적절한 대상', '감시의 부재(보호의 부재)'이다.
    ㉢ 전과자를 대상으로 한 재범방지에 중점을 두는 방법은 특별억제이다.
○ : ㉡ 치료 및 갱생이론은 실증주의 범죄통제이론이다.
    ㉣

03   Answer   ①

종전에는 판결 전 조사제도를 소년범에 대해서만 인정하고 있었으나, 2008.12.26. 개정된 보호관찰법에서는 성인범 및 소년범을 모두 포함하는 것으로 그 대상이 확대되었다.

04   Answer   ②

② 5년 → 10년(형실효법 제7조 제1항), ① 동법 제3조, ③ 동법 제7조 제1항, ④ 동조 제2항

[형의 실효기간]

3년을 초과하는 징역·금고	자격정지 이상의 형을 받지 아니하고 형의 집행을 종료하거나 그 집행이 면제된 날부터 10년

3년 이하의 징역 · 금고	자격정지 이상의 형을 받지 아니하고 형의 집행을 종료하거나 그 집행이 면제된 날부터 5년
벌금	자격정지 이상의 형을 받지 아니하고 형의 집행을 종료하거나 그 집행이 면제된 날부터 2년
구류 · 과료	형의 집행을 종료하거나 그 집행이 면제된 때

05   Answer   ③

스미크라(Smykla)는 보호관찰관의 기능과 자원의 활용이라는 측면에서 보호관찰을 전통적 모형(tra-ditional model), 프로그램모형 (program model), 옹호모형(advocacy model), 중재자모형(brokerage model)으로 모형화하였는데, 설명은 옹호모형(advocacy model)에 해당한다.

06   Answer   ④

④ 부착명령의 청구는 공소가 제기된 특정범죄사건의 항소심 변론종결 시까지 하여야 한다(전자장치 부착 등에 관한 법률 제5조 제6항).
① 동법 제9조의2 제1항 제2호, ② 동법 제4조, ③ 동법 제9조 제1항

07   Answer   ②

우리나라의 보호관찰은 1989년 7월 1일 소년범에 대해 최초로 실시하였다. 이후 1994년 성인과 소년을 포함한 성폭력사범에 대해 실시하였는데, 이는 성인범에 대한 실시계기가 되었고, 전체 성인(형사)범에 대한 본격적인 실시는 1995년 「형법」의 개정, 1995년 「보호관찰 등에 관한 법률」의 제정에 이어 1997년 1월이다.

08   Answer   ④

× : ⓒ 형벌은 범죄 후 신속하게 과해질수록 그것이 정당하고 유용하므로, 미결구금은 가능한 한 단축되어야 하며 그 참혹성은 완화시켜야 한다. 처벌이 신속할수록 사람들의 마음속에서 범죄와 처벌이라는 두 가지 생각 간의 관계가 더욱 공고해지고 지속될 수 있기 때문이다.
ⓔ 죄를 처벌하는 것보다 범죄를 예방하는 것이 더욱 바람직하다. 형벌의 근본목적은 범죄인을 괴롭히는 것이 아니라 범죄인이 또다시 사회에 해를 끼치지 않도록, 또 다른 사람이 범죄를 저지르지 않도록 예방하는 것이다.
○ : ㉠, ㉡

09   Answer   ④

④ 보호처분이 계속 중일 때에 사건 본인이 처분 당시 19세 이상인 것으로 밝혀진 경우에는 소년부 판사는 결정으로써 그 보호처분을 취소하고 다음의 구분에 따라 처리하여야 한다(소년법 제38조 제1항).
①·②·③ 항고사유에 해당한다(동법 제43조 제1항).

10   Answer   ①

① 징역 또는 금고를 선고받은 소년에 대하여는 특별히 설치된 교도소 또는 일반 교도소 안에 특별히 분리된 장소에서 그 형을 집행한다. 다만, 소년이 형의 집행 중에 23세가 되면 일반 교도소에서 집

행할 수 있다(소년법 제63조).

② 동법 제59조, ③ 동법 제60조 제1항, ④ 동법 제49조의3

11 Answer ③

③ 보호관찰관의 단기 보호관찰기간은 1년, 장기 보호관찰기간은 2년으로 한다(소년법 제33조 제2항·제3항).

① 동법 제32조 제4항, ② 동법 제33조 제4항, ④ 동조 제5항·제6항

12 Answer ②

② 반사회적 충동을 사회가 허용하는 방향으로 나타내는 것으로, 가장 고급스런 방식이다.

① 자신의 욕구나 문제를 옳게 깨닫는 대신 다른 사람이나 주변을 탓하고 진실을 감추어 현실을 왜곡하는 것이다.

③ 상황을 그럴듯하게 꾸미고 사실과 다르게 인식하여 자아가 상처받지 않도록 정당화시키는 것이다.

④ 직접적인 대상이 아닌 다른 약한 사람이나 짐승에게 화풀이하는 것이다.

13 Answer ③

허칭스와 메드닉(Hutchings & Mednick)의 입양아연구 결과 양부모와 생부모의 범죄성 상관관계는 생부와 양부 모두 범죄자 > 생부만 범죄자 > 양부만 범죄자 > 생부와 양부 모두 비범죄자 순이었다.

14 Answer ②

아이젠크는 성격을 환경에 대한 개인의 독특한 적응에 영향을 미치는 인격, 기질, 신체요소들이 안정되고 영속적으로 조직화된 것으로 전제하고 인성이론을 제시하였다. 지문은 모두 옳다.

[아이젠크의 성격의 위계모형]

제1수준	구체적 반응수준으로, 단일한 행위나 인지로 이루어진다.
제2수준	습관적 반응수준으로, 습관적 행위나 인지들로 이루어진다.
제3수준	특질수준으로, 상이한 습관적 행위들 간의 유의미한 상관으로 정의된다.
제4수준	유형수준으로, 특질들 간에 관찰된 상관으로 정의된다.

15 Answer ④

○ : ㉠ 아메리칸드림을 개인들의 열린 경쟁이라는 조건하에서 사회의 모든 이들이 추구해야 할 물질적 성공이라는 목표에 대한 헌신을 낳는 문화사조로 정의하고, 그 저변에는 성취지향, 개인주의, 보편주의, 물신주의의 네 가지 주요 가치가 전제되어 있다고 분석한다.

㉢ 아메리칸드림이라는 문화사조는 경제제도가 다른 사회제도들을 지배하는 제도적 힘의 불균형 상태를 초래했다고 주장하면서 경제제도의 지배는 평가절하, 적응, 침투라는 세 가지 상호 연관된 방식으로 나타난다고 하였다.

× : ㉡ 머튼의 긴장이론이 갖고 있던 미시적 관점을 계승하여 발전시킨 에그뉴의 일반긴장이론에 대한 설명이다.

㉣

16 Answer ④

O : ㉠, ㉡, ㉢, ㉣

× : 없음

17 Answer ②

사이크스와 맛차는, 중화기술은 일상적인 사회생활에서 사람들이 자기의 행동을 합리화하는 과정과 다르지 않으며, 단지 그 차이점은 일반적인 합리화과정이 적용되는 영역을 다소 확장시킨 것이라고 보고, 다섯 가지 중화기술유형을 제시하였다.

18 Answer ②

② 치료감호 등에 관한 법률 제7조 제1호

① 치료감호와 형(刑)이 병과(科)된 경우에는 치료감호를 먼저 집행한다. 이 경우 치료감호의 집행기간은 형 집행기간에 포함한다(동법 제18조).

③ 15년을 초과할 수 없다(동법 제16조 제2항).

④ 법원은 치료명령대상자에 대하여 형의 선고 또는 집행을 유예하는 경우에는 치료기간을 정하여 치료를 받을 것을 명할 수 있으며, 치료를 명하는 경우 보호관찰을 병과하여야 한다(동법 제44조의2 제1항·제2항).

19 Answer ①

① 죄를 범할 당시 18세 미만인 소년에 대하여 사형 또는 무기형(無期刑)으로 처할 경우에는 15년의 유기징역으로 한다(소년법 제59조).

② 동법 제55조, ③ 동법 제49조, ④ 동법 제54조

20 Answer ④

④ 보호위원회 위원장이 부득이한 사유로 직무를 수행할 수 없을 때에는 위원장이 미리 지정한 위원이 그 직무를 대행한다(범죄피해자 보호법 시행령 제14조 제2항).

① 범죄피해자보호위원회의 위원장은 법무부장관이 된다(동법 시행령 제13조 제1항).

② 위촉된 위원의 임기는 2년으로 하고, 두 차례만 연임할 수 있으며, 보궐위원의 임기는 전임자의 임기의 남은 기간으로 한다(동조 제3항).

③ 보호위원회의 회의는 재적위원 과반수의 출석으로 개의(開議)하고, 출석위원 과반수의 찬성으로 의결한다(동법 시행령 제14조 제3항).

18회 형사정책 모의고사

[정답 및 해설]   문제 129p

| 01 | ③ | 02 | ③ | 03 | ④ | 04 | ② | 05 | ② | 06 | ② | 07 | ④ | 08 | ② | 09 | ③ | 10 | ② |
| 11 | ④ | 12 | ④ | 13 | ① | 14 | ② | 15 | ① | 16 | ④ | 17 | ② | 18 | ③ | 19 | ① | 20 | ③ |

01　Answer　③

× : ㉠ 지역사회교정이란 지역사회 내에서 행해지는 범죄인에 대한 여러 제재와 비시설적 교정처우프로
　　　그램을 말하며, 브랜팅햄과 파우스트(Brantingham & Faust)의 범죄예방모델에 따르면, 지역사회교
　　　정은 3차적 범죄예방에 해당한다.
　　㉡ 범죄우려지역의 순찰이나 불심검문은 범죄기회 및 범죄유발요인을 제거하거나 줄이는 일상의
　　　범죄예방활동, 즉 일반방범활동에 해당한다.
　　㉢ 그룹워크는 초범방지를 위한 대책에 해당한다.
○ : ㉣

02　Answer　③

다이버전은 통상의 사법절차를 개입시키지 않고 형벌 이외의 조치로 대응하는 것을 추구하므로, 형사
처벌보다는 사회 내 처우프로그램에 위탁하는 것을 주 내용으로 한다.

03　Answer　④

④는 특별준수사항에 해당한다(보호관찰 등에 관한 법률 제32조 제3항 제4호).

제32조(보호관찰 대상자의 준수사항) ② 보호관찰 대상자는 다음 각 호의 사항을 지켜야 한다.
1. 주거지에 상주(常住)하고 생업에 종사할 것
2. 범죄로 이어지기 쉬운 나쁜 습관을 버리고 선행(善行)을 하며 범죄를 저지를 염려가 있는 사람들과
　교제하거나 어울리지 말 것
3. 보호관찰관의 지도·감독에 따르고 방문하면 응대할 것
4. 주거를 이전(移轉)하거나 1개월 이상 국내외 여행을 할 때에는 미리 보호관찰관에게 신고할 것

04　Answer　②

② 구류·과료는 형의 집행을 종료하거나 그 집행이 면제된 때에 그 형이 실효된다(형실효법 제7조 제1항
　단서).
① 동조 제1항 본문, ③ 동조 제2항, ④ 형법 제81조

05　Answer　②

② 부착명령의 청구는 공소가 제기된 특정범죄사건의 항소심 변론종결 시까지 하여야 하며(전자장치

부착 등에 관한 법률 제5조 제6항), 법원은 공소가 제기된 특정범죄사건을 심리한 결과 부착명령을 선고할 필요가 있다고 인정하는 때에는 검사에게 부착명령의 청구를 요구할 수 있다(동조 제7항). 따라서 부착명령의 청구는 특정범죄사건의 공소제기와 동시에 할 필요가 없고, 법원은 직권으로 부착명령을 할 수 없다.

① 동법 제5조, ③ 동법 제28조 제1항, ④ 동법 제22조 제1항

06 Answer ②

○ : ㄱ, ㄴ, ㄹ.

× : ㄷ. 심사위원회의 위원은 판사, 검사, 변호사, 보호관찰소장, 지방교정청장, 교도소장, 소년원장 및 보호관찰에 관한 지식과 경험이 풍부한 사람 중에서 법무부장관이 임명하거나 위촉한다(보호관찰 등에 관한 법률 제7조 제3항).

ㅁ. 심사위원회는 심사에 필요하다고 인정하면 보호관찰 대상자와 그 밖의 관계인을 소환하여 심문하거나 상임위원 또는 보호관찰관에게 필요한 사항을 조사하게 할 수 있고, 국공립기관이나 그 밖의 단체에 사실을 알아보거나 관계 자료의 제출을 요청할 수 있다(동법 제11조). 즉, 관계인의 출석 및 증언이 아니라 소환 및 심문이다.

제6조(관장사무) 심사위원회는 이 법에 따른 다음 각 호의 사항을 심사·결정한다.

1. 가석방과 그 취소에 관한 사항
2. 임시퇴원, 임시퇴원의 취소 및 「보호소년 등의 처우에 관한 법률」제43조 제3항에 따른 보호소년의 퇴원(이하 "퇴원"이라 한다)에 관한 사항
3. 보호관찰의 임시해제와 그 취소에 관한 사항
4. 보호관찰의 정지와 그 취소에 관한 사항
5. 가석방 중인 사람의 부정기형의 종료에 관한 사항
6. 이 법 또는 다른 법령에서 심사위원회의 관장사무로 규정된 사항
7. 제1호부터 제6호까지의 사항과 관련된 사항으로서 위원장이 회의에 부치는 사항

07 Answer ④

공식통계란 경찰, 검찰, 법원 등과 같은 국가의 공식적인 형사사법기관(법집행기관)을 통해 집계되는 범죄통계자료로서 경찰백서, 교통사고통계, 범죄분석, 범죄백서, 검찰연감, 청소년백서 등이 있다.

08 Answer ②

② 자발적 접촉이론에 따르면, 범죄도 일반적인 행위와 마찬가지로 학습을 통해 배우게 되고, 범죄자 역시 일반인과 마찬가지로 학습과정을 가진다고 본다. 따라서 차별적 교제양상은 접촉의 빈도, 기간, 시기, 강도에 따라 다르다. 즉, 접촉의 빈도가 많고 기간이 길수록 학습의 영향은 더 커지고, 시기가 빠를수록, 접촉의 강도가 클수록 더 강하게 학습하게 된다.

③ 범죄행위는 일반적 욕구와 가치의 표현이지만, 비범죄적 행위도 똑같은 욕구와 가치의 표현이므로, 일반적 욕구와 가치로는 범죄행위를 설명할 수 없다.

09 Answer ③

③ 제4조 제1항 제1호, 제2호의 소년에 대한 보호처분이 계속 중일 때에 사건 본인이 행위 당시 10세 미만으로 밝혀진 경우 또는 제4조 제1항 제3호의 소년에 대한 보호처분이 계속 중일 때에 사건 본

인이 처분 당시 10세 미만으로 밝혀진 경우에는 소년부 판사는 결정으로써 그 보호처분을 취소하여야 한다(소년법 제38조 제2항).

①·②·④ 제32조에 따른 보호처분의 결정 및 제32조의2에 따른 부가처분 등의 결정 또는 제37조의 보호처분·부가처분 변경결정이 다음 각 호의 어느 하나에 해당하면 사건본인·보호자·보조인 또는 그 법정대리인은 관할 가정법원 또는 지방법원 본원 합의부에 항고할 수 있다(동법 제43조 제1항).

1. 해당 결정에 영향을 미칠 법령 위반이 있거나 중대한 사실 오인(誤認)이 있는 경우
2. 처분이 현저히 부당한 경우

10 Answer ②

일반적으로 남성이 여성보다 폭력범죄를 더 많이 저지른다.

11 Answer ④

[융(Jung)이 분석심리학에서 사용한 개념]

페르소나(persona)	타인과의 관계에서 내보이는 공적인 얼굴로, 진정한 내면의 나와 분리될 경우에 자신의 본성을 상실하며, 과도한 페르소나는 자신이나 타인에게 해를 끼치고 범죄에 휘말릴 수도 있다.
그림자(shadow)	프로이트의 원초아(id)에 해당하며, 인간의 기본적인 동물적 본성을 포함하는 원형으로, 매우 위험한 속성을 가진다고 보았다. 그림자가 자아와 조화를 이루면 위험에 효과적으로 대응할 수 있다.
아니마(anima)	남성의 여성적인 심상으로, 남성들의 여성적인 행동을 의미한다.
아니무스(animus)	여성의 남성적인 심상으로, 여성들의 공격적인 행동을 의미한다.

12 Answer ④

[프로이트의 정신분석]

1. 성격구조의 기본적 토대

이드(id) (원초아)	• 생물학적·심리학적 충동의 커다란 축적체를 가르키는 것으로서 모든 행동의 밑바탕에 놓여 있는 충동들을 의미한다. • 이는 영원히 무의식의 세계에 자리 잡고 있으면서 이른바 쾌락추구원칙에 따라 행동한다.
에고(ego) (자아)	• 의식할 수 있는 성격 내지 인격으로서 현실원리를 말한다. • 본능적인 충동에 따른 이드의 요구와 사회적 의무감을 반영하는 슈퍼에고의 방해 사이에 중재를 시도하며 살아가는 현실세계를 지향한다.
슈퍼에고 (superego) (초자아)	• 자아비판과 양심의 힘을 가르키는 것으로서 개개인의 특수한 문화적 환경에서의 사회적 경험으로부터 유래하는 요구를 반영한다. • 도덕의식이나 윤리의식과 같이 스스로 지각할 수 있는 요인과 무의식상태에서 영향력을 행사하기도 한다(어렸을 때 부모와 맺는 애정관계의 중요성을 강조).

2. 에고의 갈등과 해결방법

에고는 슈퍼에고에 의해 이드의 충동에 대한 죄의식을 경험하게 된다. 그 해결방법은 이드의 충동이 슈퍼에고에 의해 승인된 행동으로 변화되는 순화의 방법과, 충동을 무의식적 세계로 밀어 넣고 그 존재사실을 부인하는 억압의 방법이 있다. 이때 이드의 충동을 억압할 경우에 행동에서 이상한 결과가 나타나는데, 이를 반작용 또는 투영의 양상이라고 한다.

반작용 (reaction)	어떠한 사람이 특정 충동을 억제하면 그 충동과 관련한 문제에 대해 지나치게 민감하게 반응하는 것을 말한다.

투영 (projection)	어떠한 욕망을 억압하고 있는 사람이 다른 사람이 가지고 있는 같은 욕망을 잘 발견하는 것을 말한다.

3. 리비도와 콤플렉스

욕망 가운데 가장 중요한 것이 성적 욕망, 즉 리비도인데, 인간 정신구조의 성장과정을 단계별 양상에 따라 구순기 → 항문기 → 남근음핵기 → 잠복기 → 성기기로 발전한다고 보았다.

4. 범죄관

범죄를 퇴행에 의해 원시적이고 폭력적이며 비도덕적인 어린 시절의 충동이 표출한 것으로, 유아적 충동(id)과 초자아(superego)의 통제불균형의 표출이라고 본다. 즉, 3가지 인격 구조의 불균형과 성적 발달단계에서의 고착이 범죄의 가장 큰 원인이라는 입장을 취한다.

5. 평가

비판	• 가장 빈번히 그리고 가장 심각하게 비판받는 것이 주요한 개념을 측정하고 기본가정이나 가설을 검증하기 어렵다는 것이다. • 초기 아동기의 경험을 지나치게 강조한다는 비판도 있다. 문화와 환경적 영향의 무시, 가정의 구성과 역할의 변화로 인한 성역할 동일체성이나 일탈의 발전에 있어서 오디푸스 콤플렉스나 엘렉트라 콤플렉스의 역할과 같은 중요한 몇 가지 프로이트 학파의 개념에 대한 의문이 제기되고 있다.
기여	정신분석학적 접근은 범죄자의 배경, 가족생활, 인성, 태도, 범행의 동기나 이유 등에 대한 이해와 범죄자의 처우에 있어서 중요한 역할을 수행하고 있다.

13   Answer   ①

① 소년보호사건의 심리는 원칙적으로 공개하지 아니한다(소년법 제24조 제2항). 그러나 소년형사사건의 경우에 「소년법」에 특별한 규정이 없으면 일반 형사사건의 예에 따르므로(동법 제48조), 소년형사사건은 원칙적으로 공개한다(법원조직법 제57조 제1항).
② 피고인이 미성년자인 사건에 관하여는 변호인 없이 개정하지 못한다. 단, 판결만을 선고할 경우에는 예외로 한다(형사소송법 제282조).
③ 동법 제3조 제2항·제3항, ④ 동법 제49조의2

14   Answer   ②

[성격의 위계모형]
• 제1수준(기저수준) : 구체적 반응수준으로, 단일한 행위나 인지로 이루어진다.
• 제2수준 : 습관적 반응수준으로, 습관적 행위나 인지들로 이루어진다.
• 제3수준 : 특질수준으로, 상이한 습관적 행동들 간의 유의미한 상관으로 정의된다.
• 제4수준 : 유형수준으로, 특질들 간에 관찰된 상관으로 정의된다.

15   Answer   ①

× : ㉠ 머튼은 아노미이론을 통해 전통적인 범죄의 대부분이 하류계층에 의해 실행된다는 것을 설명하고자 하였다.
    ㉡ 문화적 목표와 수단에 관한 개인별 적응양식의 차이는 개인적인 속성이 아니라, 사회적 문화구조에 의해 결정된다고 보았다.
○ : ㉢ 아노미의 피드백효과(feedback effect)란 문화적 목표는 만족할수록 그 정도가 높아져서 더욱 많은 것을 추구하게 된다는 것을 말한다.
    ㉣

16   Answer   ④

④ 보호소년 등의 처우에 관한 법률 제63조

① 법원은 「소년법」 제12조에 따라 소년보호사건에 대한 조사 또는 심리를 위하여 필요하다고 인정하면 그 법원의 소재지 또는 소년의 주거지를 관할하는 보호관찰소의 장에게 소년의 품행, 경력, 가정상황, 그 밖의 환경 등 필요한 사항에 관한 조사를 의뢰할 수 있다(보호관찰 등에 관한 법률 제19조의2 제1항).

② 촉법소년은 형사미성년자이므로 소년보호사건에 의하여 처리될 수 있다.

③ 사건 본인이나 보호자가 정당한 이유 없이 소환에 응하지 아니하면 소년부 판사는 동행영장을 발부할 수 있으며(소년법 제13조), 소년형사사건의 경우에도 소년에 대한 구속영장은 부득이한 경우가 아니면 발부하지 못한다(동법 제55조 제1항). 특히, 보호소년등을 소년원이나 소년분류심사원에 수용 할 때에는 법원소년부의 결정서, 법무부장관의 이송허가서 또는 지방법원 판사의 유치허가장에 의하여야 한다(보호소년 등의 처우에 관한 법률 제7조 제1항).

17   Answer   ②

억제이론에서 특수적 억제효과란 범죄자 자신이 처벌의 고통을 체험함으로써 차후의 범행충동을 억제하는 것을 말한다. 해당 지문은 일반적 억제효과에 대한 설명이다.

18   Answer   ③

베커는 사회적 지위로서의 일탈을 주장한 학자로서 '주지위'개념을 전개하고, 그러한 주지위는 교육·직업·인종 등과 같은 개인의 다양한 사회적 지위를 압도하게 되어 이 지위를 가진 자를 직업적 범죄자로 전락시킨다고 주장하였다.

19   Answer   ①

볼드(G.B. Vold)는 1958년 그의 저서 「이론범죄학」을 통해 사회적 동물인 인간의 행위는 집단적 행위 개념으로 볼 때 가장 잘 이해할 수 있다고 보고, 집단 간의 이해관계 대립이 범죄의 원인이라고 주장하였다. 즉, 셀린이 아니라 볼드이다.

20   Answer   ③

③ 위원장은 보호관찰 대상자와 그의 가족에 대한 특정 분야의 원호활동을 각 위원에게 개별적으로 의뢰할 수 있다(보호관찰 등에 관한 법률 시행규칙 제25조의2 제6항).

① 위원의 임기는 2년으로 한다.

② 원호협의회는 5명 이상의 위원으로 구성한다.

④ 보호관찰소장은 원호활동을 종합적이고 체계적으로 전개하기 위하여 원호협의회를 설치할 수 있다.

19회 형사정책 모의고사

[정답 및 해설] 　　　　　　　　　　　　　　　　　　　　　　　　　　　　문제 134p

| 01 ④ | 02 ③ | 03 ④ | 04 ② | 05 ① | 06 ③ | 07 ④ | 08 ③ | 09 ② | 10 ① |
| 11 ④ | 12 ④ | 13 ② | 14 ④ | 15 ② | 16 ② | 17 ③ | 18 ③ | 19 ④ | 20 ④ |

01 　Answer ④

×：ⓛ 기계적 개선법은 수형자의 의사를 무시하고, 특정한 교육과정을 강제한다는 점이 단점으로 지적되고 있다.
　　ⓜ 집단관계 개선법은 환경성 범죄자에게 적합하다.
○：㉠, ㉢, ㉣

02 　Answer ③

㉠·㉢·㉤·㉪은 다이버전의 종류에 해당하나, ㉡은 형벌을 전제로 한 절차라는 점에서, ㉣·㉦은 시설 내 처우라는 점에서 다이버전에 해당하지 않는다.

03 　Answer ④

×：㉢ 목적형주의는 사회환경을 지나치게 강조하므로 인간의 주체적 의사를 과소평가하고 있다는 비판이 있다.
　　㉣ 일반예방주의는 위하에 대한 효과를 과신하여 국가폭력을 초래할 가능성이 있으며, 그로 인해 국가형벌권을 자의적으로 확장시킬 위험을 안고 있다는 비판이 있다.
○：㉠, ㉡

04 　Answer ②

보호관찰 등에 관한 법률 제38조(경고) 보호관찰소의 장은 보호관찰 대상자가 제32조의 준수사항을 위반하거나 위반할 위험성이 있다고 인정할 상당한 이유가 있는 경우에는 준수사항의 이행을 촉구하고 형의 집행 등 불리한 처분을 받을 수 있음을 경고할 수 있다.

제39조(구인) ① 보호관찰소의 장은 보호관찰 대상자가 제32조의 준수사항을 위반하였거나 위반하였다고 의심할 상당한 이유가 있고, 다음 각 호의 어느 하나에 해당하는 사유가 있는 경우에는 관할 지방검찰청의 검사에게 신청하여 검사의 청구로 관할 지방법원 판사의 구인장을 발부받아 보호관찰 대상자를 구인할 수 있다.
1. 일정한 주거가 없는 경우
2. 제37조 제1항에 따른 소환에 따르지 아니한 경우
3. 도주한 경우 또는 도주할 염려가 있는 경우

05 Answer ①

① 「형법」상 살인죄의 기수범뿐만 아니라, 살인죄의 미수범과 예비, 음모도 포함한다(전자장치 부착 등에 관한 법률 제2조).
② 동법 제4조, ③ 동법 제14조 제2항, ④ 동법 제16조의2 제4항

06 Answer ③

보호관찰소의 장은 보호관찰 대상자를 긴급구인한 경우에는 긴급구인서를 작성하여 즉시 관할 지방검찰청 검사의 승인을 받아야 한다(보호관찰 등에 관한 법률 제40조 제2항). 48시간 이내에 하여야 하는 것은 구인된 후 유치허가신청을 하여야 하는 시간이다.

07 Answer ④

실험연구에 해당한다. 여기서 A집단은 실험집단, 아무런 처치가 가해지지 않은 B집단은 비교집단(통제집단)이 된다. 실험연구는 다수의 연구자가 동시에 관찰하므로 연구자의 주관을 배제할 수 있고, 동일한 관찰을 반복적으로 실행하므로 오류를 시정할 수 있다는 점이 특징이다.

08 Answer ③

① 리스트가 특별예방사상을 주장한 인물이라는 내용은 옳은 표현이나, 형벌예고를 통해 일반인의 범죄충동을 억제하는 것은 일반예방사상에 대한 설명이므로, 지문의 후반부 내용은 틀린 표현이다.
② 리스트는 처벌해야 할 것은 "행위가 아니라 행위자"라고 함으로써 고전학파의 행위주의를 비판하고, 행위자주의를 표방하였다.
④ 리스트는 교육형주의의 입장에서 범죄방지대책으로 부정기형의 채택, 단기자유형의 폐지, 강제노역을 인정할 것을 주장하였다.

09 Answer ②

○ : ㉡ 소년법 제49조 제1항, ㉢ 동법 제25조의3, ㉣ 동법 제29조
× : ㉠ 제1항 제2호 및 제3호에 해당하는 소년이 있을 때에는 경찰서장은 직접 관할 소년부에 송치하여야 한다(동법 제4조 제2항).
㉤ 제32조에 따른 보호처분의 결정 및 제32조의2에 따른 부가처분 등의 결정 또는 제37조의 보호처분·부가처분 변경 결정이 다음 각 호의 어느 하나에 해당하면 사건 본인·보호자·보조인 또는 그 법정대리인은 관할 가정법원 또는 지방법원 본원 합의부에 항고할 수 있으며(동법 제43조 제1항), 항고는 결정의 집행을 정지시키는 효력이 없다(동법 제46조).

10 Answer ①

② 강간범죄는 증거의 오염과 시일의 경과 등으로 증거확보가 어렵다. 따라서 가해자의 자백 등에 의존한 범죄사실 입증이 다수를 차지한다.
③ 강간범죄 역시 다른 사회행위를 학습하는 것과 동일하며, 성폭력에 우호적인 친구관계 및 포르노물 등을 통해 강간을 학습하고 실행하는 것은 '사회학적 요인'이다.
④ 그로스가 주장한 폭력적 강간의 유형은 지배강간, 가학적 변태성욕강간, 분노강간이다.

지배강간	피해자를 자신의 통제하에 놓고 싶어 하는 강간유형이다. 즉, 능력 있는 남성이라는 자부심을 유지하기 위해 강간이라는 비정상적인 행위로써 자신의 힘을 과시하고 확인하고자 한다고 하였다.
가학성 변태성욕강간	분노와 권력에의 욕구가 성적으로 변형되어 가학적인 공격행위 그 자체에서 성적 흥분을 느끼는 정신병리적 강간유형이다. 사전계획하에 상대방을 묶거나 성기 또는 유방을 물어뜯거나 불로 지지는 등 다양한 방법으로 모욕하는 등 반복적인 행동으로 쾌락과 만족감을 얻는다고 하였다.
분노강간	강간자의 증오와 분노감정에 의해 촉발되는 우발적이고 폭력적인 강간유형이다. 즉, 성적 만족을 위한 행위가 아니라, 자신의 분노를 표출하고 상대방을 모욕하기 위한 행위로서 신체적인 학대가 심하다고 하였다.

11 Answer ④

×: ⓒ 글룩 부부는 범죄발생과 유전적 결함은 밀접한 관계가 있다고 보았다.
　　ⓔ 덕데일은, 유전성은 환경의 불변성에 의존하며, 환경의 변화는 생애의 전체 변화를 낳을 수 있다고 하여 유전적 요인 외에도 환경의 중요성을 강조하였다.

○: ㉠, ㉡

12 Answer ④

④ 항고는 결정의 집행을 정지시키는 효력이 없다(소년법 제46조).
① 동법 제64조, ② 동법 제65조, ③ 동법 제67조 제1항

13 Answer ②

② 치료감호 등에 관한 법률 제18조
① 피치료감호자에 대한 치료감호가 가종료되었을 때 보호관찰이 시작된다(동법 제32조 제1항 제1호).
③ 검사는 공소제기한 사건의 항소심 변론종결 시까지 치료감호를 청구할 수 있다(동법 제4조 제5항).
④ 검사는 다음 각 호의 어느 하나에 해당하는 경우에는 공소를 제기하지 아니하고 치료감호만을 청구할 수 있다(동법 제7조).
　2. 고소·고발이 있어야 논할 수 있는 죄에서 그 고소·고발이 없거나 취소된 경우 또는 피해자의 명시적인 의사에 반(反)하여 논할 수 없는 죄에서 피해자가 처벌을 원하지 아니한다는 의사표시를 하거나 처벌을 원한다는 의사표시를 철회한 경우

14 Answer ④

외향적인 사람은 내향적인 사람처럼 효과적으로 비범죄행위에 대해 학습하지 못한다. 따라서 외향적인 사람일수록 더 빈번하게 범죄행위를 할 것이라고 기대한다.

15 Answer ②

에그뉴는 일반긴장이론을 제시하면서 비행의 원인으로 긍정적 압력보다 부정적 압력에 주목하였다.

[애그뉴(Agnew)의 일반긴장의 원인]
• 긍정적 목표(목적) 달성의 실패
• 기대와 성취의 불일치

- 긍정적 자극의 소멸
- 부정적 자극에의 직면(부정적 자극의 생성)

16 Answer ②

해당 지문은 서덜랜드(Sutherland)의 차별적 접촉이론에 대한 설명이다.

17 Answer ③

× : ㉠ 1960년대 당시 주류였던 의료모델(범죄자는 특정 질환을 가진 환자이므로 치료되어야 할 대상이라는 범죄인 처우기법)을 비판하면서 등장한 정의모델이 합리적 선택이론 형성의 토대가 되었다.
　　㉤ 범죄경제학에 따르면, 범죄로 인해 얻어지는 이익에는 금전적 이익뿐만 아니라 개인의 취향, 심리적 만족감, 대인관계에서의 위신, 편리함 등도 포함된다.

○ : ㉡, ㉢, ㉣

18 Answer ③

베커는 일탈자를 단순한 규범위반자와 체계적 일탈자로 구분하고, 전자가 후자로 단계별 발전을 한다는 단계별 발전모델을 제시한 낙인이론가이다. 근본적으로 낙인이론은 전통적 범죄론을 배척하고, 사회통제기관의 태도가 범죄를 결정하는 중요한 요인이라고 보며, 처벌이 범죄를 억제하기보다는 오히려 증가시킨다고 보므로, 결론적으로 낙인이론으로는 사례와 같이 전과자가 건전한 사회인으로 복귀하는 것을 설명하기 어렵다.

19 Answer ④

병영훈련캠프는 「소년법」상 소년보호처분에 해당하지 않는다.

[보호처분 유형(소년법 제32조 제1항, 제33조 : 부과연령은 19세 미만까지로 함)]

보호처분 유형	기간	부과연령	연장 가능 여부
보호자 또는 보호자를 대신하여 소년을 보호할 수 있는 자에게 감호위탁	6개월	10세 이상	• 6개월의 범위에서 1회 연장 가능 • 판사는 언제든지 위탁종료결정 가능
수강명령	100시간 이내	12세 이상	−
사회봉사명령	200시간 이내	14세 이상	−
보호관찰관의 단기 보호관찰	1년	10세 이상	−
보호관찰관의 장기 보호관찰	2년	10세 이상	−
「아동복지법」에 따른 아동복지시설이나 그 밖의 소년보호시설에 감호위탁	6개월	10세 이상	1년의 범위에서 1회 연장 가능
병원, 요양소 또는 「보호소년 등의 처우에 관한 법률」에 따른 의료재활소년원에 위탁	6개월	10세 이상	• 6개월의 범위에서 1회 연장 가능 • 판사는 언제든지 위탁종료결정 가능
1개월 이내의 소년원 송치	1개월 이내	10세 이상	• 6개월의 범위에서 1회 연장 가능 • 판사는 언제든지 위탁종료결정 가능
단기 소년원 송치	6개월 이내	10세 이상	−
장기 소년원 송치	2년 이내	12세 이상	−

20 Answer ④

④ 보호관찰 등에 관한 법률 제65조 제1항

① 형사처분 또는 보호처분을 받은 사람으로서 보호의 필요성이 인정되는 사람이 갱생보호 대상자가 된다(동법 제3조 제3항). 따라서 형집행정지 중인 자는 갱생보호 대상자가 아니다.

② 갱생보호 대상자와 관계 기관은 보호관찰소의 장, 갱생보호사업허가를 받은 자 또는 한국법무보호 복지공단에 갱생보호신청을 할 수 있다(동법 제66조 제1항).

③ 갱생보호사업을 하려는 자는 법무부령으로 정하는 바에 따라 법무부장관의 허가를 받아야 한다(동법 제67조 제1항 전단).

20회 형사정책 모의고사

[정답 및 해설]   문제 140p

| 01 | ③ | 02 | ② | 03 | ③ | 04 | ③ | 05 | ① | 06 | ③ | 07 | ④ | 08 | ④ | 09 | ④ | 10 | ② |
| 11 | ④ | 12 | ③ | 13 | ③ | 14 | ② | 15 | ③ | 16 | ③ | 17 | ④ | 18 | ② | 19 | ④ | 20 | ② |

01   Answer   ③

㉠ (×) 형의 선고를 유예하는 경우에 재범방지를 위하여 지도 및 원호가 필요한 때에는 보호관찰을 받을 것을 명할 수 있다(형법 제59조의2).

㉡ (○) 형의 집행을 유예하는 경우에는 보호관찰을 받을 것을 명하거나 사회봉사 또는 수강을 명할 수 있다(동법 제62조의2).

㉢ (○) 제1항 제3호(사회봉사명령)의 처분은 14세 이상의 소년에게만 할 수 있으며, 제1항 제2호(수강명령) 및 제10호(장기 소년원 송치)의 처분은 12세 이상의 소년에게만 할 수 있다(소년법 제32조 제3항·제4항).

㉣ (×) 가석방된 자는 가석방기간 중 보호관찰을 받는다. 다만, 가석방을 허가한 행정관청이 필요가 없다고 인정한 때에는 그러하지 아니하다(형법 제73조의2).

㉤ (×) 소년원장은 교정성적이 양호한 자 중 보호관찰의 필요성이 있다고 인정되는 보호소년(「소년법」 제32조 제1항 제8호에 따라 송치된 보호소년은 제외한다)에 대하여는 「보호관찰 등에 관한 법률」 제22조 제1항에 따라 보호관찰심사위원회에 임시퇴원을 신청하여야 한다(보호소년 등에 관한 법률 제44조).

보호관찰 등에 관한 법률 제3조(대상자) ② 사회봉사 또는 수강을 하여야 할 사람은 다음 각 호와 같다.
1. 「형법」 제62조의2에 따라 사회봉사 또는 수강을 조건으로 형의 집행유예를 선고받은 사람
2. 「소년법」 제32조에 따라 사회봉사명령 또는 수강명령을 받은 사람
3. 다른 법률에서 이 법에 따른 사회봉사 또는 수강을 받도록 규정된 사람

02   Answer   ②

② 전자장치 부착 등에 관한 법률 제14조 제3항

① 만 19세 미만의 자에 대하여 부착명령을 선고한 때에는 19세에 이르기까지 이 법에 따른 전자장치를 부착할 수 없다(동법 제4조).

③ 전자장치 부착 대상범죄는 성폭력범죄, 미성년자 대상 유괴범죄, 살인범죄, 강도범죄 및 스토킹범죄에 한정한다(동법 제2조). 따라서 절도범죄와 방화범죄는 전자장치 부착 대상범죄가 아니다.

④ 다음 각 호의 어느 하나에 해당하는 때에는 부착명령의 집행이 정지된다(동법 제13조 제6항 제2호).
   2. 부착명령의 집행 중 다른 죄를 범하여 금고 이상의 형의 집행을 받게 된 때

03   Answer   ③

단기자유형은 형기가 짧아 형벌로서의 위하력이 약하므로, 일반예방효과를 거두기 어렵다는 비판이 있다.

단기자유형 폐지주장의 논거

- 형벌위하력이 미약하여 일반예방효과를 거두기 어렵다.
- 짧은 형기로 인해 교화개선의 효과를 기대할 시간적 여유가 없어 특별예방효과를 거두기 어렵다.
- 가족에게 정신적 부담과 경제적 파탄을 초래할 수 있다.
- 범죄적 악풍에 감염되기 쉬우며, 출소 후 낙인효과로 재범위험성이 조장된다.
- 수형기간이 짧아 효과적인 교정처우계획 수립이 곤란하다.
- 과밀수용의 원인이 된다.

04　Answer　③

③ 법무부장관은 특별사면을 상신할 때에는 사면심사위원회의 심사를 거쳐야 한다(사면법 제10조 제2항). 즉 직권으로는 특별사면을 상신할 수 없다.
② 동법 제11조, ④ 동법 제21조

05　Answer　①

② 보호관찰은 독립적 처분으로 부과할 수 있다. 형법 제59조의2 제1항은 "형의 선고를 유예하는 경우에 재범방지를 위하여 지도 및 원호가 필요한 때에는 보호관찰을 받을 것을 명할 수 있다"고 규정하고 있고, 형법 제62조의2 제1항은 "형의 집행을 유예하는 경우에는 보호관찰을 받을 것을 명하거나 사회봉사 또는 수강을 명할 수 있다"고 규정하고 있다.
③ 보호관찰대상자가 보호관찰에 따른 준수사항을 위반한 경우에는 경고(보호관찰법 제38조)·구인(동법 제39조)·긴급구인(동법 제40조)·유치(동법 제42조)·가석방 및 임시퇴원의 취소(동법 제48조)·보호처분의 변경(동법 제49조) 등의 제재수단을 사용할 수 있다.
④ 임시해제 결정이 취소된 경우에는 그 임시해제 기간을 보호관찰 기간에 포함한다(동법 제52조 제4항).
① 동법 제29조 제1항

06　Answer　③

ㄴ·ㄹ 모두 6개월 연장 가능하다.

07　Answer　④

법원은 보호관찰을 조건으로 한 형의 선고유예의 실효 및 집행유예의 취소 청구의 신청 또는 보호처분의 변경 신청이 있는 경우에 심리를 위하여 필요하다고 인정되면 심급마다 20일의 범위에서 한 차례만 유치기간을 연장할 수 있다(보호관찰 등에 관한 법률 제43조 제2항).

제43조(유치기간) ③ 보호관찰소의 장은 가석방 및 임시퇴원의 취소 신청이 있는 경우에 심사위원회의 심사에 필요하면 검사에게 신청하여 검사의 청구로 지방법원 판사의 허가를 받아 10일의 범위에서 한 차례만 유치기간을 연장할 수 있다.

08　Answer　④

㉠ (×) 사건 본인이나 보호자는 소년부 판사의 허가를 받아 보조인을 선임할 수 있다(소년법 제17조 제1항).
㉡ (○) 동법 제32조 제3항, ㉢ (○) 동법 제32조 제6항, ㉣ (○) 동법 제64조, ㉤ (○) 동법 제40조

09 Answer ④

마약의 주생산지인 황금의 삼각지대는 미얀마·태국·라오스 3국의 접경지역이고, 제2의 주생산지로 알려진 황금의 초승달지역은 아프가니스탄·파키스탄·이란 3국의 접경지대이다.

10 Answer ②

[연쇄살인의 특징]
• 순간적인 충동에 의한 살인이 아닌 철저한 계획하에 행해진다.
• 다른 살인범죄와 달리 살인의 과정에서 자신이 했다는 일종의 표시를 남기기도 하는 자기과시적 범죄가 많다.
• 범행의 반복가능성이 있으며, 사건 사이에 시간적 공백, 심리적 냉각기가 있다.
• 동기가 분명하지 않아 범인을 색출하는 데 어려움이 크다.

11 Answer ④

서덜랜드(Sutherland)는 조나단 에드워드(Jonathan Edward)가의 연구를 통해 선조 중에는 살인범이 있었으나, 후손 중에는 살인범이 전혀 없었다는 점을 들어 범죄의 유전성을 부정하였다.

12 Answer ③

○ : ㉠, ㉢
× : ㉡ 소질론은 개인의 생리적·정신적인 내부적 특질이 범죄발생원인의 주요 원인이라고 보는 입장이다. 지문에서의 빈곤, 가정해체에 대한 내용은 환경론에 대한 설명이다.
    ㉣ 달라드와 밀러(Dollard & Miller)는 공격하고자 하는 발양성의 강도는 욕구좌절의 양에 정비례한다고 주장하였다.

[에고의 갈등해결 유형(=방어기제)]
• 억압 : 충동·부정적 경험을 억눌러서 (의식이나 기억하지 못하고) 무의식에 머무르게 하는 것(전형적인 방어기제)
• 부정 : 있는 그대로 받아들이는 것이 고통스러워서 인정하지 않으려고 하는 것
• 반동형성 : 금지된 충동을 억제하기 위해 그와 반대되는 생각·행동을 하는 것
• 투사 : 받아들일 수 없는 생각·욕구를 (자신이 아닌) 타인 또는 외부환경 때문이라고 돌리는 것
• 승화 : 사회적으로 허용되지 않는 충동을 허용되는 행위로 바꿔서 하는 것(방어기제 중 가장 성숙하고 건설적인 유형) 예 성적 충동을 고상한 예술활동으로 돌리는 무의식적 과정
• 합리화 : 죄책감·자책을 느끼지 않기 위해 현실을 왜곡하여 상처받지 않도록 하는 것
• 전위 : 내적인 충동·욕구를 다른 대상에게 분출하는 것

13 Answer ③

× : ㉢ 법원은 소년에 대한 형사사건에 관하여 필요한 사항을 조사하도록 조사관에게 위촉할 수 있다(소년법 제56조). 따라서 조사관의 임의적 위촉이라고 해야 한다.
    ㉧ 이 법에 따라 조사 또는 심리 중에 있는 보호사건이나 형사사건에 대하여는 성명·연령·직업용모 등으로 비추어 볼 때 그 자가 당해 사건의 당사자라고 미루어 짐작할 수 있는 정도의 사실이나 사진을 신문이나 그 밖의 출판물에 싣거나 방송할 수 없다(동법 제68조). 소년보호사건

이나 소년형사사건에 대해서는 보도금지가 더욱 강화되어 있다.

ⓐ 보호처분이 계속 중일 때에 징역, 금고 또는 구류를 선고받은 소년에 대하여는 먼저 그 형을 집행한다(동법 제64조).

○ : ㉠ㆍㄴ 동법 제55조 제1항, ㉣ 동법 제65조, ㉤ 동법 제61조

14 Answer ②

× : ㄴ 퀴니(Quinney)에 대한 설명으로, 퀴니는 1970년 「범죄의 사회적 실재」를 통해 볼드의 집단갈등이론을 바탕으로 형사법의 제정과 집행과정이 개인 및 집단의 이익을 추구하는 정치적 환경에서 이루어진다고 주장했다.

ⓒ [반두라의 사회학습이론에서의 학습과정]
- 집중단계 : 관찰한 행동이 학습되려면 그 행동이 '주의'나 '관심'을 끌어야 한다.
- 인지단계 : 학습한 행동에 관한 정보를 내적으로 '기억'함으로써 '인지'한다.
- 재생단계 : 실제 행동으로 옮기기 위해서 저장한 기억을 재생시켜 행동을 조정한다.
- 동기화단계 : 학습한 내용대로 실제 행동에 옮기기 전에 기대감(=동기부여)을 가진다.

○ : ㉠, ㉣

15 Answer ③

① 인지한 것을 유의미하게 만드는 방법을 조직(organization)이라고 한다.
[피아제의 인지발달과정(경험을 통한 단계적인 형성과정)]
- 도식(Scheme) : 개인이 가지고 있는 이해의 틀
- 동화 : 이미 형성되어 있는 '도식'과 동일시(='동화')하여 쉽게 이해한다.
- 조절 : 기존의 '도식'에 맞지 않아 변형ㆍ대체하는 과정(='조절')을 통해 해소한다.
- 조직 : 인지능력이 발달하게 되면 비슷한 대상을 같은 범주로 분류한다.

② 인지발달단계에 따라 도덕적 판단능력에서 차이가 있다는 인지이론의 설명은 다양한 비행원인론을 포괄할 수 있는 장점이 있는 반면, 도덕성과 비행성의 관계를 직접 검증한 연구가 부족하다는 단점이 있다. 또한 도덕심과 비행의 상관관계는 하나의 상식에 지나지 않는다는 비판도 제기되고 있다.

④ 인지부조화이론에 대한 설명이다. 인지부조화이론에 따르면, 어느 정도의 일탈을 허용하는 것이 범죄예방에 효율적이라고 본다.

[인지부조화 감소방법]

부인	정보의 출처를 무시하고 과소평가하여 문제의 존재 자체를 부인한다.
변경	기존의 사고를 변경하여 일관성을 가지려고 한다.
재구성	자신의 사고를 변경하거나 문제 자체의 중요성을 과소평가한다.
조사	상대방의 입장에서 오류를 발견하고 출처를 의심한다.
분리	상충관계에 있는 태도를 각각 분리한다.
합리화	불일치를 수용할 수 없는 변명거리나, 자신의 행동ㆍ의견을 정당화할 수 있는 이유를 찾는다.

16 Answer ③

③ 소년에 대한 부정기형을 집행하는 기관의 장은 형의 단기가 지난 소년범의 행형(行刑)성적이 양호하고 교정의 목적을 달성하였다고 인정되는 경우에는 관할 검찰청 검사의 지휘에 따라 그 형의 집

행을 종료시킬 수 있다(소년법 제60조 제4항).
① 동법 제60조 제1항, ② 동조 제2항, ④ 동법 제65조 제3호

17 Answer ④

합리적 선택이론은 경제학의 기대효용(expected ultility)원리에 기초하여 범죄자는 범죄로 인해 얻게 될 손실의 크기를 비교함으로써 범행 여부를 결정한다는 이론으로, ⓔ의 내용과 부합한다.
ㄱ-ⓓ, ㄴ-ⓑ, ㄷ-ⓐ, ㄹ-ⓔ, ㅁ-ⓒ

18 Answer ②

× : ㉠ 차별접촉이론에 대하여는 과실범·격정범 등 학습과정 없이 이루어지는 충동적 범죄에는 적용하기 어렵다는 비판이 있다.
㉤ 낙인이론은 일탈자와 사회 간의 상호작용을 지나치게 강조한 결과 행위자의 주체적 속성을 소홀히 하고 있다는 비판이 있다.
○ : ㄴ, ㄷ, ㄹ

19 Answer ④

[스미크라의 보호관찰모형]

전통적 모형	내부자원 활용+대상자에 대한 지도·감독부터 보도원호에 이르기까지 다양한 기능을 수행하나, 통제가 더욱 강조됨
프로그램모형	내부적으로 해결하고 관찰관이 전문가로 기능하기 때문에 대상자를 분류하여 관찰관의 전문성에 따라 배정하게 됨
옹호모형	외부자원을 적극 활용하여 대상자에게 다양하고 전문적인 사회적 서비스를 제공받을 수 있도록, 무작위로 배정된 대상자들을 사회기관에 위탁하는 것을 주요 일과로 삼고 있음
중개모형	사회자원의 개발과 중개의 방법으로 외부자원을 적극 활용하여 대상자가 전문적인 보호관찰을 받을 수 있게 함

20 Answer ②

①·② 수형인이 자격정지 이상의 형을 받지 아니하고 형의 집행을 종료하거나 그 집행이 면제된 날부터 다음 각 호의 구분에 따른 기간이 경과한 때에 그 형은 실효된다. 다만, 구류(拘留)와 과료(科料)는 형의 집행을 종료하거나 그 집행이 면제된 때에 그 형이 실효된다(형의 실효 등에 관한 법률 제7조 제1항).
1. 3년을 초과하는 징역·금고: 10년
2. 3년 이하의 징역·금고: 5년
3. 벌금: 2년
③ 동법 제7조 제2항, ④ 형법 제81조

엄선 경찰범죄학 40選

01 ②	02 ④	03 ④	04 ②	05 ③	06 ②	07 ③	08 ③	09 ④	10 ②
11 ③	12 ④	13 ②	14 ④	15 ②	16 ④	17 ①	18 ④	19 ④	20 ②
21 ④	22 ④	23 ②	24 ③	25 ②	26 ①	27 ②	28 ③	29 ④	30 ④
31 ④	32 ②	33 ①	34 ②	35 ④	36 ①	37 ②	38 ①	39 ③	40 ④

01 Answer ②

② 통계자료 등 객관적인 자료를 바탕으로 결론을 도출하는 양적 연구는, 직접 관찰한 자료의 질을 바탕으로 결론을 도출하는 질적 연구에 비해 연구결과의 외적 타당성, 즉 일반화가 용이하다.

① 범죄통계를 이용하는 연구방법은 두 변수 사이의 이차원 관계 수준의 연구를 넘어서기 어렵지만, 설문조사를 통한 연구방법은 청소년비행 또는 암수범죄 등 공식통계로 파악하기 어려운 주제에 적합하며, 두 변수 사이의 관계를 넘어서는 다변량 관계를 연구할 수 있다는 장점이 있다.

③ 실험연구는 연구의 내적 타당성에 영향을 미치는 요인들을 통제하는 데 가장 유리한 연구방법으로, 연구자 자신이 실험조건 중 자극, 환경, 처우시간 등을 통제함으로써 스스로 관리가 가능하지만, 한정된 데이터의 한계에 의해 외적 타당성의 확보는 어려울 수 있다.

④ 설문조사, 즉 간접적 관찰은 기억의 불확실함과 사실의 축소 및 과장의 문제로 인한 행위자, 피해자, 정보제공자 등의 부정확한 응답의 가능성에 대한 고려가 필요하다.

02 Answer ④

④는 간접적 관찰에 대한 설명이다.

[암수조사방법]
- 직접적 관찰(자연적 관철) : 조사자가 암수범죄를 직접 실증적으로 파악하는 방법으로, 참여적 관찰과 비참여적 관찰이 있다.
  - 참여적 관찰 : 범죄행위에 직접 가담하여 암수범죄를 관찰하는 것을 말한다.
  - 비참여적 관찰 : CCTV 등을 설치하여 암수범죄를 관찰하는 것을 말한다.
- 인위적 관찰(실험) : 인위적인 실험을 통해 암수범죄를 관찰하는 것을 말한다. 대표적인 예로 위장된 절도범과 관찰자를 보내 상점절도 발각위험성을 조사한 「블랑켄부르그(Blankenburg)의 실험」이 있다.
- 간접적 관찰(설문조사) : 피해자조사, 자기보고조사, 정보제공자조사 등이 있다.

03 Answer ④

④ 한 해에 일어난 사건의 범인이 한참 후에 검거되는 경우도 많으므로, 검거율은 100%가 넘을 수도 있다.

① 인구 10만 명당 범죄발생건수를 나타낸다.

② 2022년은 인구 10만 명당 1,000건, 2023년은 인구 10만 명당 666.6건(100,000×1,000÷150,000)으로, 33.36% 감소하였음을 알 수 있다. 다만, 이 문제는 계산문제라기보다 인구변화를 고려하는 범죄율은 50%에 미치지 못함이 핵심이다.

③ 경찰청의 「범죄통계」는 각 지역경찰서에서 입력한 범죄발생 현황을 집계한 전형적인 발생통계이고, 검찰청의 「범죄분석」은 경찰청의 「범죄통계」에 검찰이 인지한 사건을 더한 것으로, 이 역시 발생통계라고 할 수 있다.

04 Answer ②

[경찰청 사이버범죄의 유형 구분(2021년 기준)]
- 정보통신망 침해 범죄 : 해킹, 서비스 거부공격, 악성프로그램, 기타 정보통신망 침해형 범죄 등
- 정보통신망 이용 범죄 : 사이버 사기, 사이버 금융범죄(피싱, 파밍, 스미싱, 메모리해킹, 몸캠피싱 등), 개인·위치정보 침해, 사이버 저작권 침해, 사이버 스팸메일, 기타 정보통신망 이용형 범죄 등
- 불법콘텐츠 범죄 : 사이버 성폭력, 사이버 도박, 사이버 명예훼손·모욕, 사이버 스토킹, 사이버 스팸메일, 기타 불법콘텐츠 범죄 등

05 Answer ③

- ㉠은 감시의 부재이다. 펠슨은 감시인(또는 보호자)이란 경찰이나 민간경비원 등의 공식감시원이 아닌 그 존재 자체가 범죄를 좌절시킬 수 있는 사람들로, 의도치 않더라도 사람들이 가족이나 친구 또는 타인으로부터 보호를 받게 되는 측면을 의미한다고 설명하였다. 즉, 일상활동이론은 비공식적 통제체계에서의 자연스러운 범죄예방과 억제를 중요시한다.
- 일상활동이론(Routine Activity Theory)은 1970년대 미국의 범죄증가율을 설명하기 위해 코헨과 펠슨(Cohen & Felson, 1979)이 제안한 이론으로, 범죄증가율을 설명함에 있어 미시적이고도 거시적인 접근을 시도하였다. 첫 번째 그림은 미시적 차원에서 시간·공간·대상물·사람을 기본요소로 하며, 핵심은 범죄삼각형이라는 세 가지 요소를 전제로 한다는 점이다. 두 번째 그림은 엑(Eck)이 고안한 것으로, 동기화된 범죄자, 적절한 범행대상, 감시의 부재라는 세 가지 요소에 통제인(Handler)이 추가된 네 가지 요소를 전제로 하는 범죄삼각형(문제삼각형)이다.

일상활동이론은 비공식적 통제체계에서의 자연스러운 범죄예방과 억제를 중요시하는 것이다. 일반적으로 우리는 경찰이나 경비원을 감시나 보호의 주체로 생각하는 경향이 있지만 친구, 가족 그리고 지나가는 일반시민들이 범죄예방을 위한 감시자의 역할을 잘 할 수 있다는 것이다. 그렇지만 일상활동이론의 타당성은 범죄에 대한 공식적 통제체계와 비공식적 통제체계 중 어느 것이 범죄예방에 더 영향을 미치는가에 있다기보다는, 이론이 제시하는 세 가지 핵심요소의 효과가 경험적으로 얼마나 지지되는가에 달려 있다고 봐야 한다(Akers & Sellers). 거시적인 차원에서의 일상활동이론은 거대사회와 지역사회의 어떠한 특징이 미시적 차원에서 세 가지 핵심요소의 결합을 통한 범죄발생을 더 용이하게 한다고 설명한다. 일상활동이론은 미국의 범죄율 상승의 원인을 상품과 서비스에서의 테크놀로지의 변화는 물론 사람들의 활동범주가 가족과 가정을 벗어나 확대되는 사회분위기에서 찾고자 하였다(Felson, 2008). 코헨과 펠슨(Cohen & Felson, 1979)은 제2차 세계대전 이후 직업이나 여가에서의 일상활동의 변화로 사람들이 특정한 장소와 시간에 모이는 상황이 조성되었고, 이러한 일상활동의 변화가 범죄대상이 될 가능성을 증가시키고 재산을 감시할 능력을 감소시켰다고 설명하였다. 예를 들자면, 제2차 세계대전 이후에 주거침입절도와 자동차절도가 급증한 것은 전쟁 이후 경제활동의 활성화를 위해 맞벌이 부부가 늘어나면서 비어 있는 집과 출퇴근용 자동차의 증가가 불가피했던 당시의 사회상황과 맞물려 이해할 수 있겠다. 거대사회와 지역사회의 변화가 범죄기회를 양산하여 특정 범죄를 증가시킨 것으로 설명될 수 있는 것이다. 스마트폰과 개인용 컴퓨터의 일반화가 보이스피싱이나 사이버범죄를 증가시킨 것도 이러한 맥락에서 이해될 수 있겠다. 일상활동이론의 범죄삼각형은 범죄가 발생하는 세 가지 요소를 구체화하였는데, 이후 이러한 세 가지 요건에 영향을 줄

수 있는 통제인의 개념이 추가되면서 범죄통제 메커니즘에 도움이 되는 시사점이 제시되었다. "부모는 아이들의 행동에 좋은 영향을 줄 수 있지만 떨어져 있을 때는 이러한 역할을 효과적으로 수행할 수 없다. 이러한 측면에서 부모와 같은 통제인(handler)의 개념이 일상활동이론의 네 번째 요소로 추가되었다"(Felson, 2008). 초창기의 일상활동이론은 통제이론 관련 요소는 전혀 고려하지 않았지만 이론이 발전해 옴에 따라 통제(control)를 일상활동이론 자체의 요소로 수용하게 되었다. 그렇지만 "통제"의 개념은 일상활동이론에 내재된 것이라기보다는 사람들을 감시할 누군가의 존재나 부존재 여부를 강조하고자 추가된 것이다. 엑(Eck, 2003)은 동기화된 범죄자, 범행에 적합한 대상 그리고 사람이나 재산에 대한 감시의 부재라는 3요소에 통제인(handler)이 추가된 네 가지 요소를 기반으로 범죄삼각형(crime triangle) 또는 문제삼각형(problemtriangle)을 고안하였다.

범죄삼각형은 두 개의 삼각형으로 구성되었다. 안쪽의 삼각형은 일반적으로 발생하는 범죄의 세 요소인 잠재적인 범죄자, 범죄의 대상물과 피해자 그리고 범행에 용이한 장소로 구성되어 있다(Eck, 2003). 동기화된 범죄자가 범행을 수행하기 위해서는 적합한 상황에서 범죄대상을 찾아야 가능한 것이다. 바깥쪽 삼각형은 "통제인"이 추가된 세 감시주체들로서 통제인(handler), 감시인(guardian), 관리인(manager)으로 구체화되었다. 통제인은 잠재적 범죄자에게 영향력을 행사하고 통제할 수 있는, 예를 들자면 청소년의 경우 부모, 형제나 선생님이 될 수 있다. 감시인은 대상물이나 피해자를 감시하고 보호할 수 있는, 예를 들자면 이웃이나 지나가는 사람들이 될 수 있다. 관리인은 장소를 관리하는 역할을 할 수 있는, 예를 들자면 편의점의 경우 편의점 주인이나 종업원이 될 수 있다. 이 감시주체들이 무능하거나 없는 상황에서 범행의 발생이 용이하게 되는데, 범죄자가 통제자의 영향력에서 벗어나 감시인이 없는 피해자나 대상물을 관리인의 눈길이 없는 장소에서 만나게 되면 범죄가 발생하는 것이다. 이러한 엑(Eck, 2008) 및 클락과 엑(Clarke& Eck, 2005) 등 학자들의 노력으로 일상활동이론은 초창기의 모습보다 발전된 모형을 갖게 되었다(Felson, 2008).

06 Answer ②

㉠ 고링(Goring)은 범죄인이 비범죄인보다 일반적으로 신장과 체중이 다소 미달될 뿐 신체적으로 구별되는 특징을 발견할 수 없다고 주장하면서 롬브로조의 범죄인분류는 현실적으로 활용이 부적절하다고 비판하였으나, 범죄성의 유전성에 대해서는 긍정하였다.

㉡ 콜버그(Kohlberg)는 행위의 옳고 그름에 대한 이해와 그에 따른 행동의 발달로 3가지 수준(전입습, 인습, 후인습)의 6가지 단계에 관한 사회화과정을 주장하였고, 대부분의 비행청소년은 1~2단계에 속한다고 보았다.

07 Answer ③

③ 세로토닌 시스템은 사람의 충동성이나 욕구를 조절하고 억제하는 역할을 담당한다. 세로토닌이 너무 적은 경우 충동성, 욕구, 분노 등이 제대로 통제되지 않아 폭력, 자살, 알코올중독 등이 유발되기도 한다.

①·② 뇌는 크게 뇌간, 변연계 그리고 대뇌피질의 3층 구조로 구성되어 있다. 척추 위에 위치한 뇌간은 호흡, 순환, 생식 등 기초적인 생존 관련 기능을 담당하고, 뇌의 가운데 부분에 위치한 변연계에는 편도체, 시상하부, 해마 등이 존재하며 주로 본능적 욕구, 충동, 감정을 담당한다. 그중 편도체는 공포와 분노기능을 담당하기 때문에 범죄와의 직접적인 관련성이 높다. 뇌의 바깥쪽에 위치한 대뇌피질은 기억, 언어, 집중, 의식 등 고차원적 사고기능을 담당하고, 그중 특히 전두엽은 변연계에서 대뇌피질 방향으로 투사(project)된 욕구, 충동, 감정 관련 신경정보를 억제하거나, 사회적 맥락에 맞게 조절·제어·표출하게 하는 소위 집행기능을 수행한다.

④ 신경전달물질인 도파민은 운동능력, 집중력, 문제해결능력을 매개하며, 특히 뇌에 존재하는 도파민 시스템은 보상과 쾌락을 담당하는 역할을 한다. 특정 행위나 자극이 도파민을 증가시키면 즉각적인 만족과 쾌락을 느끼게 되므로, 사람들은 관련 행위나 자극을 지속적으로 추구하게 된다. 비정상적 도파민 시스템은 충동적 행위 및 폭력범죄와 깊은 연관성을 지닌다.

08 Answer ③

① 이드(Id)는 타인의 권리를 배려하지 않고 즉각적인 만족을 요구하는 쾌락원칙을 따르며, 에고(Ego)는 사회적 기준에 따라 무엇이 관습적이고 실질적인가를 고려하는 현실원칙을 따른다. 마지막으로 슈퍼에고(Superego)는 인성의 도덕적 관점으로서 행위에 대한 판단을 맡는다.

② 프로이트는 슈퍼에고(초자아)가 지나치게 발달하면 항상 죄책감이나 불안을 느껴 범죄를 저지르고 처벌을 받음으로써 죄의식 해소와 심리적 안정을 느낀다고 보았다.

④ 일렉트라 콤플렉스에 대한 설명이다.

[프로이트와 상반된 견해 : 범죄원인은 슈퍼에고의 미발달]

아이히호른(Aichhorn)은 소년비행의 원인에 대해 (슈퍼에고에 의해) 통제되지 않은 이드(본능)로 인해 양심의 가책 없이 비행을 저지르게 된다고 하였다.

09 Answer ④

④ 콜버그(Kohlberg)는 행위의 옳고 그름에 대한 이해와 그에 상응하는 행동은 세 가지 수준의 여섯 가지 과정(사회화)을 통해 발달한다고 하였다. 도덕발달단계를 전인습수준(1－2단계), 인습수준 (3－4단계), 후인습수준(5－6단계)으로 나누고, 대부분의 일반청소년들은 3~4단계에 속하는 반면, 대부분의 비행청소년들은 1~2단계에 속한다고 보았다.

① 프로이트(Freud)의 인성구조이론의 기본원리에 관한 설명이다. 프로이트의 인성구조 중 이드(Id)는 생물학적 · 심리학적 충동의 커다란 축적체를 가리키는 것으로서 모든 행동의 밑바탕에 놓여 있는 동기들을 의미하고, 모든 행동의 기초를 이루는 생물학적 · 심리학적 욕구와 충동자극 등을 대표하는 것으로서 태어날 때부터 존재하는 무의식적 개념이며, 타인의 권리를 배려치 않는 즉각적인 만족을 요구하는 쾌락의 원칙을 따른다.

② 스키너는 어떤 특정 상황에서 특정 행동을 취하면 그에 따른 결과물이 제공될 때 그 결과물이 보상으로 인식되면 강화가 이루어지고, 그 행동을 반복하게 되는 강화학습이 이루어진다고 하였다. 스키너(Skinner)가 쥐의 행동을 관찰한 조작적 조건반사에 관한 실험, 즉 쥐가 실험상자 안에서 지렛대를 눌렀을 때 음식 한 덩어리가 나오는 것을 보고 이를 반복한 조작적 조건반사에 관한 연구가 인간의 행위에도 적용될 수 있다는 것이다.

③ 슈나이더(Schneider)의 정신병질 10분법 중 사이코패스범죄자 등 무정성(無情性) 정신병질자에 대한 설명이다. 무정성 정신병질자는 동정심, 수치심, 회오 등 인간의 고등감정이 결여되어 냉혹 · 잔인하고 복수심이 강하며 완고하고 교활하다. 범죄학상 가장 문제시되는 유형이다.

[콜버그(Kohlberg)의 도덕발달이론]

• 1수준 : 전인습적 도덕성(비행청소년)
  － 1단계 : 처벌받지 않을 행동, 처벌과 복종단계
  － 2단계 : 일반적으로 이익이 되는 행동, 쾌락주의
• 2수준 : 인습적 도덕성(일반청소년)
  － 3단계 : 타인의 인정을 받고 비난받지 않을 행동, 대인관계 조화
  － 4단계 : 법과 질서에 의해 엄격히 규정된 행동
• 3수준 : 후인습적 도덕성
  － 5단계 : 법은 대중의 복리를 위한 사회계약이라는 입장에 근거하여 판단
  － 6단계 : 보편적인 윤리원칙에 입각하여 판단

10 Answer ②

지역 거주민의 인종과 민족의 변화에도 불구하고 해당 지역의 범죄율에는 차이가 없었다. 전이지역 내 구성원의 인종이나 민족의 변화에도 불구하고 계속적으로 높은 범죄율이 나타나는 것은, 개별적으로 누가 거주하는지와 상관없이 그 지역의 특성과 범죄발생 사이에 중요한 연관이 있다는 것이다. 즉, 범죄 및 비행은 그 지대와 관련된 것이지 행위자의 특성이나 사회 전체의 경제적 수준 등과는 관계없다. 결과적으로 쇼와 맥케이는 높은 범죄율의 원인은 <u>특정 인종이나 민족과 같은 개인적 특성과 관련되어 있는 것이 아니라, 지역적 특성과 관련되어 있다</u>고 보았다.

11 Answer ③

옳은 것은 ㉠, ㉡이다.
㉠ 애그뉴(Agnew)의 일반긴장이론은 머튼(Merton)의 아노미이론을 확대한 일반이론이다. 일반긴장이론은 머튼의 아노미이론에 그 이론적 뿌리를 두고 있으나, 머튼의 이론과 달리 계층과 상관없는 긴장의 개인적·사회심리학적 원인을 다루고 있다. 따라서 일반긴장이론은 하류계층의 범죄행위가 아닌 사회 모든 구성요소의 범죄행위에 대한 일반적인 설명을 제공하고 있다.
㉡ 애그뉴의 일반긴장이론은 거시이론인 머튼의 아노미이론과 달리 스트레스와 긴장을 느끼는 개인이 범죄를 저지르기 쉬운 이유를 미시적 관점에서 설명하는 이론으로, 여기서 긴장은 스트레스와 같은 의미로 보아도 무방하다.
㉢ 애그뉴의 일반긴장이론은 기존 긴장이론이 제시한 긴장의 원인에 더해 부정적인 사회관계나 환경과 관련된 긴장을 포함하여 '일반'긴장으로 개념범주를 크게 확장하였다.
㉣ 애그뉴는 긴장의 원인으로 ⓐ 목표달성의 실패, ⓑ 긍정적 자극의 소멸, ⓒ 부정적 자극의 발생을 들고 있다. 부정적 자극의 발생은 부모의 학대, 선생님의 체벌이나 친구의 괴롭힘 등 고통스럽거나 갈등적인 상황의 경험을 의미한다. 설문은 긍정적 자극의 소멸에 대한 설명으로, 부모의 사망이나 친구와의 이별 등 자신에게 긍정적인 영향을 미치는 요소들을 상실하는 경험을 의미한다.

12 Answer ④

④ 머튼의 긴장이론이 갖고 있던 미시적 관점을 계승하여 발전시켰던 애그뉴의 일반긴장이론에 대한 설명이다.
① 아메리칸 드림이라는 문화사조는 경제제도가 다른 사회제도들을 지배하는 제도적 힘의 불균형상태를 초래했다는 것이 메스너와 로젠펠드의 주장이다. 경제제도의 지배는 평가절하, 적응, 침투라는 세 가지 상호 연관된 방식으로 나타난다고 하였다.
② 머튼과 같은 입장에서 사회학적 지식과 원칙의 체계적 적용을 통해 범죄의 국가 간 변이에 대한 거시적 설명을 추구한다.
③ 아메리칸 드림을 개인들의 열린 경쟁이라는 조건하에서 사회의 모든 이들이 추구해야 할 물질적 성공이라는 목표에 대한 헌신을 낳는 문화사조로 정의하고, 그 저변에는 성취지향, 개인주의, 보편주의, 물신주의의 네 가지 주요 가치가 전제되어 있다고 분석한다.

13 Answer ②

클로워드(Cloward)와 올린(Ohlin)은 일탈에 이르는 압력의 근원에 초점을 맞춘 머튼의 아노미이론과 쇼와 맥케이의 문화전달이론 그리고 비행을 학습의 결과로 파악하는 서덜랜드의 차별적 접촉이론으로써 하위문화가 형성되는 과정을 설명하였다.

[차별적 기회이론에 반영된 각 이론의 내용(범죄에 영향을 준 요인들)]

머튼의 아노미이론	서덜랜드의 학습이론 (차별적 접촉이론)	쇼&맥케이의 문화전달론
문화적 목표(수용)+합법적 수단	비행 · 범죄도 '접촉'을 통해 '학습'되는 것	비행 · 범죄를 접촉할 수 있는 '지역'
'혁신형'의 적응방식	접촉 → 학습	지역사회의 열악한 여건

14   Answer   ④

④ 스탠퍼드 감옥실험에 대한 설명으로, 짐바르도교수가 1971년에 한 심리학 실험이다. 감옥이라는 환경이 인간의 반응과 행동에 어떤 영향을 미치는지 관찰하기 위해 진행되었다.

① 파블로프의 고전적 조건형성실험을 통해 조건자극(종소리)이 무조건자극(먹이) 없이도 개의 행동반응(침 흘림)을 유발할 수 있음을 증명함으로써 자극과 반응을 통한 학습의 원리를 처음으로 제시하였다.

② 스키너의 조작적 조건형성실험을 통한 강화학습이다.

③ 반두라의 보보인형실험에 대한 설명으로, 아동의 공격적인 행동이 모방학습을 통해 이루어질 수 있다는 증거를 보여줌으로써 단순히 보상과 처벌에 의해 행동이 학습된다는 기존 자극 – 행동주의 학습이론을 비판하였다(메스컴과 범죄이론의 근거).

15   Answer   ②

스키너는 고전적 조건형성과 도구적 조건형성을 철저하게 구분할 것을 주장하였다. 인간행동에 대한 환경의 결정력을 지나치게 강조하여 인간의 내적 · 정신적 영향력을 배제하였고, 인간을 조작 가능한 대상으로 취급하여 그 모든 행동을 조작화로써 수정 가능하다고 보는 시각으로 인해 인간의 자유의지와 존엄성을 무시하였으며, 인간을 지나치게 단순화 · 객관화한다는 비판을 받고 있다.

16   Answer   ④

차별적 강화이론에 대한 설명이다. 보울비는 애착이론을 주장하였는데, 어린 시절 어머니가 없는 아이들은 기초적인 애착관계를 형성할 수 없어 불균형적인 인성구조를 가지게 되고, 이후 범죄와 같은 반사회적 행위에 빠져든다고 보아, 이를 근거로 모성의 영향을 강조하였다.

17   Answer   ①

① 레머트(Lemert)는 일차적 일탈이란 낙인을 받기 전에 행하는 비행행위들로서 조직적이지 않고, 일관성이 없으며, 자주 일어나지 않는 사소한 일탈행위라고 정의한다.

② 탄넨바움(Tannenbaum)은 그의 저서 「범죄와 지역공동체」에서 지역사회의 개인에 대한 낙인과정을 다음과 같이 묘사하였다.

"청소년들과 지역사회 구성원들 간 몇몇 행위들에 대한 가치판단의 차이가 존재한다. 예를 들어 청소년들은 남의 집 창문을 깨는 행위, 무단으로 결석하는 행위 등을 단순한 모험이나 놀이 정도로 여기지만, 지역사회 구성원들은 일종의 일탈행위로 인식하고 부정적인 시각으로 바라보며 나쁘고 치유할 수 없는 존재들로 규정짓게 되고, 이러한 규정짓기는 공식 낙인 또는 비공식 낙인의 형태로 이루어진다. 결국 해당 청소년들은 자신들을 바라보는 지역사회의 시선, 즉 자신들에 대한 지역사회의 낙인을 인식하게 되고 비행청소년으로서의 자아관념을 갖게 된다."

③ 패터노스터(Paternoster)와 이오반니(Iovanni)에 의하면, 갈등주의 관점과 상징적 상호작용이론은 낙인이론의 형성에 큰 영향을 미쳤다고 한다. 이들의 연구는 낙인이론의 기원, 낙인이론의 이론적 주장, 낙인이론에 대한 비판의 반박, 초창기 실증연구들의 문제점을 체계적으로 정리하고, 향후 연구들이 나아가야 할 방향을 제시함으로써 낙인이론이 다시 범죄학의 주요 이론으로 자리매김하는 데 크게 기여한 것으로 평가받는다.

④ 낙인이론에 따르면, 똑같이 비행을 저지르더라도 사회적 약자계층에 속한 사람들은 그렇지 않은 사람들보다 낙인을 경험할 가능성 및 낙인의 정도가 더 높다고 한다.

18 Answer ④

④ 자아의 역할을 특히 강조하는 이론은 레클리스(Reckless)의 봉쇄이론이며, 토비(J. Toby)는 경제환경과 범죄에 대해 이야기하면서 자신이 속한 사회에서 스스로 느끼고 경험하는 상대적 결핍감이 범죄의 원인이 된다고 하였다.

① 나이(Nye)는 가정을 사회통제의 가장 중요한 근본으로서 강조하였고, 대부분의 청소년비행이 불충분한 사회통제의 결과라고 보았다. 그는 비행자들은 부모에게 거부당하거나 인정받지 못하였고, 비행을 저지르지 않은 청소년들은 부모의 훈육과 부모와 시간을 보내는 것에 긍정적인 태도를 갖고 있다는 설문조사의 결과를 제시함으로써 청소년비행에서 가정의 중요성을 강조하였다.

② 리스(Reiss)는 청소년범죄의 원인이 청소년 개인의 통제력에 있다고 보았고, 이를 사회의 규범을 위반하는 욕구를 절제하는 능력이라고 보았다. 그는 소년비행의 원인을 개인통제력의 미비와 사회통제력의 부족으로 파악하였다.

③ 레클리스(Reckless)의 봉쇄이론은 내부적·외부적 통제개념에 기초하여 범죄유발요인과 범죄차단요인으로 나누고, 만약 범죄로 이끄는 힘이 차단하는 힘보다 강하면 범죄나 비행을 저지르게 되고, 차단하는 힘이 강하면 비록 이끄는 힘이 있더라도 범죄나 비행을 자제한다고 주장하였다. 범죄나 비행을 유발하는 요인을 내적 배출요인, 외적 유인요인, 외적 압력요인으로, 범죄나 비행을 차단하는 요인을 내적 통제, 외적 통제로 나누었다.

19 Answer ④

갓프레드슨과 허쉬에 따르면, 개인의 자기통제력은 초기 아동기에 가정에서의 양육방식에 의해 형성되고, 이때 형성된 자기통제력은 성인이 되어서도 평생 변하지 않는 안정적인 성향이 된다. 즉, 부모의 부적절한 자녀양육이 자녀의 낮은 자기통제력의 원인이라고 보았으므로, 사례와는 관련이 없다.

20 Answer ②

② 셀린(Sellin)의 문화갈등이론은 범죄의 원인을 문화적 차이에 따른 갈등으로 보았는데, 이러한 문화갈등이 발생하면 다양한 가치를 하나의 문화에 반영하는 것이 불가능하여 결국 가장 지배적인 문화의 행위규범만을 반영하게 된다고 하였다. 따라서 사례의 내용과는 거리가 멀다고 보이며, 그 부분이 시카고학파의 사회해체이론과 다른 부분이다.

참고로, 문화갈등을 겪는 지역의 사람들은 충돌하는 문화집단 간의 경쟁으로 인한 스트레스 유발과 사회통합 약화로 보다 쉽게 일탈에 이끌리게 되고, 지배문화의 행위규범만이 법에 반영되는 결과로 기존의 비지배문화의 행위규범을 따르는 사람들은 법위반가능성이 커진다.

① 차별접촉이론에 따르면, 범죄는 의사소통을 통한 타인과의 상호작용과정에서 학습된다. → '비행친구들과 어울리면서'

③ 생애과정이론에 따르면, 범죄성에는 가변성이 존재한다. → '안정적인 직장을 다니면서 더 이상 범죄를 저지르지 않게 되었다'

④ 낙인이론에 따르면, 낙인은 당사자로 하여금 비행자아관념을 갖도록 하여 또 다른 비행을 야기하는 원인이 된다. → '주변 친구들로부터 비행청소년이라는 비난을 받고'

21   Answer   ④

갈등주의적 관점의 이론은 ① · ② · ③이다.

④ 메스너와 로젠펠드의 제도적 아노미이론은 아노미이론에 속하며, 범죄와 아메리칸드림에서의 제도적 불균형과 이로 인한 규범적 통제요소의 부재가 일탈행동을 유발하게 된다는 이론으로, 경제적 제도와 비경제적 제도의 영향력 간 차이가 클수록 일탈행동이 빈번해질 수 있다고 보았다.

① 챔블리스의 마르크스주의 범죄이론은 범죄의 주 원인을 자본주의경제 체제의 속성에 따른 불평등한 분배구조로 보는 갈등주의적 관점의 이론이다.

② 체스니-린드는 가부장제의 형성과 강화를 통해 여성에 대한 억압과 여성의 성에 대한 통제가 어떻게 이루어졌는지에 대한 분석이 필요하다고 주장하였고, 이는 갈등주의적 관점의 이론이다.

③ 블랙의 법행동이론은 종적 분화 · 횡적 분화 · 문화 · 사회조직 · 대체적 사회통제의 5가지 관점에 의해 사회적 요인을 분석한 갈등주의적 관점의 이론이다.

22   Answer   ④

④ 페미니즘 범죄이론은 여성범죄학자들에 의해 활발하게 전개되었으나, 주류 범죄학이라고 하기에는 많은 범죄학자들이 동의하는 이론이 아니다.

① 자유주의적 페미니즘은 성 불평등의 원인을 법적 · 제도적 기회의 불평등으로 보았으므로, 여성에게 기회를 동등하게 부여하고 선택의 자유를 허용한다면 성 불평등을 해결할 수 있다고 주장한다.

② 사회주의적 페미니즘은 마르크스주의적 페미니즘이 사유재산으로 인한 계급 불평등을 지나치게 강조하다보니 성 불평등을 핵심적으로 부각하지 못했다는 점을 비판하면서, 계급 불평등과 함께 가부장제로 인한 성 불평등을 분석해야 한다고 주장한다.

③ 급진적 페미니즘은 가부장제에 의한 여성억압은 남성의 여성에 대한 공격과 여성의 성에 대한 통제로 나타난 것이라고 주장한다. 여성은 임신과 출산을 위한 기간에는 자신과 아이의 생존을 위해 남성에게 의존적일 수밖에 없으며, 이것이 남성으로 하여금 쉽게 여성을 지배하고 통제하도록 만들었다고 한다.

23   Answer   ②

② 폴락(Pollak)에 대한 설명이다.

① 프로이트(Freud)에 따르면, 여성범죄인은 남성에 대한 자연적인 시기심을 억제할 수 없어 규범으로부터 일탈한다. 따라서 여성범죄인을 병약자처럼 취급하여 여성범죄인 교정의 기초가 되고 있다.

③ 롬브로조(Lombroso)는, 여성은 남성에 비하여 수동적이고 범죄성이 약하지만, 경건함이나 모성애, 저지능, 약함 등 여성의 전형적인 특질이 부족한 소수의 여성범죄집단이 있다고 주장하였다.

④ 아들러(Adler)는 전통적으로 여성범죄율이 낮은 이유를 여성의 사회 · 경제적 지위가 낮기 때문이라고 보았는데, 여성의 사회적 역할이 변하고 그 생활상이 남성의 생활상과 유사해지면서 여성의 범죄활동도 남성과 닮아간다고 주장하였다.

24 Answer ③

③ 헤이건(Hagan)의 권력통제이론은 마르크스주의 범죄이론이나 페미니스트 범죄이론과 같은 비판적 범죄학을 사회통제이론과 결합한 통합이론으로, 범죄의 성별 차이는 부모의 가부장적 양육행태에 따라 결정되는 것이라고 강조하며, 가부장(전통적인 남성지배)적 가정에서 여자는 위험을 회피하도록 가르치는 등 남녀에 대한 사회적 통제의 차이가 영향을 준 것이라고 주장하였다. 또한 헤이건은 부모의 직장에서의 권력적 지위가 부부 간의 권력관계에 반영되고, 이는 자녀에 대한 감독·통제 수준과 연계된다고 하였다.

① 머튼의 아노미이론이다.

② 가부장적 가정에서의 아들은 딸보다 상대적으로 자유롭게 위험하거나 일탈적인 행동을 저지른다.

④ 부모의 권력이 평등한 가정의 자녀들은 성별에 따른 범죄 정도의 차이가 뚜렷하지 않지만, 가부장적 가정의 자녀들은 성별에 따른 범죄 정도의 차이가 상대적으로 뚜렷하다.

25 Answer ②

② 엘리엇(Elliott)과 동료들은 관습적 목표를 달성하기 위한 제도적 기회가 차단되었을 때 사회유대의 개인차가 상이한 방식으로써 개인의 행동에 영향을 미친다고 한다. 사회유대가 강하고 관습적 목표에 대한 전념 정도가 높은 사람은 기회가 차단되었을 때 긴장이론의 주장대로 긴장이 발생하고, 이를 해소하기 위한 방편으로 비제도적, 즉 불법적 수단을 동원하게 된다. 하지만 처음부터 사회유대가 약하고 제도적 목표에 그다지 전념하지 않는 사람은, 성공기회가 제약되더라도 이로 인한 부정적 영향을 별로 받지 않는다.

① 콜빈(Colvin)과 폴리(Poly)의 마르크스주의 통합이론에 대한 설명이다. 마르크스주의 범죄이론과 사회통제이론을 결합한 것으로, 노동자의 지위에 따른 차별적인 통제방식이 가정에서 이루어지는 부모의 양육방식과 연관되어 있다고 주장한다.

③ 헤이건(Hagan)의 권력통제이론에 대한 설명이다.

④ 허쉬의 사회통제이론에 대한 설명이다.

26 Answer ①

옳은 것은 ㉠, ㉣이다.

㉡ 모핏의 범죄자 분류에 대한 설명이다.

㉢ 패터슨의 범죄자 분류에 대한 설명이다.

㉣ 샘슨과 라웁의 생애과정이론은 사회학습이론이 아닌 사회통제(유대)이론의 주장을 그대로 차용하였다. 이는 사회유대의 약화를 범죄행위의 직접적인 원인으로 간주한다는 점에서 알 수 있는데, 다른 점이 있다면, 허쉬의 사회유대는 아동기와 청소년기에 국한된 반면, 샘슨과 라웁의 사회유대는 생애 전 과정에서 강화와 약화가 반복되는 현상으로 보았다.

27 Answer ②

㉠ 모핏(Moffitt)은 신경심리학·낙인이론·긴장이론의 입장에서 범죄경력의 발전과정을 설명하였고, 생물사회이론 범죄학자답게 생물학적 특성을 보다 강조하였으며, 범죄자를 청소년기 한정형 범죄자와 생애 지속형 범죄자로 분류하였다. 그는 청소년기 한정형 범죄자보다 생애 지속형 범죄자가 정신건강상 문제를 더 많이 가지고 있다고 하였다.

㉡ 범죄의 시작, 유지, 중단의 연령에 따른 변화는 생애과정에서의 비공식적 통제와 사회유대를 반영

하고, 인생의 중요한 전환기에 발생하는 사건들과 그 결과에 영향을 받는다고 본 사람은 생애과정 이론(Life Course Theory, 인생항로이론)을 주장한 샘슨과 라웁(Sampson&Laub)이다. 그들은 패터슨이나 모핏의 이론처럼 청소년 집단을 인위적으로 구분하지 않았고, 누구든지 생애과정 속에서 범죄행위를 지속하거나 중지할 수 있다고 전제하였다.

28 Answer ③

활동성 지원에 관한 내용이다.

[CPTED]

셉테드(CPTED; Crime Prevention Through Environmental Design)는 건축환경 설계를 이용하여 범죄를 예방하는 연구 분야로, 아파트나 학교, 공원 등 도시생활공간의 설계단계부터 범죄예방을 위한 다양한 안전시설 및 수단을 적용한 도시계획 및 건축설계를 말한다.

- 자연적 감시 : 건축물이나 시설물의 설계 시 조명이나 조경을 활용하는 방법으로, 가로등의 확대설치를 통해 가시권을 최대로 확보하고, 외부침입에 대한 감시기능을 확대함으로써 범죄위험 및 범죄기회를 감소시킨다.
- 접근통제 : 일정한 지역에 접근하는 사람들을 정해진 공간으로 유도하거나, 방범창이나 차단기 등을 설치하여 외부인의 출입을 통제하도록 설계함으로써 접근에 대한 심리적 부담을 증대시켜 범죄를 예방한다.
- 영역성 강화 : 사적 공간에 대한 경계를 표시하기 위해 울타리 등을 설치하여 주민들의 책임의식과 소유의식을 증대시킴으로써 사적 공간에 대한 관리권을 강화시키고, 외부인들에게 침입에 대한 불법 사실을 인식시켜 범죄기회를 차단한다.
- 활동성 지원 : 지역사회 설계 시 주민들이 모여 상호 의견을 교환하고 유대감을 증대시킬 수 있는 놀이터, 공원 등을 설치하고, 체육시설의 접근성과 이용을 권장하여 '거리의 눈'을 활용한 자연적 감시와 접근통제의 기능을 확대한다.
- 유지·관리 : 처음 설계된 대로 또는 개선한 의도대로 지속적으로 파손된 부분을 즉시 보수하고, 청결을 유지·관리함으로써 범죄예방을 위한 환경설계의 장기적이고 지속적인 효과를 유지한다.

[CPTED의 원리별 사례]

자연적 감시	조명. 조경. 가시권 확대를 위한 건물의 배치 등
접근통제	차단기. 방범창. 잠금장치. 통행로의 설계. 출입구의 최소화 등
영역성 강화	울타리(펜스)의 설치. 사적·공적 공간의 구분 등
활동성 지원	놀이터, 공원 등의 설치. 체육시설의 접근성과 이용 증대. 벤치·정자의 위치 및 활용성에 대한 설계 등
유지·관리	파손의 즉시 보수. 청결유지. 조명·조경의 관리 등

29 Answer ④

1세대 CPTED는 범죄예방에 효과적인 물리환경을 설계·개선하는 하드웨어 중심의 접근으로, 가로등 세우기나 CCTV 설치, 쓰레기 치우기 등이 그 예이다. 시민방범순찰은 주민이 참여하는 2세대 CPTED에 해당하고, 참고로 3세대 CPTED는 주민에게 결정권이 있다.

30   Answer   ④

1990년대 미국 <u>뉴욕시</u>에서 깨진유리창이론을 적용하여 사소한 범죄라도 강력히 처벌하는 무관용주의 (Zero Tolerrance)를 도입하였다.

31   Answer   ④

④는 상황적 범죄예방의 5가지 목표 중 위험의 증가에 해당한다.

[코니쉬와 클라크의 상황적 범죄예방]

사회나 사회제도 개선에 의존하는 것이 아니라, 단순히 범죄기회 감소에 의존하는 예방적 접근으로, 5가지 목표(노력의 증가, 위험의 증가, 보상의 감소, 자극의 감소, 변명의 제거)와 25가지 기법을 구체적으로 제시하였다.

목표	구체적 기법
노력의 증가	대상물 강화, 시설접근 통제, 출구검색, 잠재적 범죄자 분산, 도구 · 무기 통제
위험의 증가	보호기능 확장, 자연적 감시, 익명성 감소, 장소감독자 활용, 공식적 감시 강화
보상의 감소	대상물 감추기, 대상물 제거, 소유자 표시, 장물시장 교란, 이익불허
자극의 감소	좌절감과 스트레스 감소, 논쟁 피하기, 감정적 자극 감소, 친구압력 중화, 모방 좌절시키기
변명의 제거	규칙의 명확화, 지침의 게시, 양심에의 호소, 준법행동 보조, 약물과 알코올 통제

32   Answer   ②

이웃통합모델은 이웃지역과의 결속과 상호신뢰가 존재한다면 지역의 범죄두려움은 감소될 수 있다는 이론이고, 무질서모델은 개인에게 지각되는 물리적 · 사회적 무질서가 범죄두려움을 증가시킨다는 이론이다.

33   Answer   ①

레페토는 범죄의 총량 및 종류를 비탄력적으로 보았다. 잠재적 범죄자는 물리적·사회적·환경적 요인 등 다양한 요인에 반응하여 합리적 선택을 하며 범행 여부를 결정한다.

영역적 전이	한 지역에서 다른 지역, 일반적으로 인접지역으로의 이동
시간적 전이	낮에서 밤으로와 같이 한 시간대에서 다른 시간대로의 이동
전술적 전이	범행에 사용하는 방법의 변경
목표의 전이	같은 지역에서 다른 피해자를 선택
기능적 전이	범죄자가 하나의 범죄유형을 그만두고 다른 범죄유형을 시작
범죄자 전이	한 범죄자의 활동중지가 다른 범죄자에 의해 대체

34   Answer   ②

SARA모델은 문제지향적 경찰활동으로서 탐색·분석·대응·평가의 단계를 거쳐 문제를 해결하는 과정을 설명하는데, 분석 단계는 문제의 범위와 성격에 따른 각각의 원인을 파악하기 위해 (내부뿐만 아니라 문제와 관련한 모든) 데이터를 수집하고 분석하는 단계이다.

35 Answer ④

쉐이퍼(스카퍼)는 멘델존과 헨티히의 피해자 유형에 대한 연구를 보완하면서 피해자의 기능에 관심을 보였다. 그는 범죄피해자를 기능적 책임성(Functional Responsibility)을 기준으로 책임 없는 피해자(unrelated victim), 적극적 범죄유발 피해자(provocative victim), 행위촉진적 피해자(precipitative victim), 신체적으로 나약한 피해자(biologically weak victim), 사회적으로 나약한 피해자(socially weak victim), 자기희생적 피해자(self-victimizing), 정치적 피해자(political victim)로 분류하였다.

36 Answer ①

① 피해자-가해자 중재(조정)모델은 범죄자와 피해자 사이에 제3자가 개입하여 화해와 배상 등을 중재하는 프로그램을 의미한다. 1974년 캐나다 온타리오 주의 피해자-가해자 화해프로그램에서 시작되었으며, 가장 오래된 회복적 사법프로그램의 모델이다.

② 가족집단 회합모델은 뉴질랜드 마오리족의 전통에 기원을 두고 있는데, 1989년 뉴질랜드의 소년범 중 마오리족 청소년들이 높은 비중을 차지하는 문제를 해결하기 위한 방안으로, 「아동·청소년 및 그 가족들에 관한 법」에 의해 도입되었다.

③ 서클모델은 범죄의 상황을 정리하는 치유서클에서 기원하며, 아메리칸 인디언과 캐나다 원주민들에 의해 사용되던 것으로, 범죄상황을 정리하여 피해자와 가해자를 공동체 내로 재통합하려는 시도이다. 이 제도에 기인하여 이후 가해자 처벌과 관련하여 형사사법기관에 적절한 양형을 권고하는 데 중점을 둔 제도가 양형서클이다.

37 Answer ②

② 일상활동이론은 1970년대 미국의 범죄증가율을 설명하기 위하여 코헨과 펠슨이 제안한 이론으로, 억제이론과 합리적 선택이론의 요소들을 근간으로 한다. 이 이론은 범죄율을 설명함에 있어서 미시적이고 거시적인 접근을 시도한다.

① 힌델랑(Hindelang)의 생활양식·노출이론은 개인의 직업적 활동·여가활동 등 모든 일상적 활동의 생활양식이 그 사람의 범죄피해 위험성을 높이는 중요한 요인이 된다는 이론으로, 인구학적·사회학적 계층, 지역에 따른 범죄율의 차이는 피해자의 개인적 생활양식의 차이를 반영한다고 한다.

③ 미시적인 차원에서 코헨과 펠슨은 시간, 공간, 대상물, 사람을 기본요소로 범죄에 대한 일상활동이론을 발전시켰으며, 핵심은 범죄삼각형이라는 동기화된 범죄자, 범행에 적합한 대상, 보호(감시)의 부재라는 세 가지 요소가 동일한 시간과 공간에서 만나면 범죄발생의 가능성이 높아진다는 것이다. 거시적인 차원에서의 일상활동이론은 거대사회와 지역사회의 어떠한 특징이 미시적 차원에서 세 가지 핵심요소의 결합을 통한 범죄발생을 더 용이하게 한다고 설명한다.

④ 펠슨은 감시인 또는 보호자는 경찰이나 민간경비원 등의 공식 감시인을 의미하는 것이 아니라, 그 존재나 근접성 자체가 범죄를 좌절시킬 수 있는 사람들을 의미하는 것으로, 의도하지 않더라도 사람들이 친지나 친구 또는 모르는 사람들로부터 보호받게 되는 측면을 의미한다고 설명하였다. 즉, 일상활동이론은 비공식적 통제체계에서의 자연스러운 범죄예방과 억제를 중요시한다.

38 Answer ①

② 엘렌베르거의 피해자 분류에 대한 설명이다. 멘델존은 유책성을 기준으로 피해자를 분류하였다.

③ 멘델존에 대한 설명이다. 헨티히는 피해자의 범죄취약성을 기준으로 일반적 피해자와 심리학적 피해자로 분류하였다.

④ 프라이 여사에 대한 설명이다. 프라이 여사는 「피해자를 위한 정의」에서 가해자와 피해자를 화해시키고 법평화를 재생시키기 위해서는 원상회복제도가 고려되어야 한다고 주장하였다.

39 Answer ③

- 예방이론은 목적형 주의에서 파생된 이론으로서 그 대상에 따라 일반예방과 특별예방으로 나누어지는데, 일반예방은 일반인에 대한 형벌위하 내지 규범의식의 강화를 수단으로 범죄의 예방을 추구하고, 특별예방은 범죄인 개인 중심으로 범죄를 예방하려는 것이다.
- 일반예방은 일반인에 대한 위하를 추구하는 소극적 일반예방과 일반인의 규범의식의 강화를 추구하는 적극적 일반예방으로, 특별예방은 범죄인의 격리를 추구하는 소극적 특별예방과 범죄인의 재사회화를 추구하는 적극적 특별예방으로 구분할 수 있다.
③ 소극적 일반예방, ① 적극적 특별예방, ② 적극적 일반예방, ④ 소극적 특별예방

40 Answer ④

○ : ㉠ 범죄예측이란 예방, 수사, 재판, 교정의 각 단계에서 잠재적 범죄자의 범행가능성이나 범죄자의 재범가능성을 판단하는 것이다.
㉢ 교정단계의 예측은 주로 석방 시 예측으로, 교도소 및 소년원에서 가석방 및 임시퇴원을 결정할 때 그 대상자의 누범 및 재범위험성을 예측한다.
㉣ 미국의 범죄예측은 가석방예측으로부터 시작되었지만, 우리나라는 글룩 부부의 범죄예측이 도입되면서 시작되었다(청소년비행예측).
× : ㉡ 버제스는 1928년 일리노이주에서 3,000명의 가석방자를 대상으로 21개의 인자를 분석하여 공통점을 추출하였고, 경험표에 해당하는 예측표(실점부여방식)를 작성하였다. 가중실점방식은 글룩 부부의 조기비행예측표에서 사용되었다.

[미국의 범죄예측 발전]
- 위너(Warner)
  - 점수법을 통한 가석방심사기준의 타당성 평가가 목적이다.
  - 메사추세츠주(州) 가석방자를 60개의 항목(예 교정 여부, 전과, 석방 후 계획 등)으로 점수화하여 재범가능성을 예측하였다.
- 버제스(Burgess)
  - 경험표(예측표)를 작성하여 객관적 범죄예측의 기초를 마련하였다.
  - 일리노이주(州) 가석방자 3,000명을 대상으로 21개의 공통요인을 추출하고, 통계분석하여 가석방기간 중 재범가능성을 예측하였다.
  - 각 요인에 +1, 0, -1의 점수를 부여하는 실점부여방식이다.
- 글룩(Glueck)부부
  - 조기비행예측표를 작성하여 비행소년의 재비행가능성을 예측하였다.
  - 매사추세츠주(州) 비행소년 500명과 보스턴의 일반소년 500명을 대상으로 300개의 요인 중 비행소년과 일반소년 간 구별요인 5개에 대한 총 예측점수를 계산하였다.
  - 각 요인에 대한 점수를 부여한 후 합산하는 가중실점방식이다.
- 최근의 방법 : 하서웨이(Hathaway)와 맥킨리(Mckinley)가 고안한 '미네소타 다면적 성격검사법(MMPI; Minnesota Multiphastic Personality Inventory)'이 가장 표준화된 범죄자 성격(인성) 조사방법으로 활용되고 있다.

MEMO

MEMO

MEMO

MEMO

MEMO

MEMO